KB237096

WTO 및 주요국의 반덤핑 행정재심사제도

WTO 및 주요국의 반덤핑 행정재심사제도

馬 光 著

Anti-Dumping Administrative Review System under WTO and Major Countries

한국학술정보(주)

머리말

WTO반덤핑협정에 따르면 반덤핑관세는 피해를 초래하는 덤핑을 상쇄하는 데 필요한 기간 및 수준 내에서 부과되어야 하는데 행정재심사는 상황이 변하거나 이해관계인이 처한 상황이 특수한 경우 반덤핑관세의 유지 여부나 내용의 수정 여부를 검토하는 절차이다. 좁은 의미의 행정재심사로는 중간재심사와 조치부과 후 5년이 경과되기 전에 진행하는 종료재심사를 들 수 있으며, 넓은 의미의 재심사는 중간재심사와 종료재심사 이외에 신규수출자재심사와 관세평가재심사가 포함된다.

2006년 12월 1일 현재, WTO분쟁해결차원에서 이미 9건의 반덤핑 행정재심사와 관련된 분쟁이 발생하였다. WTO분쟁해결기관은 이미 이들 중 6건에 대해 판정을 내렸으며 또한 다른 한 건도 현재 상소기관절차 중에 있다. 나머지 2건은 피소국인 미국이 해당 조치를 철회함으로써 판정을 거치지 않고 양자적으로 해결되었다. 현재의 추세를 보면 이러한 반덤핑 행정재심사 관련 분쟁이 점차 더 늘어날 전망이다. 그러나 반덤핑협정상 행정재심사와 관련된 규정의 미비성으로 인하여 분쟁해결기관이 명백한 판정을 내리는 데 일정한 어려움이 있을 것으로 예상된다.

현행 WTO반덤핑협정은 제9.3조(관세평가재심사), 제9.5조(신규수출자재심사), 제11.2조(중간재심사), 제11.3조(종료재심사)하의 재심사에 적용가능한 정의, 절차와 방법에 대하여 명확히 규정하지 않고 있다.

명백한 규칙의 부재는 조사기관으로 하여금 이들 재심사에 원심과 상당히 구분되는 규칙, 절차와 방법을 자의적으로 도입할 수 있도록 하여 피제소자에게 불공정한 부담을 지우고 있으며 이러한 상황은 법적 안정성과 모든 반덤핑조사에 필수적인 투명성을 손상한다.

각 회원국이 자의적으로 규칙, 절차와 방법을 도입하는 관행은 또한 인위적으로 덤핑마진을 부풀리며 덤핑을 상쇄시키는 데 필요하지 아니한 반덤핑관세를 부과하는 것으로 이어진다.

때문에 원심에 대해서만 다자적 통제를 확립하는 것이 아니라 반덤핑협정 제9조와 제11조에 규정된 여러 가지 재심사를 포함하여 반덤핑절차의 모든 추후단계에 대해서도 다자적 통제를 확립하여야 할 필요성이 있다. 이러한 필요성에 의해 반덤핑협정 전반을 관통하여 적용되는 기본적인 실체조항, 방법과 절차를 보장하는 동시에 예측 가능성을 제고시켜야 한다.

재심사절차의 개선방향과 관련하여 원심과 재심사의 동일성 여부에 대한 논의와 적용가능 조항의 판별이 주요하다. 반덤핑협정 제11조상 재심사의 경우 제11.4조에 반덤핑협정 제6조가 중간재심사와 종료재심사에 적용된다고 규정되어 있어 제6조만 적용되고 제2조 내지 제5조는 배제 가능한 것으로 해석된다. 즉, 현행 반덤핑협정의 규정상으로는 적어도 중간재심사와 종료재심사에 있어서는 제2조 내지 제5조의 규정이 적용될 수 있는 소지가 없다. 따라서 관세평가재심사와 신규수출자재심사의 경우에는 그 성격상 원심과 비슷하므로 제2조 내지 제6조의 규정을 적용하는 방향으로 개선할 필요성이 있다고 본다. 또한 중간재심사와 종료재심사에서는 제2조 내지 제5조의 규정이 적용될 수 없다면 이들 재심사에 적용되는 절차규정을 명확히 할 필요성이 있다.

반덤핑 종료재심사제도의 개선방향과 관련하여 5년 후 반덤핑조치의 무조건적인 종료는 적절치 않다고 생각되며 이는 판정요소를 명확히 규정하고 또한 강제적인 재심사기한을 도입하는 것을 통하여 개선될 수 있다고 생각한다. 종료재심사에서의 입증책임은 반덤핑조치의 예외적인 연장을 주장하는 국내산업이 부담하여야 할 것이고 직권개시 역시 금지하는 쪽으로 개정되어야 한다고 생각한다. 이 밖에 적절한 재심사기간은 12개월로 한정함이 좋을 듯싶다. 5년 후 반덤핑관세명령의 자동종료와 관련하여 다음의 방법도 고려해 볼 수 있다. 즉, 국내산업은 종료 후 즉시 신규신청을 할 수 있지만, 이들은 일반적인 사안에서와 마찬가지로 덤핑수입품으로 인한 실제 피해 또는 피해의 우려에 관한 증거를 제시하도록 요구되는 것이다. 반덤핑명령의 종료 후 1년 내 제출된 신청의 경우, 신청자를 위한 신속구제와 관련된 특수절차가 요구된다. 특히, 조사기관은 피해와 관련하여 신규조사개시 후 45일 내 잠정판정을 내리도록 요구받는다. 만약 잠정판정이 긍정적이면, 종료된 명령에서 적용된 것과 같은 비율의 잠정반덤핑관세가 발효하게 된다.

반덤핑 중간재심사제도의 개선방향과 관련하여 12개월의 강제적인 기한을 도입하는 동시에 판정요소를 명확히 규정함으로써 반덤핑조치의 남용을 막아야 한다.

반덤핑 신규수출자재심사제도의 개선방향과 관련하여 확실히 동 제도가 일부 수출자 또는 생산자들에 의해 반덤핑조치를 우회하기 위한 대안으로 악용되고 있음에 유의하여야 한다. 따라서 대표적인 수출 및 상세한 조사와 판정절차를 마련하는 것이 유익하다고 본다. 또한 신규수출자재심사의 성격상 신규수출자에 대해 원심의 기능을 하므로 원심과 관련된 절차규정을 동 재심사에도 적용하는 것이 우선적일 것이라고 생각된다. 이 밖에도 대표적인 수출의 개념 그리고 그 범위도 명확히 하여야 한다. 재심사의 기한은 중간재심사, 종료재심사에 비해 더 짧은 9개월이 적절하다고 생각된다.

반덤핑 관세평가재심사제도의 개선방향과 관련하여 추급적인 시스템과 소급적인 시스템이 공존하기에 일괄적으로 수출자와 수입자만이 신청을 할 수 있도록 제한하는 것은 무리가 있을 것이라 생각된다. 이때 추급적인 시스템하의 관세평가재심사에서는 신청주체가 수입자만으로 한정될 것이다. 관세환급이 제때에 이루어지도록 보장하기 위하여 이자지급은 도입되어야 할 것이며 재심사기간 역시 12개월로 한정되어야 한다.

본서가 완고 되기까지 여러분들에게 도움을 받았습니다. 먼저, 한국유

학의 길로 이끌어 주셨고 자애로운 부친같이 학문, 인생의 도리를 깨우쳐 주셨으며 물심양면으로 크나큰 지원을 해 주신 고려대학교 법과대학의 박노형 교수님께 깊은 감사를 드리며 원고를 세심히 읽어 주시고 훌륭한 지도의견과 따끔한 지적을 해 주신 고려대학교 법과대학의 박기갑 교수님, 이재형 교수님, 숙명여자대학교 법과대학의 박덕영 교수님, 서울시립대학교 법정대학의 김대원 교수님께도 뜨거운 감사를 드립니다. 다음 무역위원회의 박종희 조사관님, 기규옥 주무관님, 재정경제부 관세제도과의 유병하 계장님께서도 본서에 많은 귀중한 의견과 자료를 제공하여 주셨습니다. 또한 원고를 세부적으로 읽어 주고 교정하여 준 The ITC의 조부임 연구원께도 본지를 빌려 감사의 말씀을 올립니다.

마지막으로, 항상 옆에서 따뜻한 사랑을 주고 있으며 또 남편의 학업에 모든 정성을 다한 사랑하는 아내 향란이, 머나먼 고향 중국 땅에서 묵묵히 아들 그리고 사위의 성공만을 기도해 주시고 계시는 존경하는 부모님, 장인, 장모님 등 가족들에게 본서를 바칩니다.

PREFACE

According to the WTO Anti-Dumping Agreement, anti-dumping duties shall be imposed during a certain period and at a level, necessary to countervail the dumping that caused material injury. The administrative review is a process to reexamine whether it is necessary to maintain or modify the anti-dumping duties when the circumstance is changed or some interest parties are in a special circumstance. In a narrow sense, there are such administrative reviews as the interim review and the expiry review. In a broad sense, it can also include the new shipper review and the duty assessment review other than interim and expiry reviews.

The current Anti-Dumping Agreement does not clearly articulate the concepts, procedures and methodologies applicable to reviews under the article 9.3(duty assessment reviews), the article 9.5(new shipper reviews), the article 11.2(interim reviews) and the article 11.3(expiry reviews). The lack of explicit rules makes it possible for the authorities to arbitrarily introduce rules, procedures, and methodologies into these reviews that differ substantially from those in the original investigations and thereby place an undue burden on the respondent.

Such practices are also pursued to artificially inflate the calculated dumping margins and / or to continue to impose an anti-dumping duty that is not necessary to offset dumping.

And as of December 1, 2006, there were 9 WTO cases involving anti-dumping administrative review. The DSB(Dispute Settlement Body) has already made its ruling on 6 of them, and is expected to make another ruling on one case which is still in Appellate Body process. The remaining two cases were resolved bilaterally by the parties to the dispute. Given the expected increase of the number of disputes over anti-dumping administrative review, and in light of the insufficient legal basis for anti-dumping review in the WTO, the DSB may face certain difficulties in making the rulings concerned.

This situation should be rectified to provide enhanced predictability as well as to ensure that the basic substantive provisions, methods and procedures are applied throughout the Anti-Dumping Agreement.

First, clarify that the provisions of the articles 2(Determination of Dumping), the article 3(Determination of Injury), the article 4(Definition of Domestic Industry), the article 5(Initiation and Subsequent Investigation), and the article 6(Evidence) shall apply to the reviews, whenever applicable, under articles 9.3, 9.5, 11.2 and 11.3, with the exception of the specific rules concerning these reviews. In particular, the de minimis rule and / or its threshold in article 5.8 should be applied to these reviews to the extent that it is appropriate. In any case, the de minimis threshold should be applied to duty assessment conducted under Article 9.3 and 9.5. In addition, the same methodology that was applied to the original investigation for comparison between the normal price and the export price as stipulated in article 2.4.2 should be applied to these reviews unless a different methodology is requested by the exporters.

Second, improve the rule so that the reviews are not unfairly extended to the prejudice of the responding parties. To this end, clarify (1) that reviews under articles 11.2 and 11.3 must be completed within 12 months, (2) that authorities are encouraged to pay interest at a reasonable rate if duties are not refunded within 90 days following the completion of the review and (3) that reviews under article 9.5 must be completed within 9 months, unless an extension of the procedure is requested by the new shipper.

Third, while it is clear that a expiry review must be, by its very nature, a forward-looking assessment that takes into account the fact that a measure is already in place, such a review should be informed by the basic elements of what constitutes dumping and injury caused by such dumping. It is also clear that a expiry review cannot be a mechanistic exercise based on the operation of presumptions; rather, it must be a determination based on positive evidence with respect to an objective examination of all relevant factors, without necessarily ascribing to one or several factors decisive guidance. In light of these principles, it is author's view that the insertion in the Agreements of illustrative lists of factors would constitute useful guidance that would not undermine the necessary flexibility that authorities must have to deal with a wide variety of factual situations. And expiry reviews can only be initiated on the basis of a duly substantiated request made by or on behalf of the domestic industry. This would eliminate the possibility of an ex officio initiation of reviews by authorities and would explicitly define the words "by or on behalf of the domestic industry" using the disciplines agreed for initial investigations.

Fourth, provide that new shipper reviews under the article 9.5 may be conducted in two phases, In the first phase the authority will examine the evidence presented by the exporter to show that it is(as already required by the article 9.5) "not related to any of the exporters or producers in the exporting country who are subject to the anti-dumping duties on the product." After confirming the accuracy of the evidence provided by the exporter, the proceeding goes to the second phase. In the second phase, the authority will gather information and calculate the individual margin of dumping for the new shipper. During this second phase, no duties shall be levied, although the authorities may withhold appraisement and / or request guarantees.

The author is grateful for the teaching, helpful comments, suggestions of the Professor Nohyoung PARK, Professor KiGab PARK, Professor JaeHyung LEE in Korea University. The author is also appreciative of Professor DeokYoung PARK in Sookmyung Women's University and Professor DaeWon KIM in University of Seoul. Also, the author would like to say thanks to Researcher BuIm CHO in International Trade Consulting for editing it.

Finally, the author wants to dedicate this book to his wife XiangLan YU, his parents and parents-in-law.

February 2007

In Seoul

MA Guang

序 文

据WTO反倾销协定规定， 反倾销税应仅在抵消造成损害的倾销所必需的时间和限度内实施， 而反倾销行政复审是指在情况发生变化或利害关系方所处的状况特殊时， 重新审查反倾销税是否要予以维持和内容是否要予以修订的程序。狭义的反倾销行政复审包括期中复审(interim review)和在反倾销措施实施后5年前进行的期终复审(expiry review)，而广义的反倾销行政复审则除了期中复审和期终复审外，还包括新出口商复审(new shipper review)和关税评价复审(duty assessment review)。

现行反倾销协定并没有明确规定可适用于期终复审、期中复审、新出口商复审、关税评价复审的定义、程序和方法。因缺乏明确的规则，使得调查机关可以对这些复审任意引进与原审调查有相当区别的规则、程序和方法，从而对被诉一方附加了不公平的负担，进而损伤了法律的稳定性和反倾销调查的透明度。

各成员任意引进规则、程序和方法的惯行又将人为地增大倾销幅度，并导致征收为抵消倾销所不必要的高额反倾销税。因此有必要对包括各种行政复审在内的反倾销措施的后续程序也应确立多边控制。

至2006年12月1日为止，已经发生了9起关于反倾销行政复审的WTO争端。而WTO争端解决机构对其中的6起案子已经作出裁决，而另外1起案子也处于上诉机构的审理之中。另外2起案子则因被诉方美国撤回相关措施而未经争端解决机构的裁决就得到双方满意的解决。就目前的趋势来看，预计这种反倾销行政复审相关争端将会持续增多， 但因反倾销协定中行政复审相关规定的不明确，将使得争端解决机构在作出明确的裁决方面受到相当大的阻碍和困难。

为了保证反倾销协定的公正性，并保持利益的均衡，对行政复审相关内容的修订要予以实现，但这个过程只能是渐进的，因为其中多数修订方案如得以实施，将有可能损害到进口成员国内产业的利益。

关于反倾销行政复审程序的修订方向，作者认为首先要判断原审和复审是否具有同一性，并判别可直接适用于复审的现有条款。反倾销协定第11.4条规定，该协定第6条关于证据和程序的规定应适用于期终复审和期中复审，因此可将该条款解释成为除了第6条之外的规定，比如第2条至第5条规定则不适用于上述两种复审。也就是说至少从现行反倾销协定的规定来看，第2条至第5条规定并不适用于期终复审和期中复审，而且从争端解决机构的多次裁决来看，也是持相同的观点。反倾销原审和期终复审及期中复审确实有相当大的差异，比如说，关于后两者的审查往往带有浓厚的预测性。而就新出口商复审和关税评价复审来讲，其性质相似于原审调查，特别是新出口商复审则对新出口商带有代替原审调查的性质，而且关税评价复审则是对原审调查的事后确定。因而有必要将现行反倾销协定修订为适用于原审调查的第2条至第6条的规定对新出口商复审和关税评价复审具有普遍的可适用性，而且在可适用的限度内这些条款也应适用于期终复审和期中复审，至少在对这些复审规定相关程序条款前，可予以参照适用。而如果在期终复审和期中复审中不应该适用反倾销协定第2条至第5条的规定，则应明确制定可适用于这些复审的程序规定。

关于反倾销期终复审制度的修订方向，作者认为经过5年后无条件地将反倾销措施予以终止并不恰当，而且在谈判实践中也很难得到贯彻，相反通过明确规定审查因素和强制性复审期限来可以解决现有反倾销协定的不足，而其中复审期限要限定在12个月内。因为现行反倾销协定中规定，反倾销原审调查也一般要在12个月内完成，最长不得超过18个月，而作者认为期终复审较原审调查简单，而且不少成员在实践中也采取12个月的惯行。除此之外，因为延长反倾销措施是对反倾销协定基本原则的一种例外，因此举证责任则要由主张反倾销措施例外延长的一方负担， 而依职权展开期终复审也要予以禁止。当然，作者也认为美国以提高行政效率为幌子实行着的由商务部自动发起期终复审的惯行严重违背反倾销协定的基本精神，因此应予以纠正。

关于反倾销期中复审制度的修订方向，作者认为应通过引进12个月的强制性期限，并且明确规定调查机关所要审查的因素，从而避免反倾销措施的滥用和扩大。关于规定在反倾销期中复审的倾销、损害和因果关系裁定中调查机关所要审查的相关因素时， 可以参考原审调查中的相关因素。实际上，有不少成员在期中复审的裁定中，所审查的因素与原审调查中的相关因素相同或类似。

关于反倾销新出口商复审制度的修订方向， 作者认为它的确有可能被一些出口商或生产者滥用为规避反倾销措施。因此作者认为有必要规定具有代表性的出口及详细的调查、裁定程序。而就新出口商复审的性质来讲，它对新出口商具有代替原审调查的功能，因此要将原审调查中的相关程序规定适用到该复审当中。而关于复审期限，新出口商复审期限要比期终复审和期中复审短， 即从复审开始之日起在9个月内完成比较适合，而将此项期限的起始日规定为复审申请之日则觉得有碍于反倾销协定前后规定之间的统一性和协调性。

关于关税评价复审制度的修订方向，作者认为因预期性关税评价复审和追溯性关税评价复审体系共存， 所以概括地限定为仅能由出口商和进口商提出申请，将会不大适合，因为在采用预期性关税评价复审体系的成员中，往往是由国内产业提起关税评价复审。但在预期性体系下的关税评价复审中申请主体则应限定为出口商或进口商。此外，为了担保关税退还能够按时履行，要引进利息支付制度。而因为目前的规定已经非常明显地将反倾销关税评价复审的期限限定为12个月至18个月， 因此作者认为到目前为止，缩短该期限的的理由似乎不是很充分。

到本书的完稿为止，收到了不少人的帮助。首先，深深感谢引导我来韩国留学，并像慈父般地教给我学问、人生的道理，并在物心两面给予很大帮助的高丽大学法学院的朴鲁馨教授，并感谢仔细阅览本稿，给予宝贵的指导意见和指出问题点的高丽大学法学院的朴基甲教授，李在珩教授，淑明女子大学法学院的朴德泳教授和首尔市立大学法政学院的金大园教授。还有，感谢细心地阅览本稿，并进行细部校订的国际通商咨询公司的赵富林研究员。

最后，将本书献给一直在旁边给我鼓励和温馨的爱的爱妻俞香兰和在家乡默默地为儿子以及女婿的成功做祈祷的尊敬的父母和丈人和丈母等亲人。

2007年2月

韩国 首尔

马 光

목 차

— 약 어 표 —

AD	Anti Dumping
C.F.R.	Code of Federal Regulations
CVD	Countervailing Duty
DDA	Doha Development Agenda
DOC	US Department of Commerce
DSB	Dispute Settlement Body
EU	European Union
GATT	General Agreement on Tariffs and Trade
KTC	Korean Trade Commission
MOFCOM	Ministry of Commerce of the People's Republic of China
NAFTA	North American Free Trade Agreement
U.S.C.	United States Code
USITC	United States International Trade Commission
WTO	World Trade Organization

제1장
서 론

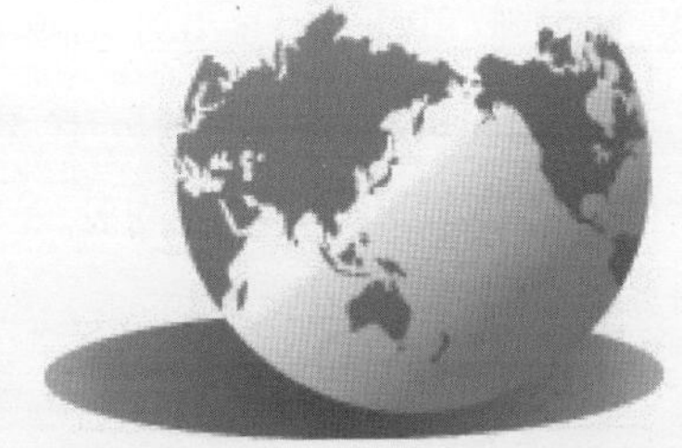

제1절 연구목적

WTO반덤핑협정(Agreement on Implementation of Article Ⅵ of the General Agreement on Tariffs and Trade 1994, 이하 반덤핑협정)상 재심사제도는 크게 행정재심사(Administrative Review)와 사법재심사(Judicial Review) 이 두 가지 범주로 구분할 수 있다. 행정재심사라 함은 반덤핑조사 당국에 의한 반덤핑조치부과의 적용 이후 당해 당국이 그러한 반덤핑조치부과의 종료, 기간의 연장 및 기타 그 내용의 변경 또는 환급을 위하여 행하는 절차를 의미한다. 그리고 사법재심사는 반덤핑조사 당국에 의해 내려진 조치에 불복하는 당사자가 당해 국가의 관할 사법기관, 중재기관 또는 행정법원에 이의를 제기하여 그 적법성을 다룰 수 있도록 하는 절차를 의미한다. 여기서 이러한 반덤핑협정상의 재심사절차는, 반덤핑조치의 적법성을 확보하고, 반덤핑조치의 부과 이후 동 조치 발동의 기초가 되었던 덤핑의 존재 및 이로 인한 국내산업에의 피해 발생 등에 있어 상황 변화에 따라 동 조치의 내용을 변경함으로써 그 구체적 타당성을 확보하며, 나아가 반덤핑제도가 보호주의적 수단으로 남용되는 것을 방지하는 등 반덤핑제도의 적정한 운영을 보장하는 측면에서 매우 중요한 기능을 담당하고 있다.

그러나 현재 반덤핑협정상 행정재심사와 관련된 규정이 미비하여 각 회원국이 반덤핑 행정재심사제도를 자의적으로 운영하고 있는 상황이다. 현행 반덤핑협정상 행정재심사와 관련하여 존재하는 문제점들로는 원심에서 적용되는 정의, 방법 및 절차를 이들 행정재심사에도 적용하도록 규정하고 있지 않는 점, 명확한 재심사수행기간이 명시되어 있지 않는 점, 일부 행정재심사가 미래적인 검토에 기초하고 있다는 점 등이 지적되고 있다. 또한 그 실행에 있어서도 반덤핑조치는 끊임없이 지속되어

가는 양상을 보이고 있다. 예를 들어 미국의 경우 2000년 1월에서 2005년 10월까지 부과기간이 만료된 115건의 반덤핑조치 중 84.3%에 달하는 97건에 대해 반덤핑 종료재심사가 개시되었으며[1] 동 기간 중 확정판정이 내려진 71건의 종료재심사 사건 중 88.7%에 달하는 63건의 반덤핑조치가 연장되었다.[2]

반덤핑협정 및 그 실행에 있어 존재하는 이러한 문제점들은 곧바로 WTO회원국 간 분쟁의 증가로 연결되었다. WTO 설립 후 2006년 12월 1일 현재 분쟁해결 사건 중 9건의 사건이 반덤핑 / 상계조치[3] 행정재심사와 관련된 분쟁이었고 또한 이 중 6건에 대해서는 패널 / 상소기관의 판정이 채택된 바 있다. 이러한 현재의 추세를 보면 반덤핑 행정재심사 관련 분쟁이 점차 더 늘어날 전망이다. 물론 WTO분쟁해결기관의 이러한 판정은 WTO회원국들에 반덤핑 행정재심사의 수행과 관련하여 일정한 지침을 제공하여 주고 있지만 아직도 많은 부족함을 보이고 있다 특히 반덤핑협정상 관련 규정의 불명확화 또는 부재는 분쟁해결기관이 명쾌한 판정을 내릴 수 없게 하였으며 따라서 분쟁해결기관은 반덤핑협정에 규정되어 있지 않는 부분에 대해서는 대부분 피소국 조사기관의 손을 들어줌으로써 반덤핑조치의 무분별한 지속에 제동을 걸지 못하고 있다.

이러한 배경하에 2001년 도하에서 개시된 도하개발의제(Doha Development Agenda, 이하 DDA)협상에서도 2006년 7월 동 협상이 중단되기

---

1) 미국은 반덤핑 종료재심사가 자동적으로 개시되는 시스템을 갖고 있으며 이러한 의미에서 보면 기간이 만료한 반덤핑조치는 100% 종료재심사가 개시된다고 하여야 하겠지만 여기에서는 자동적인 종료재심사가 개시된 후 국내산업이 이에 응답하지 아니하여 반덤핑조치가 종료된 부분은 재심사가 개시되지 않은 것으로 계산하였다.

2) Cliff Stevenson, *Evaluation of EC Trade Defence Measures*, Mayer, Brown, Rowe & Maw LLP, December 2005, p.163.

3) 반덤핑협정과 보조금협정(Agreement on Subsidies and Countervailing Measures)상의 행정재심사 관련 규정들은 서로 대응되며 거의 같은 내용 및 구조를 갖고 있으므로 보조금협정상의 행정재심사 관련 분쟁해결 판정도 반덤핑협정상 행정재심사 관련 내용의 파악에 도움이 될 것이며 따라서 본서에서는 보조금협정상 행정재심사 관련 분쟁의 판정내용도 살펴보도록 한다.

전까지 반덤핑 행정재심사와 관련하여 규범협상그룹(Negotiating Group on Rules)에서 열띤 논의가 이루어졌다.

상술한 현실에 비추어 반덤핑 행정재심사와 관련하여 WTO와 미국, EU, 중국, 인도, 한국 등 주요국의 법령과 관행을 살펴보고 반덤핑 행정재심사와 관련된 패널/상소기관의 판정내용을 분석하며 DDA협상에 있어 주요국의 입장차이와 협상을 통해 이루어 가야 할 반덤핑협정의 개선방향을 제시하고자 함이 본서의 취지이다.

제2절 연구범위 및 연구방법

반덤핑협정에 따르면 반덤핑관세는 피해를 초래하는 덤핑을 상쇄하는 데 필요한 기간 및 수준 내에서 부과되어야 한다.[4] 행정재심사는 이러한 반덤핑협정의 취지에 맞춰 상황이 변하거나 이해관계인이 처한 상황이 특수한 경우 반덤핑관세의 유지 여부나 내용의 수정 여부를 검토하는 절차이다.

좁은 의미의 행정재심사로서 반덤핑협정 제11조에 규정되어 있는 중간재심사(Interim Review)와 조치부과 후 5년이 경과되기 전에 진행하는 종료재심사(Expiry Review)를 들 수 있다. 그리고 넓은 의미의 재심사는 중간재심사와 종료재심사 이외에 반덤핑협정 제9조에 규정되어 있는 신규수출자재심사(New Shipper Review)와 관세평가재심사(Duty Assessment Review)를 포함한다.

---

4) 반덤핑협정 제11.1조.

반덤핑 종료재심사와 관련하여 현재 미국과 인도의 규정은 5년기재심사(Five-Year Review) 또는 일몰재심사(Sunset Review)라고 표현하는 반면에 EU, 중국 및 한국 등은 종료재심사(Expiry Review)라고 표현하고 있다. 본서에서는 종료재심사로 표현하기로 하겠다. 그리고 중간재심사의 경우에는 현재 미국이나 한국 등 국가의 규정은 상황변동재심사(Changed Circumstances Review)로 표현하는 반면에 EU, 중국 및 인도 등은 중간재심사(Interim Review 또는 Mid-Term Review)라고 표현하는데 본서에서는 중간재심사(Interim Review)로 표현하려 한다.

또한 신규수출자재심사와 관련하여 미국, 중국, 인도의 규정은 신규수출자재심사(New Shipper Review)라고 표현하고 EU의 규정은 신규수출자재심사(New Exporter Review)라고 표현하며 한국의 규정은 신규공급자재심사(New Supplier Review)라고 표현하는데 본서에서는 신규수출자재심사(New Shipper Review)로 표현하려 한다.

관세평가재심사의 경우, 추급적(prospective)인 반덤핑 관세평가시스템을 사용하는 EU, 중국, 인도, 한국의 규정은 관세환급재심사(Duty Refund Review)라고 표현하고 이와는 반대로 소급적(retrospective)인 반덤핑 관세평가시스템을 사용하는 미국의 규정은 연례재심사(Periodic Review)라고 표현하는데 본서에서는 관세평가재심사(Duty Assessment Review)라고 표현하려 한다.

물론 중간재심사와 상황변동재심사, 종료재심사, 5년기재심사와 일몰재심사, 신규수출자재심사(New Shipper Review), 신규수출자재심사(New Exporter Review)와 신규공급자재심사, 관세평가재심사, 관세환급재심사와 연례재심사와 등은 반덤핑협정상 공식 표현은 아니다.

미국의 1930년 관세법(Tariff Act of 1930)은 중간재심사, 종료재심사, 신규수출자재심사, 관세평가재심사 등 네 가지 재심사를 통틀어 행정재심사라고 칭하며 본서에서 말하는 행정재심사 역시 이러한 네 가지 유형의 재심사를 모두 의미한다.

반덤핑제도에서 종료재심사와 중간재심사는 성격상 신규수출자재심사,

관세평가재심사와 비교적 큰 차이점을 가지며 반덤핑협정에서도 이들을 각각 제11조와 제9조에 나눠서 규정하고 있다. 그럼에도 불구하고 신규수출자재심사를 재심사의 한 유형으로 소개하는 것이 일반적이며 관세평가재심사를 재심사의 한 유형으로 소개하는 경우가 그다지 일반화되지는 못하였다 할지라도 미국과 같이 소급적인 관세평가시스템을 갖고 있는 WTO회원국의 경우에 이러한 관세평가재심사가 기타 추급적인 관세평가시스템을 취하는 회원국들의 중간재심사와 비슷한 기능을 하므로 미국 관세법상으로도 이들을 모두 행정재심사로 규정하고 있다. 따라서 각 회원국들의 반덤핑 행정재심사를 보다 정확히 파악하기 위해서는 이들 네 가지 유형의 재심사제도에 대한 전반적인 고찰이 필수적일 것으로 생각된다.

본서의 연구범위 및 연구방법은 다음과 같다. 우선 비록 간단하기는 하지만 그럼에도 불구하고 반덤핑협정상의 관련 규정은 각 회원국이 자국의 반덤핑 행정재심사제도를 설립 및 운영함에 있어 기초적인 틀을 제공하므로 반덤핑협정상의 관련 규정의 내용, 연혁과 문제점 및 분쟁해결기관이 실제 사례에서 이러한 규정들에 대한 분석과 판정내용을 살펴보았다. 다음으로 미국, EU, 중국, 인도, 한국 등 주요 국가들의 반덤핑 행정재심사 관련 규정 및 실제 운용사례를 살펴보고 이에 대한 분석과 평가 및 서로간의 비교를 진행하였다. 마지막으로 DDA협상에서 반덤핑 행정재심사와 관련하여 각국의 제안서에 대한 설명과 검토를 통하여 각국의 입장차이를 살펴봄과 아울러 이에 대한 법적 평가를 하고자 하였으며 더 나아가서 반덤핑 행정재심사와 관련하여 현행 규정의 개선방향을 찾고자 시도하였다.

구체적으로 연구범위는 WTO, 미국, EU, 중국, 인도, 그리고 한국의 반덤핑법령에서 행정재심사 관련 법령과 적용실태와 DDA협상에서 각국의 입장차이에 대한 설명과 분석 및 협상을 통하여 이루어져야 할 개선방향 등으로 구성된다.

연구방법으로 제2장 내지 제5장에서 각각 WTO 및 미국, EU, 중국,

인도, 한국의 반덤핑 종료재심사제도, 중간재심사제도, 신규수출자재심사제도, 관세평가재심사제도를 규범적 및 이행적 측면에서 검토 및 비료를 할 것이며, 이에 더해 DDA협상에서 반덤핑 행정재심사제도와 관련하여 각 회원국의 입장차이를 검토하면서 반덤핑 행정재심사제도의 개선방향을 제시하고자 하였다.

제2장
WTO 및 주요국의
반덤핑 종료재심사제도

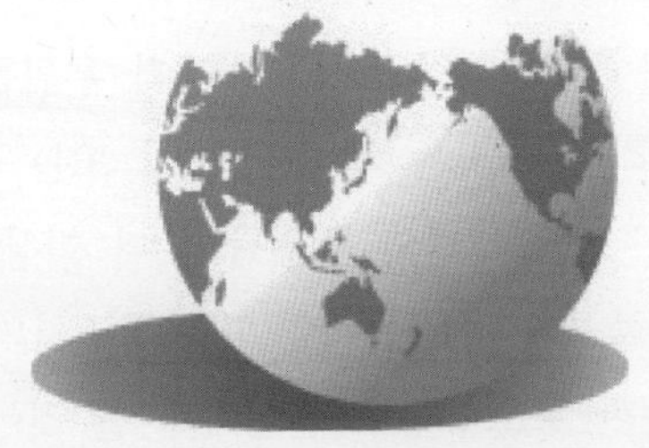

제1절 WTO의 반덤핑 종료재심사제도

Ⅰ. WTO 반덤핑 종료재심사제도의 도입배경

상황의 변동, 회사가 해당 시장으로의 접근과 퇴출, 비즈니스 관행의 변화, 제품종류의 변화, 과학기술의 발전 및 무역패턴의 변화 등 많은 요소들로 인하여 반덤핑조치는 무기한으로 유효할 수 없게 되며 따라서 이러한 이유에 의해 반덤핑 종료재심사의 개념이 도입되기 시작하였다.[5]

반덤핑협정이 체결되기 전 일부 회원국 특히 미국의 경우 반덤핑관세 부과의 종료를 위한 규칙적인 종료절차가 없어 그 결과 미국에서 반덤핑명령의 평균 존속기한은 10년을 초과하였으며 일부 반덤핑조치는 심지어 30년을 넘어 유지되기도 하였다. 이러한 상황은 시장왜곡을 구제하기 위한 대응책인 반덤핑정책의 이론과 명백히 위배되었다. 만약 반덤핑조치가 시장왜곡에 의한 인위적인 경쟁적 우위를 상쇄하는 것에 의해 정당화된다면 이러한 조치는 왜곡의 종식 또는 우위가 상실되는 즉시 종료되어야 한다. 그러나 만약 수입품이 더 이상 국내산업에 피해를 야기하지 않음에도 불구하고 계속적인 반덤핑조치의 대상이 된다면 반덤핑조치부과는 단순한 보호주의로 변질되게 될 것이다.[6]

종래 GATT(General Agreement on Tariffs and Trade) 제Ⅵ조 규정상의 모호함과 구체적 규정의 미비 등으로 인해 반덤핑조치가 부당하게 장기화

---

5) Greg Mastel, *Antidumping Laws and the U.S. Economy*(New York: M.E. Sharpe, 1998), p.122.

6) James P. Durling and Matthew R. Nicely, *Understanding the WTO Anti-Dumping Agreement: Negotiating History and Subsequent Interpretation*(London: Cameron May, 2002), p.504.

됨으로써 자유무역을 저해하는 보호주의적 수단으로 운용됨에 따라, 우루과이라운드협상 전인 1985년 영국, 싱가포르 및 EU 등은 반덤핑위원회(Anti-Dumping Committee)에서 반덤핑협정에 자동종료조항(Sunset Clause)의 내용을 포함하는 재심사제도의 개선을 WTO사무국에 요청하였다. 이에 따라, 우루과이라운드에서 반덤핑협정상 재심사제도의 개선을 위한 작업반이 출범하였고, 미국의 반대에도 불구하고 호주, 일본, 한국, 싱가포르, 노르웨이 및 캐나다에 의해서 다양한 제안이 이루어졌으며, 8년간의 논의를 거쳐 1993년에 동 협상이 타결되었고, 동 협상결과는 1994년 4월 15일 회원국들의 서명으로 WTO최종협정문에 포함되었다.[7]

　종료재심사규정의 도입은 반덤핑협정에 있어 하나의 중요한 개선작업이었다. 소위 종료조항으로 불리는 동 규정은 반덤핑조치의 기한을 제한하고 조치의 연장에 필요한 요건을 제시하고 있다. 이와 관련된 기본적인 아이디어는 우루과이라운드협상의 시작단계의 Carlisle I 텍스트에 나타났었지만 반덤핑조치의 존속기한(3년 또는 5년) 및 조치의 연장에 필요한 요건과 관련하여 번복을 계속하였다. 그 후 Carlisle II 텍스트에서는 반덤핑조치 연장 후의 상황처리에 대한 조항을 제안하였으나 그다음 초안에는 포함되지 못하였다. 미국은 우루과이라운드협상의 최후시각에 텍스트를 수정할 것을 요구하였다. 결과 Carlisle II 텍스트에서 도입되었고 다음의 초안에 변화 없이 유지되었으며 Dunkel 초안에서도 유지된 문구인 "관세의 지속적인 부과(continued imposition of the duty)"는 "관세의 종료(expiry of the duty)"로 수정되었으며 이 밖에 "필요한 경우(is necessary)"라는 문구도 "가능하게 야기할 경우(would be likely to lead to)"로 수정되었다. 두 가지 경우에 있어 문구에 대한 수정은 반덤핑조치의 연장 시 반드시 충족시켜야 할 요건에 대해 수정하고자 의도되었던 것이다.[8]

---

7) Terence P. Stewart and Amy S. Dwyer, *WTO Antidumping and Subsidy Agreements: A Practitioner's Guide to "Sunset" Reviews in Australia, Canada, the European Union, and the United States*(Boston: Kluwer Law International, 1998), p.59.

Ⅱ. WTO 반덤핑 종료재심사제도의 내용

1. 실체적 규정

반덤핑협정에 따르면 모든 확정적 반덤핑관세는 부과일, 덤핑과 피해를 동시에 고려한 가장 최근의 중간재심사 또는 가장 최근의 종료재심사 검토일로부터 5년 이내에 종료된다. 다만, 조사기관이 동 일자 이전에 직권에 의해 개시한 재심사 또는 동 일자 이전 합리적인 기간 내에 국내산업에 의하거나 이를 대신하여 이루어진 정당한 근거에 입각한 요청에 의하여 개시된 재심사에서 관세의 종료가 덤핑 및 피해의 지속 또는 재발을 초래할 것으로 판정하는 경우는 그러하지 아니한다. 이러한 재심사결과가 나오기 전까지 반덤핑관세는 유효할 수 있다.[9]

즉 반덤핑협정 제11.3조는 회원국들이 아래의 요건이 충족되지 아니하는 경우에는 부과일로부터 5년 내 반덤핑관세를 종료하도록 요구한다. (ⅰ) 확정반덤핑관세의 부과 후 5년의 기간이 만료하기 전 재심사가 개시될 것. 여기서 5년의 기산점은 원심에서의 확정반덤핑관세 부과시점 또는 만약 추후에 종료재심사거나 덤핑과 피해를 모두 검토한 중간재심사가 이루어졌다면 그 판정이 내려진 시점으로 된다. (ⅱ) 재심사에서 조사기관이 반덤핑관세의 종료 시 덤핑의 지속 또는 재발 가능성이 있다고 판정할 것. 여기서 덤핑의 지속 가능성 또는 재발 가능성 중 한 가지만 판정되면 상술한 요건을 충족시키게 되며 이러한 가능성은 추후 발생할 것 같은 일종의 예측이라는 면에서 반덤핑원심에서의 덤핑판정 요건과 근본적인 차이점을 가진다. 즉 비록 재심사의 대상기간에 실제로 덤핑이 이루어지지 않았다 하더라도 덤핑의 재발 가능성이 있다는

---

8) James P. Durling and Matthew R. Nicely, *supra* note 6, p.505.
9) 반덤핑협정 제11.3조.

판정이 내려질 수 있는 것이다. (iii) 재심사에서 조사기관이 반덤핑관세의 종료 시 피해의 지속 또는 재발 가능성이 있다고 판정할 것. 여기서도 피해의 지속 가능성 또는 재발 가능성 중 한 가지만 판정되면 이러한 요건을 충족시키게 되며 이 역시 반덤핑원심에서의 피해판정 요건과 큰 차이점을 가진다.

종료재심사의 개시방법에는 두 가지가 있다. 즉 조사기관의 직권에 의한 개시와 국내산업 또는 국내산업을 대신한 신청인의 신청에 의한 개시이며 반덤핑협정은 신청인의 신청에 의한 종료재심사의 개시에 대해서는 신청인이 정당한 근거를 제출할 요건을 부과하고 있는 반면 직권에 의한 재심사개시의 경우에는 그러한 요건을 부과하고 있지 않다. 종료재심사의 신청인에는 국내산업 또는 국내산업을 대신한 자만 포함이 되며 이는 중간재심사에서 외국의 수출업체, 생산업체 및 국내의 수입업체가 신청을 제출할 수 있는 것과 대비되며 이는 종료재신사를 통하여 반덤핑조치가 종료되는 것이 일반적이며 그 연장은 예외적으로 의도되었음을 알 수 있다. 즉 만약 조사기관의 직권에 의한 또는 국내산업의 재심사신청에 의한 재심사의 개시가 이루어지는 경우를 제외하고 반덤핑조치는 기간이 만료하면 자동 종료하게 된다. 또한 신청에 의한 종료재심사의 경우 그 신청기한은 예정된 반덤핑조치의 종료일 전의 합리적인 기간 내여야 하나, 직권에 의한 재심사의 경우에는 이러한 요건을 두고 있지 않다. 단지 여기에서 말하는 합리적인 기간이 얼마인지에 대해서 반덤핑협정은 침묵하고 있으며 이는 각 회원국의 재량사항으로 남겨둔 것이다. 종료재심사는 반덤핑조치가 종료하도록 예정된 시점 전에 개시되어야 하며 종료재심사가 수행되는 기간에도 기존의 반덤핑조치가 계속해서 유효하게 부과될 수 있다.

반덤핑관세액이 소급적으로 평가되었을 경우 가장 최근의 관세평가재심사과정에서 관세가 부과되어서는 아니 된다는 조사결과 그 자체가 당국에 대해 확정반덤핑관세의 종료를 요구하지 아니하며[10] 또한 확정반덤핑관세뿐만 아니라 가격약속에 대해서도 상술한 종료재심사의 내용들은 필요한 변경을 가하여 적용된다.[11] 이러한 규정은 소급적인 관세평가시스템하의 관세평가재심사는 단지 소급적으로 관세액을 재평가하고 추후 일정기간 동안 예치하여야 할 관세액을 설정하는 것으로서 그 결과는 추후 재평가의 대상으로 남게 됨을 의식한 것이다.

덤핑에 있어서, 종료재심사에서 관련되는 문제는 반덤핑관세의 종료 시 덤핑의 지속 또는 재발이 가능한가 하는 것이다. 지속은 명백히 관세의 부과에도 불구하고 덤핑이 계속되고 있음을 의미하며, 반면 재발은 비록 덤핑은 정지되었지만 만약 반덤핑관세의 철폐 시 재발할 가능성이 있는 상황을 의미한다. 두 가지 상황 중 하나만 긍정적인 판정이 내려지면 반덤핑조치를 유지할 수 있으며, 종료재심사의 목적상 덤핑마진을 산정하는 것이 절대적으로 필수적인 것은 아니다. 물론 이러한 산정이 반덤핑관세의 부과에도 불구하고 실제로 덤핑이 지속되고 있는지 만약 그러하다면 어떠한 수준인지를 판정하는 데 있어서 유용할 수는 있다.

이와 관련되는 다른 하나의 문제는 만약 종료재심사에서 행하여진 덤핑마진의 산정을 통해 덤핑마진이 인상 또는 인하되었음이 발견되는 경우 조사기관이 어떻게 하여야 하는가 하는 것이다. 즉 이들이 새로운 결론을 적용하여야 하는지 아니면 단순히 기존조치를 유지하여야 하는지 하는 것이다. 다수의 WTO회원국들은 종료재심사에서 유일한 옵션은 해당 조치를 유지시키는가 아니면 종료시키는가 하는 것이라는 입장을 갖고 있으며 이러한 입장은 반덤핑협정 제11.2조와 제11.3조의 문구가 서로 다름에 의해서도 입증된다고 한다. 만약, 국내산업 또는 수출자들의 상황이 변동되어 원심에서 부과된 관세가 연장됨에 있어 수정될 필요성이 있다고 판단되면 자신의 이익을 위하여 중간재심사를 신청할 수 있을 것이다. 이러한 의미에서, 일부 WTO회원국은 때때로 종료재심사의 개시와 더불어 직권에 의한 중간재심사를 개시하는데 이러한 경우 모든 옵션이 다 검토될 수 있다.[12]

---

10) *Ibid.*, 각주 22.
11) *Ibid.*, 제11.5조.

마지막으로 종료재심사를 통해 반덤핑조치가 연장되는 경우 그 부과기간은 최장 5년이다. 즉 5년이라는 기간은 그 최대치를 설정한 것이며 그 기간 내에서 각 회원국에 따라 차이가 있을 수 있을 것이다.

2. 절차적 규정

반덤핑원심에 적용되는 규정 중 증거 및 절차와 관련한 제6조의 규정은 종료재심사에 적용되며 종료재심사는 신속하게 진행되고, 일반적으로 재심사개시일로부터 12개월 이내에 종결된다.[13]

이러한 규정은 비교적 애매하며 원심에 적용되는 반덤핑협정 제2조 내지 제5조의 규정은 종료재심사절차에 적용이 가능한지 여부에 대해서는 침묵하고 있으며 또한 종료재심사가 일반적으로 개시일로부터 12개월 내 종료되어야 한다는 비강제적 성격의 규정을 둠으로써 각국이 이를 준수하지 아니하여도 그 위법성을 물을 수 없게 되었다. 즉 원심과 관련하여서는 일반적으로 12개월, 최장 18개월이라는 기한을 명백히 규정한 것과 대조되며 단지 신속하게 진행되어야 한다고 하는 점은 이러한 원심에 비해 어느 정도 더 빨리 수행되어야 하는지 그리고 최장기한에 대한 규정은 있는지가 문제된다. 즉 종료재심사가 18개월을 초과하는 경우 반덤핑협정에 위배되는지 여부도 명백하지 않은 상황이다.

덤핑 및 피해의 확정, 국내산업의 정의, 조사절차 등은 반덤핑조사에 있어 극히 중요한 내용임에도 불구하고 종료재심사에 있어서 이들과 관련된 규정이 명확히 규정되어 있지 않은 상황이다.

---

12) Edwin A. Vermulst, *The WTO Anti-Dumping Agreement: A Commentary*(New York: Oxford University Press, 2005), pp.194-200.
13) 반덤핑협정 제11.4조.

Ⅲ. WTO 반덤핑 종료재심사제도의 문제점

반덤핑협정 제11조는 1979년 반덤핑규약(Tokyo Round Anti-Dumping Code)과 비교할 때, 첫째, 반덤핑조치에 대하여 최대 5년을 초과할 수 없다는 유효기간의 신설, 둘째, 재심사의 신속한 진행 및 그 재심사기간의 설정, 셋째, 이해관계인들에게 재심사를 신청할 수 있는 권리의 인정 등 보다 개선되고 명확해진 것으로 평가된다. 그러나 이러한 개선에도 불구하고 반덤핑협정상 종료재심사제도는 다음과 같은 문제점을 갖고 있다. 첫째, 덤핑과 피해 및 그 인과관계를 증명해야 하는 원심과는 달리 종료재심사에서는 반덤핑조치의 종료로 인한 덤핑과 피해 지속 또는 재발의 가능성만으로도 신규조사를 거치지 않더라도 반덤핑조치를 지속할 수 있다는 점,[14] 둘째, 덤핑 또는 피해의 지속이나 재발 가능성에 대한 구체적인 기준이 제시되어 있지 않아 이에 대한 해석 및 판단기준이 조사 당국의 재량에 맡겨져 자의적 운용의 여지가 농후하다는 점,[15] 셋째, 반덤핑조사기관이 조사 중 명백한 증거자료에 구속되는 경우라 할지라도 재량권의 남용에 대한 통제가 어려운데 더욱이 조사기관이 예측에 근거할 수 있도록 허용되는 종료재심사의 경우 이러한 통제는 거의 불가능해진다는 점,[16] 넷째, 재심사제도의 운용에 있어 반덤핑협정 제6조의 증거 및 절차적 조항만을 준용토록 규정하고 있어, 미소마진 및 미소물량 그리고 덤핑마진 산정방법 등의 실체적 규정들이 최초 원심과 다르게 적용될 수 있다는 점[17], 다섯째, 강제적인 기한을 도입하고 있지 않다는 점 등이 현

---

14) 강문성 외, 『DDA 규범분야의 협상의제별 주요 쟁점과 시사점』(서울: 대외경제정책연구원, 2003), 38쪽.

15) Hangbog Lee, "A Critical Review of U.S. Standard for Likelihood Determination in Sunset Reviews under Article 11.3 of the Antidumping Agreement", *International Trade Law*, Vol.54, 2003, p.55.

16) Brink Lindsey and Daniel J. Ikenson, *Antidumping Exposed-The Devilish Details of Unfair Trade Law* (Washington: Cato Institute, 2003), pp.193-195.

반덤핑협정상 종료재심사제도의 한계로 지적되고 있다.

반덤핑관세의 부과기간에 대한 명시적인 규정을 도입함으로써 이로 인한 마찰의 가능성을 상당 폭 줄이기 위하여 반덤핑협정에 종료재심사제도를 규정하였으나 실제 효과는 그리 크지 않은 것으로 나타나고 있다. 그 이유는 다음과 같이 크게 두 가지를 들 수 있다. 첫째, 종료재심사는 반덤핑조치의 종료 시 덤핑 및 피해의 지속 또는 재발 가능성을 판단하는 것으로서 일종의 미래적인 판단기준을 도입하였으므로 이에 대한 통제가 무척 어렵다는 것이다. 실제로 이러한 가능성 판단의 도입으로 인하여 종료재심사에서 긍정판정이 내려질 확률이 대폭 증가하였으며 실제로도 많은 사례에서 덤핑 및 피해의 지속 또는 재발 가능성이 판정되어 반덤핑조치가 끊임없이 연장되어 가는 양상을 보이고 있다. 이러한 상황에서 어떤 의미에서 보면 예외로 되었어야 할 반덤핑조치의 연장이 오히려 보편화되고, 보편화되었어야 할 반덤핑조치의 종료가 오히려 예외로 되어가고 있다. 둘째, 증거 및 절차와 관련된 반덤핑협정 제6조만 종료재심사에 적용이 가능하도록 명확히 규정함으로써 제2조 내지 제5조의 규정을 준용하도록 하는 규정은 두고 있지 않다는 점이다. 이로 인하여 각 회원국은 종료재심사과정에 원심과는 상당히 구분되는 미소덤핑마진, 수출가격과 정상가격의 비교방법, 제로잉 등을 도입함으로써 덤핑긍정판정이 원심에 비해 더욱 쉽게 이루어질 수 있도록 하고 있다.[18)]

다수의 경우 조사 당국은 반덤핑관세의 철폐 시 덤핑의 지속 또는 재발 가능성이 있다고 판정하며 일반적으로 덤핑의 종식과 대상상품의 안정적인 수출 또는 수출증가가 이루어지는 경우에 한해 덤핑의 지속 또는 재발 가능성이 없는 것으로 판정하고 있는데 이는 경제적 관점에서

---

17) 김용환, "한국의 반덤핑제도상 행정적 재심사제도의 발전방안 연구", 『무역구제』제2호(2001. 4.), 95쪽.

18) 이종화, 『WTO반덤핑협정의 개정방향 탐구』(서울: 대외경제정책연구원, 2001), 33~34쪽.

보면 매우 불가능하다. 조사 당국의 이러한 접근법으로 인하여 극히 드문 경우에만 반덤핑조치가 종료되었다. 따라서 많은 회사들이 이로부터 벗어나고자 하는 노력을 실제상 봉쇄하였다고 볼 수 있다. 본질적으로, 조사 당국은 이러한 관행 속에서 잠정적인 구제조치를 영구적인 보호로 변질시키고 있다.[19]

이러한 문제점을 해결하기 위한 대안으로 반덤핑협정 제11.3조의 악용은 가능성 요건에서 초래되므로, 가능성 기준에 대해 보다 상세하고 명확한 기준을 도입하거나 그렇지 않을 경우 반덤핑조치의 연장을 아예 원천 봉쇄시키자는 제안이 나오고 있다.[20]

반덤핑조치의 연장을 아예 원천 봉쇄시키자는 제안에 따르면 모든 반덤핑조치는 부과 후 5년 내 자동 종료되어야 하고, 1년(최단 6개월) 후에야 재조사를 개시할 수 있도록 규정하자는 것이다. 이에 비해 조금 완화된 제안으로는 원칙적으로 반덤핑조치는 부과 후 5년 내 종료되어야 하지만 특정 상황에서는 예외적으로 3년 내에 한정한 1차례의 연장이 가능하도록 하자는 것이 있다. 또한 다른 한 제안에 의하면 국내산업은 반덤핑조치의 종료 후 즉시 신규신청을 할 수 있으며 만약 이러한 신청이 1년 내에 이루어진 경우에는 조사기관으로 하여금 45일 내 피해에 대한 잠정판정을 내리며 이러한 잠정판정이 긍정적이면 종료된 반덤핑명령에서 적용된 것과 같은 비율의 잠정반덤핑관세가 발효되도록 하자고 한다.

아울러, 반덤핑조치의 남용을 방지하기 위해 5년은 국내산업이 경쟁력을 갖추기에 충분한 기간이며 따라서 그 기간은 반덤핑조치 적용기간의 최장기간으로 간주되어야 한다는 주장도 제기되고 있다. 특히, 반덤핑조치의 연장 여부를 결정함에 있어서 덤핑수입으로 피해가 지속적으로 발생하지 않는 한, 막연한 피해 재발 가능성에 기초한 반덤핑조치의

---

19) Daniel J. Ikenson, *Abuse of Discretion Time to Fix the Administration of the U.S. Antidumping Law*, Cato Institute, 2005, p.21.
20) 이건호, "DDA 반덤핑협상 개정안에 대한 이슈별 고찰", 『DDA 아젠다협상 세부의제별 간담회 토의자료』, 대외경제정책연구원, 2002, 39쪽.

연장을 불허하도록 하여야 한다. 따라서 반덤핑조치의 연장은 예외적으로 특별한 경우에만 적용되는 것이 가능하도록 하며, 조사 당국이 덤핑·피해·인과관계 및 공익 등의 전모를 새로 조사하고 국내 생산자가 계속되는 덤핑공세로 인해 회복이 불가능한 경우에 한해 적용하도록 하는 것이 합리적이라 할 수 있다.[21]

이들 제안과는 달리 현행의 가능성 테스트의 큰 틀은 유지하면서 조사기관이 검토하여야 할 요소들을 명확히 규정하고 재심사의 기한을 명확히 규정하자는 제안도 제시되고 있다. 그리고 이들은 반덤핑협정에 종료재심사의 가능성 판정과 관련하여 예시적인 요소들의 리스트를 삽입한다면 종료재심사의 수행에 유익한 지침을 제공해 줄 것이며 조사기관이 판정을 내림에 있어 실제적인 요소들의 다양한 변화를 다루어야 하는 것과도 충돌됨이 없다고 주장한다.

다음으로 반덤핑협정 중 제2조 내지 제5조를 종료재심사에 적용하여야 하는가가 문제되는데 현재의 규정상으로는 종료재심사절차에 원심에 적용된 조항, 즉 제2조 내지 제5조의 조항이 준용된다는 명시적인 규정이 없어 재심사절차가 회원국별로 자의적으로 운용되고 있다. 또한 명백한 규칙의 부재는 조사기관으로 하여금 종료재심사에 원심과 상당히 구분되는 규칙, 절차와 방법을 자의적으로 도입할 수 있도록 하여 피제소자에게 불공정한 부담을 지우고 있으며 이러한 상황은 법적 안정성과 모든 반덤핑조사에 필수적인 투명성을 손상한다고 본다.

각 회원국이 자의적으로 규칙, 절차 및 방법을 도입하는 관행은 또한, 인위적으로 덤핑마진을 부풀리며 덤핑을 상쇄시키는 데 필요하지 아니한 반덤핑관세를 부과하는 것으로 이어진다. 원심에 대해서만 다자적 통제를 확립하는 것이 아니라 종료재심사 등 반덤핑절차의 모든 추후단계에 대해서도 다자적 통제를 확립하여야 할 필요성이 있다. 즉 반덤핑협정 전반에 걸쳐 적용되는 기본적인 실체조항, 방법과 절차를 보장하

---

21) 이종화, 앞의 주 18, 33~34쪽.

는 동시에 예측 가능성을 제고시켜야 한다.

이와 관련하여 종료재심사에서 적용 가능한 경우 반덤핑협정 제2조 내지 제5조의 규정을 적용하여야 하며, 특수 경우에는 변경하여 적용하여야 한다는 주장과 우선 이들 조항 중 종료재심사에 적용 가능한 조항을 구분하고 적용 불가능한 경우에는 새로운 규정을 도입하여야 한다는 주장이 제기되고 있다.

Ⅳ. 반덤핑 종료재심사와 관련된 DSB의 판정내용에 대한 분석

2006년 12월 1일 현재 이미 6건의 반덤핑 / 상계조치 종료재심사와 관련된 WTO분쟁이 발생하였고 또한 이 중 4건에 대해서는 패널 및 상소기관의 판정이 분쟁해결기관(Dispute Settlement Body: DSB)에서 채택된 바 있다. 즉, *U.S.-German Steel CVDs*사건,[22] *U.S.-Corrosion-Resistant Steel Sunset Review*사건,[23] *U.S.-Steel Sunset Reviews*사건,[24] *U.S.-OCTG Sunset Reviews*사건,[25] *U.S.-OCTG AD Measures*사건,[26] *U.S.-"Zeroing"(Japan)*[27]사건 등

---

22) United States-Countervailing Duties on Certain Corrosion-Resistant Carbon Steel Flat Products from German(DS213).
23) United States-Sunset Review of Anti-Dumping Duties on Corrosionresistant Carbon Steel Flat Products from Japan(DS244).
24) United States-Sunset Reviews of Anti-Dumping and Countervailing duties on Certain Steel Products from France and Germany(DS262).
25) United States-Sunset Reviews of Anti-Dumping Measures on Oil Country Tubular Goods from Argentina(DS268).
26) United States-Anti-Dumping Measures on Oil Country Tubular Goods(OCTG) from Mexico(DS282).
27) United States-Measures Relating to Zeroing and Sunset Reviews(DS322).

이 제소되어 *U.S.-Steel Sunset Reviews*사건과 *U.S.-"Zeroing"(Japan)*사건을 제외한 나머지 4건은 이미 패널 / 상소기관의 판정이 채택되었다.[28] 또한 *U.S.-"Zeroing"(Japan)*사건도 2006년 11월 20일 현재 패널보고서가 회람된 상황에서 상소가 이루어져 상소절차가 진행 중에 있으며 단지 *U.S.-Steel Sunset Reviews*사건만이 피소국인 미국이 해당 조치를 철회함으로써 판정을 거치지 않고 양자적으로 해결되었다. 아래에서는 이들 판정내용에 대해 살펴보기로 한다.

1. 미국 종료재심사지침의 제소 가능성 여부

*U.S.-Corrosion-Resistant Steel Sunset Review*사건에서는 미국 상무부 (US Department of Commerce, 이하 DOC)의 반덤핑관세명령과 상계관세명령에 대한 종료재심사수행정책(Policies Regarding the Conduct of Sunset Reviews of Antidumping and Countervailing Duty Orders, 이하 종료재심사지침)이 WTO분쟁해결대상으로 될 수 있는가가 문제시되었다. 동 사건의 패널절차에서 제소국 일본은 미국의 종료재심사지침이 그 자체로서(as such) 반덤핑협정에 위배된다고 주장하였는데 패널은 동 문서가 구속력이 없어 WTO위반사항으로 제소될 수 없다는 판단하에 일본의 이 주장을 검토하지 않았으며 일본은 이와 같은 패널판정에 대해 상소하였다.[29]

상소기관은 미국의 종료재심사지침이 미국에서 반덤핑조치 또는 상계조치에 대한 종료재심사 관련 전반적 구조의 일부분을 구성한다고 지적

---

28) *U.S.-German Steel CVDs*사건, *U.S.-Corrosion-Resistant Steel Sunset Review*사건, *U.S.-OCTG Sunset Reviews*사건, *U.S.-OCTG AD Measures*사건에서는 모두 패널 판정과 상소기관판정이 채택되었다.

29) WTO, *United States-Sunset Review of Anti-Dumping Duties on Corrosion-Resistant Carbon Steel Flat Products from Japan AB-2003-5: Report of the Appellate Body*, W T / DS244 / AB / R, 15 December 2003, paras.75-77.

하였다.[30] 상소기관은 패널이 구분하지 못하였던 2개의 이슈를 각각 구분하였다. 즉 첫 이슈는 법률, 규정, 관행 등 법적 문서종류 자체가 WTO분쟁해결대상이 될 수 있음을 결정할 수 있는가 하는 것이다. 그리고 두 번째 이슈는 문제조치의 강제적 또는 비강제적 성격이 동 조치의 WTO협정상 합법성을 결정할 수 있는가 하는 것이었다. 상소기관은 종료재심사지침은 비강제적 성격을 갖기 때문에 그 자체로서 제소될 수 없다는 패널판정이 혼란을 일으켰다고 하였다. 즉 비강제적 조치가 문제된 특정조치(specific measure at issue)를 구성할 수 없다는 것인지 또는 이러한 조치가 WTO회원국의 의무위반을 구성할 수 없음을 의미하는지 불명확하다고 하였다.[31]

상소기관은 앞의 첫 이슈를 검토하면서, WTO회원국 기관에 의한 모든 작위와 부작위가 분쟁해결절차에서 그 회원국의 조치로 여겨질 수 있다는 판정을 내렸다. 또한 규칙/규범을 포함하는 회원국의 법적 문서(instrument)는 그 규칙/규범이 특정한 상황에서 적용되었는가, 적용되었으면 어떻게 적용되었는가와 관계없이 조치를 구성할 수 있다고 판단하였다. 반덤핑협정 제18.4조에서 언급된 법률, 규정 및 행정절차는 반덤핑절차실시를 위해 적용 가능한 모든 규칙, 규범 및 기준을 의미한 것이지, GATT/WTO 규범에서 오직 특별한 조치의 종류만이 분쟁해결대상이 될 수 있음을 의미한 것이 아니다. 따라서 상소기관은 비강제적 조치가 그 자체로서 제소될 수 없다고 판정하기가 어렵다고 하였다.[32]

상소기관은 두 번째 이슈를 다루면서, 패널판정 중 종료재심사지침에 대한 설명부분에서 일부 부족한 점들을 지적하였다. 우선 패널이 종료재심사지침의 서론만 보고 이를 구속력이 없는 문서로 평가하였다는 것이다. 또한 종료재심사지침의 특정 규정을 검토하지도 않고, 종료재심사지침의 내용을 관련 법규정의 내용과 비교하지도 않았다는 사실이다.

---

30) *Ibid.*, para.73.
31) *Ibid.*, paras.79-80.
32) *Ibid.*, paras.81-82.

일본이 증거를 제공했음에도 불구하고 패널은 종료재심사지침의 일부 규정이 그 성격에 따라 어느 정도까지 의무적인지 또한 DOC가 이러한 규정을 의무적이라고 간주하는 범위를 검토하지 못하였다는 점이다. 뿐만 아니라 패널은 종료재심사지침이 구속력이 없는 문서라는 점에서만 이를 반덤핑협정 제18.4조상의 행정절차라고 한 일본의 주장을 거부하였다는 것이다. 따라서 상소기관은 종료재심사지침이 WTO협정상 의무위반이 될 수 없는 비강제적 문서이며 WTO협정하에서 제소될 수 없는 조치라는 패널의 판정을 파기하였다. 이어서 상소기관은 패널이 검토하지 않은 종료재심사지침 제Ⅱ.A.2-4조가 반덤핑협정 제6.10조와 제11.3조의 위반이라는 일본의 주장도 검토하기로 하였다.33)

*U.S.-OCTG Sunset Reviews*사건에서 역시 DOC의 종료재심사지침이 WTO분쟁해결에서 말하는 조치인가 여부와 관련하여 문제되었는데 패널은 *U.S.-Corrosion-Resistant Steel Sunset Review*사건의 상소기관보고서에 근거하여 종료재심사지침이 WTO분쟁해결대상조치로 된다고 판정하였다. 이에 미국은 *U.S.-Corrosion-Resistant Steel Sunset Review*사건에서 상소기관은 결코 종료재심사지침이 WTO분쟁해결대상조치라고 결론을 내리지는 않았다고 주장하였다.34) 또한 패널이 종료재심사지침을 조치라고 결론을 내림에 있어 분쟁해결양해 제11조상 요구되는 객관적인 평가를 하지 않았는바 동 분쟁과 관련하여 설득력 있는 사실적 기록을 제시하지 못하였다고 주장하였다.35)

상소기관은 동 쟁점과 관련하여 *U.S.-Corrosion-Resistant Steel Sunset Review*사건에서 상소기관은 종료재심사지침이 제소 가능한 조치가 아니라고 한 패널의 판정을 번복함으로써 사실상 종료재심사지침은 WTO분쟁해결에서 말하는 조치에 속한다고 한 것이라 하였다.36) 상소기관에

---

33) *Ibid.*, paras.94-100.
34) WTO, *United States-Sunset Reviews of Anti-Dumping Measures on Oil Country Tubular Goods from Argentina AB-2004-4: Report of the Appellate Body*, *WT / DS268 / AB / R*, 29 November 2004, paras.182-183.
35) *Ibid.*, para.185.

의하면 규칙 또는 규범을 발표하는 행위의 경우, 이러한 행위가 일반적
및 장래 적용적이게 되면 WTO분쟁해결의 대상조치로 되는데, 종료재심
사지침은 규범적인 가치를 갖고 있고 또한 일반적 및 장래 적용적이므
로 이러한 요건을 충족시킨다고 보아 결국 패널판정을 번복하였다.37)

2. 종료재심사의 가능성 요건에 대한 해석

*U.S.-Corrosion-Resistant Steel Sunset Review*사건에서 종료재심사의 가
능성 요건에 대한 해석이 문제되었는데 패널은 "반덤핑협정 제11.3조에
서 조사기관의 종료재심사판정에서 열거된 기준은 가능성 기준이며 동
기준은 종료재심사에서 덤핑과 피해의 지속 또는 재발 가능성 판정에서
적용되고 이는 미국 국제무역위원회(United States International Trade
Commission, 이하 USITC)가 적용한 기준이다."라고 판정하였다. 아르헨
티나는 "패널이 이러한 판정을 내림에 있어 가능성을 있을법한(probable)
으로 해석하지 아니하였기에 해석에 있어 오류를 범하였다."고 주장하였
다. 이와 관련하여, 아르헨티나는 "USITC의 관행은 있을법한 기준을 적
용하지 아니하고 있다."고 주장하였으며 "패널이 USITC가 미국 법원과
NAFTA(North American Free Trade Agreement)패널에서 자신이 있을법
한 이라는 기준을 적용하지 아니하였다고 한 주장을 검토하지 않았다."
고 주장하였다.38)

상소기관은 가능성은 '있을법함'을 뜻한다는 것에 동의하였지만 패널
이 가능성을 해석함에 있어 오류를 범하지는 않았다고 보았다. 이와 관
련하여 상소기관은 패널보고서에서 패널이 가능성이 '있을법함'에 미치
지 못하는 것으로 명시한 대목을 찾아볼 수 없다고 하였다. USITC가
국내법원과 NAFTA패널에서 한 주장의 관련성에 있어, 상소기관은 패

---

36) *Ibid.*, para.186.
37) *Ibid.*, para.187.
38) *Ibid.*, paras.305-307.

널이 이들 주장이 관련성이 없는 것으로 본 것은 정당하며 패널의 판정이 USITC가 국내법원과 NAFTA패널에서 제기한 주장에 의거하지 아니한 것은 증거의 비중과 관련 있다고 판시하였다.[39]이에 근거하여 상소기관은 "패널이 반덤핑협정 제11.3조의 가능성 용어에 대한 해석에 있어 잘못된 점이 없다."고 판정하였다.[40]

3. 종료재심사의 덤핑 가능성 판정에서 제로잉의 적용 가능성 여부

*U.S.-Corrosion-Resistant Steel Sunset Review*사건에서 종료재심사의 덤핑판정에서 제로잉을 적용 가능한가가 문제되었다. 일본은 DOC가 그전의 2차례 관세평가재심사에서 반덤핑협정 제2.4조를 위반하는 제로잉방법을 통해 산정된 덤핑마진을 종료재심사에서노 적용한 것이 반덤핑협정 위반이라고 주장하였다. 패널은 반덤핑협정 제2.4조가 덤핑마진을 산정할 때 적용되는 것이지 종료재심사에는 적용되지 않는다고 하였다. 또한 종료재심사 시 미국은 그전의 관세평가재심사에서의 덤핑마진을 적절히 이용해도 무방하다고 하여 일본의 주장을 기각하였다. 일본은 패널의 판정에 대해 상소하였다.[41]

상소기관은 반덤핑협정 제11.3조가 종료재심사 시 새로운 덤핑마진 산정을 요구하지도 않고, 또한 그전의 덤핑마진을 사용하도록 명시적으로 요구하지도 않는다고 지적하였다. 따라서 덤핑마진 자체가 덤핑의 지속 또는 재발 여부를 판정하는 데에 관련이 있을 수 있지만 반드시 결정적인 요소는 아니라고 강조하였다.[42] 또한 반덤핑협정 제2.1조에서의 "for the purpose of this agreement"라는 표현은 제11.3조는 물론 반

---

39) *Ibid.*, paras.308-313.
40) *Ibid.*, para.314.
41) WTO, *supra* note 29, paras.118-121.
42) *Ibid.*, paras.123-124.

덤핑협정 전체에도 해당한다고 하였다. 따라서 종료재심사 시 그전의 덤핑마진을 사용했으면 그전의 덤핑마진 산정에서의 제로잉과 같은 법적 결점은 반덤핑협정 제2.4조뿐만 아니라 제11.3조 위반으로도 간주된다고 하였다. 이에 상소기관은 일본이 제시한 것처럼 반덤핑협정 제2.4조를 위반하여 산정된 덤핑마진을 종료재심사 시에 사용했던 미국은 제2.4조를 위반하지 않았다는 패널판정을 파기하였다.[43]

상소기관은 미국이 그전의 덤핑마진에 근거한 것은 반덤핑협정 제11.3조를 위반하지 않았다는 패널의 판정도 파기하였다. 여기서 상소기관은 반덤핑협정 제2.4조에 위배되는 방법으로 덤핑마진을 산정하고 향후 그러한 덤핑마진을 종료재심사에 적용하면 덤핑의 지속 또는 재발 여부를 판정하는 데 있어 적절한 근거가 될 수 없다고 하였다. 따라서 일본의 NSC사가 관세평가재심사 및 종료재심사 시 DOC에 의해 이용된 덤핑마진 산정방법에 이의를 제기하지 않았다는 점 및 일본이 관세평가재심사 중의 덤핑마진 산정방법에 대해서는 제소하지 않았다는 미국의 주장도 받아들이지 않았다.[44]

상소기관은 앞의 패널판정을 파기한 후 미국이 반덤핑협정 제2.4조와 제11.3조를 위반했는지 여부를 분석하고 새로운 판정을 내릴 수 있는지를 검토하였다. 먼저 동 사건의 관세평가재심사에서 활용된 덤핑마진 산정방법이 *EC-Bed Linen*사건[45]에서의 제로잉방법과 유사한 점이 있다고 판정하였다.[46] 하지만 양자가 같은 것인지에 대해 패널단계에서 제출된 충분한 사실증거(Factual Evidence)도 없고, 이에 대한 패널의 명시적인 지적도 없어 동 이슈에 관한 일본의 주장을 분석할 수 없으며, 또한 미국이 반덤핑협정 제2.4조와 제11.3조를 위반했는지에 대한 판정도 내릴 수 없다고 하였다.[47]

---

43) *Ibid.*, paras.125-128.
44) *Ibid.*, paras.129-132.
45) European Communities-Anti-Dumping Duties on Imports Of Cotton-Type Bed Linen from India(DS141).
46) WTO, *supra* note 29, paras.135-136.

흥미로운 것은 이와 관련하여 *U.S.-"Zeroing"(Japan)*사건이 상소절차에 계류 중에 있다는 것이다.[48] 동 사건에서 일본은 관세평가재심사에서 수출가격과 정상가격을 가중평균 대 거래별 기초로 비교할 때 마이너스 덤핑마진을 제로잉하는 방법, 종료재심사에서 마이너스덤핑마진을 제로 잉하는 방법으로 산정된 반덤핑원심 및 / 또는 관세평가재심사에서의 덤 핑마진을 이용한 결과, 반덤핑명령의 철회 시 덤핑의 지속 또는 재발 가능성이 존재하는 것으로 판정하는 방법에 대해 문제점을 제기하였 다.[49] 우선 동 사건의 패널판정에서 패널은 반덤핑 종료재심사, 중간재 심사, 신규수출자재심사와 관세평가재심사에서 제로잉의 방법이 금지되 지 아니한다는 판정을 내렸으며[50] 이는 전의 상소기관의 판정내용과 상 충되는 부분이 적지 않으며 따라서 이와 관련하여 상소절차에서 상소기 관의 판정을 통하여 보다 분명한 입장정리가 있게 될 것으로 기대된다.

4. 종료재심사에서 총체적 명령차원의 판정 가능성 여부

*U.S.-Corrosion-Resistant Steel Sunset Review*사건에서는 종료재심사에 서 원심에서와는 달리 총체적 명령차원(order-wide)의 판정이 가능한지 여부가 문제되었다. 일본은 조사기관이 종료재심사 시 반덤핑협정 제 11.3조에 의해 수출자와 생산자 각자에 대한 가능성 관련 개별판정을

---

47) *Ibid.*, paras.133-138.

48) WTO, *United States-Measures Relating to Zeroing and Sunset Reviews: Notifi- cation of an Appeal by Japan under Article 16.4 and Article 17 of the Under- standing on Rules and Procedures Governing the Settlement of Disputes(DSU), and under Rule 20(1) of the Working Procedures for Appellate Review*, WT / DS322 / 12, 11 October 2006, pp.1-3.

49) WTO, *United States-Measures Relating to Zeroing and Sunset Reviews: Request for Consultations by Japan*, WT / DS322 / 1, 29 November 2004, pp.2-3.

50) WTO, *United States-Measures Relating to Zeroing and Sunset Reviews: Final Report of the Panel*, WT / DS322 / R, 20 September 2006, paras.7.220-7.244.

해야 한다고 주장하였다. 따라서 종료재심사지침 제Ⅱ.A.2조가 DOC에 종료재심사 시 명령차원에 기초하여 가능성에 대한 판정을 요구하기에 반덤핑협정 제11.3조와 제6.10조를 위반한다고 덧붙였다. 즉, 일본은 종료재심사지침 자체의 합법성을 한 이슈로 삼아 제소하였다.[51] 종료재심사지침이 WTO협정상 제소 가능한 조치가 아니라는 패널판정을 파기한 상소기관은 동 이슈에 대한 분석을 완성하고 판정을 내릴 수 있을지의 여부를 검토하였다.[52]

상소기관은 먼저 반덤핑협정 제11.3조를 검토하였다. 상소기관은 동 규정은 가능성 관련 판정 시 조사기관이 어떤 특별한 방법을 이용하도록 규정하지 않고 있으며 또한 규정문언(the provision on its face)으로는 일본이 주장했듯이 기업별(company specific) 판정도 요구하지 않는다고 하였다.[53] 특히 반덤핑협정 제9.2조상의 관세(duty)가 기업별 부과가 아닌 상품별 부과로 규정되어 있다는 점은 위 판정을 뒷받침한다고 덧붙였다.[54]

다음으로 상소기관은 반덤핑협정 제6조에 대한 일본의 주장을 검토하였다. 반덤핑협정 제11.4조에 따르면 제6조에서의 증거와 절차규정은 제11조상 모든 재심사에 적용되는데 이러한 차원에서 제6조는 종료재심사와 관련되지만 각 수출자와 생산자에 개별적으로 가능성 관련 판정을 해야 하는지 여부는 명시적으로 규정하지 않고 있다고 하였다.[55]

반덤핑협정 제6.10조는 "조사기관은 원칙적으로 이미 알려진, 조사대상상품과 관련된 개별적인 수출자 또는 생산자에 대해 개별적인 덤핑마진을 판정하여야 한다."고 규정하고 있다. 상소기관은 여기서 쓰인 조사대상상품에서 조사는 원심을 의미하며 또한 조사기관이 종료재심사 시 꼭 새로운 덤핑마진을 산정하거나 또는 그 전의 덤핑마진에 근거하도록

---

51) WTO, *supra* note 29, paras.144-145.
52) *Ibid.*, paras.146-147.
53) *Ibid.*, para.149.
54) *Ibid.*, para.150.
55) *Ibid.*, paras.151-152.

요구받지 않기 때문에 앞서 언급된 제6.10조 내용이 종료재심사와 아무런 관련도 없다고 판정하였다. 따라서 반덤핑협정 제6.10조는 제11.3조상 가능성 관련 판정을 함에 있어 기업별 실시하는 방식을 요구하지 않았다는 패널판정을 유지하였다.[56]

반덤핑협정 제6.10조와 제11.3조가 조사기관에 기업별로 가능성 관련 판정을 하도록 요구하지 않는다는 위 판정에 근거하여 상소기관은 종료재심사지침 제Ⅱ.A.2조에 "DOC는 종료재심사에서 명령차원에 기초하여 가능성 판정을 수행한다."고 규정된 것은 반덤핑협정 제6.10조와 제11.3조를 위반하지 않는다고 판정하였다.[57] 그러면서 상소기관은 동 판정은 종료재심사 시 기업별 가능성 관련 판정을 불가능하게 하는 것이 아니라고 강조하였다. 즉, 각 회원국들은 자국의 반덤핑제도를 반덤핑협정에 위배되지 않는 전제하에서 재량적으로 설립하고 운영할 수 있다고 덧붙였다.[58]

다음으로 상소기관은 철강판재류 제품에 대한 재심사에 적용된 종료재심사지침의 합법성에 대한 일본의 주장을 검토하였다. 패널절차에서 일본은 미국이 종료재심사지침에 따라 명령차원에 기초하여 가능성 판정을 하여 반덤핑협정 제6.10조 및 제11.3조를 위반하였다고 주장하였다. 패널은 동 주장을 기각하였으며 상소기관은 반덤핑협정 제6.10조와 제11.3조가 조사기관에 종료재심사 시 기업별 가능성 판정을 요구하지 않는다는 위의 판정에 의해 패널의 판정을 유지하였다.[59]

---

56) *Ibid.*, paras.153-155.
57) *Ibid.*, paras.156-157.
58) *Ibid.*, para.158.
59) *Ibid.*, paras.159-162.

5. 종료재심사의 덤핑 가능성 판정에서
DOC가 고려하는 요소

U.S.-Corrosion-Resistant Steel Sunset Review 사건에서는 종료재심사의 덤핑 가능성 판정에서 DOC가 고려하는 요소들이 문제되었다. 일본은 종료재심사지침 제Ⅱ.A.3조와 제Ⅱ.A.4조가 반덤핑협정 제11.3조를 위반한다고 주장하였다. 즉 종료재심사지침에 규정된 3가지 상황 중 하나만 발생하면 긍정적 덤핑 가능성 판정을 요구하는 반면 부정적 판정을 위해서는 사실상 불가능한 한 가지 상황만 필요로 하기 때문에 종료재심사 관련 DOC의 권한이 부적절하게 제한되며 종료재심사지침은 DOC가 다른 요소에 대한 증거를 고려하기 전 관련 이해당사자에게 충분한 이유(good cause)를 입증할 의무를 부과하므로 반덤핑협정에 위배된다고 주장하였다. 패널은 종료재심사지침이 WTO협정하에서 제소 불가능한 조치라고 판정했기 때문에 일본의 반덤핑협정 제11.3조 관련 주장을 검토하지 않았다.[60]

상소기관은 종료재심사지침의 제소 가능성 관련 판정에서 패널의 제11.3조에 대한 판정을 파기하였으며 또한, 일본의 위 주장에 대하여 분석을 하고 판정을 내릴 수 있는지를 검토하기로 하였다. 또한 물론 패널절차에 제출된 증거가 충분하면 이렇게 할 수 있다고 특별히 강조하였다.[61]

상소기관은 우선 문제조치의 의미와 내용을 분석한 다음 그 조치의 합법성을 분석해야 한다고 하였다. 여기서 쟁점이 된 조치는 덤핑의 지속 또는 재발 관련 판정에 대한 종료재심사지침 제Ⅱ.A.3조와 제Ⅱ.A.4조, 그리고 DOC가 기타 요소를 고려하는 것을 규정하는 제Ⅱ.C조로 구성되었다.[62]

상소기관은 먼저 일본의 주장을 자세히 검토하였다. 일본은 종료재심사

---

60) *Ibid.*, paras.164-165.
61) *Ibid.*, paras.166-167.
62) *Ibid.*, paras.168-169.

지침 제Ⅱ.A.3조와 제Ⅱ.A.4조의 4개 규칙은 가능성 관련 판정에 대한 기준이며 DOC가 역사적인 덤핑마진과 수입량만 고려하도록 규정하고 긍정적 가능성 판정을 위한 불공정규칙을 도입하였으며 또한 기타 요소를 고려하기 전에 충분한 이유기준을 충족시켜야 하는 요건 자체가 종료재심사지침이 불공정절차를 설치하였다는 주장을 뒷받침한다고 하였다.[63]

상소기관은 종료재심사지침의 관련 규정이 합법적인가를 적절하게 평가하기 위해서는 종료재심사지침이 덤핑마진 및 / 또는 수입량 관련 증거를 긍정적 가능성 판정에 대한 충분한 근거로 삼도록 DOC를 구속하는지 여부, 그리고 종료재심사지침은 DOC가 덤핑마진과 수입량 외 기타 요소를 고려하는 것을 제한하는지 여부를 판단해야 한다고 하였다.[64]

우선, 상소기관은 종료재심사지침이 덤핑의 지속 또는 재발 가능성 관련 증거와 수입량 관련 증거를 고려하도록 DOC에 분명히 지시한다고 하면서 종료재심사지침의 그러한 요건은 주로 가능성 판정과 관련이 있으므로 일반적으로 문제가 되지 않는다고 지적하였다.[65] 상소기관은 종료재심사지침의 합법성 여부에 대한 문제는 덤핑마진과 수입량의 검토가 결정적이냐 아니면 단순히 시험적이냐에 달려 있다고 하면서 앞의 3가지 상황에서 DOC에 대한 지시는 주로(normally) 적용된다고 규정되어 있으므로 DOC가 그 지시에 따라 항상 긍정적 판정을 하는 것이 아니라고 가정할 수 있다고 하였다. 반면 가격약속에 대한 종료재심사 시 덤핑마진과 수입량의 검토를 결정적인 것으로 간주할 수 없다고 규정하고 있는 점은 역으로 덤핑마진과 수입량 관련 요소들이 확정반덤핑관세에 대한 종료재심사에서는 결정적 성격을 가질 수 있다고 해석할 수 있기는 하지만 종료재심사지침 제Ⅱ.A.3조가 이 문제를 분명하게 규정하지는 않는다고 결론을 내렸다.[66]

---

63) *Ibid.*, para.170.
64) *Ibid.*, para.174.
65) *Ibid.*, paras.175-177.
66) *Ibid.*, paras.178-179.

상소기관은 종료재심사지침이 덤핑마진과 수입량 관련 요소 외 기타 요소를 고려하는 것을 제한하는가에 대한 두 번째 질문을 다루면서, '충분한 이유' 요건은 이해당사자가 DOC에 의한 기타 요소의 고려를 위해 노력함에 있어 장애물을 설치하였다는 일본의 주장을 검토하였다. 상소기관은 결국 동 사항에 대한 패널의 충분한 사실판정이 없어 관련 주장에 대한 판정을 할 수 없다고 결론 내렸다.[67]

이 밖에 상소기관은 종료재심사 시 고려된 요소에 대한 종료재심사지침의 적용 관련 상소를 검토하였다. 일본의 주장은 두 가지, 즉 조사기간이 종료되기 임박한 시각에 일본의 NSC사가 제출한 정보를 고려하지 않은 DOC는 가능성을 적절하게 판정하는 데 실패하였다는 점, DOC는 오직 덤핑과 수입량의 추이에 관한 증거에만 입각하여, 그리고 종료재심사지침의 사실적 가정에 따라 적절한 예상적 가능성 판정을 하는 데 실패하였다는 주장이다. 패널은 이런 두 개의 주장을 모두 기각하였으며 특히 첫 주장과 관련하여, DOC가 받은 증거를 고려하지 않았다는 것을 부적당한 시간(untimeliness)의 근거로 정당화하였다.[68] 일본은 이에 상소하였다.

상소기관은 일본의 주장을 기각하였다. 우선 일본이 패널의 부적당한 시간 관련 판정을 상소하지 않았다고 지적하였다. 또한 수입량 관련 요소에 근거한 긍정적 가능성 판정에 대해 일본이 제소한 바 없고, NSC사가 기타 요소에 관한 증거를 제출하지 않았다고 하였다.[69] 따라서 미국이 종료재심사 시 가능성 판정을 내림에 있어 반덤핑협정 제11.3조를 위반하지 않았다는 패널판정을 유지하였다.[70]

*U.S.-OCTG Sunset Reviews*사건에서 종료재심사지침이 반덤핑협정 제11.3조와 일치하는지 여부와 관련하여 패널은 종료재심사지침 제Ⅱ.A.3

---

67) *Ibid.*, paras.185-190.
68) *Ibid.*, paras.192-197.
69) *Ibid.*, paras.202-203.
70) *Ibid.*, para.207.

조에서 열거한 세 가지 경우가 종료재심사판정을 내림에 있어 결정적인 요소라면 동 조항은 반덤핑협정 제11.3조 위반이며 이와 반대인 경우에는 위반이 아닌데, 동 사건에서는 첫 번째 경우에 속하므로 협정 위반이라고 하였다.[71]

이에 미국은 패널이 종료재심사지침 제Ⅱ.A.3조에서 열거한 세 가지 경우가 덤핑의 지속 또는 재발 가능성 판정에 있어 결정적이라는 결론을 도출함에 있어, 과거의 종료재심사에서 종료재심사지침이 적용된 수치에 근거하였을 뿐이지 미국 측이 구속력 있는 자료를 보완하겠다는 주장을 무시하였다고 주장하였다.[72]

상소기관은 반덤핑관세 부과 중에도 상당한 덤핑마진이 발생하는 경우는 반덤핑관세 부과 종료 시 덤핑의 지속 또는 재발 가능성에 대한 증명도가 높을 것이나 반덤핑관세 부과 후 수입이 정지되는 경우 또는 수입은 계속되나 덤핑마진이 발생하지 아니하는 경우는 이에 비해 증명도가 많이 낮으며 다른 관련 요소들이 가능성 검토에서 고려되어야 할 것이라고 지적하였다. 상소기관은 이들 세 가지 경우에 더해 동일한 중요성을 가지는 요소들이 홀시되었는가를 검토하는 것이 중요하다고 인정하였다. 단, 다른 요소가 중요하며 세 가지 경우가 결정적인 것으로 인정되었는가 하는 객관적인 평가를 하기 위하여서는 구체적인 예를 들어 확실하게 평가할 것이 요구되는데,[73] 단 패널은 결론을 도출함에 있어 이렇게 하지 못하였으며 때문에 상소기관은 종료재심사지침 제Ⅱ.A.3조가 반덤핑협정 제11.3조와 불일치하다는 패널의 판정을 번복하였다. 그럼에도 불구하고 결코 상소기관은 종료재심사지침 제Ⅱ.A.3조가 반덤핑협정 제11.3조와 일치한다고 한 것은 아니라고 지적하였다.[74]

---

71) WTO, supra note 34, paras.190-193.
72) *Ibid.*, paras.195-196.
73) *Ibid.*, paras.208-209.
74) *Ibid.*, para.215.

6. 미국 반덤핑법상 소극적인 포기조항의 적법성 여부

*U.S.-OCTG Sunset Reviews*사건에서 미국 반덤핑법상 소극적인 포기 (deemed waiver)조항의 적법성 여부가 문제되었다. 아르헨티나는 소극적인 포기조항이 반덤핑협정 제6.1조 및 제6.2조에 위배한다고 주장하였다. 소극적인 포기조항을 적용하게 되면 응답자가 불완전한 답변서를 제출하거나 아무것도 제출하지 않는 두 가지 경우를 예상할 수 있다. 이 미국 반덤핑법상 두 가지 경우에 있어 응답자는 모두 추후의 종료재심사과정에서 증거를 제출할 수 없게 되고 공청회에 참여할 수 없게 되며 상대측과 대질할 수 없게 된다. 패널은 반덤핑협정의 어떠한 조항에서도 조사기관에 단지 답변서가 완전하지 않거나 답변서를 제출하지 않았다는 이유만으로 반덤핑협정 제6.1조 및 제6.2조상의 절차적 권리를 박탈할 수 있는 권리를 부여하지 않았다고 판정하였다.[75]

상소에서 미국은 자국의 반덤핑 관련 규정은 이해관계인에게 조사기관에 증거를 제출할 수 있는 많은 기회를 주었으며 이러한 기회를 이용하지 못한 이해관계인은 그 이유를 설명하여야 한다고 주장하였다.[76]

상소기관은 반덤핑협정 제6.1조 및 제6.2조는 이해관계인에게 반덤핑조사와 재심사에서 부여되어야 하는 기본적인, 공정한 절차적 권리임을 인정하는 동시에 이러한 권리는 한계가 없는 것이 아니라는 미국의 주장에도 동의하였다. DOC의 종료재심사개시공고에 답변함에 있어 불완전한 답변서를 제출한 응답자와 관련하여, 상소기관은 DOC규정 제351.218(d)(2)(iii)조가 반덤핑협정 제6.1조 및 제6.2조와 불일치하다는 패널의 판정을 유지하였다. 반대로 DOC의 종료재심사개시공고에 응답함에 있어 답변서를 제출하지 않은 응답자와 관련하여, 상소기관은 "이러한 응답자들에게 반덤핑협정 제6.1조 및 제6.2조에 열거된 권리를 부여

---

75) WTO, *supra* note 34, paras.236-237.
76) *Ibid.*, para.238.

하지 않았기 때문에 소극적인 포기조항은 반덤핑협정 제6.1조와 제6.2조와 불일치하다.”고 한 패널의 판정을 번복하였다. 즉 상소기관은 종료재심사에서 응답자로 하여금 원심판정 적용의 잔여기한 내 적시의 답변서를 제출하도록 요구하는 것은 결코 이들에게 불합리한 부담을 지우는 것으로 볼 수는 없다고 판정하였다.[77]

7. 종료재심사의 피해 가능성 판정에서 반덤핑협정 제3조의 적용 여부

*U.S.-OCTG Sunset Reviews*사건에서는 종료재심사의 피해 가능성 판정에서 반덤핑협정 제3조의 피해판정 관련 내용이 적용될 수 있는가가 문제되었다. 아르헨티나는 조사기관이 피해 가능성에 관한 판정을 내림에 있어 특정한 요소를 고려하여야 하며 이러한 의미에서 USITC의 판정이 반덤핑협정 제3조에 위배된다고 주장하였다. 이에 패널은 반덤핑협정 제3조에서 규정한 의무는 보통 종료재심사에서 적용되지 아니한다고 판정하였다. 그러나 패널은 조사기관이 종료재심사를 수행함에 있어서 피해판정이 요구되는 경우에 한하여 반덤핑협정 제3조가 적용될 것이라고 판정하였다.[78]

상소에서 아르헨티나는 반덤핑협정 제3조가 반덤핑협정 전반에 있어 피해판정 시 적용되므로 종료재심사에도 적용되어야 한다고 주장하였다.[79]

상소기관은 조사기관이 피해 가능성 판정을 내림에 있어 의무적으로 반덤핑협정 제3조를 따르도록 요구받지는 않는다고 판정하였다. 그러나 상소기관은 물량, 가격효과, 덤핑수입상품이 국내산업에 대한 영향, 경쟁조건의 고려 등 요소는 피해 가능성 판정에 있어 정도 파악에 도움이

---

77) *Ibid.*, paras.248-252.
78) *Ibid.*, paras.271-273.
79) *Ibid.*, paras.274-280.

될 것이라고 판정하였다.[80]

8. 종료재심사에서 누적평가의 가능성 여부

*U.S.-OCTG Sunset Reviews*사건에서는 종료재심사에서 피해의 누적평가가 가능한지 그리고 누적평가를 수행할 시 반덤핑협정 제3조에 따라야 하는지 여부가 문제되었다. 아르헨티나는 종료재심사에서 반덤핑협정 제3.3조에 규정된 누적평가가 적용되지 말아야 하며, 설령 적용될 수 있다 하더라도 조사기관은 우선 반덤핑협정 제3.3(a)조 및 제3.3(b)조에 열거된 요건을 충족시켜야 한다고 주장하였다. 패널은 이에 대해 반덤핑협정상 종료재심사에서 누적평가가 적용되지 말아야 한다는 규정은 어디에서도 찾아볼 수 없으며 또한 반덤핑협정 제3.3조의 요건도 충족시킬 필요가 없다고 판정하였다. 아르헨티나는 상소에서 반덤핑협정 제11.3조에서 'duty'를 단수로 썼다는 것은 협정초안 작성자들이 종료재심사판정을 한 나라의 수출자가 수출하는 것(즉 여러 나라의 수입상품에 대한 누적이 아니라는 의미임)으로 의도하였다는 것을 명시하고 있다고 주장하였다. 상소기관은 종료재심사에서 누적평가가 허용되며 반덤핑협정 제3.3조의 서두에 그 적용범위를 원심에만 제한한다고 명백히 한정하였으므로 누적평가에서 반덤핑협정 제3.3조의 요건을 충족시킬 필요가 없다고 판정하였다.[81]

*U.S.-OCTG AD Measures*사건에서 피해 가능성 판정과 관련하여 USITC는 아르헨티나·이탈리아·일본·한국·멕시코산 유정강관에 대한 반덤핑명령의 철회 시 피해의 지속 또는 재발 가능성 판정을 함에 있어 누적적 분석에 기초하였는바 즉, 멕시코산 수입품만의 효과가 아닌 모

---

80) *Ibid.*, paras.281-285.
81) *Ibid.*, paras.286-300.

든 국가로부터 수입되는 상품의 효과에 기초하였다.

패널절차에서 멕시코는 USITC의 누적적 평가판정에 이의를 제기하였다. 패널은 멕시코의 주장을 기각하였는데 누적적 평가는 종료재심사에서 허용되고 반덤핑협정 제3.3조의 요건을 충족시킬 필요가 없다고 판정하였으며 멕시코는 이에 대해 상소하였다.[82]

상소기관은 종료재심사 시 누적평가와 관련된 멕시코의 주장에 대해 각각 검토하였다.

멕시코는 USITC가 경쟁상황에 근거하여 누적이 적절한지를 확인할 별개의 의무를 지며 그렇게 함에 있어 대상수입품이 미국시장에 동시에 존재할 것이라는 시초판정을 하도록 요구된다고 주장하였다. 이와 관련하여 상소기관은 반덤핑협정 제11.3조에는 그러한 판정을 요구하는 문맥적 기초가 존재하지 아니한다고 하였다. 다른 한 면에서, 상소기관은 정당하고 충분한 결론을 도출하기 위하여 수입품이 시장에 공존하며 서로 경쟁하는가 여부에 대한 검토는 특정된 사건에서 조사기관이 몇 개 국가로부터 수입되는 상품에 대해 누적의 방법을 사용하는 경우, 피해 가능성 판정을 내림에 있어 요구되는 것일 수는 있다고 하였다. 그러나 상소기관은 "그러한 검토의 필요성은 주어진 사건의 특수한 사실과 상황에서 기인한 것이지 반덤핑협정 제11.3조에 의한 법적 요건에서 기인하는 것은 아니다."고 판정하였다.[83]

멕시코는 또한 USITC의 피해 가능성 판정이 어느 기간 내에 대상수입품이 미국시장에서 동시에 존재하고 상응하는 피해의 가능성이 발생할 것이라는 시간의 틀을 명시하지 아니하였기에, 반덤핑협정 제11.3조 위반이라고 주장하였다. 이와 관련하여 상소기관은 반덤핑협정 제11.3조의 문언상 조사기관에 이러한 시간의 틀을 명확히 하여야 할 의무를 부

---

82) WTO, *United States-Anti-Dumping Measures on Oil Country Tubular Goods(OCTG) from Mexico AB-2005-7: Report of the Appellate Body*, WT / DS282 / AB / R, 2 November 2005, paras.137-139.

83) *Ibid.*, paras.148-153.

과하지 아니하였음을 주시하였다. 이어 상소기관은 피해 가능성 판정은 충분한 사실적 증거에 근거하며 단순히 조사기관이 상술한 시간의 틀을 명시하지 아니하였다는 점은 판정을 손상하지는 못하기에 멕시코의 주장을 기각하였다.[84]

마지막으로 멕시코는 멕시코산 수입품을 원심에서 누적 평가된 다른 네 개 국가의 수입품과 함께 누적 평가함에 있어 USITC는 반덤핑협정 제3.3조가 종료재심사에 직접 적용 가능한지 여부를 막론하고 반덤핑협정 제3.3조의 요건에 일치시키도록 요구받는다고 주장하였다. 동 이슈와 관련하여 상소기관은 *U.S.-OCTG Sunset Reviews*사건에서 반덤핑협정 제3.3조의 문언은 명백히 원심에 한정되어 적용되며 반덤핑협정 제3.3조의 요건은 종료재심사에서의 피해 가능성 판정에 적용되지 아니한다고 한 판정을 언급하였다. 결국 상소기관은 "조사기관이 반덤핑협정 제3.3조하의 상세한 분석을 하지 아니한 사실은 그 자체만으로는 반덤핑협정 제11.3조에 근거하여 내린 판정을 손상시키기는 충분하지 아니하다."고 평결하였으며 이에 근거하여 USITC가 피해 가능성 판정을 내림에 있어 수입품에 대해 누적평가하기로 한 결정이 반덤핑협정 제3.3조와 제11.3조에 위배되지 아니한다는 패널의 판정을 확인하였다.[85]

동시에 상소기관은 조사기관이 반덤핑협정 제11.3조에 의한 피해 가능성 판정을 함에 있어 누적방법을 사용하는 경우 일부 사건에서는 그러한 누적평가가 시장에서의 경쟁상황의 각도에서 적절한지 여부를 검토하는 것이 필수적일 수 있다고 강조하였다. 상소기관은 특수한 경우에 "수입품의 효과에 대한 누적평가는 적절치 아니할 수 있다."고 덧붙였다.[86]

---

84) *Ibid.*, paras.165-166.
85) *Ibid.*, paras.167-173.
86) *Ibid.*, para.171.

9. 종료재심사에서 피해 가능성 판정의 재심사대상기간

*U.S.-OCTG Sunset Reviews*사건에서는 종료재심사에서 피해 가능성 판정의 재심사대상기간과 관련하여 원심에서와 같은 기간의 요건이 존재하는가 여부가 문제되었다. 패널은 반덤핑협정 제11.3조에 피해의 지속 또는 재발 가능성 판정의 대상기간에 대한 어떠한 기준도 없으며 또한 조사기관에 이러한 대상기간을 명확히 하도록 요구하지도 않는다고 판정하였다.[87]

상소에서 아르헨티나는 반덤핑협정 제11.3조에 대상기간이 존재하며 동 기간과 관련하여 반덤핑협정 제3.7조가 적용되어야 한다고 주장하였다.[88]

상소기관은 판정에서 반덤핑협정 제3조가 재심사에 적용되지 아니한다는 주장을 되풀이하였다. 상소기관은 "미 1930년 관세법 제751(a)(1)조와 제751(a)(5)조에서 언급하였듯이 합리적으로 예측 가능한 시간 내 피해의 지속 또는 재발과 관련한 기준이 반덤핑협정 제11.3조에 위배되지 않는다."고 한 패널의 판정을 유지하였다.[89]

피해 가능성 판정의 대상기간과 관련하여 상소기관은 반덤핑협정 제11.3조는 조사기관에 피해판정과 관련하여 어떠한 기한도 구체화하지 않았으므로 USITC가 미 1930년 관세법 제751(a)(1)조와 제751(a)(5)조를 적용함에 있어 반덤핑협정 제11.3조에 위배되지 아니하였다고 결정한 패널의 판정을 유지하였다.[90]

10. 종료재심사에서 인과관계 요건의 존재 여부

*U.S.-OCTG AD Measures*사건에서는 종료재심사에서 원심에서와 같이

---

87) WTO, *supra* note 34, para.356.
88) *Ibid.*, para.357.
89) *Ibid.*, paras.358-361.
90) *Ibid.*, para.364.

덤핑과 피해의 인과관계에 대한 요건이 존재하는가 여부가 문제되었다. 멕시코는 멕시코산 유정강관에 대한 반덤핑관세명령 중 USITC의 피해 가능성 판정은 인과관계와 관련된 부분 등에 있어서 반덤핑협정 제3조의 일부 조항에 위배된다고 주장하였다.

그러나 패널은 "반덤핑협정 제3조에 열거된 의무는 종료재심사에서 직접 적용 가능한 것이 아니다."고 판정하여 멕시코의 주장을 기각하였다. 패널은 또한 덤핑 가능성과 피해 가능성간의 인과관계에 대한 설명 필요성과 관련한 멕시코의 주장은 반덤핑협정 제11조 또는 다른 조항에 근거한 것이 아니라 반덤핑협정 제3.5조에 근거하였는바 이러한 주장을 제기할 수 없다고 판단하였다.

상소에서 멕시코는 반덤핑협정 제11.3조에 대한 패널의 해석에 대해 이의를 제기하였으며 "패널이 동 조항에 내포된 내재적인 인과관계 요건을 찾아내지 못했다."고 주장하였다.[91]

동 이슈를 설명함에 있어 상소기관은 우선 반덤핑협정 제11.3조의 텍스트를 검토하였다. 동 조항의 표면내용과 관련하여 상소기관은 "반덤핑협정 제11.3조는 조사기관이 덤핑 가능성과 피해 가능성 간 인과관계의 존재에 대해 확인하도록 요구하고 있지 않다."고 하였다. 그보다 동 조항은 반덤핑관세의 종료로 인해 덤핑과 피해의 지속 또는 재발이 야기될 가능성이 있는지 여부에 대한 판정을 요구하므로, 상소기관은 "반덤핑관세를 지속시키기 위해서 관세의 종료와 덤핑과 피해의 지속 또는 재발 간에 전자가 후자를 유발할 가능성이 존재하는 관계여야 한다."고 하였다.[92]

이어 상소기관은 반덤핑협정 제11.3조가 인과관계 이슈에 대하여 침묵하고 있는지 검토하였으며 이러한 요건이 암시적으로 포함되었을 가능성은 있다고 하였다. 그리하여 상소기관은 반덤핑협정과 GATT 제VI조의 기타 조항과 일치시켜 이해할 때, 제11.3조에 근거한 종료재심사에

---

91) WTO, *supra* note 82, paras.103-105.
92) *Ibid.*, para.108.

서 덤핑 가능성과 피해 가능성간의 인과관계를 확인할 것을 요구하는지 검토하였다.[93] GATT 제Ⅵ조와 반덤핑협정의 여러 조항들을 검토한 결과 상소기관은 이러한 조항들 그리고 반덤핑협정의 설계와 구성으로부터 보면 동 협정은 "유해한 덤핑을 방어하는 것이며 반덤핑관세는 오직 적절하게 확정된 덤핑이 국내산업에 대해 피해를 야기하는 경우에만 부과 및 유지될 수 있다는 점은 명백하다."고 판단하였다. 따라서 덤핑과 국내산업에 대한 피해 간의 인과관계는 반덤핑협정에 근거하여 반덤핑관세를 부과 및 유지시키기 위한 기초라고 보아 결과적으로 상소기관은 "이러한 기본원칙이 GATT 제Ⅵ조 및 반덤핑협정의 여러 조항에 표시되어 있다."는 멕시코의 주장에 동의하였다.[94]

그러나 상소기관은 이는 "반덤핑협정 제11.3조에 근거하여 수행되는 재심사에서 덤핑과 피해 간의 인과관계가 새로이 요구되는 것을 의미하지 아니한다."고 인정하였다. 이는, 이러한 재심사는 원심과 서로 다른 목적을 가지고 있기 때문이다. 이 점에 있어 상소기관은 원심과는 현저히 다르게 반덤핑협정 제11.3조에 근거하여 재심사가 개시되고 또한 관세의 종료가 덤핑과 피해의 지속 또는 재발을 야기할 가능성이 있다고 판정되는 경우, "덤핑과 피해가 지속 또는 재발하는 경우 원심에서 확인된 덤핑과 피해 간의 인과관계가 지속되고 있다는 것을 재확인할 필요가 없음을 합리적으로 추측할 수 있다."고 판정하였다. 상소기관은 반덤핑협정 제11.3조하에서는 반덤핑관세의 종료와 덤핑과 피해의 지속 또는 재발 가능성 간의 관계가 설명되어야 하며, 제11.3조에 의해 긍정적인 판정을 내림에 있어 본질적인 것은 만약 관세가 종료될 시 덤핑과 피해의 지속 또는 재발에 관한 증거라고 판단하였다.[95]

이에 근거하여 상소기관은 덤핑 가능성과 피해 가능성 간의 인과관계에 대한 확인이 종료재심사판정에서 요구되지 아니하는 것은 GATT 제

---

93) *Ibid.*, para.109.
94) *Ibid.*, paras.110-118.
95) *Ibid.*, paras.118-123.

VI조와 반덤핑협정에서 요구하는 덤핑과 피해 간의 인과관계가 종료재심사에서 요구되지 아니함을 의미하지는 아니하며, 오히려 그러한 인과관계의 재확인이 종료재심사에서는 법적 의무사항으로 엄격히 요구되지 아니하는 것만을 의미한다고 보았다. 이와 같은 이유로, 상소기관은 반덤핑협정 제11.3조에 따른 종료재심사판정에서 덤핑 가능성과 피해 가능성 간의 인과관계의 존재에 대한 확인이 요구됨을 주장한 멕시코의 주장을 기각하였으며 또한 USITC가 "동 분쟁에 있어 피해 가능성 판정을 내림에 있어 인과관계를 설명하도록 요구된다."는 주장도 기각하였다.[96]

11. 종료재심사에서 미소기준의 적용 여부

*U.S.-Corrosion-Resistant Steel Sunset Review*사건에서는 종료재심사에서 미소기준을 적용할 수 있는지 여부가 문제되었다. 패널은 반덤핑협정 제11.3조의 문언으로는 종료재심사에서 피해의 지속 또는 재발 가능성 판정에 적용되는 미소기준에 대해 명확히 또는 참조의 방식으로 언급한 바 없으며 제11.3조와 인접한 내용들을 통해서도 다른 결과를 도출할 수 없다고 판정하였다. 패널에 의하면 반덤핑협정 제11.1조는 반덤핑관세가 유해한 덤핑을 상쇄하기 위하여 필요한 기간 및 범위 내에서만 유효할 수 있다는 일반적인 원칙을 열거하고 있으며 제11.2조와 제11.3조는 다른 상황에서 동 일반적인 원칙의 적용을 다루고 있다. 비록 반덤핑협정 제11.4조와 제11.5조에서 반덤핑협정의 기타 조항들에 대한 일부 전후 참조를 규정하고 있지만 미소마진과 관련하여서는 그러한 전후 참조가 이루어진 바 없다는 것이 패널의 판정이었다.[97]

---

96) *Ibid.*, paras.124-125.

97) WTO, *United States-Sunset Review of Anti-Dumping Duties on Corrosionresistant Carbon Steel Flat Products from Japan: Report of the Panel*, WT / DS244 / R, 14 August 2003, para.7.95.

*U.S.-German Steel CVDs*사건에서는 종료재심사에서 미소기준이 적용 가능한지 그리고 적용할 수 있다면 원심에서의 미소기준과 같아야 하는지 아니면 다를 수 있는지가 문제되었다. 패널의 다수의견은 보조금원심에 적용되는 보조금협정 제11.9조에 포함된 1% 미소기준은 상계관세명령에 대한 종료재심사에도 적용되어야 한다는 것이었다. 따라서 패널은 미국의 상계관세법령에 포함된, 종료재심사에서 0.5%의 미소기준을 적용하도록 한 규정은 보조금협정 제21.3조 위반이라고 판정하였다. 미국은 패널이 보조금협정 제11.9조에 포함된 미소기준을 해석함에 있어서 제21.3조와 연계시켜 해석하지 않았으므로 해석의 관습규칙을 적절히 적용하지 못하였다고 상소하였다.[98]

상소기관은 패널의 판정을 번복하였다. 상소기관은 패널이 보조금협정 제21.3조에서는 종료재심사에 적용될 어떠한 미소기준도 언급하지 않았으며, 제11.9조에 포함된 미소기준에 대해서 어떠한 언급도 하지 아니하였음을 지적하였고 이에 당사국들도 모두 동의한 바라고 하였다. 조약의 조항에 있어서 침묵은 반드시 어떠한 의미를 가질 것이라고 전제한 뒤, 상소기관은 최소한 언뜻 보기에는 보조금협정 제21.3조에서 미소기준과 관련하여 어떠한 언급도 하지 않고 있는 점은 그러한 요건이 없음을 표명한다고 보았다. 그러나 상소기관은 "그러한 침묵이 암시적인 형태로 도입되었을 가능성은 배제하지 아니한다."는 점을 인정하였다.[99]

보조금협정 제11.9조에서는 제21.3조 및 상계관세에 대한 재심사를 언급하고 있지 않다고 전제한 뒤, 제11.9조에서의 어떠한 문구도 "미소기준이 원심 이후의 단계에서도 적용 가능하다는 것을 의미하지 않는다."고 판단하였다.[100] 이와 관련하여, 상소기관은 참조의 방법은 보조금협정에서 자주 사용되었음을 지적하면서 "보조금협정의 협상자들이

---

98) WTO, *United States-Countervailing Duties on Certain Corrosion-Resistant Carbon Steel Flat Products from Germany AB-2002-4: Report of the Appellate Body*, WT/DS213/AB/R, 28 November 2002, paras.58-59.

99) *Ibid.*, paras.64-65.

100) *Ibid.*, paras.66-68.

한 조항에 열거된 규범을 다른 조항에 적용하고자 의도한 경우에는 명백히 규정을 하였다.”고 판단하였다. 다른 조항들에서 참조를 명백히 규정한 경우가 많음을 지적한 뒤 상소기관은 “보조금협정 제21.3조의 재심사와 제11.9조에 열거된 미소기준 간에 어떠한 문언적 연관성도 없다.”는 결론을 도출하였다.[101]

상소기관은 보조금협정 제21.3조의 문맥상 미소기준이 암시적으로 규정된 바가 없음을 지지하는 다른 이유로 특히 제21.4조에서 제12조를 명백히 언급하고 있지만 제11조는 언급하고 있지 않는 점을 들었는데 이는 초안 작성자들이 제11조가 아닌 제12조의 의무만을 제21.3조에 의해 수행되는 재심사에 적용하고자 의도하였음을 표명한다고 하였다.[102]

상소기관은 보조금협정의 목적 및 대상과 관련하여, 보조금협정 제11.9조의 미소기준에 미치지 못하는 보조금은 항상 피해를 야기하지 아니하는 것으로 판단한다는 패널의 판정을 검토하였다. 추가적으로, 상소기관은 보조금협정 제15조의 주석 45에서 피해의 개념을 해석함에 있어서 보조금의 수량에 대해서는 어떠한 언급도 하지 아니하였음을 발견하였으며, 보조금협정 제1조에 포함된 보조금의 정의에서도 보조금에 대해 어떠한 미소기준을 설정하지 아니하였다고 판정하였다. 상소기관은 매우 적은 수준의 보조금이라 하여도 실질적인 피해를 야기할 수 없는 것은 아니며 보조금협정 그 자체로는 그러한 가능성을 배제하지 않는다고 판단하였다. 마지막으로 상소기관은 보조금협정 제27.10조와 제27.11조에서 개발도상국에 대해서는 미소기준을 2% 또는 3%로 높여서 이러한 경우 이들에 대한 상계관세조사를 종료하도록 하였는바 이는 미소보조금이 항상 피해를 야기하지 않는 보조금을 의미한다는 패널의 관점을 파괴한다고 판시하였다.[103]

미소기준의 기본원리와 관련하여, 상소기관은 “보조금협정 제11.9조에

---

101) *Ibid.*, para.69.
102) *Ibid.*, para.72.
103) *Ibid.*, paras.77-82.

서는 그 미소기준이 피해를 야기하지 않는 보조금의 새로운 카테고리를 만들어내고자 의도되었음을 암시하지 않으며 미소기준보다 적은 보조금은 피해를 야기할 수 없다는 개념을 표현한 것도 아니다.”고 판시하였다. 오히려, 보조금협정 제11.9조의 미소기준은 “단지 만약 원심에서 미소기준의 보조금이 발견되면 조사기관은 그 조사를 종료시키며 상계관세를 부과하지 않도록 합의한 것일 따름이다.”라고 판정하였다.[104]

이와 관련하여, 상소기관은 원심과 종료재심사의 서로 다른 절차와 목적에 대해 강조하였으며 종료재심사에서 보조금의 수량이 아주 적은 경우, 상계관세를 지속하기 위하여서는 조치의 철회 시 여전히 피해를 야기할 것임에 관하여 설득력 있는 증거를 가져야 한다. 이러한 기초에서 상소기관은 미소기준을 재심사절차에서 적용하지 아니하고 이러한 기준을 단지 원심단계에만 적용하는 것은 무리하거나 가소로운 결과를 도출하지 않는다고 판정하였다.[105]

12. 직권에 의한 종료재심사를 개시하기 위한 증거기준

*U.S.-German Steel CVDs*사건에서는 조사기관이 직권에 의한 종료재심사를 개시하기 위하여 충족시켜야 하는 요건이 존재하는지 또한 만약 존재한다면 그러한 요건은 무엇인지가 문제되었다. 패널은 미국의 관련 법령 중 조사기관에 의해 사건마다 자동적으로 직권에 의한 종료재심사를 개시하도록 규정한 점이 보조금협정 제21.3조에 의한 종료재심사의 직권개시에서 적용 가능한 증거기준이 없으므로 동 조항에 위배되지 아니한다고 판정하였다. 이에 EU는 조사기관이 직권에 의한 원심을 개시함에 있어 적용되는 보조금협정 제11.6조의 증거기준은 직권에 의한 종료재심

---

104) *Ibid.*, para.82.
105) *Ibid.*, paras.84-89.

사의 개시에서도 여전히 적용되어야 한다는 것을 이유로 상소하였다.106)

상소기관은 적절히 입증된 이라는 단어는 조사기관이 신청에 의해 재심사를 개시하는 경우에만 한정되며 직권에 의한 재심사의 개시인 경우에는 그러한 제한이 요구되지 않는다고 판단하였다. 또한 상소기관은 보조금협정 제21.3조는 원심의 직권개시와 관련된 증거규범에 대해 어떠한 명백한 참고도 포함하지 않고 있으며 명확한 참고를 규정하지 아니한 점은 협상자들이 보조금협정 제11조의 증거기준을 제21.3조의 종료재심사의 직권개시에 적용하고자 의도하지 아니하였음을 설명한다고 판정하였다.107)

상소기관은 보조금협정 제21.4조에 의하면 원심의 수행과 관련하여 보조금협정 제12조에 포함된 자세한 증거 및 절차규범들은 보조금협정 제21.3조의 종료재심사에 적용된다고 규정하였는바 이는 원심의 직권개시와 관련하여 보조금협정 제11조에 포함된 증거규범은 제21.3조에 적용되지 아니하였음을 뜻한다고 보았다. 따라서 제11조는 종료재심사에 적용되지 않는다는 것이 상소기관의 입장이다.108)

결론적으로, 상소기관은 직권에 의해 종료재심사를 개시함에 있어 조사기관은 보조금협정 제11조에 포함된 증거기준을 충족시켜야 할 요건의 제한을 받지 않으며 더 나아가 종료재심사의 직권개시에 관한 증거기준은 규정된 바가 없다고 판정하였다.109)

상술한 이유에 근거하여, 상소기관은 보조금협정 제21.3조는 조사기관에 의한 자동적인 종료재심사의 개시를 금지한 바가 없다는 패널판정에 동의하였다.110)

---

106) *Ibid.*, paras.98-102.
107) *Ibid.*, paras.102-105.
108) *Ibid.*, paras.105-109.
109) *Ibid.*, para.116.
110) *Ibid.*, para.118.

13. 종료재심사에서 덤핑마진을
새로 산정할 의무가 있는지 여부

*U.S.-Corrosion-Resistant Steel Sunset Review*사건에서는 조사기관이 종료재심사에서 덤핑마진을 새로 산정할 의무가 있는지 여부가 문제되었다. 상소기관은 조사기관에 대해 원심 시에는 덤핑마진을 산정하도록 요구하지만 종료재심사 시에는 그렇게 요구하지 아니하는 것으로 반덤핑협정을 해석하는 것은 원심과 종료재심사의 서로 다른 성격과 목적과도 일치한다고 판정하였다. 상소기관에 의하면, 만약 원심에서 조사기관이 긍정적인 덤핑마진을 판정하지 아니하였다면 동 조사에 기초하여 반덤핑조치를 부과할 수 없으나 종료재심사에서 덤핑마진은 반덤핑관세의 철회 시 덤핑의 지속 또는 재발을 야기할 수 있는 가능성과 관련하여 관련성이 있을 수는 있지만 필수적으로 결정적인 요소는 아니다고 판정하였다.[111]

14. 이 행

*U.S.-OCTG Sunset Reviews*사건의 경우 2005년 6월 7일, 분쟁해결양해 (Dispute Settlement Understanding) 제21.3(c)조에 근거하여 지정된 중재인은 미국이 분쟁해결기관의 권고 및 판정을 이행하기 위한 합리적인 기한을 분쟁해결기관이 패널 및 상소기관보고서를 채택한 날로부터 12개월 즉 2005년 12월 17일까지로 판정하였다.[112]

---

111) WTO, *supra* note 29, para.124.

112) WTO, *United States-Sunset Reviews of Anti-Dumping Measures on Oil Country Tubular Goods from Argentina ARB-2005-1 / 18: Arbitration under Article 21.3(c) of the Understanding on Rules and Procedures Governing the Settlement of Disputes*, WT / DS268 / 12, 7 June 2005, para.53.

2005년 10월 28일, 미국은 연방관보에 DOC규정 제351.218(d)(2)조를 개정한다는 공고를 게재하였으며[113] 동 개정은 2005년 10월 31일부로 효력을 발생하였다. 그러나 미국은 1930년 관세법 제751(c)(4)(B)조에 대해서는 개정하지 않았다.

2005년 11월 2일, DOC는 가능성 판정과 관련된 패널의 판정을 처리하였으며 2005년 12월 16일, 재차 아르헨티나산 유정강관에 대한 판정을 제출하였는데 "반덤핑명령의 철폐 시 덤핑의 지속 또는 재발을 야기할 가능성이 있다."고 판정하였다.[114]

2005년 12월 20일, 미국은 분쟁해결기관에 당해 분쟁에 대한 분쟁해결기관의 권고와 판정을 이행하였다고 주장하였지만[115] 아르헨티나는 이에 동의하지 않았다.

2006년 1월 5일, 아르헨티나와 미국은 분쟁해결양해 제21조, 제22조와 관련하여 당해 분쟁에 적용 가능한 절차에 대해 합의하였다.[116] 당해 합의에서는 특히 아르헨티나가 협의요청을 할 수 있으며 당사자들은 동 협의요청의 회람 후 15일 내 협상하기로 하였다. 또한 15일의 기한이 종료된 후 아르헨티나는 패널설치를 요청할 수 있다고 합의하였다.

2006년 1월 26일, 아르헨티나는 미국이 취한 조치가 분쟁해결기관의 권고와 판정을 이행하지 못하였다고 주장하면서 협의요청을 하였다.

---

113) US Department of Commerce, *Procedures for Conducting Five-Year(Sunset) Reviews for Antidumping and Countervailing Duty Orders: Final Rule*, Federal Register: October 28, 2005(Volume 70, Number 208).

114) US Department of Commerce, *Issues and Decision Memorandum, Section 129 Determination: Final Results of Sunset Review, Oil Country Tubular Goods from Argentina*, A-357-810, 16 December 2005.

115) The United States Mission, *Statements by the United States at the December 20th Meeting of the WTO Dispute Settlement Body*, http://geneva.usmission.gov/Press2005/1221DSBmeeting.html, 06-03-02 검색.

116) WTO, *United States-Sunset Reviews of Anti-Dumping Measures on Oil Country Tubular Goods from Argentina: Understanding between Argentina and the United States Regarding Procedures under Articles 21 and 22 of the DSU*, WT/DS268/14, 5 January 2006, p.1.

우선 아르헨티나는 재판정에서 DOC가 단지 아르헨티나산 유정강관의 수입물량 감소에 기초하여 덤핑이 지속 또는 재발할 가능성이 있다고 판정하였으므로 미국의 반덤핑협정 제11.3조하의 의무에 위배한다고 주장하였다.

다음으로, 아르헨티나는 미국이 1930년 관세법 제751(c)(4)(B)조를 철폐하지도 않고 수정하지도 않았기에 동 조항은 여전히 WTO와 불일치한 상황이며 결국 1930년 관세법 제751(c)(4)(B)조를 미국의 WTO의무에 합치시키지 못하였다고 주장하였다. 더 나아가, 아르헨티나는 DOC 규정에 대한 개정은 결코 상위법령의 WTO 불일치성을 종식시키지는 못하였으므로 미국은 제751(c)(4)(B)조를 반덤핑협정 제11.1조, 제11.3조에 합치시키지 못하였다고 주장하였다.

또한 아르헨티나는 미국이 DOC규정 제351.218(d)(2)조를 미국의 WTO 의무에 합치시키지 못하였다고 주장하였다. 미국은 DOC규정 제351.218(d)(2)(iii)조를 철폐하였고 추가적으로, 제351.218(d)(2)(ii)조를 개정하였는데, 현재 동 조에 따르면 모든 포기주장에는 만약 명령의 철폐 또는 조사를 종료한다면 당해 응답 이해관계인이 덤핑할 가능성이 있다는 주장이 포함되어야 한다.[117] 아르헨티나는 개정된 규정은 긍정적인 증거에 기초하여 이치에 맞는 결론에 도달해야 하도록 규정한 반덤핑협정 제11.1조 및 제11.3조에 위배한다고 주장한다.[118]

동 사건의 이행패널은 현재 동 사안들에 대해 검토하고 있으며 판정을 통하여 해당 조항의 해석에 지침으로 될 수 있는 부분을 도출할 것으로 기대된다.

*U.S.-OCTG AD Measures*사건의 상황도 이와 비슷하다. 즉, 미국은 2006년 6월 9일 새로운 판정을 내려 멕시코산 유정강관에 대한 반덤핑

---

117) US Department of Commerce, *supra* note 113.

118) WTO, *United States-Sunset Reviews of Anti-Dumping Measures on Oil Country Tubular Goods from Argentina Recourse to Article 21.5 of the DSU by Argentina: Request for Consultations*, WT / DS268 / 15, 30 January 2006, pp.3-5.

조치를 유지하였는데 이에 대해 멕시코 역시 2006년 8월 21일 이행과 관련한 협의요청을 한 상황이다.[119]

15. 소 결

*U.S.-Corrosion-Resistant Steel Sunset Review*사건과 *U.S.-OCTG Sunset Reviews*사건에서 상소기관은 DOC의 종료재심사지침이 그 자체로서 제소 가능한 조치라고 판정하였다. 현재 한국을 포함하여 적지 않은 국가의 반덤핑조사기관은 반덤핑 종료재심사와 관련하여 별도의 내부지침[120]을 갖고 있다. 또한 실제에 있어 이러한 지침은 공개 여부를 불문하고 재심사수행과정에서 적용되고 있는 것으로 보이며 따라서 이러한 지침들 역시 분쟁대상조치로 제소될 수 있을 것이다. 그러나 한 면으로는 다수 국가의 경우 이들 지침이 비공개로 되어 있다는 점도 문제된다.

또한 *U.S.-Corrosion-Resistant Steel Sunset Review*사건에서 상소기관은 만약 원심에서 제로잉의 방법을 통하여 덤핑마진이 산정되었고 추후의 재심사에서 이러한 덤핑마진에 근거하였다면 이는 반덤핑협정 위반이라고 판시하였다. 단 이러한 제로잉의 금지는 원심에서 제로잉의 금지에 대한 연장일 뿐이라고 판단되며 재심사에서 제로잉의 방법을 통하여 별도로 덤핑마진을 산정하는 것에 대하여서는 *U.S.-"Zeroing"(Japan)*사건의 패널판정에서 이를 허용하는 것으로 보이며 이에 대한 상소기관의 판정

---

119) WTO, *United States-Anti-Dumping Measures on Oil Country Tubular Goods(OCTG) from Mexico Recourse to Article 21.5 of the DSU by Mexico Request for Consultations*, WT / DS282 / 13, 24 August 2006, pp.1-2.

120) 예를 들어 한국의 경우 산업피해조사 관련 내부지침은 "덤핑수입 또는 보조금을 받은 물품의 수입으로 인한 국내산업피해유무조사실무지침"(무역위원회 예규 제2002-3호)에 재심사 관련 내부지침이 마련되어 있고, 덤핑마진조사 관련 내부지침은 "덤핑방지관세 등에 대한 재심사실무지침"(무역위원회 예규 제2001-3호)이 있으며 내부실무지침은 무역위원회 예규라 공개하지 않고 있다.

을 두고 살펴보아야 할 것이다.

*U.S.-Corrosion-Resistant Steel Sunset Review*사건에서 상소기관은 종료재심사 중 덤핑마진의 산정에 있어 조사기관은 개별 회사차원, 총체적 명령차원 중 어느 한 가지 방법을 적용하도록 강제받지는 않으며 조사기관의 재량에 놓인다고 하였다.

*U.S.-OCTG Sunset Reviews*사건, *U.S.-OCTG AD Measures*사건에서 상소기관은 종료재심사에서 누적평가는 가능하며 누적평가 시에 반덤핑협정 제3.3조의 해당 요건을 충족시킬 필요가 없다고 판정하였다. 더 나아가 반덤핑협정 제3조의 규정은 종료재심사에는 적용되지 아니한다고 판정하였다.

*U.S.-OCTG AD Measures*사건에서 상소기관은 종료재심사의 경우 원심에서처럼 덤핑과 피해의 인과관계에 대해 검토하여야 할 의무가 없는 것으로 보았다.

*U.S.-German Steel CVDs*사건에서 상소기관은 종료재심사에서 미소기준이 적용되지 않으며 직권에 의한 종료재심사를 개시하기 위하여 원심에서의 직권조사개시와 같은 증거기준이 요구되지 아니한다고 판정하였다.

상술한 판정내용을 살펴보면 분쟁해결기관의 비교적 일관된 입장은 원심과 종료재심사가 그 성격상에서의 차이점을 상당부분 인정하고 있으며 이를 근거로 원심에서 적용되는 반덤핑협정의 조항들 중 명백히 적용하도록 규정한 경우를 제외하고는 종료재심사에서 적용하도록 강제받지 아니한다는 입장이다. 현행 반덤핑협정 제11.4조에 제6조의 증거, 절차관련 내용을 종료재심사에 적용하도록 규정하고 있으므로 상술한 분쟁해결기관의 시각은 어떤 의미에서는 조약해석의 이치에 부합되겠지만 종료재심사와 관련하여 회원국의 조사기관에 너무 큰 재량권을 주고 있다는 점에서 문제시된다. 따라서 만약 이러한 조항들을 종료재심사에 적용하도록 구속받지 않는다면 별도로 적용 가능한 규정들을 수립하는 것 역시 중요하며 이러한 의미에서 DDA협상을 통한 별도규정의 도입 또는 기존규정의 확대적용은 중요한 의미를 가진다.

제2절 미국의 반덤핑 종료재심사제도

Ⅰ. 서

우루과이라운드 이전, 미국은 반덤핑명령의 존속기한에 대한 규정을 두지 않았으며 반덤핑명령은 일반적으로 단지 덤핑마진을 산정하는 기능을 수행하는 DOC가 연속되는 3년간의 관세평가재심사에서 상업적 수준의 수입에 있어 덤핑이 아닌 가격의 수입이 발생하였음을 판정하는 경우에만 종료가 가능하였다. 그리하여 심지어 미국산업의 경제상황이 상당히 호전되어 외국의 덤핑수입품으로 인한 피해가 지속되지 아니하였음에도 불구하고 긍정적인 덤핑마진이 발견되지 아니할 때까지 반덤핑관세는 지속될 수 있었다.121)

미국은 우루과이라운드협정이행법(The Uruguay Round Agreements Act)을 통하여 반덤핑 종료재심사제도를 도입하였는데 동 제도는 개정 1930년 관세법 제7편제751조로 미국법전 제19편제1675조(19 U.S.C. § 1675)에 편제되어 있다. 한편 DOC는 반덤핑조치를 취하기 위하여 DOC규정을 제정 운영하고 있는바 이는 미국 연방규정집 제19편제351조(19 C.F.R. § 351)에 편제되어 있으며 USITC 역시 USITC규정을 제정 운영하고 있으며 이는 미국 연방규정집 제19편제207조(19 C.F.R. § 207)에 편제되어 있다.

종료재심사제도의 도입 후에도 종료재심사에서 어떠한 법적 기준이

---

121) Michael O. Moore, "Department of Commerce Administration of Antidumping Sunset Reviews: A First Assessment", *Journal of World Trade*, Vol.36, No.4(2002), p.676.

적용될 것인지 그리고 DOC와 USITC가 이들 법적 기준을 어떻게 해석할 것인지의 두 가지 중요한 문제점은 남아 있게 된다. 실질적으로, 종료재심사제도의 도입은 미국의 무역법령에 의미 있는 변화를 가져오지 못하였고 또한 외국 생산자들에게도 실제적인 반덤핑관세에 대한 구제방안을 제공하지 못하였다.

종료재심사조항을 통한 더욱 중요한 변화는 입증책임을 외국 생산자로부터 국내산업으로 이전시킨 것이다. 입증책임에 관해서는 종료재심사규정이 존재하기 전에는 외국 생산자들이 실질적인 피해의 부존재뿐만 아니라 덤핑이 지속되지 않음을 입증해야 하였으나 종료재심사규정하에서는 미국의 국내산업이 조치가 철회되었을 때 덤핑이 지속될 가능성이 있고 이러한 실질적 피해가 조치 철회의 결과로 발생할 수 있음을 입증해야 한다.[122]

미국의 반덤핑 종료재심사제도에 의하면 반덤핑명령 또는 조사정지공고, 종료재심사를 통한 반덤핑명령 및 조사정지공고의 연장판정이 연방관보에 게재된 후 5년이 지나면 DOC는 만약 반덤핑명령의 폐지 또는 정지된 조사가 종료된다면 덤핑이 지속 또는 재발할 가능성이 있는지 여부에 대해 재심사를 수행하며 USITC는 만약 반덤핑명령의 폐지 또는 정지된 조사가 종료된다면 피해가 지속 또는 재발할 가능성이 있는지 여부에 대해 재심사를 수행하여야 한다. 만약 DOC와 USITC의 판정이 모두 긍정적이라면 반덤핑명령 또는 조사정지는 계속하여 유효하게 되고 만약 둘 중 부정적인 판정이 하나라도 내려지면, 반덤핑명령은 폐지되고 조사정지는 종료된다.[123]

예를 들어 중국산 인조 인디고(Synthetic Indigo)에 대한 종료재심사에서는 USITC가 반덤핑조치의 철폐 시 피해의 지속 또는 재발 가능성이 없다

---

122) Jennifer Karen King, "In Need of Enlightenment: The International Trade Commission's Misguided Analysis in Sunset Reviews", *William and Mary Law Review*, Vol.43, No.5(2002), pp.2165-2167.

123) 19 U.S.C. § 1675(c)(1), 19 C.F.R. § 351.218(a), 19 C.F.R. § 351.218(b).

는 부정판정을 내림으로써 동 조치는 철폐되었으며124) 한국산 PET(Polye-
thylene Terephthalate) Film에 대한 종료재심사에서는 DOC, USITC가 모
두 긍정판정을 내림으로써 반덤핑조치는 추후의 5년간 연장되었다.125)

Ⅱ. 실체적 규정

1. 덤핑의 지속 또는 재발 가능성 판정

종료재심사에 있어 덤핑과 관련된 판정은 DOC가 내리며 덤핑의 지
속 또는 재발 가능성에 관한 판정을 내리는 데 기초로 되는 기준은
DOC의 종료재심사지침126)에 상세히 규정되어 있다.

---

124) US Department of Commerce, *Synthetic Indigo from the People's Republic of China: Revocation of Antidumping Duty Order*(A-570-856), Federal Register: May 18, 2006(Volume 71, Number 96).

125) US Department of Commerce, *Polyethylene Terephthalate Film from Korea*; *Continuation of Antidumping Duty Order*(A-580-807), Federal Register: October 20, 2005(Volume 70, Number 202).

126) 미국은 종료재심사지침이 WTO회원국 간 검토를 위해 통보되어야 한다는 점에 동의하지 않으며 종료재심사지침은 단지 많은 사안에서 발생 가능성이 있는 이슈에 대해 가이드라인을 제공하는 것을 목적으로 한 정책적 서술일 뿐이라고 보고 있다. 또한 종료재심사지침은 법령, 규정과 동일한 구속력이나 비중을 가질 수 없으며 이는 법령이나 규정에 명백히 규정되지 아니한 방법적 또는 분석적 이슈에 대한 가이드라인을 제공하기 위하여 의도된 것이라고 보고 있다. WTO, *Notification of Laws and Regulations under Articles 18.5 and 32.6 of the Agreements: Replies to Questions from Argentina, Brazil, the European Communities, Hong Kong, China, Japan, Mexico, and Turkey Regarding the Notification of the United States*, G / ADP / Q1 / USA / 19, 13 January 2000, pp.19-22.

1) 덤핑 가능성 판정의 검토사항

종료재심사에 있어 DOC는 본질적으로 두 가지 문제, 즉 반덤핑명령의 폐지 시 덤핑의 지속 또는 재발을 야기할 가능성이 있는지 여부 및 만약 그러하다면 그 비율은 어떠한지에 대해 판정한다. 덤핑의 지속 또는 재발 가능성에 관한 DOC의 판정은 총체적 명령차원에 기초하여 이루어지기 때문에 만약 반덤핑명령의 부과대상인 다른 수출자들이 덤핑을 지속한다면, DOC는 덤핑의 지속 또는 재발 가능성이 있는 것으로 판정한다.[127]

DOC는 반덤핑명령의 폐지 또는 조사정지의 종료 시 대상상품의 덤핑판매가 지속 또는 재발할 가능성이 있는지 여부에 대한 판정을 내림에 있어 원심 및 추후의 재심사에서 판정된 가중평균 덤핑마진, 반덤핑관세명령의 공포 또는 가격약속의 수락 전·후 대상상품의 수입물량을 고려한다.[128]

DOC는 반덤핑명령의 부과 또는 정지약속 후 미소마진 이상의 덤핑이 지속되는 경우, 대상상품의 수입이 정지된 경우 및 덤핑이 종식된 한편 대상상품의 수입물량이 상당하게 감소한 경우 일반적으로 반덤핑명령의 폐지 또는 덤핑조사정지의 종료 시 덤핑의 지속 또는 재발을 야기할 가능성이 있는 것으로 판정한다. DOC는 조사정지에 대한 종료재심사에 있어 상술한 기준과 관련되는 수치가 가능성과 관련하여 결정적이지 아니할 수 있음을 인정하며 때문에 조사정지에 대한 종료재심사의 경우 이유가 충분한 기타 요소에 대해 받아들일 가능성이 더욱 높다.[129]

반면에 DOC는 반덤핑명령의 부과 또는 정지약속 후 덤핑이 종식되었고 수입물량이 안정을 유지하거나 증가한 경우 일반적으로 반덤핑명령의 폐지 또는 덤핑조사정지의 종료 시 덤핑의 지속 또는 재발 가능성이 없는 것으로 판정한다. 일반적으로 덤핑마진의 감소 그 자체만으로는 덤핑의 지속 또는 재발의 불가능성을 입증할 수 없으며 어떠한 수준

---

127) 종료재심사지침 제Ⅱ.A.2조, *Ibid.*, pp.14-15.
128) 19 U.S.C. § 1675a(c)(1).
129) 종료재심사지침 제Ⅱ.A.3조.

이든지 덤핑마진이 지속되기만 하면 일반적으로 덤핑의 지속 또는 재발 가능성이 있는 것으로 본다. 수입물량이 안정세를 유지하거나 증가하였는지 여부를 분석함에 있어 DOC는 일반적으로 당해 회사의 상대적인 시장점유율을 고려하는데 이러한 정보는 이해관계인들이 DOC에 제출하여야 한다. DOC는 조사정지에 대한 종료재심사에 있어 덤핑의 종식 및 수입물량의 안정세유지 또는 증가가 불가능성을 판단함에 있어 결정적이지 아니할 수 있음을 인정한다.130)

또한 기타 요소들을 고려하여야 하는 충분한 근거가 있다고 판단하는 경우 DOC는 다른 가격, 원가, 시장 또는 경제적 요소들을 고려하고 있다. 이때, 기타 요소들을 고려하여야 할 정당성이 있다는 것과 관련하여 정보 또는 증거를 제공할 의무는 이해관계인에게 있다. 조사정지에 대한 종료재심사의 경우, DOC는 충분한 근거가 존재한다고 판단하면 일반적으로 관세평가재심사에 따른 가능성 검토관행에 따라 종료재심사를 수행한다.131)

덤핑의 종식은 일반적으로 미국에서 지불하게 되는 가격상승을 의미하며 따라서 이러한 의미에서 DOC는 외국 수출자가 더욱 높은 비용을 지불하면서 시장점유율을 높이는 경우에 한해서 조치를 종료하게 되는데 경제적 관점에서 보면 이러한 두 가지 상황의 결합은 매우 불가능하다.

물론 DOC의 주장이 아래와 같은 논리로 그 이치가 있다고 주장할 수는 있을 것이다. 즉 만약 현재의 수출자의 가격관행을 이용한 관세평가재심사에 의해 정상가격 이하로의 판매가 발생하였음이 나타나면 그러한 가격행위가 지속될 것임을 가상할 수 있는 논리를 갖게 된다. 그러나 이러한 접근법의 적절성은 완전히 DOC가 관세평가재심사에서 덤핑마진을 산정하는 방법에 대한 합리성에 기초한다. 특히 미국의 입장은 관세평가재심사에서 미소마진은 0.5%이며 반덤핑협정에서 원심에 적용되는 2%가 아니라는 것이다.

---

130) *Ibid.*, 제Ⅱ.A.4조.
131) 19 U.S.C. § 1675a(c)(2), *Ibid.*, 제Ⅱ.C조.

DOC는 덤핑의 가능성과 관련하여 충분한 이유가 있는 경우 기타 요소들을 이용할 수 있도록 재량권을 부여받았다. 미 대통령의 행정실무지침에 의하면 DOC는 덤핑의 지속 또는 재발 가능성을 판정함에 있어 환율, 재고, 생산능력, 원가미만 판매의 역사와 과학기술 면에서의 변화 등을 이용할 수 있다고 기록하고 있다. 그러나 DOC규정은 이들 요소가 단지 매우 한정적인 상황에서만이 고려되도록 하고 있다.[132]

예를 들어 한국산 PET Film에 대한 2차 종료재심사에서 DOC는 반덤핑관세의 부과 후 미소마진 이상의 덤핑이 지속되었으며 또한 반덤핑관세의 부과 후 소비용도로 수입된 물량이 그 이전의 수준에 비해 증가되었는바 미소마진 이상의 덤핑이 지속되고 있다는 그 사실만으로도 반덤핑조치의 지속을 정당화시킬 수 있다고 판정하였다.[133]

또한 중국산 철강구조물(Iron Construction Castings)에 대한 2차 반덤핑 종료재심사에서 DOC는 반덤핑관세의 부과 후 덤핑이 지속되고 있는 반면 대상상품의 수입은 관세부과 전에 비해 감소한 규모로 지속되고 있으므로 반덤핑조치를 지속할 필요성이 있다고 판정하였다.[134]

2) 덤핑마진의 크기

DOC는 덤핑의 지속 또는 재발 가능성이 없다고 판정하는 경우를 제외하고 만약 반덤핑명령이 폐지 또는 조사정지가 종료될 경우 발생 가능한 덤핑마진의 크기를 USITC에 제공하여야 하나[135] 최근에 산정된

---

132) Michael O. Moore, *supra* note 121, pp.678-680.

133) US Department of Commerce, *Issues and Decision Memorandum for Sunset Reviews of the Antidumping Duty Order on Polyethylene Terephthalate Film from Korea*; *Final Result*(*A-580-807*), Federal Register: September 9, 2005(Volume 70, Number 174).

134) US Department of Commerce, *Issues and Decision Memorandum for Sunset Reviews of the Antidumping Duty Order on Certain Iron Constructions Castings from the People's Republic of China*; *Final Result*(*A-570-502*), Federal Register: May 10, 2005(Volume 70, Number 89).

135) 19 U.S.C. § 1675a(c)(3).

덤핑마진의 이용 및 관세흡수상황을 제외하고, 원심의 최종판정에서 산정된 덤핑마진을 제공한다. 특정한 상황에서, DOC는 원심의 예비판정에서 산정된 덤핑마진을 USITC에 제공할 수 있다. 예를 들어 DOC가 조사의 정지 및 조사지속 신청의 부재로 인하여 최종판정을 내리지 못한 경우가 그것이다. 특히, DOC는 일반적으로 원심을 통하여 회사별로 산정된 덤핑마진을 제공하며 이러한 덤핑마진이 회사 자체의 정보를 이용하여 산정되었든지 아니면 이용 가능한 최선의 정보, 사실에 근거하여 산정되었든지 막론한다. 더 나아가, 개별적으로 조사받지 못한 회사 또는 반덤핑명령의 부과 시까지 선적을 하지 아니한 회사의 경우, DOC는 일반적으로 원심 중 기타 회사들에 적용한 덤핑마진을 적용한다. 추가적으로, DOC는 일반적으로 USITC에 제로 또는 미소마진을 근거로 반덤핑명령의 부과로부터 배제된 회사 또는 추후에 반덤핑명령이 폐지된 회사들의 리스트를 제공한다.[136]

종료재심사는 총체적 명령차원에서 수행된다. 즉 DOC는 개별적인 외국회사의 가격관행을 검토할 수는 있지만 DOC 또는 USITC는 미국으로 해당 상품을 수출하는 대상국가의 모든 회사로부터의 반덤핑관세에 대해 유지 또는 철회결정을 내리게 된다. 그리하여 예를 들어 중국의 X회사와 Y회사는 미국으로의 수출 시 단독마진을 부여받을 수는 있지만 단 USITC와 DOC는 두 회사에 대해 모두 반덤핑명령을 유지하거나 또는 는 모두 종료하게 된다.[137]

DOC가 이해관계인의 주장에 응해 개별 회사에 대해 최근 산정된 덤핑마진을 USITC에 제공하는 전제는 당해 개별 회사에 대해 반덤핑명령의 부과 또는 정지약속 후 덤핑마진이 감소 또는 덤핑이 정지된 반면 수입물량은 안정세를 유지 또는 증가되었거나 동 회사가 시장점유율의 유지 또는 는 증가를 위해 덤핑을 증가함으로써 덤핑마진이 증가한 것이다.[138]

---

136) 종료재심사지침 제Ⅱ.B.1조.
137) Michael O. Moore, *supra* note 121, p.678.
138) 종료재심사지침 제Ⅱ.B.2조.

종료재심사에서 DOC는 일반적으로 얼마만 한 시간이 지났는가와 무관하게 원심에서의 덤핑마진을 제시하도록 요구한다. 경제적인 관점에서 보면 이는 크게 문제시되는 관행이다. 왜냐하면 이는 산업의 모든 경제상황이 반덤핑명령이 부과될 때와 완전히 같다고 예측하기 때문이다. 또한 관세평가재심사에서 산정된 덤핑마진이 충분한 이유가 있을 시에는 USITC에 보고될 수 있다. DOC는 원심에서의 덤핑마진을 초과하는 발생 가능한 덤핑마진을 USITC에 보고한다. 그 예로 관세가 수출회사에 의해 흡수된 경우를 들 수 있다. 다른 한 예로는 관세평가재심사를 통한 덤핑마진이 더 높게 나왔고 또한 이들 수출자로부터의 수출이 증가한 경우이다. DOC가 원심에서의 덤핑마진보다 낮게 측정된 마진을 보고할 상황은 오직 한 가지 경우뿐이다. 즉, 관세평가재심사에서 덤핑마진이 감소하고 수입이 증가 또는 안정세를 유지한 경우이다. 그러나 불행하게도 이들 가능성이 적을 뿐더러, 대부분 수출가격이 인상되면 보통 수입은 감소한다. 더욱 문제되는 것은 이러한 경우 이미 종료재심사가 수행되기 전의 기타 재심사단계에서 관세가 철폐되며 DOC가 원심에 비해 낮은 덤핑마진을 USITC에 보고할 가능성은 극히 적어 보인다.[139)]

DOC는 자신이 관세흡수분석을 수행한 모든 재심사에 있어 USITC에 개별 회사의 관세흡수에 관한 판정을 제공한다.[140)] 반덤핑명령에 대한 네 번째 관세평가재심사에서 관세흡수상황을 발견한 경우, DOC는 당해 회사에 대한 현행 덤핑마진이 반덤핑명령의 폐지 시 발생 가능한 덤핑마진을 반영하지 못한다고 판정하며, 관세흡수상황이 존재하지 않았을 경우 USITC에 보고했을 덤핑마진보다 높은 수준의 덤핑마진 또는 관세흡수에 대해 산정한 후 동 회사에 대해 조정을 단행한 최근의 덤핑마진을 제공한다. DOC는 일반적으로 관세흡수에 대한 판정을 고려하여 한 회사의 최근 덤핑마진을 조정하며 관세흡수를 발견한 부분의 판매에 대

---

139) Michael O. Moore, *supra* note 121, pp.680-681.
140) 종료재심사지침 제Ⅱ.B.3.a조.

한 관세흡수수량에 상응하게 덤핑마진을 인상한다.[141]

중요한 사실은 원심 덤핑마진을 보고하기 위해 관세평가재심사에서의 유용한 정보가 무시되고 있다는 사실이다. 관세평가재심사에서 발견된 덤핑마진율은 아무리 외국기업의 최근 동향에 기초했더라도 원심에서의 덤핑마진율을 보고한다. 이는, 원심에서의 덤핑마진율이 반덤핑조치가 부과되기 이전에 산정되었기 때문에 더 믿을 만하다고 보며 반덤핑조치가 적용되기 전의 수출업자와 외국정부의 행태를 반영하는 유일한 수치이기 때문이다. 관세평가재심사에서 DOC가 덤핑마진을 산정하는 경우는 예외적인 상황이 발생했을 경우에만 해당한다.[142]

또한, 미 대통령의 행정실무지침에 따르면, 원심의 덤핑마진율이야말로 반덤핑조치가 없을 경우 수출업자들의 행동을 예측할 수 있는 적절한 덤핑마진율이라고 제시한다. 경제적인 관점에서 보면, 경제환경이 불변하고 수출업자가 비록 그 행위를 수정하였더라도 본래대로 돌아갈 수 있는 여지가 있다면 원심의 덤핑마진율은 유용할 수 있다. 하지만, 기업의 행동에 영향을 미치는 그 밖의 다른 경제적 요소들을 고려할 경우 최근에 결정된 덤핑마진율이 원심의 그것보다 더 효과적일 수 있다. 즉, 환율의 변화가 공격적인 가격행위를 불필요하게 만들 수 있다. 또한, 새로운 경쟁자의 진입, 경기순환의 단계, 기술의 변화 등을 고려해 보아야 정확하게 덤핑의 재발 가능성을 진단해 볼 수 있을 것이다. 다만, 덤핑마진율이 감소하고 수입이 증가한다면 최근에 산정된 마진율이 USITC에 보고될 수 있는 희박한 여지는 남아 있다. 하지만, 이 경우에도 DOC는 수입물량보다는 수입시장점유율의 사용을 강조하며 최근에 산정된 마진율을 이용할 수 있는 가능성을 더욱 희박하게 하고 있다.[143]

---

141) *Ibid.*, 제Ⅱ.B.3.b조.

142) Terence P. Stewart and Amy S. Dwyer, "Sunset Reviews of Antidumping and Countervailing Duty Measures-US Implementation of Uruguay Round Commitments", *Journal of World Trade*, Vol.32, No.5(1998), pp.101-135.

143) Michael O. Moore, "Antidumping Reform in the United States-A Faded Sunset", *Journal of World Trade*, Vol.33, No.4(1999), pp.1-17.

DOC는 제로 또는 미소마진 그 자체만을 근거로 하여 반덤핑관세명령의 폐지 또는 조사정지의 종료 시 덤핑판매의 지속 또는 재발을 야기할 가능성이 없다는 판정을 내리지 말아야 한다. 이와 관련하여 종가로 0.5% 미만 또는 이와 동등한 특수비율의 가중평균 덤핑마진을 미소마진으로 간주한다.[144)]

예를 들어 한국산 PET Film에 대한 2차 종료재심사에서 DOC는 1차 종료재심사 후의 관세평가재심사에서 판정된 덤핑마진이 반덤핑조치의 부재 시 수출자의 행위를 더욱 잘 증명함을 보여주는 지표를 발견할 수 없으므로 1차 종료재심사에서의 덤핑마진, 즉 원심에서 판정된 덤핑마진을 계속하여 부과하기로 결정하였다.[145)]

또한 중국산 철강구조물에 대한 2차 반덤핑 종료재심사에서 덤핑마진과 관련하여 DOC는 적절한 경우 원심에서 산정된 덤핑마진이 아니라 최근에 산정된 덤핑마진을 적용할 수 있다. 특정 상황으로 인해 일부 회사들은 시장점유율을 유지 또는 증가시키기 위하여 덤핑을 증가하는 방식을 취할 수 있으며 따라서 이러한 경우 증가된 덤핑마진이 반덤핑관세의 부재 시 당해 회사의 행위를 더욱 잘 대변한다고 판단하였으며 수입물량의 감소와 덤핑마진의 증가와의 상관관계에 비추어 봤을 때, DOC는 더욱 최근에 산정된 관세세율이 중국 수출자와 생산자들의 행위를 더욱 잘 증명할 수 있다고 판단하여 인상된 덤핑마진을 부과하였다.[146)]

2. 피해의 지속 또는 재발 가능성에 대한 판정

반덤핑 종료재심사에 있어, USITC는 만약 반덤핑명령의 폐지 또는 조사정지의 종료 시 합리적으로 예측할 수 있는 시간 내 실질적인 피해

---

144) 19 U.S.C. § 1675a(c)(4), 종료재심사지침 제Ⅱ.A.5조.
145) US Department of Commerce, *supra* note 133.
146) US Department of Commerce, *supra* note 134.

의 지속 또는 재발 가능성이 있는지에 대해 판정하여야 한다. 이와 관련하여 수입물량, 가격효과, 반덤핑명령의 폐지 또는 조사정지의 종료 시 대상상품의 수입이 국내산업에 미칠 수 있는 영향 등을 검토하여야 하며 구체적으로 아래의 내용들을 고려하여야 한다. (i) 물량, 가격효과, 반덤핑명령의 부과 또는 가격약속의 수락 전 대상상품의 수입이 국내산업에 미친 영향을 포함하여 USITC가 전에 내린 피해판정. (ii) 반덤핑명령 또는 가격약속과 관련된 산업의 상황이 개선되었는지 여부. (iii) 반덤핑명령의 폐지 또는 가격약속의 종료 시 국내산업이 실질적 피해를 입기 쉬운지 여부. (iv) 종료재심사절차에서 관세흡수에 대한 DOC의 판정.147)

피해와 관련하여 원심에서는 이미 발생한 피해에 대해 조사하는 것과 달리 종료재심사에서는 추후 발생할 수 있는 피해에 대해 조사한다는 면에서 차이점을 가진다. 또한, 동일한 변수라 하더라도 원심과 종료재심사에서 서로 다르게 해석될 수 있다. 예를 들어, 국내산업의 생산량 또는 설비가동률 등 국내산업의 상태를 나타내는 변수가 그러한데, 원심의 경우 이들 변수가 감소하는 경우 대상국가로부터의 덤핑이 미국의 산업에 피해를 주었다는 증거로 되며 따라서 반덤핑관세의 부과 가능성이 높아진다. 반면에 종료재심사의 경우 이들 변수의 감소 역시 긍정적인 판정이 내려질 수 있는 가능성을 증대시키지만 그 원인은 약간 다르다. 왜냐하면 반덤핑관세를 부과한 후 외국산업은 그 가격을 인상하거나 미국시장에서 퇴출하는데 동 시간에 국내산업의 상황은 가격전략과 관련성이 적으며 오히려 기타 경쟁과 관련된다. 때문에 국내산업의 상황은 단지 미국 회사들이 잠재적인 덤핑으로부터 얼마나 피해를 입기 쉬운가를 나타내는 하나의 요소로만 된다. 만약 대상가격과 현재의 국내산업의 상황 간의 관계가 종료재심사에서 경미하다면 USTIC는 심지어 판정절차에서 이들을 고려하지 않을 수도 있다.148)

---

147) 19 U.S.C. § 1675a(a)(1).

148) Benjamin H. Liebman, *ITC Voting Behavior on Sunset Reviews*, University of

예를 들어 한국산 PET Film에 대한 2차 종료재심사에서 한국의 생산자, 수출자 또는 미국의 수입자들이 모두 재심사개시에 응답하지 않았다. 따라서 USITC는 국내산업이 재심사개시공고에 충분한 응답을 한 반면 피소 이해관계인은 충분한 응답을 하지 아니하였으므로 신속재심사를 수행하기로 결정하였다. 반덤핑관세의 철폐 시 피해의 지속 또는 재발 가능성과 관련하여 USITC는 경쟁상황, 대상수입품의 가능한 수입물량, 대상수입품의 가능한 가격효과, 대상수입품으로 인한 가능한 영향 등을 검토하였다. 또한 동 재심사에서 이용 가능한 자료에 기초하였으며 이들 자료에는 원심 및 제1차 종료재심사에서의 자료, 국내 이해관계인에 의해 제출된 정보, DOC의 관방통계 등에 주로 기초하여 결국 반덤핑관세의 철폐 시 예견 가능한 합리적인 기간에 피해의 지속 또는 재발이 가능하다고 판정하였다. 여기에서 예견 가능한 합리적인 기간이란 원심 중 피해의 위협판정에 적용되는 급박한 기한에 비해 긴 기간으로 해석하였다.[149]

1) 수입물량

반덤핑명령의 폐지 또는 조사정지의 종료 시 대상상품의 수입물량에 발생 가능한 상황을 검토함에 있어 USITC는 반덤핑명령의 폐지 또는 조사정지의 종료 시 대상상품의 수입물량이 절대적인 면에서 혹은 미국 내 생산, 소비에 비해 상대적인 면에서 상당한 수준일지 여부에 대해 검토하여야 하고, 이와 관련하여 아래의 요소들을 포함한 모든 관련 요소들을 검토하여야 한다. (i) 수출국에서 생산능력의 증가 가능성 또는 현존 유휴생산능력의 증가 가능성. (ii) 대상상품의 현존 재고 또는 재고품의 증가 가능성. (iii) 미국을 제외한 국가들에 대상상품을 수출하는 경우 현존하는 장벽. (iv) 현재에는 비록 다른 상품

Oregon, 2001, pp.9-11.
149) United States International Trade Commission, *PET Film From Korea Determinations(731-TA-459)*, Federal Register: October 7, 2005(Volume 70, Number 194).

의 생산에 사용되고 있지만 장래에 대상상품의 생산에 투입될 수 있는 외국의 상품전환설비의 잠재력.[150]

예를 들어 한국·일본·대만산 스테인리스 강관이음쇠(Stainless Steel Butt-Weld Pipe Fittings)에 대한 종료재심사에서는 생산자가 과거에 국내시장 또는 제3국 시장에서 미국시장으로 유통경로를 전환한 전적, 원심 당시의 상당한 수준의 수출량과 생산능력 등으로 비추어 보아 반덤핑조치가 철회될 경우 대상상품의 수입이 증가될 가능성이 있는 것으로 보았다.[151]

반대로 한국·일본·멕시코산 와이어로프(Certain Steel Wire Rope)에 대한 종료재심사에서 다른 대부분의 한국 와이어로프 생산자들은 반덤핑조치가 취해진 이후 미국시장에서 탈퇴한 관계로, 동 상품에 있어서 최대의 미국 수출자인 한국 금호가 종료재심사에 유일하게 참여했다. 동 사례에서 USITC는 와이어로프를 생산하는 한국 생산자들은 이미 높은 수준의 설비가동율에 도달했고 더 이상 국내생산증가가 어렵고, 미국이 주된 수출 대상국이기 때문에 다른 제3국으로부터 미국으로의 수출의 전환이 이루어지기 힘들다고 판단해 반덤핑조치가 철회된 후에도 미국으로의 수입량이 증가하지 않을 것으로 보았다.[152]

2) 가격효과

반덤핑명령의 폐지 또는 조사정지의 종료 시 대상수입품에 의한 가격효과의 발생 가능성과 관련하여 USITC는 아래의 사항을 검토하여야 한다. (ⅰ) 미국 내 동종상품과 비교할 경우 수입품에 의한 상당한 가격인

---

150) 19 U.S.C. § 1675a(a)(2).

151) United States International Trade Commission, *Stainless Steel Butt-Weld Pipe Fittings From Japan, Korea, and Taiwan*: *Determinations*(731-TA-376, 563, and 564), Federal Register: February 24, 2000(Volume 65, Number 37).

152) United States International Trade Commission, *Certain Steel Wire Rope From Japan, Korea, and Mexico*: *Determinations*(AA1921-124 and 731-TA-546-547), Federal Register: January 3, 2000(Volume 65, Number 1).

하의 발생이 가능한지 여부. (ii) 대상상품이 미국으로 수입됨으로 인하여 미국 내 동종상품의 가격에 대해 상당한 가격하락을 야기하거나 가격상승을 상당히 억제하는 효과가 발생할 가능성이 있는지 여부.[153]

예를 들어 한국·일본·대만산 스테인리스 강관이음쇠에 대한 종료재심사사건에서 USITC는 소비자의 구매결정에 있어서 가격이 매우 중요하고, 저가의 비대상수입품들이 증가해 경쟁이 심해졌으며 그리고 반덤핑조치가 취해진 이후에도 계속해서 원가 이하의 판매가 지속되는 증거가 있는 경우는, 반덤핑조치가 철회되더라도 대상수입의 가격이 미국시장의 가격을 인하시키는 압력으로 작용한다고 보았다.[154]

이와 반대로, USITC는 한국·일본·캐나다·싱가포르산 CPT(Color Picture Tubes)에 대한 종료재심사사건에서는 가격효과를 예측함에 있어서 USITC가 가격하락과 시장점유율을 동시에 고려해야 한다는 점을 보여주었다. 즉, 시장점유율이 1% 이하 정도로 눈에 띄는 수입량의 증가가 없을 경우, 가격하락은 대상수입으로 인한 가격인하 압력보다는 자체 국내 경쟁으로 야기된 것으로 보았다. 또한, 한국 수출자들이 멕시코에 있는 자신들의 자회사를 통해 생산한 CPT와 미국시장에서 자체적으로 판매경쟁을 하는 경향이 있을 것이기 때문에 큰 폭의 가격인하 가능성을 예측하기는 어렵다고 보았다.[155]

3) 국내산업에 대한 영향

반덤핑명령의 폐지 또는 조사정지의 종료 시 대상상품의 수입이 국내산업에 미칠 가능성이 있는 영향을 평가함에 있어, USITC는 미국 국내산업이 감수하게 될 가능성이 있는, 아래의 요소들을 포함한 모든 관련된 경제지표를 검토하여야 한다고 언급하고 있다. (i) 생산량, 판매, 시

---

153) 19 U.S.C. § 1675a(a)(3).

154) United States International Trade Commission, *supra* note 151.

155) United States International Trade Commission, *Color Picture Tubes From Canada, Japan, Korea, and Singapore: Determinations(731-TA-367-370)*, Federal Register: April 5, 2000(Volume 65, Number 66).

장점유율, 이윤, 생산성, 투자수익율, 설비가동률 등 면에서의 감소 가능성. (ii) 자금순환, 재고, 고용, 임금, 성장, 자본 또는 투자조달능력에 있어 발생 가능한 부정적 효과. (iii) 국내 동종상품에 대한 모방 또는 더욱 선진적인 버전을 발전시키고자 하는 노력을 포함하여 당해 산업의 현재 발전과 생산노력에 대해 발생 가능한 부정적 효과. USITC는 상술한 모든 관련 경제지표를 검토함에 있어 영향을 받은 국내산업과 비교한 상업주기, 경쟁요건 속에서 수행하여야 한다고 규정하고 있다.156)

예를 들어, 한국산 스테인리스 강관이음쇠에 대한 종료재심사에서는 대상수입이 야기할 실질적인 피해뿐만 아니라 종료재심사과정에서 비대상수입의 증가물량도 고려했다. 즉, 반덤핑조치의 부과 이후에도 대상수입의 증가가 있어 왔던 것은 물론, 비대상수입도 증가해, 반덤핑조치가 철회되면 국내산업이 지탱하기 어려운 경우로 보았다. 또한 국내산업의 생산, 판매, 그리고 수익의 감소는 당해 산업의 수익성에 부정적인 영향을 미치는 것은 물론 자본을 조달하거나 필요한 자본투자를 유지하기 어렵게 되어 반덤핑조치가 철회되면 실업률도 증가하게 될 것이라고 판단했다.157)

반대로 한국·일본·멕시코산 와이어로프에 대한 종료재심사에서 USITC는 원심 이후 비대상수입이 크게 증가해 미국시장에서 한국 수출자가 누려 왔던 시장점유율을 능가하고 대상수입과 비대상수입 간에 대체 가능성의 정도도 높으며 따라서 반덤핑조치가 철회된 후에 한국의 수출이 조금 증가하더라도 한국 생산자는 미국 국내산업과는 물론 비대상수입 국으로부터 수입되는 와이어로프와 극심한 경쟁을 해야 할 것으로 보아 예견되는 수입효과가 적을 것으로 판단했다.158)

---

156) 19 U.S.C. § 1675a(a)(4).

157) United States International Trade Commission, *supra* note 151.

158) United States International Trade Commission, *supra* note 152.

4) 판정의 기초

USITC가 고려하도록 규정된 어떠한 자료의 제출 또는 미제출에 상관없이 USITC가 만약 반덤핑명령이 폐지 또는 조사정지가 종료될 시 실질적인 피해의 지속 또는 재발 가능성 여부를 판정함에 있어 반드시 결정적인 지침으로 되지는 않는다. 그러한 판정을 내림에 있어, USITC는 반덤핑명령 폐지 또는 조사정지 종료의 임박한 효과가 아니라 장기간에 걸쳐 입증하여야 한다.[159)]

5) 덤핑마진의 크기

종료재심사판정을 내림에 있어, USITC는 덤핑마진의 크기를 고려할 수 있다.[160)]

6) 누적평가

만약 수입품들 간에 서로 경쟁이 가능하고 또한 미국 국내의 동종상품과도 경쟁 가능하다면, 그리고 중간재심사와 종료재심사가 동일한 날짜에 개시되었다면, USITC는 모든 국가들로부터의 대상상품 수입물량과 영향에 대해 누적 평가할 수 있다. 만약 수입품이 국내산업에 대해 인식 가능한 부정적 효과를 야기할 가능성이 없다고 판단하는 경우 USITC는 대상상품의 수입물량과 수입효과에 대해 누적평가를 하지 못한다.[161)]

이와 관련하여 DOC가 종료재심사의 개시 일자를 통제하므로 실제에 있어서 DOC가 임의로 서로 다른 날짜에 반덤핑조치를 부과하더라도 종료재심사에서는 양자를 그룹화하여 함께 재심사를 개시함으로써 누적 평가할 수 있게 되는 결과를 초래하게 된다.

예를 들어 브라질·캐나다·중국산 철강구조물에 대한 2차 반덤핑 종

---

159) 19 U.S.C. § 1675a(a)(5).
160) 19 U.S.C. § 1675a(a)(6).
161) 19 U.S.C. § 1675a(a)(7).

료재심사에서 누적평가가 적용되었다. 동 사건에서 USITC는 종료재심사에서 누적평가는 재량사항이라고 지적하였으며 그러나 이러한 재량적인 누적평가를 수행함에 있어 두 가지 요건을 충족시켜야 한다고 하였다. 즉 수입품들 간에 서로 경쟁 가능하고 또한 미국 국내의 동종상품과도 경쟁 가능하며, 이들 조사가 동일한 날짜에 개시되었을 것을 요구한다는 것이다. 또한 수입품이 국내산업에 대해 인식 가능한 부정적 효과를 야기할 가능성이 있는지 여부와 관련하여 법령상으로는 이를 판정함에 있어 USITC가 검토하여야 하는 요소에 대한 지침은 규정된 바가 없지만 이와 관련하여 USITC는 일반적으로 반덤핑조치의 철폐 시 대상 수입품의 발생 가능한 물량과 이들 수입품이 국내산업에 대해 합리적으로 예견 가능한 시간 내에 미칠 수 있는 영향을 고려한다고 하였다. 수입품 간에 서로 경쟁 가능하고 또한 미국 국내의 동종상품과도 경쟁 가능한지를 판정함에 있어 USITC는 일반적으로 네 가지 요소를 검토한다고 하였다. 이들로는 첫째, 개별 고객들의 요구와 기타 품질관련문제를 포함하여 서로 다른 국가들로부터의 수입품 간, 그리고 수입품과 국내 동종상품 간의 대체 가능 정도, 둘째, 수입품과 국내 동종상품 간, 및 수입품 간에 지리적으로 동일한 위치에 있는 시장에서의 판매 또는 판매의도의 존재 여부, 셋째, 수입품과 국내 동종상품 간 및 수입품 간에 공동 또는 유사한 유통채널의 존재 여부, 넷째, 이들이 해당 시장에 동시적으로 존재하는지 여부 등이다. 또한 동 사건에서 USITC는 종료재심사의 예측적 검토라는 특성상 현존의 경쟁이 없더라도 장래에 경쟁이 발생 가능한지를 판단하여야 한다는 입장에 입각하여, 이들 전통적인 경쟁요소 외에도 만약 반덤핑관세가 철폐 시 경쟁의 재발이 가능한지와 관련된 요소들도 검토하였다. 동 사건에서 DOC는 피소 이해관계인들이 재심사에 참여하지 않음으로써 만약 반덤핑관세의 철폐 시 누적평가를 필요하게 하는 상황들이 재발하지 아니할 것임을 입증하지 못하였으므로 누적평가를 계속한다고 판정하였다.[162)]

7) 지역산업을 위한 특별규정

지역산업이 관련된 종료재심사 사건에서, USITC는 원심에서 정의된 지역산업, 확립된 기준을 충족시키는 기타 지역 또는 미국 전체를 기초로 판정을 내릴 수 있다. 하나의 지역산업에 대한 분석이 재심사의 판정을 위해 적절하다고 판단하는 경우, USITC는 만약 반덤핑명령의 폐지 또는 조사정지의 종료 시 확립된 기준이 충족되는지 여부에 대해 고려하고 있다.163)

Ⅲ. 절차적 규정

DOC의 종료재심사는 개념상 90일 재심사, 120일 재심사(신속재심사), 240일 재심사(전반 재심사) 등 세 가지가 있다. DOC는 일단 조사개시와 함께 개략질문서를 발송하고 개략질문서에 응하지 않는 경우 90일 이내에 이용 가능한 사실로 조사결과를 발표하고 개략질문서의 내용을 검토하여 답변이 적절하다고 평가될 경우에 전반 재심사를 실시하게 된다. 전반 재심사의 경우에는 별도의 질문서가 발송되며 최초 조사개시일로부터 240일 내 판정을 하게 된다. 그러나 개략질문서의 내용이 부적절하다고 판단될 경우 별도의 답변서를 접수하지 않고 조사개시일로부터 120일 이내에 이용 가능한 사실로 조사결과를 발표하게 된다. 일반적으로 90일 재심사나 신속재심사를 거칠 경우, 즉 전반 재심사에 답변서를 제출하지 못할 경우, 덤핑재발 가능성이 없다는 판정을 하기에

---

162) United States International Trade Commission, *Certain Iron Construction Castings From Brazil, Canada, and China(701-TA-249 and 731-TA-262, 263, and 265)*, Federal Register: June 14, 2005(Volume 70, Number 113).

163) 19 U.S.C. § 1675a(a)(8).

는 부족한 정보를 획득하게 되므로 거의 긍정판정을 하게 된다.

USITC의 경우에도 DOC의 경우와 마찬가지로 개략질문서에 답변하지 않을 경우 이용 가능한 사실로 긍정판정을 내리게 된다. 개략질문서에 답변하였을 때에는 개별적, 전체적 수준에서 답변내용의 적절성을 평가하여 부적절할 경우 신속재심사를 실시하며, 이 경우 USITC는 조사개시 후 150일 내에 이용 가능한 사실에 근거하여 최종 판정하게 된다. 답변내용이 적절할 경우에만 전반 재심사를 진행하게 되는데, 이 경우 조사개시 후 약 360일 내에 최종 판정하게 된다.

1. DOC 절차

1) 재심사개시공고

반덤핑명령 또는 조사정지의 부과 후 5년이 경과하는 날의 30일 전 DOC는 연방관보에 재심사개시공고를 게재하며 이해관계인들에게 다음 사항을 제출하도록 요구한다. (ⅰ) DOC와 USITC에서 요구한 정보를 제출함으로써 재심사에 참여하겠다는 의향을 표명한 입장. (ⅱ) 반덤핑명령의 폐지 또는 조사정지의 종료 시 발생 가능한 효과와 관련된 입장. (ⅲ) DOC 또는 USITC에서 지정할 수 있는 기타 정보 또는 산업데이터,[164] 여기에는 판매, 가격, 수입, 시장요건 등 데이터와 관련된 기타 정보가 포함된다.[165]

종료재심사를 통해 반덤핑명령 또는 조사정지가 연장된 경우, 반덤핑명령 또는 조사정지의 연장에 관한 USITC의 최종판정이 내려진 후 5년이 경과하는 날 30일 전까지 DOC는 종료재심사개시공고를 게재한다.[166]

---

164) 19 U.S.C. § 1675(c)(2), 19 C.F.R. § 351.218(c)(1).
165) U.S. President's Statement of Administrative Action, H.R. Doc. No.103-316, Vol.1, para.879.
166) 19 C.F.R. § 351.218(c)(2).

즉, 미국은 모든 반덤핑명령에 대해 5년이 도래하기 30일 전까지 자동적으로 종료재심사를 개시하며 종료재심사는 연방관보에 공고된 날 개시된다. DOC는 종료재심사 일정표에 열거된 월별 일정에 따라 연방관보에 개시공고를 게재하며 또한 예의적인 각도에서 예정된 종료재심사의 개시날짜가 속하는 전달에 DOC의 개별적인 반덤핑관세절차에 참여한 적 있는 모든 이해관계인 및 반덤핑명령을 부과당한 국가의 대사관에 등기우편으로 종료재심사의 자동적 개시가 임박하였음을 통보한다.[167]

만약 국내의 이해관계인이 종료재심사의 조기개시가 행정적 효율성 촉진에 유리하다고 DOC를 설득하는 경우 DOC는 조기개시를 공고한다. 그러나 만약 DOC가 조기개시를 신청한 국내 이해관계인이 특수관계자 또는 수입자라고 판단하면 조기개시신청을 거부할 수 있다.[168]

2) 재심사개시공고에 대한 응답

(1) 국내 이해관계인의 참가의사 통보

만약 국내 이해관계인[169]이 종료재심사에 참가하기를 원하는 경우, 동 이해관계인은 연방관보에 개시공고가 게재된 후 15일 내 종료재심사 참가의사를 DOC에 통보하여야 하며 종료재심사에 참가하고자 하는 모든 참가의사 통보에는 종료재심사에 참가하고자 하는 국내 이해관계인의 의도가 표시된 주장과 다음의 정보가 포함되어야 한다. (i) 종료재심사에 참가하고자 하는 국내 이해관계인(만약 가능하다면 그 구성원)의 이름, 주소, 전화번호 및 이해관계인 지위에 대한 법적 근거. (ii) 국내 생산자

---

167) WTO, *supra* note 126, pp.11-13.

168) 19 C.F.R. § 351.218(c)(3).

169) 여기에서 이해관계인이란 (i) 미국 내의 국내 동종상품 제조업체, 생산업체 또는 도매업체. (ii) 미국 내의 국내 동종상품 제조, 생산 또는 도매에 종사하는 산업을 대표하는 협회 또는 노동자그룹. (iii) 다수 회원들이 미국 내의 국내 동종상품 제조, 생산 또는 도매에 종사하는 무역 또는 경영협회. (iv) 다수 회원들이 국내 동종상품과 관련하여 (i), (ii) 또는 (iii)항에 묘사된 이해관계인들로 구성된 협회 등을 의미한다. 19 U.S.C. § 1677(9)(C)-(F).

가 외국 생산자 또는 외국 수출자와 관련이 있는지 여부 또는 국내 생산자가 대상상품의 수입자 또는 그러한 수입자와 관련이 있는지 여부에 대한 내용을 명시한 주장. (iii) 만약 법률자문 또는 기타 대리인을 두고 있다면, 이들의 이름, 주소 및 전화번호. (iv) 대상상품과 종료재심사 대상국가. (ⅴ) 종료재심사개시공고가 연방관보에 게재된 날짜와 인용.170)

종료재심사 참여의사를 통보하지 아니한 국내 이해관계인은 재심사에 참여할 의사가 없는 것으로 간주되며, DOC는 동 재심사기간 동안 당해 관계인으로부터 제출되었으나 DOC로부터 요청받지 아니한 의견에 대해 접수 또는 고려하지 아니한다. 만약 종료재심사 참여의사를 통보하는 국내 이해관계인이 부재하는 경우, DOC는 조사개시공고에 응답한 국내 이해관계인이 없다고 결론짓고 일반적으로 연방관보에 조사개시공고를 게재한 후 20일 내 USITC에 서면으로 이러한 사실을 통보하며 90일 내 반덤핑명령의 폐지 또는 조사정지의 종료에 관한 최종판정을 게재한다. 이러한 절차를 일명 90일 종료재심사(90-Day Sunset Review)라고 부른다.171)

(2) 재심사개시공고에 대한 피소 이해관계인의 응답포기

피소 이해관계인(respondent interested party)은 종료재심사개시공고가 연방관보에 게재된 후 30일 내 DOC에 포기주장을 제출하여 종료재심사에 참여하는 것을 포기할 수 있으며 이러한 경우 DOC는 재심사기간 중 자신이 요청하지 아니한 당해 이해관계인으로의 모든 의견을 접수 또는 고려하지 아니한다. 대상상품의 외국 제조업체, 생산업체, 수출업체, 미국 내 수입업체 또는 다수 회원이 당해 상품의 생산자, 수출자, 수입자인 무역 또는 경영협회, 대상상품을 생산, 제조, 수출하는 국가의 정부 등 이해관계인은 DOC에 의해 수행되는 재심사에는 참여하지 아니하고 USITC에 의해 수행되는 재심사에만 참여할 수 있다. 피소 이해

---

170) 19 C.F.R. § 351.218(d)(1)(ⅰ)-(ⅱ).
171) 19 U.S.C. § 1675(c)(3), 19 C.F.R. § 351.218(d)(1)(iii).

관계인이 재심사에 참여하는 것을 포기하는 경우, DOC는 반덤핑명령의 폐지 또는 조사정지의 종료 시 당해 이해관계인과 관련하여 덤핑의 지속 또는 재발 가능성이 있다고 판정하여야 한다.[172]

모든 포기주장에는 피소 이해관계인이 DOC의 종료재심사에 대한 참가를 포기한다는 내용이 명시된 주장, 그리고 만약 반덤핑명령의 폐지 또는 조사정지의 종료된다면 피소 이해관계인이 덤핑을 할 가능성이 있다는 주장과 아래의 내용이 포함되어야 한다. (i) DOC의 종료재심사 참가에 포기한 피소 이해관계인의 이름, 주소, 전화번호. (ii) 만약 법률자문 또는 기타 대리인을 두고 있다면, 이들의 이름, 주소, 전화번호. (iii) 대상상품과 종료재심사 대상국가. (iv) 종료재심사개시공고가 연방관보에 게재된 날짜 및 인용.[173]

만약 피소 이해관계인이 재심사개시공고에 대해 불충분한 응답을 하는 경우, DOC는 재심사개시 후 120일 내에 추가적인 조사 없이 이용가능한 사실에 기초하여 최종판정을 제출할 수 있다.[174]

DOC는 설문서에 대한 답변이 적절하다고 평가될 경우에 전반적 재심사를 수행하게 되는데, DOC의 경우에는 이미 관세평가재심사를 통해 과거 3~5년 이상의 기간에 대한 반덤핑조사자료를 확보하고 있으므로 기존에 조사한 반덤핑답변서를 기초로 자체적으로 서류심사를 거치게 된다. 이는 향후 덤핑재발 가능성을 과거 덤핑 경험에 기초하여 평가하는 것을 의미하며, 현실적으로 과거 3년 이상 미소마진판정이라는 철회요건을 충족한 경우를 제외하고는 거의 부정판정을 받을 가능성이 희박하다. 때문에 일반적으로 외국의 생산업체들은 USITC의 종료재심사에만 응하는 것이 일반적이다.[175]

예를 들어 한국산 PET Film에 대한 2차 종료재심사에서 한국의 생산

---

172) 19 U.S.C. § 1675(c)(4), 19 C.F.R. § 351.218(d)(2)(i).
173) 19 C.F.R. § 351.218(d)(2)(ii).
174) 19 U.S.C. § 1675(c)(3).
175) 한국무역협회, 『반덤핑 재심 대응실무』(서울: 한국무역협회, 2005), 183쪽.

자, 수출자 또는 미국의 수입자들이 개시공고에 응답하지 아니함으로 인하여 DOC는 신속재심사를 개시하였다.176)

또한 중국산 철강구조물에 대한 2차 반덤핑 종료재심사에서 중국의 생산자, 수출자 또는 미국의 수입자들이 개시공고에 응답하지 아니함으로 인하여 DOC는 신속재심사를 개시하였다.177)

(3) 재심사개시공고에 대한 실질적 응답

종료재심사개시공고에 대한 완전하고 실질적인 응답은 재심사개시공고가 연방관보에 게재된 후 30일 내 DOC에 제출되어야 하며178) 이해관계인은 실질적인 응답을 제출하기 위하여 30일의 응답기간을 연장해 줄 것을 신청할 수 있다.179)

종료재심사에 참가하기를 원하는 모든 이해관계인은 DOC에 다음의 내용이 포함된 제안서를 제출해야 한다. (i) 종료재심사에 참여하기를 원하는 이해관계인(그리고 만약 적절하다면 그 구성원들)의 이름, 주소 및 전화번호, 이해관계인 지위에 대한 법정근거. (ii) 만약 법률자문 또는 기타 대리인을 두고 있다면 이들의 이름, 주소 및 전화번호. (iii) 대상상품 및 종료재심사 대상국가. (iv) 재심사개시공고가 연방관보에 게재된 날짜 및 인용. (v) 역사적으로 대상상품과 관련하여 DOC의 부분적인 절차에 참가한 개요를 포함하여 DOC가 요구하는 정보의 제공을 통하여 재심사 참여의도를 표명하는 주장. (vi) 재심사의 대상으로 된 반덤핑명령의 폐지 또는 조사정지의 종료 시 발생 가능한 효과와 관련된 주장, 동 주장에는 사실적인 정보, 주장 및 이러한 주장을 뒷받침할 수 있는 논거가 포함되어야 한다. (vii) DOC가 반덤핑명령을 폐지 또는

---

176) US Department of Commerce, *supra* note 133.
177) US Department of Commerce, *supra* note 134.
178) 19 C.F.R. § 351.218(d)(3)(i). 상당히 사전적인 공고 및 종료재심사 정보요건과 개시일정표에 대한 입수 가능성에서 보면 미국은 실질적인 응답을 제출하기 위한 30일의 시한이 적절하다고 인정한다. WTO, *supra* note 126, pp.11-13.
179) *Ibid.*, pp.1-6.

조사정지를 종료시킬 경우 개별적인 이해관계인의 경우 발생 가능한 덤핑마진과 관련한 사실적 정보, 주장 및 이유. (viii) 관세흡수와 관련된 DOC 판정의 요약, 만약 존재한다면 DOC의 판정이 열거된 연방관보공고의 인용도 포함된다. (ix) DOC가 대상상품과 관련된 절차 중 내린 우회방지판정, 상황변동판정을 포함하여 관련 범위의 명확화 또는 판정에 대한 모든 설명.[180]

종료재심사개시공고에 대한 실질적 응답에서 피소 이해관계인이 제출하도록 추가적으로 요청받는 정보는 다음과 같다. (i) 당해 이해관계인의 개별적인 가중덤핑마진(만약 적절하다면 원심으로부터 그 후 종료된 각 관세평가재심사 시기까지), 최종덤핑마진(만약 적절하다면 그러한 덤핑마진이 최종 또는 결론적인 법원의 명령에 의해 변경되었는지). (ii) 재심사개시공고의 게재 전 5년(또는 만약 재무연도가 더욱 적절하다면 재무연도) 중 당해 이해관계인이 미국으로 수출한 대상상품의 연간물량과 연간가치(일반적으로 FOB가격). (iii) 만약 적절하다면, 덤핑조사개시공고의 게재 전 연도(또는 만약 재무연도가 더욱 적절하다면 재무연도)에 당해 이해관계인이 미국으로 대상상품을 수출한 물량과 가치(일반적으로 FOB가격). (iv) 재심사개시공고의 게재 전 5년(만약 재무연도가 더욱 적절하다면 재무연도) 중 물량을 기초로 하는 경우(또는 만약 가격을 기초로 함이 더욱 적절하다면 가격을 기초로 한다), 당해 이해관계인이 대상상품의 대미수출에서 차지하는 비중. (v) 재심사개시공고를 게재한 연도를 포함하여 가장 최근의 3년 내, 개시공고가 게재된 달 전월이 속하는 두 개의 재무분기 중 당해 이해관계인이 미국으로 대상상품을 수출한 물량과 가치(일반적으로 FOB가격).[181]

이해관계인은 DOC로 하여금 기타 요소를 고려하도록 정당한 이유를 제공하는 정보 또는 증거를 제출할 수 있으며 그러한 정보 또는 증거는 개시공고에 대한 이해관계인의 실질적인 응답에서 제출되어야 한다. 또

---

180) 19 C.F.R. § 351.218(d)(3)(ii).
181) 19 C.F.R. § 351.218(d)(3)(iv).

한 이해관계인의 실질적인 응답에는 동 관계인이 DOC가 고려할 것을 희망하는 부분의 기타 관련 정보와 주장을 포함할 수 있다.182)

대상상품의 산업 이용자 또는 대표적인 소비자단체도 DOC에 제안서를 제출할 수 있다.183)

(4) 재심사개시공고의 실질적 응답에 대한 반박

종료재심사개시공고에 대한 실질적인 응답을 제출한 모든 이해관계인은 개시공고에 대한 기타 이해관계인의 실질적 응답에 대한 반박을 동 응답이 DOC에 제출된 후 5일 내 제출할 수 있다. 예외 상황을 제외하고, DOC는 일반적으로 반박의견을 제출할 기간이 지난 후에는 추가적인 정보를 접수 및 고려하지 아니한다. 단, DOC가 전면적인 종료재심사절차를 결정한 후 추가적인 정보를 요구하는 경우는 제외한다.184)

3) 재심사수행

(1) 재심사개시공고를 위한 충분한 응답

DOC는 국내 이해관계인의 응답의 충분성에 대한 판정을 사안별로 내리며 만약 적어도 하나의 국내 이해관계인으로부터 완전하고 실질적인 응답을 받는다면 일반적으로 국내 이해관계인들이 재심사개시공고를 위한 충분한 응답을 제출한 것으로 판단한다.

국내 이해관계인 응답의 충분성에 대한 판정에 있어 DOC는 동 이해관계인이 외국 생산자 또는 수출자와 특수관계가 있거나 대상상품의 수입자거나 또는 그러한 수입자와 특수관계가 있는 경우 국내 생산자의 응답을 무시할 수 있다.

만약 DOC가 국내 이해관계인의 응답을 무시하기로 결정하고 또한

---

182) 19 C.F.R. § 351.218(d)(3)(ⅴ).
183) 19 C.F.R. § 351.218(d)(3)(ⅵ).
184) 19 C.F.R. § 351.218(d)(4).

개시공고에 대해 완전하고 실질적인 응답을 제출하는 기타 국내 이해관계인도 부재하는 경우 개시공고에 응답한 국내 이해관계인이 없다고 결론짓고 개시공고가 연방관보에 게재된 후 일반적으로 40일 내 서면으로 USITC에 그러한 내용을 통보하며 개시공고의 게재 후 90일 내 명령의 폐지 또는 조사정지의 종료에 관한 최종판정을 제출한다.[185]

DOC는 피소 이해관계인의 응답의 충분성과 관련하여 사안별로 판정하며 만약 개시공고의 게재 전 5년에 거쳐 대상상품의 대미수출이 전반 수출물량(만약 가격이 적절하다면 가격을 기초로 함) 중 평균 50% 이상을 차지하는 피소 이해관계인으로부터 완전하고 실질적인 응답을 받았다면 피소 이해관계인이 개시공고에 대해 충분한 응답을 한 것으로 간주한다.

만약 DOC가 피소 이해관계인이 개시공고에 대해 불충분한 응답을 제출하였다고 판단하면 일반적으로 개시공고가 연방관보에 게재된 후 50일 내 USITC에 서면으로 그러한 내용을 통보하고 신속한 종료재심사를 수행하며 개시공고의 게재 후 120일 내 이용 가능한 사실에 근거하여 최종판정을 제출하는데 이것이 소위 말하는 120일 종료재심사(120-Day Review)이다.[186]

종료재심사에 참가한 이해관계인은 응답의 충분성 여부에 근거한 DOC의 판정에 대해 코멘트를 제출할 수 있다. 기한 내 제출된 모든 이해관계인의 제안은 DOC에 의해 고려되며 최종결론에 반영되는데 여기에는 수출자의 제안도 포함된다.[187]

(2) 신속한 종료재심사

피소 이해관계인 응답의 충분성에 대한 판정은 신속 또는 전반적인

---

185) 19 C.F.R. § 351.218(e)(1)(i).

186) 19 C.F.R. § 351.218(e)(1)(ii).

187) WTO, *Notification of Laws and Regulations under Articles 18.5 and 32.6 of the Agreements*: *Replies to Additional Questions from Brazil Regarding the Notification of the United States*, G / ADP / Q1 / USA / 22, 20 October 2000, pp.1-7.

종료재심사를 수행하겠는가 하는 목적으로만 필요하다. DOC는 신속재심사와 전반 재심사 두 과정 모두 모든 참여당사자들이 제출한 증거와 주장을 고려하지만 덤핑의 지속 또는 재발 가능성에 관한 판정을 명령차원에 기초하여 내리므로, 상당한 비율의 피소 이해관계인으로부터의 응답이 없는 경우 전반적인 종료재심사의 수행이 무의미하게 된다.[188]

DOC는 각 응답의 완전성을 고려하는 데 있어, 만약 제출자가 일정한 정보를 제공하지 아니한 경우에도 일단 제출자가 누락된 정보를 제출할 수 없는 충분한 이유를 해석한다면 그 응답을 고려하기도 한다. 개별적 응답의 완전성을 판단한 후, DOC는 재심사에 참여한 피소 이해관계인에 의한 대상상품의 수출비중을 고려하는데 만약 수출자들의 수출물량이 가장 최근 5년간 전체 수출물량의 50%에 상당히 미치지 못하는 경우 DOC는 신속재심사를 수행한다. 이는 DOC가 총체적 명령차원에 기반하여 종료재심사판정을 내리기 때문에 참여하지 아니하는 생산자들의 경우 반덤핑명령의 부과기간 중 덤핑을 종식시키지 아니하였을 것이라고 예측하고 이를 근거로 DOC는 반덤핑명령의 폐지 시 덤핑이 지속될 것이라고 판단한다.

당사자들은 DOC의 신속재심사수행결정에 대해 코멘트할 기회를 가지는데 즉, 재심사개시 후 70일 내 신속종료재심사의 적절성에 대해 코멘트를 제출할 수 있다.

신속종료재심사에서 DOC는 전에 산정된 덤핑마진에 의거한다. 왜냐하면 전의 관세평가재심사에서 덤핑마진을 산정하기 위해 이용된 정보는 이미 입증 또는 정확하다고 간주되기에 이러한 정보에 대해 재입증할 필요가 없기 때문이다. 종료재심사에서 새로운 정보가 제출되고 또한 그러한 정보가 반덤핑명령의 폐지를 야기하게 될 경우 DOC는 그러한 정보를 고려한다.[189]

---

188) WTO, *supra* note 126, pp.18-19.
189) *Ibid.*, pp.1-6.

(3) 전반적 종료재심사

일반적으로 DOC는 종료재심사개시공고에 대한 국내 이해관계인 및 피소 이해관계인의 충분한 응답을 접수한 후에야 전반적 종료재심사를 수행한다. 설사 DOC에서 전반적 종료재심사를 수행하더라도 매우 특수한 상황에서만 그 전의 판정에서 산정 및 공시된 덤핑마진과 상이한 덤핑마진에 의지하며, 종료재심사에 있어 어떠한 경우에도 신규수출자를 위한 덤핑마진을 산정하지 않기 때문이다.[190]

만약 기타 요소를 고려하여야 할 충분한 이유가 있다고 판단하면 DOC는 기타 요소들을 검토하는데 일반적으로 전반적 종료재심사를 수행하는 경우에만 그러한 기타 요소들을 고려한다.[191]

DOC는 일반적으로 전반적 종료재심사에 있어 개시공고가 연방관보에 게재된 후 110일 내 예비판정을 제출하며[192] 전반적 종료재심사의 경우 및 필요한 경우에만 자신의 최종판정에 기초한 사실적 정보에 대한 현지조사를 수행한다. DOC는 일반적으로 예비판정에서 반덤핑명령의 폐지 또는 조사정지의 종료 시 덤핑의 지속 또는 재발이 가능하지 아니함을 판정한 경우 및 예비판정이 기존의 덤핑마진에 기초하지 아니하고 조사 중 또는 추후의 재심사 중 판정되는 덤핑마진에 기초하는 경우에만 현지조사를 수행한다. DOC는 일반적으로 개시공고가 연방관보에 게재된 후 대략 120일 내 현지조사를 수행한다.[193]

DOC는 전반적 종료재심사에서 일반적으로 개시공고가 연방관보에 게재된 후 240일 내 USITC에 최종판정을 통보하는데 이를 240일 종료재심사(240-Day Review)라고 한다. 만약 전반적 종료재심사가 특별하게 복잡하다고 인정하면 90일 내의 기간 내에서 최종판정의 제출기한을 연장할 수 있다.[194]

---

190) 19 C.F.R. § 351.218(e)(2)(ⅰ).
191) 19 C.F.R. § 351.218(e)(2)(ⅲ).
192) 19 C.F.R. § 351.218(f)(1).
193) 19 C.F.R. § 351.218(f)(2).
194) 19 C.F.R. § 351.218(f)(3).

예를 들어 중국산 인조 인디고에 대한 종료재심사에서는 응답 이해관계인이 충분히 응답하여 USITC는 전반적인 종료재심사를 수행하였으며[195] 한국산 DRAM에 대한 종료재심사에서 DOC 역시 이해관계인이 충분히 응답하여 전반적인 종료재심사를 수행하였다.[196] 이와 같은 사례에서 봤을 때 USITC에 비해 DOC가 전반적인 종료재심사를 수행하는 사례는 적은 편이라 할 수 있다. 그 원인은 종료재심사에서 수출자들이 DOC의 종료재심사를 포기하는 경우가 많기 때문이다.

⑷ 공청회

DOC는 종료재심사를 수행함에 있어 이해관계인의 신청이 있는 경우, 재심사와 관련하여 공청회를 개최하여야 한다.[197]

⑸ 반덤핑명령, 가격약속의 지속 또는 종료통지

DOC가 적절히 현지조사를 수행하고 이용 가능한 정보에 기초하여 재심사 예비판정을 제출하고 연방관보에 논평을 요청한 경우, 이때 재심사가 덤핑마진의 판정을 포함한다면, 판정된 덤핑마진 등 내용이 포함된 재심사 예비판정공고를 게재한다. 한편, 재심사 최종판정을 제출하며 만약 재심사가 덤핑마진의 판정과도 관련된 경우 판정된 덤핑마진을 포함한 재심사 최종판정을 제출 및 연방관보에 게재하며[198] 해당 요건이 충족되면 재심사의 예비판정을 제출하지 아니한 채 재심사의 최종판정을 제출할 수도 있다.[199]

예외적인 상황을 제외하고, DOC는 반덤핑명령 또는 조사정지의 지속

---

195) US Department of Commerce, *supra* note 126.

196) US Department of Commerce, *Dynamic Random Access Memory Semiconductors of One Megabit and Above Preliminary Results of Full Sunset Review(A-580-812)*, Federal Register: May 30, 2000(Volume 65, Number 104).

197) 19 U.S.C. § 1675(e).

198) 19 C.F.R. § 351.221(b).

199) 19 C.F.R. § 351.221(c)(5).

판정, 반덤핑명령 폐지 또는 조사정지의 종료판정을 종료재심사에 대한 USITC의 최종판정이 연방관보에 게재된 후 7일 내 내려야 하며, 그 후 즉시 연방관보에 판정을 게재한다.[200]

⑹ 종료재심사와 신규수출자재심사의 병행

만약 종료재심사를 수행하는 동안 한 회사가 신규수출자재심사를 신청한다면 DOC는 종료재심사를 계속한다. 신규수출자는 종료재심사에 참여할 것을 선택할 수 있으나, DOC가 종료재심사에서 신규수출자재심사 중 판정된 개별적 덤핑마진을 부여할지 여부는 종료재심사과정에서 제출된 증거와 주장에 의해 결정된다.[201]

2. USITC 절차

USITC가 원심에서 적용하는 규정들은 일반적으로 종료재심사에도 적용된다. 이때, 이와 관련하여 세부규정이 있는 경우는 제외한다.[202]

1) 재심사개시공고에 대한 응답

USITC의 재심사개시공고(notice of institution)에 대한 응답은 동 공고가 연방관보에 게재된 후 50일 내 USITC에 제출되어야 하며 이해관계인은 다음의 내용이 포함된 서류를 제출하여야 한다. (ⅰ) USITC가 요구한 정보를 제공함으로써 재심사에 참여하고자 하는 의도를 담은 주장. (ⅱ) 재심사에서 반덤핑명령을 폐지 또는 조사정지를 종료하는 경우 발생 가능한 효과에 대한 주장. (ⅲ) USITC가 조사개시공고에서 지정한 정보 또는 산업데이터.[203]

---

200) 19 C.F.R. § 351.218(f)(4).
201) WTO, *supra* note 187, pp.1-7.
202) 19 C.F.R. § 207.60(a).
203) 19 C.F.R. § 207.61(a)-(b).

USITC가 재심사개시공고에서 요구한 정보에 대해 요구된 형식과 양식대로 제공할 수 없는 이해관계인은 공고의 게재 후 신속하게 USITC에 요구된 정보를 제공할 수 없는 충분한 이유를 제공하여야 하고 관련 정보를 제공할 수 있는 다른 형식을 제시하여야 한다. USITC는 동 이해관계인에게 불합리한 부담을 주는 것을 방지할 수 있는 범위 내에서 자신의 요구를 수정할 수 있다.[204]

이해관계인이 아닌 다른 자도 USITC에 USITC의 재심사와 관련된 정보를 재심사개시공고가 연방관보에 공포된 후 50일 내 제출할 수 있다.[205]

2) USITC 재심사의 충분성과 특성에 대한 판정

USITC가 종료재심사에서 검토하게 될 데이터의 종류는 수행하는 재심사가 신속종료재심사인지 아니면 전반종료재심사인지에 따라 다르다. 미국법령은 USITC에 만약 이해관계인이 개시공고에 대해 불충분한 응답을 하는 경우 신속절차를 수행할 수 있는 권한을 부여하였으며 만약 응답이 충분하면, USITC는 전반적 재심사를 수행한다. USITC는 DOC와 별도로 충분성 결정을 내리며 별도의 기준을 적용한다. USITC는 국내 이해관계인으로부터의 응답과 피소 이해관계인으로부터의 응답의 충분성을 평가함에 있어 서로 다른 기준을 적용하지 아니하며 USITC의 기준 중 일부 요소들을 고려하고 있다. 이때, 어떠한 전반적 재심사에서든지 USITC에 의해 요구된 정보를 제공하고자 하는 이해관계인의 의사가 포함된다.

만약 유일한 국내 생산자가 USITC의 조사에 응답하는 경우, USITC가 신속재심사를 수행할지 아니면 전반적 재심사를 수행할지 알 수가 없다. 종료재심사절차와 관련된 최종적인 규칙제정공고에서, USITC는 특별히 하나의 이해관계인이 조사에 충분히 응답한 경우 이해관계인이 충분히 응답하였다고 판단하고 전반적인 재심사를 수행하자는 제안을

---

204) 19 C.F.R. § 207.61(c).
205) 19 C.F.R. § 207.61(d).

거부한 사례가 있다.206)

USITC는 재심사개시공고에 응답한 이해관계인 집단에 대해 재심사대상인 반덤핑명령 또는 조사정지 전반과 관련하여 충분성을 평가하며 USITC의 추후의 긍정판정에서 다양한 국내 동종상품이 발견되면 국내 동종상품별로 평가한다.207)

USITC가 신속한 재심사를 수행하여야 하는지 여부와 관련하여 재심사개시공고에 응답한 이해관계인과 기타 당사자는 조사개시공고에 규정된 기한 내에 평론을 제출할 수 있다. 그룹재심사의 경우, 관계인당 한 세트의 평론만 제출할 수 있으며 신규사실적 정보가 포함된 평론은 무시된다.208)

만약 USITC가 재심사개시공고에 대한 이해관계인의 응답이 충분하다고 결론짓거나 또는 전반적 재심사가 수행되어야 한다고 결정하는 경우, 동 재심사와 관련된 조사행위는 계속되며 USITC는 재심사에서의 추후절차를 포함한 일정공고를 연방관보에 게재한다.209)

3) 신속한 재심사의 절차

만약 USITC가 재심사개시공고에 대한 이해관계인의 응답이 불충분하다고 판단하면, 신속한 재심사를 수행할 수 있다. 이와 관련하여, USITC는 사무국에 USITC가 신속한 재심사를 개시하기로 결정하였다는 공고를 내도록 지시하며 재심사의 당사자에게 요청하여 USITC가 동 재심사에서 어떠한 판정을 내려야 하는지에 대해 사무국에 서면평론을 제출하도록 한다. 평론을 제출해야 하는 기한은 사무국이 공포하는 공고에서 규정하며 신규사실적 정보를 포함한 평론은 무시된다.210)

재심사개시공고에 대해 충분한 응답을 제출한 이해관계인 및 기타 당

---

206) WTO, *supra* note 187, pp.1-7.
207) 19 C.F.R. § 207.62(a).
208) 19 C.F.R. § 207.62(b).
209) 19 C.F.R. § 207.62(c).
210) 19 C.F.R. § 207.62(d)(1).

사자는 상술한 평론을 제출할 수 있다.[211]

종료재심사의 당사자가 아니며 이해관계인도 아닌 자는 신규사실적인 정보를 포함하지 않은, 재심사와 관련된 간결한 서면주장을 규정된 기한 내에 제출할 수 있다.[212]

담당 공무원은 평론 제출을 위해 규정된 기한 내에 재심사의 주요 문제점들과 관련된 정보를 포함한 직원보고서를 준비 및 기록으로 남겨야 한다. 영업비밀정보를 포함한 버전의 직원보고서는 비밀기록에 포함시키고 영업비밀정보에 대한 접근이 가능하도록 권한받은 자가 이용 가능하도록 하며 영업비밀이 포함되지 않은 버전의 직원보고서는 공개기록에 포함시켜야 한다.[213]

신속한 재심사에서 USITC의 판정은 이용 가능한 사실에 근거한다.[214] 이용 가능한 사실은 당사자와 비당사자들로부터 종료재심사과정에서 제출된 정보 및 기록을 포함하여 USITC가 편역할 수 있는 기타 정보, 원심과 추후의 USITC 재심사 기록으로부터 취득한 자료 및 DOC 절차로부터 취득 가능한 정보를 포함할 수 있다. 일단 USITC가 신속한 재심사를 수행하고자 결정하는 경우, 지정된 응답기한 내 재심사공고에 완전한 응답을 제출하지 아니하는 이해관계인은 어떠한 추가정보도 USITC에 제출하지 못한다.[215]

4) 질의서 초안의 회람

모든 전반적 재심사에서 담당 공무원(director)은 이해관계인들에게 질의서 초안을 회람하여 평론할 수 있도록 하여야 한다. 질의서 초안에 대해 평론을 제출하고자 하는 이해관계인은 담당 공무원이 규정한 기한 내에 서면으로 평론을 작성하여 제출하여야 한다. 신규정보를 수집해

---

211) 19 C.F.R. § 207.62(d)(2).
212) 19 C.F.R. § 207.62(d)(3).
213) 19 C.F.R. § 207.62(d)(4).
214) 19 C.F.R. § 207.62(e).
215) WTO, *supra* note 187, pp.1-7.

줄 것에 대한 모든 요청은 동 기간 내에 제출하여야 한다. 신규정보가 반드시 필요하며 또한 그러한 정보가 질의서 초안에 대한 평론 시 포함될 수 없었음을 입증하지 못하는 한 USITC는 신규정보를 수집하여 달라는 추후의 요청을 무시하고 있다.[216]

5) 직원보고서

담당 공무원은 공청회에 앞서 종료재심사에서의 주요 문제와 관련된 정보를 포함한 공청회 전의 직원보고서를 준비 및 기록으로 남겨야 한다. 영업비밀정보를 포함한 버전의 직원보고서는 비밀기록에 포함시키고 이러한 정보에 접근 가능하도록 권한받은 자에 대해 이용 가능하도록 하며 영업비밀정보를 포함하지 아니한 버전의 직원보고서는 공개기록에 포함시켜야 한다.[217]

공청회 후, 담당 공무원은 공청회 전의 직원보고서를 수정하여야 하며 USITC가 판정을 내리기 전 USITC에 직원보고서의 최종본을 제출하여야 한다. 최종 직원보고서는 공청회 전의 직원보고서에 포함된 정보를 보충 및 수정하고자 한 것이며 담당 공무원은 최종 직원보고서를 기록으로 남겨야 한다. 공개버전의 최종 직원보고서는 공개되어야 하며 영업비밀버전은 영업비밀정보에 접근 가능하도록 권한받은 자에 한해 공개되어야 한다.[218]

6) 공청회 전의 요약서

종료재심사의 각 당사자는 일정공고에 규정된 기한에 따라 USITC에 공청회 전에 요약서를 제출할 수 있다. 공청회 전의 요약서에는 서명이 되어 있어야 하며 목차가 포함되어야 한다. 공청회 전의 요약서에서 당사자의 사건적요를 서술하여야 하고 가능한 범위 내에서 당해 당사자가

---

216) 19 C.F.R. § 207.63.
217) 19 C.F.R. § 207.64(a).
218) 19 C.F.R. § 207.64(b).

USITC가 판정을 내림에 있어 발생한 주요 문제점과 관련이 있다고 인정하는 정보와 주장을 포함한 기록을 언급하여야 한다.[219]

7) 공청회

USITC는 전반적 종료재심사의 경우 공청회를 개최하여야 하며 공청회의 일자는 일정공고에 규정되어야 한다. 종료재심사에서의 공청회 절차는 반덤핑원심 최종단계에서의 공청회 절차와 같다.[220]

8) 공청회 후의 요약서 및 주장

종료재심사의 모든 당사자는 사무국에 공청회에서 또는 그 후 인용한 정보와 관련된 공청회 후의 요약서를 일정공고 또는 공청회에서 담당 공무원이 규정한 기간 내에 제출할 수 있다. 추가적으로, 공청회의 담당 공무원은 USITC가 공청회에서 질문 또는 요구한 부분에 대해 규정된 시간 내 답변하도록 할 수 있으며 요청에 부합하지 않는 공청회 후의 요약서와 응답을 접수하지 않는다.[221]

당사자가 아닌 어떠한 자든지 공청회 후의 요약서 제출에 대해 규정한 시간 내 재심사와 관련되는 정보에 대해 간결한 서면주장을 제출할 수 있다.[222]

9) 정보에 대한 마지막 평론

USITC는 공청회 후 요약서 제출 후의 날짜를 USITC가 종료재심사의 모든 당사자에게 자신이 받은 정보 중 당사자들이 전에 평론할 기회를 갖지 못했던 정보들을 공개할 날짜로 지정하여야 하고 영업비밀을 포함한 정보는 이러한 정보를 취득할 수 있도록 권한받은 자에게 공개된다.[223]

---

219) 19 C.F.R. § 207.65.
220) 19 C.F.R. § 207.66.
221) 19 C.F.R. § 207.67(a).
222) 19 C.F.R. § 207.67(b).

당사자들은 공청회 후 요약서를 제출한 후 그들에 대해 공개된 어떠한 정보에 대해서든지 평론을 제출할 수 있는 기회를 부여받으며 평론은 이러한 정보와만 관련되어야 한다. 평론에서 기록된 부분 중 다른 부분에 있는 정보에 대한 언급을 통하여 그러한 정보의 정확도, 신뢰도, 증명력에 대해 서술할 수 있고 기록된 부분 중 그러한 정보가 발견된 부분을 명시하여야 한다. 신규사실적 정보를 포함한 평론은 무시되며 평론의 제출 시기와 관련하여 USITC는 정보공개 시기를 지정할 때 함께 지정한다. 동 기록은 그러한 평론이 이루어져야 할 날짜에 마감되는데, 평론에서 영업비밀정보의 일괄적 변경이 허용된 경우는 제외한다.[224]

10) USITC의 최종판정

USITC가 종료재심사 최종판정을 내리면, 사무국은 판정의 사본을 DOC에 송부한다. 그러나 일정한 경우에는 영업비밀이 포함되지 않은 버전의 최종 직원보고서를 재심사의 모든 당사자 및 DOC에 송부한다. 사무국은 이러한 판정공고를 연방관보에 게재하여야 한다.[225]

3. 종료재심사판정의 공포

1) 종료재심사의 수행기한

일반적으로 전반적 종료재심사에 있어 DOC는 재심사가 개시된 후 240일 내에 재심사를 종결하여야 하며 만약 DOC가 긍정적인 최종판정을 내리는 경우, USITC는 재심사가 개시된 후 360일 내에 최종판정을 내려야 한다.[226]

---

223) 19 C.F.R. § 207.68(a).
224) 19 C.F.R. § 207.68(b).
225) 19 C.F.R. § 207.69.
226) 19 U.S.C. § 1675(c)(5)(A). 일본산 석도강판(Tin Mill Products)에 대한 종료재심사에서 DOC와 USITC는 2005년 7월 1일에 재심사를 개시, 각각 2005년 11월 7일과 2006년 6월 13일 최종판정을 내렸으며 이 중 DOC는 신속재심사를

만약 DOC 또는 USITC가 재심사가 특수하게 복잡하다고 인정하는 경우에는 DOC 또는 USITC는 각자 판정과 관련된 기한을 90일의 한도 내에서 연장할 수 있다. DOC가 최종판정의 기한을 연장하였으나 USITC는 판정기한을 연장하지 아니한 종료재심사의 경우에는 USITC의 판정은 DOC의 최종판정이 게재된 후 120일 내 내려져야 한다.227) 여기에서 특수하게 복잡한 경우란, 상당량의 이슈가 제기된 경우, 고려되어야 하는 이슈가 복잡한 경우, 관련된 회사가 다수인 경우, 반덤핑명령 또는 조사정지가 그룹화된 경우 및 과도기 명령에 대한 재심사인 경우 등을 의미한다.228)

USITC는 만약 그룹화하는 것이 적절하며 행정효율성을 제고할 수 있다고 판단하는 경우에는 DOC와의 협의를 거친 후 재심사대상으로 되는 반덤핑명령 또는 조사정지를 그룹화시킬 수 있다. 이러할 경우, USITC는 DOC가 그룹 중 마지막 반덤핑명령 또는 약속과 관련된 최종판정공고를 게재한 날로부터 120일 내 최종판정을 내려야 한다.229) USITC는 일반적으로 같은 국내 동종상품을 포함하는 재심사를 분류 및 그룹화하지만 관련 동종상품을 포함하는 재심사 또는 동일하거나 관련된 생산자를 포함하는 재심사로 세분할 수 있다. 이와 같은 분류·그룹화에 따라 정보의 동시 수집과 동일한 행정기록이 행해질 수 있다.230)

조사기관은 최종판정이 제출된 후 합리적인 기간 내에 동 판정에 대해 행정적 오류를 수정할 수 있는 절차를 확립하여야 하며 이러한 절차는 이해관계인이 그러한 오류에 대해 자신의 관점을 제출할 수 있는 기

수행하였다. 그 후 DOC가 2006년 7월 21일 반덤핑관세의 유지판정을 공고하였다. US Department of Commerce, *Certain Tin Mill Products from Japan: Continuation of Antidumping Duty Order(A-588-854)*, Federal Register: July 21, 2006(Volume 71, Number 140).

227) 19 U.S.C. § 1675(c)(5)(B).

228) 19 U.S.C. § 1675(c)(5)(C).

229) 19 U.S.C. § 1675(c)(5)(D).

230) Keith Hall, "미국 일몰재심에 관한 규정과 정책", 무역위원회 주관 세미나, 1998. 7, pp.2-3.

회를 보장해 줘야 한다. 여기에서 행정적 오류란 추가, 삭감 또는 기타 공제기능, 정밀하지 않은 복사로 인한 오기, 중복 따위, 및 기타 형태의 조사기관이 행정적인 부분으로 판단되는, 의도되지 아니한 오류를 의미한다.[231]

2) 반덤핑명령 또는 판정의 폐지와 조사정지의 종료

조사기관은 종료재심사를 통해 반덤핑관세명령 또는 판정을 전부 또는 부분적으로 폐지할 수 있으며 조사정지를 종료할 수도 있다. 종료재심사에 있어, DOC가 덤핑의 지속 또는 재발 가능성이 있다고 판단하고, 또한 USITC가 실질적 피해의 지속 또는 재발 가능성이 있다고 판단하는 경우를 제외하고 DOC는 반덤핑관세명령 또는 판정을 폐지하거나 조사정지를 종료하여야 한다.

반덤핑명령 폐지판정 또는 조사정지 종료판정은 통관된 대상상품의 미청산부분 또는 입고가 거부된 상품, DOC가 판정을 내린 날짜 이후로의 소비를 위한 상품에 적용되어야 한다.[232]

Ⅳ. 소 결

미국은 반덤핑 종료재심사와 관련하여 기타 어느 국가에 비해서든지 상세한 규정을 두고 있으며 또한 자동적인 재심사개시, 신속재심사, 예시적인 판정요소, 0.5% 미소마진의 도입, 총체적 명령차원의 재심사판정 등 상당히 독특한 제도들을 도입하였다. 이러한 점들 때문에 미국의

---

231) 19 U.S.C. § 1675(h).
232) 19 U.S.C. § 1675(d).

종료재심사법령은 WTO에서 각국의 비난대상으로 되었으며 여러 차례 제소된 적도 있다.

미국은 DOC가 종료재심사개시공고를 공포함으로써 사실상 자동적인 종료재심사의 개시를 규정하고 있는데 이 역시 반덤핑조치의 연장을 엄격히 제한하도록 규정한 반덤핑협정의 정신에 위배되는 것으로 생각된다.

미국의 이러한 자동개시는 국내산업의 이익을 도모하여 주며 일반적으로 국내산업에 요구되는 부담을 제거하여 준다. 또한 미국법령하에서는 모든 이해관계인들이 종료재심사절차에 참여할 것을 요구하고 있다. 만약 국내산업이 참가하지 않는다면 반덤핑명령은 철폐되며 만약 외국 수출자들이 참여하지 않는다면 반덤핑관세는 지속되게 된다. 결과적으로 외국 수출자들이 반덤핑명령을 철폐시키기 위한 어떠한 기회라도 가질 것을 원한다면 반드시 참여하여야 한다.233)

미국 반덤핑법상의 신속재심사절차는 종료재심사절차 도입 당시 미국이 18개월간에 300개가 넘는 종료재심사를 수행하여야 하는 부담이 있었기에 국회가 이해관계인들이 참여가 불충분한 경우 신속재심사를 할 수 있도록 허용하는 제도를 도입한 것이다. 신속재심사에서 불충분한 응답을 하는 일방은 이용 가능한 정보와 부정적인 추론으로 인하여 거의 확정적으로 패소하게 된다. 응답이 충분한가 여부를 판단함에 있어 DOC는 국내산업과 외국 수출자들에 대해 서로 다른 부담을 부과하는데 외국 수출자들에 대한 부담이 더욱 과중한 편이다. 외국 수출자들은 일반적으로 25% 미만이 응답하면 응답이 불충분한 것으로 판단된다. 50% 이상이 응답한다는 것은 충족시키기가 무척 어려워 보인다. 즉, 많은 수출자들이 있거나 또는 일부 수출자들이 명령의 철폐에 관심이 없거나 또는 그들이 매우 낮은 덤핑마진을 판정받았거나 또는 그들이 시장을 이전하였거나 생산을 정지하였거나 또는 미국이나 제3국에 생산시설을 갖춘 경우 등이 그러하다.234)

---

233) James P. Durling *et. al.*, "Revocation of Antidumping Orders under the New U.S. 'Sunset' Review Procedures", *International Trade Law*, Vol.22, 1998, pp.18-19.

특히 미국은 DOC의 종료재심사지침에서 일반적으로 덤핑의 지속 또는 재발 가능성이 있는 것으로 판정 내릴 수 있는 세 가지 상황과 덤핑의 지속 또는 재발 가능성이 없는 것으로 판정 내릴 수 있는 한 가지 상황을 규정하고 있는데 사실상 반덤핑관세의 부과 후 덤핑마진의 종료와 대미수출의 증가 또는 안정세를 동반하여야 한다는 요건은 수출자의 상황에서 상당히 충족시키기 어려운 상황이며 바로 이러한 상황 때문에 예외적으로 연장되어야 하는 반덤핑관세가 사실상 일반적으로 연장되는 양상으로 가지 않는가 생각된다.

또한 종료재심사에서 미국의 경우 일반적으로 원심 또는 최근의 재심사에서 산정된 덤핑마진을 그대로 적용하고 있는데 경제적 관점에서 보면, 종료재심사에서 반덤핑명령이 최초 부과될 때와 비교하여 산업의 경제적 상황이 완전히 같다고 가정하는 현행 방법은 그 적절성 여부가 매우 의문스럽다. 오직 관세평가재심사에서 덤핑마진이 감소하고 수입이 증가 또는 안정한 수준을 유지하는 상황에서만 DOC는 USITC에 보다 낮은 수준의 마진을 보고하는데 불행하게도, 수출가격의 상승과 수출의 증가가 동시에 발생하는 경우는 거의 없으며 실제로 DOC가 원심에 비해 낮은 수준의 덤핑마진을 USITC에 보고할 가능성은 극히 적다.[235]

이 밖에도 DOC의 종료재심사관행에는 많은 문제점들이 내포되어 있다. 첫째, 이용 가능한 최선의 정보와 관련해, 모든 기타 세율을 산정함에 있어 표준으로 선정되지 않은 기업들이 자신들의 자료를 제공한다고 하더라도 DOC는 이용 가능한 최선의 정보를 이용한 덤핑마진을 USITC에 제출하는 문제점이 있다. 둘째, DOC는 개별적인 외국기업의 판매가격을 미국시장의 전체 평균가격과 비교하는 문제점을 가지고 있다. 그 결과, 시장 평균마진보다 낮을 경우 덤핑이 인정되고 높은 경우 제로마진으로 계산된다. 따라서 덤핑마진율이 상향 조정되는 성향을 띠게 된다. 셋째, 기업의 행동에 영향을 미치는 여러 경제적 요인들을 고

---

234) *Ibid.*, pp.19-20.
235) Michael O. Moore, *supra* note 121, p.680.

려할 경우 최근에 결정된 관세평가재심사 마진율이 원심의 그것보다 더 효과적일 수 있음에도, 원심의 마진율을 USITC에 보고한다.236) DOC의 조치기간과 반덤핑명령의 규율하에서 외국가격패턴의 변화를 고려하지 않고 반덤핑조치의 종료 시 자동적으로 덤핑의 가능성이 있다고 보고 또한 원심에서의 덤핑마진을 그대로 보고하는 관행은 매우 위험한 발상이라 생각된다.237)

USITC의 현행 행정적 관행은 종료재심사의 긍정적인 정책적 목표에 위협을 준다. 일부 사례에서, 반대의견이 없다는 이유만으로 불필요한 명령이 연장될 수 있었다. 더욱 문제되는 것은 USITC가 기존의 조치로 인하여 미국시장에서의 경쟁평형이 이루어졌음에도 불구하고 이러한 평형은 반덤핑조치의 부과로 인한 것이므로 이를 이유로 조치 종료 시 피해의 재발이 발생 가능하다고 판정하는 것이다.238)

DOC의 종료재심사는 연속한 3번 이상의 재심사에서 미소마진판정을 받았을 때, 연속하여 4번 이상의 재심사가 신청 없이 생략될 때, 기타 상황의 변경으로 덤핑 가능성이 없다고 판단할 때에만 실무적으로 부정판정을 하고 있다. 따라서 이러한 경우가 아닌 경우에는 일반적으로 피소회사가 USITC 종료재심사만을 대응하는 것이 일반적이다. 즉 상술한 경우가 아니라면 DOC는 반드시 긍정판정을 할 것이므로 대응이 불필요하게 된다. 왜냐하면 이런 경우라도 USITC에서만 부정판정을 하면 반덤핑조치가 종결되기 때문이다.239)

---

236) Michael O. Moore, *supra* note 143, pp.1-17.

237) Michael O. Moore, *An Econometric Analysis of US Antidumping Sunset Review Decisions*, Presented at US International Trade Commission, February 2004, p.28.

238) Greg Mastel, *Don't Let the Sun Go Down on Me: Are Sunset Determinations Undermining U.S. Trade Policy?*, Labor / Industry Coalition for International Trade, 2000, p.17.

239) 한국무역협회, 앞의 주 175, 170쪽.

제3절 EU의 반덤핑 종료재심사제도

I. 서

EU의 자동실효조항 및 절차는 1984년 EU이사회규칙 2176 / 84에서 처음으로 도입되었으며, 1995년 12월 22일 EU이사회규칙 384 / 96[240](이하 EU반덤핑규칙)에 수정 및 반영되었다. EU반덤핑규칙 중 소위 일몰조항이라 불리는 제11.2조는 반덤핑협정 제11.3조의 내용을 거의 그대로 반영하였다고 볼 수 있다. 즉 조사기관이 종료재심사를 통해 기존 반덤핑조치의 종료가 덤핑 및 피해의 지속이나 재발을 야기할 가능성이 있다고 판정하는 경우를 제외하고 확정반덤핑조치는 그 부과일로부터 5년 후 또는 덤핑과 피해를 모두 조사한 가장 최근의 재심사 최종판정일로부터 5년 후 종료된다. 이러한 종료재심사는 EU의 반덤핑조사기관인 유럽위원회가 직권에 의해 개시하거나 EU생산자 또는 이들을 대표하는 자 및 회원국의 신청에 의해 개시되며 재심사판정이 내려지기 전까지 기존의 반덤핑조치는 유지된다.[241]

반덤핑조치 종료의 기준일은 크게 두 가지로 구분할 수 있다. 첫 번째는 원심에 따른 규제조치의 부과일이고, 두 번째는 가장 최근의 재심사의 종료일이다. 그런데, 여기서 주의할 점은 재심사의 경우 덤핑과 산업피해조사를 모두 포함한 재심사의 종료일로부터 5년이 지난 시점에서 반덤핑 규제조치가 종료된다는 점이다.[242]

---

240) *Protection Against Dumped Imports from Countries Not Members of the European Community*, Council Regulation 384 / 96.
241) EU반덤핑규칙 제11.2조1단.

II. 실체적 규정

종료재심사가 EU생산자 또는 이들을 대표하는 자의 신청에 의해 개시되려면 반덤핑조치의 종료 시 덤핑 및 피해의 지속 또는 재발이 가능하다는 충분한 증거가 제출되어야 한다. 덤핑 및 피해의 지속 또는 재발 가능성을 입증하기 위한 증거에는 예를 들어, 종료재심사대상기간 동안 덤핑 및 피해가 지속되고 있다는 증거, 현재 부과 중인 반덤핑조치에 의하여 피해가 일부 또는 전부 제거되었다는 증거, 향후 피해를 야기하는 덤핑의 재발 가능성을 예측케 하는 수출자의 상황 또는 시장 상황에 대한 증거 등이 포함된다.[243]

종료재심사가 EU생산자 또는 이들을 대표하는 자의 신청에 의해 개시되는 경우 이러한 신청이 원심에서의 신청인에 의해 이루어져야 할 필요성은 없다. 즉, 원심에서 신청인이 아니었던 생산자들도 신청을 할 수 있다.[244]

또한, 규정화되어 있지는 않지만 사례를 통해 확인된 재발 가능성 검토사항으로서 조치부과기간 동안 당해 공급자의 생산설비증가추세, 현 생산능력 및 향후 생산설비증설계획, 동 공급자의 제3국으로부터의 반덤핑피소 및 조치부과 사례, 제3국에 대한 수출가격, 제3국의 수출가격, 제3국의 시장상황, 공급국의 해당 상품에 대한 수요증감추세 및 EU 내의 동 상품에 대한 수요증감추세 등을 종합적으로 고려하여 덤핑 및 피해의 재발 가능성을 판단하고 있다. 일단, 덤핑의 지속 또는 재발 가능성이 긍정적으로 판단되면, 그 덤핑마진에 대하여는 원심 또는 최근의 재심사결과 부과된 덤핑마진을 자동적으로 적용하고 있음을 알 수 있다.[245]

---

242) 이재원, "EU 반덤핑 규정 중 재심제도에 대한 고찰", 『무역구제』제22호(2006. 4.), 174쪽.
243) EU반덤핑규칙 제11.2조2단.
244) Ivo Van Bael and J. P. Bellis, *Anti-Dumping and Other Trade Protection Laws of the EC*(4th Edition) (Hague: Kluwer Law International, 2004), p.418.
245) *Ibid.*

피해조사와 관련하여 우선 유럽위원회는 재심사대상기간 중 공동체시장의 상황에 대해 평가하며 특히 공동체산업의 경제적 상황에 대해 강조한다. 추가적으로 이러한 평가는 재심사대상 덤핑수입품의 물량과 가격추세, 공동체산업의 수출행위와 제3국으로부터의 수입물량과 가격에 대해서도 검토한다. 이러한 소급적인 평가는 종료재심사판정을 내리는 데 있어 실질적인 영향을 미치지 못하며 이는 오직 추급적인 분석이 피해의 지속 또는 재발에 착안점을 두어야 하는지만 결정한다. 공동체산업의 상황에 대한 평가결과 반덤핑조치의 존속에도 불구하고 여전히 피해를 입고 있다면 피해의 지속 가능성에 대해 착안점을 두고 평가하며 만약 현존 반덤핑조치가 공동체산업의 상황을 개선시켰다면 평가는 피해의 재발 가능성에 대해 착안점을 두게 된다. 마지막으로 만약 공동체산업이 유해한 덤핑에서 회생하였음이 밝혀진다면 비록 완전히 회생하지 아니하였다 하더라도 검토는 피해의 지속 또는 재발 가능성에 대해 종합적으로 이루어지도록 한다.[246]

통상적으로 EU는 종료재심사의 결과를 특정 국가 전체를 기준으로 판단하기 때문에 특정수출자에 대해서만 반덤핑 규제조치가 폐지되는 경우는 그리 흔하지 않다.[247]

EU는 반덤핑규칙 제21조에서 공익조항을 두고, 모든 조사건에 대하여 이 검토를 수행하고 있는바, 이는 종료재심사에 대하여도 동일하게 적용된다. 즉, 기존조치의 연장이 EU의 공익에 부합되는지 여부를 검토하고 있다.[248]

예를 들어 중국산 푸르알데히드(Furfuraldehyde)사건에서 유럽위원회는 덤핑의 지속 가능성 및 피해의 재발 가능성을 검토하였다. 덤핑의 지속 가능성과 관련하여 유럽위원회는 중국이 상당한 유휴생산능력을 갖고 있으며 EU에 대한 수출은 주로 역내가공(inward processing)의 형태로

---

246) *Ibid.*, pp.257-258.
247) 이재원, 앞의 주 242, 176쪽.
248) Wolfgang Mueller *et. al.*, *EC Anti-Dumping Law: A Commentary on Regulation 384 / 96*(New York: John Wiley & Sons, 1998), p.336.

이루어지는바 반덤핑조치가 철회되면 상당한 물량의 추가적인 수출이 이루어질 것임을 합리적으로 예측할 수 있다고 판단하였다. 또한 중국으로부터의 수출은 반덤핑조치의 부과 후에도 덤핑된 가격으로 이루어졌으며 재심사대상기간의 덤핑마진은 심지어 전의 재심사에서 확정된 덤핑마진보다도 높았는바 이러한 점을 종합하면 덤핑이 향후 지속될 가능성이 존재할 것임을 판단할 수 있다고 보았다.[249] 피해의 재발 가능성과 관련하여 유럽위원회는 역내가공의 형태를 띤 덤핑수입품의 물량은 재심사대상기간 내에 상당하게 증가하였으며 만약 반덤핑조치를 철회하게 되면 더욱 많은 물량이 EU시장으로 덤핑 수입되어 EU산업의 가격을 낮추게 되고 상당한 비중의 중국 내 유휴생산능력이 가동되어 EU시장으로 수출을 의도할 것인바 기타 시장이 이러한 수출을 흡수할 능력이 없으므로 그 가능성은 충분히 존재한다고 보았다. 또한 이러한 추가적인 저가수입품이 증가하게 되면 EU시장의 가격을 인하시키고 시장점유율, 이익의 하락, 심지어 손실까지 야기할 것이므로 유럽위원회는 반덤핑조치의 철회 시 피해의 재발이 가능하다고 판단하여 반덤핑조치의 연장을 건의하였다.[250]

또한 중국산 산화마그네슘(Magnesium Oxide)사건에서 유럽위원회는 덤핑의 지속 가능성과 관련하여 중국은 재심사대상기간에도 전보다 더 높은 수준의 덤핑관행을 계속하였으며 상당한 유휴생산능력도 소지하고 있고 제3국으로의 수출은 EU에 대한 수출보다도 더 낮은 가격으로 이루어지고 있는 점 등을 감안하여 만약 현존의 반덤핑조치가 철회되면 중국의 수출자들이 실질적으로 더욱 증가된 덤핑수출을 하게 될 가능성이 아주 높다고 판단하였다.[251] 피해의 재발 가능성과 관련하여서는 만약 반덤핑조치가 철회되면 거대한 유휴생산능력을 갖고 있고 또한 전

---

249) *Furfuraldehyde Originating in the People's Republic of China*, Council Regulation 639 / 2005, recital 29-30.

250) *Ibid.*, recital 56-67.

251) *Magnesium Oxide Originating in the People's Republic of China*, Council Regulation 778 / 2005, recital 38.

세계적으로 최대의 마그네사이트 광석자원을 갖고 있는 중국이기에 덤핑수입이 상당히 증가할 가능성이 매우 크다고 하였다. 유럽위원회에 의하면 중국산과 기타 제3국산 수입품을 비교해 보면 주요한 차이는 가격에 있으며 제3국산 상품의 가격은 중국산 상품의 수입이 덤핑가격으로 이루어지기 전에는 높았으나 덤핑가격으로 이루어진 후부터는 계속하여 하락되었다고 한다. 또한, 중국이 제3국에 대한 해당 상품의 수출가격은 유럽으로 수출하는 가격에 비해 훨씬 낮으며 조치 철회 시 덤핑수출품의 수량증가로 인하여 EU생산자들은 더욱 큰 압력에 직면하게 될 것이므로 피해의 재발 가능성이 존재한다고 판단하였다. EU의 공익에 대한 검토와 관련하여서는 관련되지 아니한 수입자와 무역업자, 소비자에게 질의서를 송부한 결과 하나도 회수하지 못하였으며 이는 부과 중인 조치가 이들에게 큰 영향을 끼치지 아니하기 때문이라고 생각하고 반덤핑조치의 유지는 이들에게 심각한 영향을 미치지 않을 것으로 판단하였다. 따라서 유럽위원회는 반덤핑조치의 연장이 EU의 공익에 부합된다고 판단하여 조치의 연장을 건의하였다.[252]

유럽위원회는 덤핑판정과 관련하여 덤핑마진, 제3국으로의 덤핑수출 여부, 관세흡수 여부 등을 검토한다. 그리고 덤핑마진의 경우는 전에 산정된 마진에 의거하지 않고 갱신된 기간에 대한 덤핑마진을 재산정한다. 또한 제3국으로의 덤핑수출 여부, 관세흡수 여부 등은 덤핑이 재발 가능함을 판정함에 있어 긍정적인 요소로 작용한다.

유럽위원회의 피해판정은 네 개 부분으로 나뉜다. 우선, 유럽위원회는 조사대상상품의 범위, 동종상품의 정의를 재검토하여 재심사목적으로의 공동체산업을 정의한다. 다음으로, 유럽위원회는 반덤핑조치가 일반적으로 피해효과를 종식시켰어야 한다는 인식 하에 공동체산업의 현재의 경제상황을 검토한다. 세 번째로, 수출자의 수입물량, 시장점유율, 시장상황과 판매가격을 근거로 수출자의 행위를 검토한다. 마지막으로, 유럽위

---

252) *Ibid.*, recital 77-87.

원회는 공동체산업의 현재의 피해 또는 취약성이 대상수입으로 야기된 것인지 아니면 기타 국가들로부터의 수입 및 공동체산업의 정의에서 배제된 공동체생산자들에 의한 생산과 같은 기타 요소들에 의해 야기된 것인지를 검토한다.

전형적으로 종료재심사에서 긍정판정이 내려질 수 있는 요소들로는 다음과 같은 것들이 있다. 관세흡수의 증거, 제3국으로 동종상품을 덤핑하는 행위, 국내산업의 현재의 피해 또는 취약성, 국내산업이 장래의 생산을 위한 중대한 투자, 현재의 조치가 존재함에도 불구하고 수입품에 의한 상당한 가격인하, 수출자의 충분한 생산능력, 수입품의 상당한 시장점유율, 수입품의 상당한 증가비율, 시장점유율의 증가, 현행 조치에 대한 우회, 조치의 존속이 공동체의 이익에 부합하는 경우, 응답자가 재심사에 참여하지 아니한 경우, 덤핑이 지속되고 있다는 긍정적 판정, 시장상황과 수출자의 상황, 현행 덤핑마진의 수준, 마지막으로 덤핑마진이 증가되었다는 긍정적 판정이 그것이다.253)

종료재심사를 통해 가능한 결과는 두 가지뿐인데 이때, 유럽위원회는 조치의 종료 또는 유지 여부만 결정한다. 유럽위원회는 공동체산업이 불충분하게 협력하거나 또는 신청인이 신청을 철회하는 경우 재심사를 종료하게 되는데 공동체의 이익에 반하는 신청철회는 허가되지 않는다. 또한 유럽위원회가 종료재심사와 중간재심사를 함께 수행하는 경우에만 해당 조치는 종료재심사를 거쳐 수정이 가능하게 된다.254)

---

253) Terence P. Stewart and Amy S. Dwyer, *supra* note 7, pp.76-83.
254) Ivo Van Bael and J. P. Bellis, *supra* note 244, pp.419-423.

Ⅲ. 절차적 규정

유럽위원회는 기존 반덤핑조치의 종료 전에 EU생산자에게 동 조치의 종료가 임박했다는 사실을 알려주고 이에 관한 검토기회를 부여하기 위하여 동 조치의 종료에 대한 통지를 당해 반덤핑조치 적용연도의 마지막 연도 중 적절한 때(조치 종료 전 6개월)에 EU관보(Official Journal)를 통해 공고하여야 한다. 동 공고에는 이해관계인이 서면으로 자신의 의견을 제시할 수 있는 기간과 유럽위원회에 구두자문을 신청할 수 있는 기간이 명시되어 있다. 만약 EU생산자들이 종료재심사를 신청하고자 하는 경우에는 기존조치의 존속기간이 종료되기 3개월 전까지 신청하여야 한다. 만약 종료재심사신청이 없고 유럽위원회도 종료재심사개시의 필요성을 느끼지 않는다면 반덤핑조치의 종료가 공고되어야 한다.[255] 단지 직권재심사 또는 회원국의 신청에 의한 종료재심사의 경우에는 이러한 3개월의 기한이 규정되어 있지 않은바 반덤핑관세의 종료 전까지 신청이 이루어지거나 직권에 의해 재심사가 개시되면 되는 것으로 판단된다.

유럽위원회는 행정효율을 위해 유사한 제품의 수입과 관련하여 두 개의 종료재심사를 병합할 수 있는데 이는 심지어 종료재심사신청이 두 개의 서로 다른 절차에서 제기된 경우에도 그러하다. 재심사의 범위 역시 한정될 수 있다.[256]

종료재심사는 유럽위원회가 자문위원회(Advisory Committee)[257]의 자

---

255) EU반덤핑규칙 제11.2조4단.
256) Ivo Van Bael and J. P. Bellis, *supra* note 244, p.419.
257) 반덤핑과 관련한 회원국들의 이해관계를 조정하기 위하여 설치된 자문위원회는 EU 각 회원국의 대표로 구성되고 유럽위원회의 대표가 의장직을 맡는다. 유럽위원회는 반덤핑절차에서 중요한 결정을 하기 전에 자문위원회와 협의하여야 한다. 자문위원회의 의견은 자문에 불과하며 유럽위원회를 구속하지는 않지만 자문위원회 내에서 의견대립이 있는 경우 유럽위원회의 제안은 EU이사회에 회부되고 EU이사회가 당해 사안을 최종적으로 결정하게 된다.

문을 거쳐 재심사개시결정을 하게 되며, 기존에 부과되고 있는 반덤핑
조치는 종료재심사를 통해서 철회 또는 유지된다.258) 즉, 종료재심사의
수행결과에 따라서 기존 반덤핑조치의 내용은 변경할 수 없고 단지, 기
존조치의 종료 여부만을 검토하게 된다. 단, 만약 중간재심사가 당해 반
덤핑조치의 종료시점까지 진행되는 경우에는 종료재심사의 고려사항까
지도 검토하여야 한다. 이 경우에는 중간재심사와 종료재심사가 병행될
수 있다. 또한, 종료재심사 시 유럽위원회가 당해 조치의 수정을 하여야
할 필요성을 인정할 경우에는 직권으로 중간재심사를 개시할 수 있는
데, 이 경우에도 병행적으로 재심사가 이루어진다.259)

종료재심사를 수행함에 있어 유럽위원회는 수출자, 수입자, 수출국의
대표 및 EU생산자들에게 재심사신청에 열거된 문제들에 대해 부연설명,
반박 또는 논평할 수 있는 기회를 부여하여야 하며 조치의 종료 시 덤
핑 및 피해의 지속 또는 재발 가능성 여부와 관련하여 적시적으로 제출
된 모든 관련 증거서류에 대해 적절히 고려한 후 결론을 내려야 한
다.260) 이는 위에서 언급한 당사자들이 재심사신청 및 그에 포함된 증
거들에 대하여 접근할 권리를 가진다는 것을 전제로 하는 것이다. 물론
비밀정보는 제외되며 이러한 종료재심사를 통해서 덤핑마진과 피해마진
이 재심사 조사대상기간 동안의 가격정책 및 비용구조에 근거하여 새로
이 조정되고 따라서 새로운 판정에 의하여 원래의 조치가 대체되는 것
이 보통이다. 수출자의 입장에서 볼 때 재심사의 결과는 원심절차의 결
과보다 더 유리할 수도 있고 더 불리할 수도 있다.261)

EU반덤핑규칙 중 원심의 절차, 조사수행과 관련된 조항들은 기한과
관련된 조항을 제외하고 종료재심사에 적용되어야 한다. 종료재심사는
신속히 수행되어야 하는데 일반적으로 재심사개시 일로부터 12개월 내

---

258) EU반덤핑규칙 제11.6조.
259) *Ibid.*, 제11.7조.
260) Ibid., 제11.2조3단.
261) Edwin A. Vermulst and Paul Waer, *E.C. Anti-Dumping Law and Practice* (London: Sweet & Maxwell, 1996), pp.130-131.

종료되어야 하며 어떠한 경우에도 재심사개시 일로부터 15개월 내에는 종료되어야 한다. 유럽위원회는 상술한 기한이 종료되기 1개월 전까지 어떠한 조치를 취할 것인지에 관한 제안을 EU이사회에 제출하여야 하며 만약 재심사가 상술한 기한 내 종결되지 못하는 경우에는 반덤핑조치는 종료된다. 종료재심사판정내용은 EU관보에 게재되어야 한다.[262]

만약 상황변동이 없었음이 입증된다면 유럽위원회는 덤핑판정, 표본조사와 관련하여 원심에서 적용된 방법과 동일한 방법을 적용하여야 하며[263] 원심에서 적용되는 방법을 이용하여 수출가격의 신뢰도를 검토하여야 한다. 그러나 수출가격을 구성하기로 결정하는 경우, 수출가격의 산정에 있어 만약 반덤핑관세가 EU에서의 재판매가격과 추후의 판매가격에 반영되었음이 입증된다면 지불한 반덤핑관세의 수량을 공제하지 말아야 한다.[264]

조사기관이 재심사기한내 재심사를 종료하지 못하는 경우에는 재심사가 개시되지 아니한 것으로 간주한다. 종료재심사는 종료되지만 이는 결코 조사기관이 강제적인 기한으로부터 자유로움을 의미하지는 않으며 이를 준수하지 못하는 경우 사법재심사의 대상으로 된다.[265]

EU반덤핑규칙에서는 반덤핑조치기간과 관련해서 원칙적으로 5년을 규정하고 있으므로 종료재심사에 의하여 부과기간이 연장될 경우에는 5년의 부과기간이 적용된다. 가격약속의 부과기간 또한 동일하게 적용되나, 그 기간의 기산점은 가격약속의 수락시점이 아닌 모든 당해 조사의 종료시점이 된다.[266]

EU는 실제적으로 각종 재심사에서 잠정판정단계를 거치지 않고 직접

---

262) EU반덤핑규칙, 제11.5조.

263) *Ibid.*, 제11.9조.

264) *Ibid.*, 제11.10조.

265) WTO, *Notification of Laws and Regulations under Articles 18.5 and 32.6 of the Agreements Replies to the Questions Posed by the United States Regarding the Notification of the European Communities*, G / ADP / Q1 / EEC / 24, 4 November 2004, pp.3-5.

266) EU반덤핑규칙 제8.8조.

최종판정을 내리고 있으며267) 신청인의 신청철회 또는 병행되던 중간재심사에서 반덤핑조치를 종료하도록 판정하는 등 경우에 재심사를 종료하고 있다. 실례로 인도산 침대보(Cotton-Type Bed Linen)사건에서 종료재심사와 병행되던 중간재심사에서 반덤핑조치의 종료가 판정되어 결국 종료재심사가 종료되었고268) 중국·인도·인도네시아·태국산 가방(Sacks and Bags)사건에서는 신청인인 유럽섬유용폴리올레핀협회의 신청철회에 의해 재심사가 종료되었다.269)

종료재심사신청이 접수되지 않고 유럽위원회가 종료재심사를 개시할 필요가 있다고 생각하지 않는 경우 또는 접수된 종료재심사신청이 접수되었으나 충분한 증거가 포함되어 있지 않은 경우에는 종료공고가 공표되어야 한다.270)

Ⅳ. 소 결

EU는 종료재심사와 관련하여 비교적 상세한 규정을 두고 있으며 또한 원심에서와 같은 조사방법과 조사절차를 도입하고 있는 점에서 긍정적으로 평가된다. 특히 종료재심사와 관련하여 최장 15개월이라는 강제적인 기한을 도입하고 있다는 점에서도 반덤핑협정에 비해 엄격한 규정을 둔 것으로 판단된다.

---

267) *Plain Paper Photocopiers Originating in Japan*, Council Regulation 2380 / 95.

268) *Cotton-Type Bedlinen Originating, inter alia, in India*, Council Regulation 2239 / 2003, recital 41.

269) *Sacks and Bags Made of Polyethylene or Polypropylene Originating in the People's Republic of China, India, Indonesia and Thailand*, Council Regulation 237 / 2004, recital 6.

270) 법무부, 『EU통상법연구Ⅰ』(서울: 법무부, 1998), 680쪽.

EU반덤핑규칙 제11.2조는 종료재심사가 EU생산자에 의하여 제기될 수 있도록 규정하고 있다. 하지만 반덤핑협정 제11.3조는 종료재심사가 이해관계인에 의해 신청되는 경우에는 국내산업 또는 국내산업을 대신하여 이루어져야 한다고 규정하고 있다. 따라서 덤핑조사를 요구할 수 있는 국내산업의 개념은 반덤핑협정에서 가장 중요한 개념이며 반덤핑협정 제4조에서 자세하게 규정되어 있다. EU반덤핑규칙은 덤핑조사를 요구할 수 있는 EU산업이 아닌 EU생산자에 의하여 반덤핑관세의 종료재심사가 개시될 수 있게 하고 있는데 이 점에서 문제될 수 있다.[271] 즉 원심에서는 공동체산업 또는 이를 대표하는 자가 반덤핑조사를 신청할 수 있도록 규정한 반면 종료재심사에서는 공동체생산자가 신청할 수 있도록 규정하였는데 종료재심사를 개시하기 위하여 신청을 한 공동체생산자의 생산량이 공동체 내 생산량 전체에서 차지하는 비중에 대한 요건이 없는 것으로 보인다.

또한 반덤핑조치의 부과 후, 수입은 보통 줄어들거나 정지되며 최소한 가격은 인상됨에도 불구하고 종료재심사를 수행함에 있어 EU는 수출 / 덤핑 / 피해가 미소수준으로 되었거나 또는 완전히 정지되었는가에 대해 고려하지 않는 경향이 있다.[272]

---

271) 박노형, "WTO반덤핑협정의 법적 분석과 EU의 관련 이행법안", 김기수(편), 『WTO와 반덤핑관세 — 정치·경제 법적 분석과 우리의 대응』(서울: 세종연구소, 1995), 115~116쪽.

272) Pierre Didier, "The WTO Anti-Dumping Code and EC Practice: Issues for Review in Trade Negotiations", *Journal of World Trade*, Vol.35, No.1(2001), p.52.

제4절 중국의 반덤핑 종료재심사제도

I. 서

중국은 반덤핑 중간재심사, 신규수출자재심사, 관세평가재심사의 경우 별도의 잠정규칙을 마련하여 규정하고 있는 반면 종료재심사는 단지 반덤핑조례[反傾銷條例]에서만 규정하고 있으며 그 내용도 비교적 간단하다. 즉 반덤핑관세의 징수와 가격약속의 기한은 5년을 초과하지 않으며 재심사를 거쳐 반덤핑관세의 종료가 덤핑과 피해의 지속 또는 재발을 야기할 가능성이 있다고 판정하는 경우에만 반덤핑관세의 부과기간은 적당히 연장할 수 있다고 규정하고 있다.273) 그러나 동 연장기간274)에 대해서는 명문화하지 않고 있으며 또한 종료재심사의 통보와 공고 등 구체적 절차에 대해서도 아무런 규정이 없다.275) 단지 재심사절차는 반덤핑조례 상 반덤핑원심에 관련된 규정을 참조하여 집행한다고만 규정하고 있다.276) 상무부(Ministry of Commerce of the People's Republic of

---

273) 반덤핑조례 제48조.

274) 한국·미국·캐나다산 신문용지사건과 한국산 폴리에스테르필름사건의 경우 종료재심사를 거쳐 반덤핑조치를 5년간 연장하였다. 즉 이러한 연장은 5년의 범위 내에서 이루어질 것이나 기존의 사례를 보면 5년으로 확정하여 연장하는 것으로 보인다.

275) 김호, 『중국 반덤핑법에 관한 연구』, 박사학위논문, 고려대학교, 2002, 153쪽. 그러나 실제 사례에 있어 MOFCOM은 한국·미국·캐나다산 신문용지사건, 한국산 폴리에스테르필름사건, 한국·일본산 스테인리스냉연강판사건에서 모두 반덤핑조치 종료 6개월 전에 공고를 내어 재심사신청을 제출하고자 하는 국내산업은 동 공고 이후 및 반덤핑조치 종료 60일 전까지 재심사신청을 제출할 수 있다고 하였다. 즉 실무에 있어 반덤핑조치 종료 60일 전까지만 재심사신청을 제출할 수 있다고 보아야 할 것이다.

276) 반덤핑조례 제51조제1항.

China, 이하 MOFCOM)는 재심사결과에 따라 반덤핑관세의 유지, 수정 또는 취소를 건의하고 국무원관세세칙위원회가 동 건의에 따라 결정을 내린 후 MOFCOM이 이를 공고하며 이와는 달리 가격약속의 유지, 수정 또는 취소는 MOFCOM이 직접 결정을 내리며 또한 이를 공고한다.[277) 재심사기한은 재심사개시일로부터 12개월 이내이며[278) 재심사기간에 재심사절차는 반덤핑조치의 시행에 영향주지 않는다.[279)

Ⅱ. 실체적 규정

1. 덤핑의 지속 또는 재발의 가능성

한국·미국·캐나다산 신문용지사건에서 덤핑의 지속 또는 재발의 가능성 판단과 관련하여 MOFCOM은 다음의 요소를 검토하였다. (ⅰ) 반덤핑조치의 부과기간 중, 반덤핑관세를 부과 당하였음에도 불구하고 캐나다 및 미국산 신문용지의 중국으로의 덤핑은 제거되지 않았으며 재심사 조사대상기간 내 반덤핑조치의 억제역할 하에 한국산 조사대사상품은 일반무역형태로는 중국으로 수출되지 못했다. (ⅱ) 한국·미국·캐나다 생산자, 수출자의 상황 또는 시장요건(예를 들어 신문용지산업의 생산능력, 생산량, 생산설비가동률, 유휴생산능력, 재고, 국내신문용지소비량, 주요 외국시장으로의 수출 등 요소)에 대한 분석을 통하여 조사기관

---

277) *Ibid.*, 제50조. 2006년 12월 1일 현재 MOFCOM이 반덤핑 종료재심사를 개시한 사건은 한국산 폴리에스테르필름사건, 한국·미국·캐나다산 신문용지사건, 한국·일본산 스테인리스냉연강판사건이 있으며 모두 최종판정이 내려진 상황이다.
278) *Ibid.*, 제51조제2항.
279) *Ibid.*, 제52조.

은 생산설비가동률을 제고하고 재고를 감소하며 한국·미국·캐나다 신문용지산업의 발전을 위해 한국·미국·캐나다 신문용지가 중국으로의 덤핑은 재발이 아주 가능하다고 판단하였다. (iii) 반덤핑조치의 부과기간 중 한국·미국·캐나다 생산자, 수출자는 반덤핑조치의 보호를 받지 않는 제3국으로 정상가격 이하의 가격에 관련 상품을 대량 덤핑 수출하였는바 만약 반덤핑조치를 종료하게 되면 반덤핑조치의 보호를 받지 않는 국가로의 저가수출전략을 중국에도 적용하여 중국시장으로 관련 상품을 덤핑할 것임을 예측할 수 있다. (iv) 제3국정부는 이미 한국·미국·캐나다로부터 생산된 수입신문용지에 대해 반덤핑조사를 개시하였으며 일부는 반덤핑조치를 부과하였다. 반덤핑조치의 부과기간 중 한국·미국·캐나다산 신문용지는 이미 반덤핑조치를 부과받은 제3국 시장으로 접근하기 아주 어렵게 되었다. 만약 중국이 반덤핑조치를 종료하게 되면 한국·미국·캐나다 신문용지 생산자, 수출자는 중국시장으로 무역이전을 할 가능성이 있다. (ⅴ) 만약 반덤핑조치를 종료하게 되면 한국·미국·캐나다는 계속하여 덤핑전략을 이용하여 중국으로 신문용지를 대량 수출하며 심지어 조치부과 전의 대량덤핑현상이 재현될 수도 있다.[280]

2. 산업피해의 지속 또는 재발의 가능성

한국·미국·캐나다산 신문용지사건에서 산업피해의 지속 또는 재발의 가능성 판단과 관련하여 MOFCOM은 다음의 요건을 검토하였다. (ⅰ) 한국·미국·캐나다의 조사대상상품은 해당 국가의 국내시장이 위축되어 심각하게 수출시장에 의존한다. 기타 국가의 시장으로 접근함에 있어 무역장벽이 존재하는 상황에서 중국시장의 발전전망은 극히 흡인력을

---

280) 商務部, "關于對原産于加拿大, 韓國, 美國的進口新聞紙所適用的反傾銷稅的期終復審裁定", 2004年 商務部公告 第30號 公布.

갖고 있으며 중국시장으로 접근하는 것은 조사대상상품의 중요한 출로이다. (ii) 덤핑조사가 표명하듯이 조치 종료 후 덤핑은 지속과 재발의 가능성이 있는바 만약 반덤핑조치를 종료하게 되면 중국시장에서 판매시 조사대상상품에 더욱 큰 가격인하 공간을 제공해 주게 된다. (iii) 조사대상국은 방대한 유휴생산능력과 수출능력을 갖고 있으며 시장경쟁요소의 제약을 받아 전부 중국시장으로 수출할 가능성이 존재한다. (iv) 2002년 후 중국 신문용지 산업상황의 악화가 표명하듯이 국내산업의 이윤은 극히 적고 가격인하 공간이 적으며 가격에 민감하게 반응하는바 피해를 야기하기 쉽다. 결국 MOFCOM은 향후 5년간 원심에서 결정한 반덤핑관세를 계속하여 부과하도록 판정하였다.281)

3. 판 정

최종판정을 내리기 전에 MOFCOM은 반덤핑조사과정 중 정보를 제공한 이해관계인에게 덤핑의 지속 또는 재발 가능성 조사의 근거로 되는 기본사실을 공개하고 이해관계인들에게 논평, 의견을 제시할 기회를 부여하며 재심사판정에 불복할 경우 이해관계인은 행정심판 또는 행정소송을 제기할 수 있다.282)

---

281) *Ibid.*
282) *Ibid.* 행정심판 또는 행정소송과 관련된 내용을 규정하고 있는 반덤핑조례 제53
    조는 다음과 같다: 이해관계인은 반덤핑 관세평가재심사, 신규수출자재심사, 종료
    재심사, 중간재심사판정에 불복할 경우 행정심판 또는 행정소송을 제기할 수 있다.

Ⅲ. 절차적 규정

반덤핑조례에서는 재심사절차를 반덤핑원심에 관련된 규정을 참조하여 집행한다고만 규정하고 있는데 실제 사례(한국·미국·캐나다산 신문용지사건, 한국산 폴리에스테르필름사건)를 통해 종료재심사와 관련된 조사절차를 살펴보고자 한다.

1. 조사개시

한국·미국·캐나다산 신문용지사건, 한국산 폴리에스테르필름사건을 놓고 볼 때 반덤핑 종료재심사에서 MOFCOM은 조사대상기간은 덤핑조사대상기간과 산업피해조사대상기간으로 구분하고 각각 1년, 5년으로 정하였다. 조사개시에 앞서 MOFCOM은 반덤핑 종료재심사신청 사실을 수출국 주중대사관에 통보하였으며 조사개시와 함께 수출국 주중대사관에 조사개시공고, 조사개시신청서의 공개부분을 전달하였다. 또한 이미 알고 있는 수출국 국내의 관련 수출자와 생산자 및 신청인한테도 조사개시를 통보하였다.

반덤핑 종료재심사의 덤핑조사와 산업피해조사는 각각 MOFCOM 수출입공평무역국[進出口公平貿易局]과 산업피해조사국[産業損害調査局]에서 담당하였다. 공고에서 덤핑조사와 관련한 이해관계인은 조사개시공고 공고일로부터 20일 내 수출입공평무역국에 응소를 신청하고 조사대상국가와 지역의 관련 수출자 또는 생산자는 덤핑조사대상기간 중 중국 및 기타 국가로 관련 상품을 수출한 수량과 금액을 제공하여야 한다고 하였다. 또한 산업피해조사와 관련한 이해관계인은 조사개시공고 공고일로부터 20일 내 산업피해조사국에 응소를 신청하며 산업피해조사대상

기간 내의 생산능력, 생산량, 재고 및 재건 또는 확건계획을 제공하도록
하였다. 만약 이해관계인이 공고에 규정된 기간 내 응소하지 아니하는
경우 MOFCOM은 동 이해관계인이 제출한 관련 자료를 거부할 권리를
가지며 이용 가능한 자료에 근거하여 판정을 내릴 수 있다고 하였다.
한국·미국·캐나다산 신문용지사건에서 캐나다의 Norske Skog Canada
Limited사는 응소등기기간이 지난 후에야 MOFCOM에 응소신청을 하였
으며 캐나다 주중대사관에서도 MOFCOM에 서한을 보내어 동 회사에
응소기간을 연기해 줄 것을 요청하였으나 조사기관은 Norske Skog
Canada Limited사가 공고에 규정된 응소기한 내 응소신청을 하지 않았
으며 또한 합리적인 이유283)에 의해 응소연기신청을 하지도 않았으므로
캐나다에 응소연기를 받아들이지 않았다.284)

2. 덤핑조사

동 사건의 덤핑조사와 관련하여 조사기관은 조사개시 후 다음의 방법
을 이용하여 사건 관련 증거를 수집하였다. (i) 덤핑조사에 응한 외국
회사에 조사설문서를 발송하였다. (ii) 신청인이 가일층 정상가격, 수출
가격, 관련조정요소, 덤핑의 지속 또는 재발 가능성, 세계와 중국의 신문
용지시장 등 면에 대한 관련 증거를 제출하도록 요구하였다. (iii) 국내
산업을 조사하여 반덤핑조치 시행 전후 관련 국가로부터 수입된 제품이
국내산업에 대한 영향과 국내산업의 최근 몇 년간 발전상황, 향후의 발
전계획 등을 파악하였다. (iv) 중국세관으로부터 관련 상품의 수입상황
을 입수하였다. (v) 관련 기관으로부터 수출국 해당 제품 산업의 생산
능력, 생산량, 수입량, 국내판매량, 수출량, 중국으로의 수출량, 재고량,

---

283) 합리적인 이유가 무엇을 의미하는지는 명확하지 않다.
284) 商務部, *supra* note 280.

투자액 등 면의 정보를 수집하였다. (ⅵ) 기타 국가에서 수출국 해당 상품에 대해 무역제한조치를 취한 사례 및 관련 상황을 수집하였다. (ⅶ) 권위적인 연구기관으로부터 세계와 중국시장, 업계의 관련 상황, 수출국 해당 상품의 수출입, 국내소비, 주요 외국시장으로의 수출 및 일부 주요 수출시장으로의 저가덤핑 등 상황을 파악하였다. (ⅷ) 기타 관련 중개조직으로부터 세계와 중국시장, 업계의 관련 상황, 수출국 해당 상품의 수출입, 국내소비, 주요 외국시장으로의 수출 및 일부 주요 수출시장으로의 저가덤핑 등 상황을 파악하였다. (ⅸ) 관련 협동조합으로부터 중국 해당 제품의 생산능력, 생산량, 수입량, 외적(表觀) 소비량, 시장점유율, 투자상황, 설비이용율 등 상황을 조사하였다. (x) 공개 출판된 잡지, 간행물에서 사건 관련 상품 및 사건 관련 국가의 해당 산업상황 등 관련 자료를 입수하였다. (x) 원심과 중간재심사서류에서 조사대상상품, 중국 기업 생산능력과 생산량, 설비이용율, 판매가격 및 수출국 해당 산업의 생산능력, 생산량, 판매가격, 재고와 관련된 자료를 열람하였다.285)

3. 피해조사

　피해조사와 관련하여 MOFCOM은 이미 알고 있는 모든 국내 생산자와 수출자에게 종료재심사 산업피해조사 조사설문서를 배부 및 회수하였고 신청인 중 일부 기업에 대해 현지조사를 하였으며 기타 일부 기업의 상황에 대해서는 조사진술회를 개최하였는가 하면 수출국 주중대사관과 수출업체의 방문을 접수하고 의견을 듣기도 하였다. 이 밖에 MOFCOM은 관련 상품의 생산업체 포럼을 개최하여 반덤핑조치 종료재심사에 대한 의견을 청취하였으며 일부 국내기업에 대해 현지조사를 수행하였다.286)

---

285) *Ibid.*
286) *Ibid.*

한국·일본산 스테인리스냉연강판사건에서 MOFCOM은 2005년 10월 19일 종료재심사 산업피해조사 공청회 개최공고를 내어 이해관계인들은 공고 공포일로부터 15일 내 신청확인서를 제출할 것을 요구하였으며 만약 각 이해관계인이 동 기간 내에 신청확인서를 제출하지 아니할 경우 MOFCOM은 동 이해관계인의 공청회 참가를 거부하고 관련 자료의 제출도 거부할 권한이 있다고 하였다. 공청회에서 발언하고자 하는 이해관계인은 공청회발언서면요약서와 관련 증거자료를 각각 10부 제출하여야 하고 각 업체당 2명까지 공청회에 참가할 수 있도록 하였으며 공청회 참가 및 발언허가권한은 MOFCOM이 공청회 참가신청상황에 따라 판단하도록 재량권을 부여하였다.[287]

Ⅳ. 소 결

반덤핑협정하에서는 반덤핑조사의 증거 및 절차에 관한 규정만 재심사에 적용된다는 준용규정을 두고 있을 뿐[288] 기타 반덤핑조사규정들의 재심사에 대한 준용규정이 없어 각국은 재심사절차를 상당히 자의적으로 운영해 오고 있는 것이 실정이다.

이와 관련하여 중국의 반덤핑조례는 반덤핑원심 관련 많은 규정들을 재심사과정에도 준용하고 있다. 이는 재심사과정에 대한 통제를 강화함으로써 재심사가 국내정치적으로 남용되지 않게 하였다는 점에서 높이 평가할 만하다. 또한 반덤핑협정의 경우 종료재심사기한이 일반적으로 12개월을 초과하지 말아야 한다는 비강제성 규정을 두고 있는 반면, 중

---

287) 商務部, "關于擧行不銹鋼冷軋薄板反傾銷期終復審案産業損害調査聽證會的通知", 2005年 10月 19日 商務部 公布.
288) 반덤핑협정 제11.4조.

국 반덤핑조례는 그 기한을 12개월로 한정시킴으로써 반덤핑 종료재심
사가 보다 빨리 수행될 수 있도록 제도적 장치를 마련하였다. 다만, 중
국의 법령은 중간재심사에 대한 자세한 규정이 마련되어 있는 반면, 상
대적으로 종료재심사에 관한 절차규정이 존재하지 않아 종료재심사의
요건이나 신청절차 및 기간제한 등이 불명확하다.[289]

중국은 재심사수행과정 중 조사기관은 수출자에게 비밀정보를 제출하
도록 요구할 수 있으며 이해관계인에게 관련 정보를 노출시킬 수도 있
다. 그러나 조사기관 역시 정보보호문제에 직면하게 될 수 있어 해당하
는 보호시스템을 갖춰야 한다. 전문부서를 설치하여 상업비밀에 대한
비밀유지를 전담하게 하고 비밀정보를 장악하고 있는 해당 조사인원의
리스트를 열거하여 취득 가능한 자의 범위를 한정시키며 비밀누설자에
대한 처벌을 강화하여야 한다.[290]

이 밖에 반덤핑협정에서는 잠정반덤핑관세와 확정반덤핑관세라는 두
개의 개념을 사용하고 있다. 하지만 중국의 반덤핑조례에서는 잠정반덤
핑관세와 반덤핑관세라는 용어를 사용하고 있다.[291]

반덤핑관세를 잠정반덤핑관세와 확정반덤핑관세의 총칭으로 이해한다
면 국내산업에 대한 보호가 줄어들게 된다. 이는 주로 반덤핑조치의 유
효기간이 최소 4개월 줄어들게 되며 최장 9개월 줄어들게 된다는 점에
서 나타난다. 때문에 여기에서 반덤핑관세의 개념을 분명히 확정반덤핑
관세로 수정하여야 할 것이다. 또한 중국의 반덤핑조례에서는 확정반덤
핑관세의 유효기간에 대해 5년을 초과하지 않도록 규정하고 있는 것과
는 달리 재심사 후의 반덤핑조치의 유효기간에 대해서는 확정적인 기한
을 두지 않고 단지 적당히 연장할 수 있다고만 규정하고 있다. 이 밖에
도 반덤핑조례 제50조에 의하면 재심사결과에 근거하여 MOFCOM은

---

289) 최원목, "한·중 반덤핑 및 상계조치 절차관련 법규의 WTO협정에의 합치성", 『무
    역구제』제20호(2005. 10.), 76쪽.
290) 江厚良, 張春萍, "反傾銷案件中行政復審制度的比較硏究", 2004.
291) 閆海, "不一致的起算點－我國反傾銷措施日落期限探析", 『國際貿易』2002年第
    11期, 51頁.

반덤핑관세를 보류, 수정 또는 취소할 것을 건의하고 국무원관세세칙위원회가 그 건의에 따라 결정을 내리며 이를 MOFCOM이 공고한다. 이 부분에서는 어떠한 재심사를 말하는 것인지 분명하지 않은데 종료재심사결과를 통하여 반덤핑관세를 수정할 수 있는 것으로 해석이 가능하게 된다. 때문에 종료재심사의 심사결과에 대하여 수정 또는 보류를 취할 수 있는 상황에 대해 각각 규정하여야 한다.[292]

또한 재심사의 실체적 요건이 명확하지 않아 주관적 자의성이 크며[293] 해당 회사 간의 관련 관계에 대하여 명확히 정의하고 있지 않아 규정이 너무 추상적이다.[294]

반덤핑협정 제11.3조에 의하면 연장기한은 반덤핑관세를 계속하여 부과하기로 결정 내린 후부터 5년이며 각국의 입법에서도 이와 같은 규정을 두고 있다. 하지만 중국의 반덤핑조례는 동 문제에 대한 규정이 명확하지 못하며 재심사를 거쳐 반덤핑관세의 징수를 종료할 경우 덤핑과 피해의 지속 또는 재발 가능성이 있다고 판단되면 반덤핑관세의 징수기한은 적절히 연장할 수 있다고 규정하였는데 여기서 어떠한 기준이 적절한지는 MOFCOM의 자유재량에 맡겨진다.[295]

중국은 반덤핑원심에서 반덤핑관세를 부과하거나 가격약속을 수락함에 있어 공공이익을 검토하는데 종료재심사에서는 이러한 공공이익에 대한 검토를 하지 아니하는 것으로 보인다.

---

292) 肖偉, 『國際反傾銷法律與實務: 美國卷』(知識産權出版社, 2005年), 488-490頁.
293) 戴仲川, "國際反傾銷法中的行政復審制度探析", 『華僑大學學報(哲學社會科學版)』1999年第4期, 45頁.
294) 劉穎, 李民, "對我國反傾銷法程序問題的探析", 『經濟師』2004年第1期, 66頁.
295) 肖偉, *supra* note 292, 484頁.

제5절 인도의 반덤핑 종료재심사제도

I. 서

인도의 반덤핑법령에도 종료재심사가 규정되어 있는데 즉 인도의 1975년 관세법(Customs Tariff Act, 1975 as Amended in 1995)에 따르면 부과된 반덤핑관세는 조기 폐지되지 아니하는 한 부과일로부터 5년이 지나면 종료되어야 한다. 단 조사기관이 종료재심사를 통하여 반덤핑관세의 종료 시 덤핑과 피해의 지속 또는 재발 가능성이 존재한다고 판단하는 경우 이러한 부과기간은 수시로 추후 5년의 기간 동안 연장될 수 있으며 추후의 기간은 연장명령이 내려진 날로부터 시작하여 계산한다. 상술한 5년의 반덤핑관세 부과기한이 만료되기 전 개시된 종료재심사가 종료기한 내 종결되지 못하는 경우 반덤핑관세는 재심사판정이 내려질 때까지 추가로 존속할 수 있으며 단 그 기간은 1년을 초과하지 못한다.[296)

II. 실체적 규정

1. 덤핑의 지속 또는 재발 가능성

반덤핑조치의 연장 여부에 대한 검토에서 조사기관은 덤핑의 지속 또는 재발

---

296) 인도 관세법 제9A(5)조.

가능성을 판정하여야 한다. 이와 관련하여 조사기관은 재심사대상기간 및 그 전의 3년간 대상상품의 상황, 수출자의 제3국으로의 덤핑수출 여부, 대상 수출국에서 이용 가능하고 자유로이 사용할 수 있는 생산능력, 반덤핑관세의 흡수 여부, 원심대상기간 내에 확정된 덤핑마진 등에 대해 검토한다.[297]

2. 피해의 지속 또는 재발 가능성

조사기관은 또한 피해의 지속 또는 재발 가능성에 대해서도 검토하여야 하며 이와 관련하여 다음의 요소들을 검토한다. (ⅰ) 재심사대상기간과 그 전의 3년간 국내산업의 경제상황에 대한 평가. (ⅱ) 덤핑과 피해에 대한 분석을 통한 재심사대상기간 내 국내산업의 상황 및 부과 중인 조치의 효과에 대한 평가. (ⅲ) 부과 중인 반덤핑관세가 생산, 시장점유율, 이윤, 생산능력, 판매 등을 포함한 경제적 요소에 대한 효과. (ⅳ) 덤핑수입품이 계속하여 국내산업에 피해를 야기하는지 여부, 만약 그러할 시 조사기관은 조치의 종료가 이미 악화된 국내산업의 상황을 더욱 악화시킬 것이라고 추정한다. (ⅴ) 덤핑수입품의 물량과 관련하여 덤핑수입품이 절대적으로 증가하였는지 아니면 생산 또는 소비와 대비하여 상대적으로 증가하였는지 여부. (ⅵ) 덤핑수입품이 가격에 대한 효과와 관련하여 덤핑수입품에 의하여 상당한 가격인하가 있었는지 또는 그러하지 아니한 경우 발생하였을 가격상승을 상당한 정도로 억제하는지 여부. (ⅶ) 수출자의 생산능력, 수출수준, 기타 수출시장의 흡수능력을 고려할 때 인도시장으로의 덤핑수출증가의 가능성 여부.[298]

---

297) A. K. Gautam, *Sunset or Expiry Reviews: Indian Practices*, The 2005 Seoul Forum on Trade Remedies, 2005.

298) *Ibid.*

3. 판 정

2005년 말 현재 인도의 반덤핑조사기관은 19건의 반덤핑 종료재심사를 수행하였으며 또한 5건에 대해 수행 중에 있다. 이미 수행된 19건의 종료재심사의 구체적인 판정내용을 보게 되면 증거가 부족하여 종료된 사건이 1건이며 철회된 사건은 8건, 나머지 10건은 반덤핑조치가 연장되었다.[299] 이 중에서 최근에 이루어진 몇 개의 판정결과를 살펴보면 다음과 같다.

미국·EU·체코·한국산 시안화나트륨(Sodium Cyanide)사건에서 조사기관은 종료재심사를 거쳐 EU에 대해서는 반덤핑관세를 철폐하였으나 한국과 미국에 대해서는 반덤핑관세를 연장하였는데 그 이유는 다음과 같다. (ⅰ) 재심사대상기간 내 대상상품은 계속하여 한국과 미국으로부터 덤핑 수입되었으며 이들 국가로부터의 덤핑마진은 미소마진 이상으로 상당한 수준이었다. (ⅱ) 반덤핑관세가 철회될 경우 EU로부터 덤핑은 지속 및 / 또는 재발할 가능성이 없는 반면 한국, 미국으로부터의 덤핑은 지속될 가능성이 있다. (ⅲ) 국내산업은 계속하여 한국과 미국산 제품의 덤핑 수입으로 인하여 실질적인 피해를 입었다. (ⅳ) 한국과 미국으로부터의 수입품에 대한 반덤핑관세가 철회될 경우 국내산업에 대한 피해는 지속 또는 재발할 가능성이 존재하지만 EU로부터의 수입품에 대한 관세가 철회될 경우에는 국내산업에 대한 피해가 재발할 가능성이 없다.[300]

이태리·스페인·포르투갈·일본산 아크릴섬유(acrylic fibre)사건에서 조사기관은 이태리·스페인·포르투갈에 대해서는 반덤핑관세를 철폐하였

---

299) Government of India Ministry of Commerce & Industry, *Directorate General of Anti-Dumping & Allied Duties Anti Dumping Cases in India,* http://commerce.nic.in/ad_cases.htm, 06-10-01 검색.

300) Ministry of Commerce & Industry, *Final Findings: Sunset Review of the Definitive Anti-Dumping Duty Imposed on Import of Sodium Cyanide Originating in or Exported from the US, the EU, the Czech Republic and Korea RP,* 27 September 2005, recital 85.

으나 일본에 대해서는 반덤핑관세를 연장하였는데 그 이유는 다음과 같다. (i) 이태리·스페인·일본산 대상상품의 수입은 덤핑마진이 상당하며 미소마진 이상이다. (ii) 이태리·스페인·포르투갈에 대한 반덤핑관세가 철회될 경우 덤핑의 지속 또는 재발 가능성은 없으나 일본의 경우에는 지속 또는 재발 가능성이 존재한다. (iii) 비록 국내산업이 현재에 이들 수입품에 의해 약간의 실질적인 피해를 입고는 있지만 압도적인 피해는 현재 관세를 부과받지 아니하는 기타 공급원으로 인한 것이다. (iv) 이태리·스페인·포르투갈로부터의 수입품에 대한 관세가 철회되어도 국내산업에 대한 피해는 지속 또는 재발할 가능성이 없으나 일본의 경우에는 피해의 지속 또는 재발 가능성이 존재한다.[301]

한국·일본·말레이시아·대만산 폴리스티렌(Polystyrene)사건에서 조사기관은 국내산업의 재심사철회신청에 근거하여 반덤핑관세를 계속하여 부과할 정당성이 없다고 판단하였다.[302]

인도의 반덤핑법령상 종료재심사의 수행과 관련하여 명확한 재심사기간은 규정되어 있지 않으나 다음의 사건으로 봐서는 일반적으로 14개월 내지 18개월 정도 시간이 소요됨을 알 수 있다. 미국·EU·체코·한국산 시안화나트륨사건에서는 18개월 미만,[303] 이태리·스페인·포르투갈·일본산 아크릴섬유사건에서는 14개월 6일,[304] 한국·일본·말레이시아·대만산 폴리스티렌사건에서는 16개월 미만이었다.[305]

---

301) Ministry of Commerce & Industry, *Final Findings: Sunset Review of Anti-Dumping Duty on Imports of Acrylic Fibre Originating in or Exported from Italy, Spain, Portugal, and Japan*, 10 November 2004, recital 126.
302) Ministry of Commerce & Industry, *Final Findings: Anti-Dumping Investigations Concerning Sunset Review of Anti-Dumping Duty on Imports of Polystyrene from Korea RP, Japan, Malaysia and Chinese Taipei*, 8 June 2004, recital 5.
303) Ministry of Commerce & Industry, *supra* note 300, recital 4.
304) Ministry of Commerce & Industry, *supra* note 301, recital 5.
305) Ministry of Commerce & Industry, *supra* note 302, recital 1.

Ⅲ. 절차적 규정

반덤핑 종료재심사와 관련하여 조사기관은 우선 반덤핑조치의 종료가 임박하였다는 공고를 하며 국내산업에 이를 통지하여야 한다. 동 공고는 반덤핑조치의 5년이라는 존속기한이 만료하기 전 6개월 내 이루어져야 하며 이해관계인들이 주장을 제기할 수 있는 일정한 기한을 부여한다. 만약 이해관계인이 피해 또는 피해의 우려가 반덤핑조치의 부재 시 지속 또는 재발될 것임을 입증하는 경우 조사기관은 이러한 조치를 종료하여야 하는지를 결정하기에 앞서 종료재심사를 개시하며 이러한 경우를 제외하고 반덤핑조치는 자동적으로 종료된다.[306]

반덤핑 종료재심사절차를 개시하려면 국내산업에 의해 또는 국내산업을 대표하여 적절하게 입증된 신청이 있어야 하며 신청서에는 반덤핑관세의 종료로 인한 덤핑과 피해의 지속 또는 재발 가능성이 포함되어야 한다. 또한 동 신청은 5년의 종료기한이 만료하기 전 적절한 시간에 제출되어야 한다.[307] 이 밖에 조사기관은 직권에 의해서도 종료재심사를 개시할 수 있으나[308] 2005년 말 현재 조사기관이 직권에 의해 종료재심사를 개시한 사건은 없는 상황이다.

조사기관은 신청인의 신청이 있는 경우 덤핑과 피해의 지속 여부, 피해의 제거가 일부 또는 전부 현재 부과 중인 조치로 기인하였는지 여부, 수출자의 상황과 인도의 시장상황에서 볼 때 추가적인 피해를 야기할 수 있는 덤핑의 발생 가능성이 있는지 여부 등 사항을 검토한 후 재심사를 개시한다.[309]

---

306) Ministry of Commerce & Industry, *Directorate General of Anti-dumping & Allied Duties Annual Report 2002-2003*, http://commerce.nic.in/dgad/ann_rep2003.pdf, 05-03-30 검색.

307) A. K. Gautam, *supra* note 297.

308) *Ibid.*

309) *Ibid.*

조사대상기간을 보게 되면 미국·EU·체코·한국산 시안화나트륨사건에서 덤핑조사대상기간은 9개월, 피해조사대상기간은 4년이었고,[310] 이태리·스페인·포르투갈·일본산 아크릴섬유사건에서 덤핑조사대상기간은 1년, 피해조사대상기간은 4년이었으며,[311] 한국·일본·말레이시아·대만산 폴리스티렌사건에서 조사대상기간은 1년이었다.[312]

또한 상술한 사건들에서 조사기관은 모두 이해관계인에게 종료재심사 공고 후 40일 내에 관련 정보의 제출 또는 공청회 개최신청을 하도록 요구하였다.[313]

Ⅳ. 소 결

반덤핑 종료재심사와 관련하여 인도는 단지 관세법 제9A(5)조에서만 이 간단히 규정하고 있다. 즉, 법규정상으로는 조사절차, 판정요소 등 부분에 대한 명백한 규정이 없는 상황이다. 그러나 사례에서는 원심에서의 관련 규정을 많이 적용하고 있는 것으로 보인다. 때문에 수출국의 입장에서는 사례에서 인도가 종료재심사절차를 어떻게 운영하고 있는가를 자세히 살펴볼 필요성이 있으며 이를 통하여 일정한 규율을 탐색하는 것도 유익할 것이다. 이 밖에 실제 사례에서 보면 종료재심사의 수행기간이 과도하게 길어지는 경우가 적지 않아 보이는데 이러한 면에도 주의를 기울일 필요가 있을 것이다.

---

310) Ministry of Commerce & Industry, *supra* note 300, recital 4.
311) Ministry of Commerce & Industry, *supra* note 301, recital 5.
312) Ministry of Commerce & Industry, *supra* note 302, recital 1.
313) Ministry of Commerce & Industry, *supra* note 300, recital 4; Ministry of Commerce & Industry, *supra* note 301, recital 5; Ministry of Commerce & Industry, *supra* note 302, recital 1.

재심사절차에 있어서도 지속적인 반덤핑관세의 부과가 불필요하다고
판정될 경우에 한하여 중앙정부에 반덤핑관세 부과의 철회를 권고하도
록 하고 있을 뿐, 지속적인 반덤핑관세의 부과가 불필요한 경우가 어떠
한 상황인지에 대한 명확한 기준을 두고 있지 않다.

이러한 법적 모호성은 결국 동 제도를 운영하는 인도 당국에 더 많은
재량권과 자의성을 부여함으로써 반덤핑제도 운영의 법적 안정성과 명확
성이 침해되어 결국 법적 불확실성의 문제가 발생할 수 있어 우려된다.

현재 세계적으로 반덤핑제도가 그 본래의 의도를 벗어나 하나의 무역
장벽으로 악용되고 있는 현실을 감안한다면 이러한 법적 모호성은 인도
의 반덤핑 제도에 의해 제소를 당하는 교역상대국 입장에서는 상당한
위협으로 작용할 것으로 판단된다.[314]

제6절 한국의 반덤핑 종료재심사제도

I. 서

한국의 경우, 종료재심사를 신청인이 반덤핑관세 또는 가격약속의 종
료로 인하여 국내산업이 피해를 입을 우려가 있다는 신청사유에 의하여
요청하였을 경우 수행되는 재심사로 정의한다.[315] 따라서 반덤핑관세

---

314) 이기희, "인도의 반덤핑 법규와 적용실태에 관한 연구", 『국제지역연구』제8권
제1호(2004. 6.), 406쪽.

또는 가격약속의 종료로 인하여 국내산업이 피해를 입을 우려가 있는 경우 종료재심사가 개시된다.[316] 즉, 반덤핑관세의 부과나 가격약속은 재정경제부령으로 그 적용기한을 따로 정하는 경우를 제외하고는 당해 반덤핑관세 또는 약속의 시행일부터 5년이 지나면 그 효력을 잃으며, 덤핑과 산업피해를 재심사하고[317] 그 결과에 따라 내용을 변경하는 때에는 재정경제부령으로 그 적용기한을 따로 정하는 경우를 제외하고는 변경된 내용의 시행일부터 5년이 지나면 그 효력을 잃는다.[318]

Ⅱ. 실체적 규정

1. 덤핑의 지속 또는 재발 가능성 판정기준

반덤핑협정에서 기존조치의 종료 여부에 대한 재심사 시 그 구체적인 판단기준에 대하여 언급이 없어 회원국별로 종료재심사 검토대상 및 판단기준이 상이하다.

한국은 종료재심사와 관련하여 반덤핑관세 부과 및 가격약속 종료 시 덤핑 및 피해의 지속 또는 재발 가능성을 나누어 검토하는데 덤핑수입

---

315) 덤핑방지관세 및 상계관세부과신청·조사·판정에 관한 세부운영규정 제23조.

316) 관세법시행령 제70조제1항.

317) 중국산 페로실리코망간사건에서 무역위원회(Korean Trade Commission, 이하 KTC)는 반덤핑관세 부과 및 가격약속 이후 국내산업의 피해가 지속되고 있으며 또한 종료 시 국내산업의 피해가 지속 또는 재발할 가능성이 있다고 판정하였다. 무역위원회, "중국산 페로실리코망간 덤핑방지관세부과 및 가격약속 종료 시 덤핑수입 및 국내산업피해의 지속 또는 재발 유무에 대한 판정", 무역위원회 의결 제2003-23호.

318) 관세법 제56조제2항.

의 지속 또는 재발 여부 검토에 있어 검토할 사항은 덤핑의 지속 또는 재발 가능성을 검토하여 덤핑마진을 최종 결정하는 것이다.

덤핑마진에 대한 주요 검토사항은 다음과 같다. 재심사 조사결과 덤핑마진이 미소마진 이상인 경우, 수입물량이 현저히 감소하였거나 수입 자체가 중지된 경우의 적용덤핑마진은 원심 또는 최근 재심사의 덤핑마진을 적용하고 수입물량이 지속 또는 증가하였을 경우의 적용덤핑마진은 재심사 조사결과 산정된 덤핑마진을 적용한다. 재심사 조사결과 덤핑마진이 미소마진 이하인 경우, 수입물량이 현저히 감소하였거나 수입 자체가 중지된 경우의 덤핑마진은 원심 또는 최근 재심사 덤핑마진을 적용하며 수입물량이 지속 또는 증가하였을 경우에는 조치를 종료한다.[319]

덤핑재발 가능성의 판단기준으로는 반덤핑관세 부과 후 수입의 중단 여부 또는 수입의 현저한 감소 여부 등을 제시하고 있으며 기타 생산능력, 가동률, 재고수준 등도 고려된다.[320]

2. 피해의 지속 또는 재발 가능성 판정기준

다음으로 KTC는 피해의 지속 또는 재발 가능성에 대해 검토하는데 실질적 피해의 지속 판정기준으로는 덤핑수입물량과 가격변동상황 및 국내산업에 미친 효과를 검토하는데 전자의 경우 덤핑수입물량 변동상황, 덤핑수입물품의 가격변동상황, 덤핑수입물품과 국산품의 가격비교가 포함되며 후자의 경우에는 국내산업의 생산, 가동률, 판매 및 재고, 손익, 고용 및 임금, 단위당 제조비용, 시장점유율, 투자 등이 포함된다.

---

319) Dongchun Lim, *Korea's Experience in Sunset Reviews*, The 2005 Seoul Forum on Trade Remedies, 2005.

320) 무역위원회, "싱가포르·중국 및 일본산 알칼리망간건전지의 덤핑방지관세부과 및 가격약속 종료 시 덤핑수입 사실 및 국내산업피해의 지속 또는 재발 유무에 대한 판정", 무역위원회 의결 제2003-25호.

피해의 재발 가능성과 관련하여 반덤핑관세 부과 종료 시 가격경쟁력 비교, 덤핑수입물품의 증대가능성을 검토하는데 전자의 경우 덤핑수입물품의 저가판매 가능성, 덤핑수입물품이 국내 동종상품 가격인하 또는 가격억제에 미치는 영향이 포함되고 후자의 경우 수출국 내 생산능력증대 가능성 또는 기존시설의 유휴능력, 수출국의 재고수준 및 재고증가 가능성, 다른 물품생산설비의 당해 물품생산으로의 전환 가능성, 기타 국가들의 당해 덤핑물품에 대한 수입규제 여부를 검토한다.[321]

예를 들어 일본산 PS인쇄판사건에서 피해의 지속 또는 재발 가능성 여부와 관련하여 KTC는 반덤핑관세 부과효과와 실질적 피해의 재발 가능성에 대해 검토하였다. 우선 반덤핑관세의 부과효과(국내산업의 실질적 피해 치유 또는 지속 여부)에 대한 검토와 관련하여 반덤핑관세 부과기간 동안의 조치효과에 대해서는, 국내생산품의 국내소비 점유율이 1992년 반덤핑관세 부과 이후 점차 회복되었고, 국내생산품의 생산능력 및 생산량은 반덤핑조치 이후 증가세를 보이면서 판매물량도 함께 증가추세를 보이고 있고, 재고율은 반덤핑관세 부과 이후 안정세를 유지하고 있고, 영업이익률은 양호하며, 근로자 1인당 연평균 임금은 계속 상승하고 있는 등 국내 PS인쇄판 산업은 반덤핑관세 부과조치로 인하여 경영상태가 여러 면에서 호전된 것으로 나타나 KTC는 반덤핑관세 부과조치의 효과가 크다고 판단하였다.

다음으로 반덤핑관세 부과 종료 시 국내산업의 실질적 피해의 재발 가능성 검토와 관련하여 세계 PS인쇄판 시장은 현재 공급과잉 상태이며, 특히 일본의 PS인쇄판의 생산능력은 한국 국내생산능력의 xx배, 생산량은 국내생산의 xx배로 생산능력 및 물량 면에서 국내산업보다 절대 우위에 있는 반면 일본 내 PS인쇄판에 대한 수요가 감소하고 있고, ××.×%의 유휴생산능력이 있으며, 일본은 한국과 지리적으로 가까운 위치에 있어 저렴한 물류비용 및 신속한 공급 등 수출여건이 유리하고, 한국 내 수요

---

321) Dongchun Lim, *supra* note 319.

자들이 네덜란드 후지사 제품보다는 일본 후지사 제품을 선호한다는 점 등을 고려해 가능성은 있으나, 국내산업은 이미 덤핑수입으로 인한 실질적인 피해가 치유되었고, 재심사요청상품이 수입되더라도 국내산업은 충분한 경쟁력이 있다고 판단하였다. 따라서 KTC는 반덤핑관세 부과 종료 시 국내산업의 실질적인 피해의 재발 가능성은 없다고 판단하였다. 즉, 국내산업의 경쟁력이 회복되었다면 비록 아직도 불리한 요소들이 남아 있다 하더라도 반덤핑관세를 연장하지 않는 것으로 보인다.[322]

III. 절차적 규정

종료재심사의 신청사유와 관련하여 한국은 반덤핑관세 또는 가격약속의 종료로 인하여 국내산업이 피해를 입을 우려가 있는 경우라고만 규정하고 있다.[323]

종료재심사를 수행하는 과정 중에 당해 반덤핑조치의 적용기한이 종료되는 때에는 그 재심사기간 중 당해 조치의 효력은 계속되는데[324] 이와 관련하여 동 연장되는 기존조치의 성격이 확정된 조치의 연장으로 보느냐 아니면 잠정적인 조치로 보느냐에 관한 당해 재심사의 결과에 따라 상이한 결과가 발생될 수 있다.

반덤핑관세 또는 가격약속은 재정경제부령으로 그 적용기한을 따로 정하는 경우를 제외하고는 그 시행일로부터 5년이 지나면 효력을 잃으며 재심사의 결과에 따라 반덤핑관세의 부과,[325] 약속의 내용 변경 또

---

322) 무역위원회, "일본산 PS인쇄판의 덤핑방지관세부과 종료 시 덤핑수입 및 국내산업피해의 지속 또는 재발 유무판정 의결서", 무역위원회 의결 제2002-3호.
323) 관세법시행령 제70조제1항.
324) *Ibid.*, 제70조제7항.

는 환급 등에 관한 필요한 조치를 할 수 있다.[326] 또한 재심사결과에 따라 내용을 변경하는 때에는 재정경제부령으로 그 적용기한을 따로 정하는 경우를 제외하고는 변경된 내용의 시행일로부터 5년이 지나면 그 효력을 잃는다.[327]

관세법시행령에 따르면 종료재심사는 재정경제부장관이 필요하다고 인정되는 때에는 직권에 의해 또는 이해관계인이나 당해 산업을 관장하는 주무부장관의 신청에 의해 개시된다.[328]

1. 재심사요청

반덤핑관세 및 약속의 재심사를 요청할 수 있는 이해관계인은 동종상품의 국내 생산자 또는 그 단체, 기타 이해관계가 있다고 재정경제부장관이 인정하는 자 등이다.[329]

종료재심사요청은 반덤핑관세 또는 약속의 부과일로부터 1년 이상이 경과한 후 및 효력이 상실되는 날 6개월 이전에 제출되어야 한다. 이 경우 재정경제부장관은 재심사를 요청받은 날로부터 2개월 이내에 재심사의 필요 여부를 결정하여야 한다.[330] 재심사요청에 대한 필요 여부를 결정하기 위하여 재정경제부장관은 관계행정기관의 장 및 KTC와 협의할 수 있다.[331]

---

325) 관세율 변경 또는 부과기간 변경을 포함한다. WTO, *Notification of Laws and Regulations under Articles 18.5 and 32.6 of the Agreements Replies of Korea to Questions from Canada, Chile, the European Communities, Mexico, Turkey, and the United States*, G / ADP / Q1 / KOR / 9, 11 July 1997, p.8.

326) 관세법 제56조제1항.

327) *Ibid.*, 제2항. 실제에 있어 5년 연장한 사례는 극히 드문바 단지 중국산 페로실리코망간사건에서 5년 연장하였을 뿐이며 3년 연장이 가장 많은 편이다. 무역위원회, 앞의 주 317.

328) 관세법시행령 제70조제1항.

329) 덤핑방지관세 및 상계관세부과신청·조사·판정에 관한 세부운영규정 제24조.

330) 관세법시행령 제70조제2항.

2. 재심사수행

재정경제부장관이 재심사개시결정을 한 경우 KTC는 당해 재심사요청
에 대한 조사를 수행하며 당해 재심사의 사유가 되는 부분에 한정하여
조사할 수 있다.[332] KTC의 조사는 재심사개시일로부터 6개월 이내에
종결되어야 하나 KTC가 조사기간을 연장할 필요가 있거나 이해관계인
이 연장을 요청하는 경우에는 4개월의 범위 내에서 그 조사기간을 연장
할 수 있다.[333]

재정경제부장관은 당해 재심사에 의한 조치가 필요한 경우 KTC의
조사결과를 제출받은 날로부터 1개월 이내에 당해 조치를 하여야 하며
다만, 필요하다고 인정되는 경우에는 20일의 범위 내에서 그 기간을 연
장할 수 있다.[334] 가격약속과 관련하여 재정경제부장관은 재심사결과
약속의 실효성이 상실되었거나 상실될 우려가 있다고 판단되는 때에는
당해 약속을 이행하고 있는 수출자에게 약속의 수정을 요구할 수 있으
며, 당해 수출자가 약속의 수정을 거부하는 때에는 이용 가능한 정보에
의하여 반덤핑조치를 할 수 있다.[335]

---

331) *Ibid.*, 제4항, 중국산 일회용 포켓형라이타사건에서 재심사요청은 2002년 5월 2
     일 이루어졌고 재정경제부장관은 5월 15일 종료재심사개시가 필요한지 여부에
     대한 무역위원회의 의견을 요청하였으며 무역위원회는 6월 20일 종료재심사를
     개시하는 것이 필요하다고 심의 및 의결하여 재정경제부장관에게 건의하였으
     며 결과 재정경제부장관은 7월 5일 종료재심사를 개시하였다. 여기에서 2개월
     의 기한이 지켜지지 않은 것이다. 싱가포르·중국·일본산 알칼리망간건전지사
     건에서도 종료재심사요청이 2002년 10월 12일 이루어졌고 재정경제부장관은
     12월 14일 재심사를 개시함으로써 이러한 시한은 역시 지켜지지 않은 것으로
     보인다. 무역위원회, "중국산 일회용포켓형라이타의 덤핑방지관세부과 종료 시
     재발가능성유무 판정", 무역위원회 의결 제2003-9호, 무역위원회, 앞의 주 320.
332) *Ibid.*
333) *Ibid.*, 제5항. 싱가포르·중국·일본산 알칼리망간건전지사건에서 KTC는 조사기
     간을 6개월에서 10개월로 연장하였다. 단지 연장사유에 대하여서는 별도로 표
     명하지 않고 있다. 무역위원회, 앞의 주 320.
334) *Ibid.*, 제6항. 싱가포르·중국·일본산 알칼리망간건전지사건에서 재정경제부장관은
     동 기간을 20일 연장하였다. 앞의 주.
335) *Ibid.*, 제8항. 중국산 소다회사건에서 중국화공건설총회사(中國化工建設總公司)와

재정경제부장관은 재심사를 위하여 관세청장으로 하여금 반덤핑조치 대상상품의 수입 및 징수 실적, 가격약속업체의 약속준수 여부, 기타 반덤핑조치의 재심사에 필요한 사항[336]을 조사하여 보고하도록 요청할 수 있다.[337]

재정경제부장관은 재심사를 개시하거나 재심사결과 반덤핑조치의 내용을 변경한 때, 반덤핑조치의 효력이 연장되는 때에는 그 내용을 관보에 게재하고, 이해관계인에게 서면으로 통지하여야 한다.[338]

재심사 조사절차에서 현지조사, 공청회 및 이해관계인 의견진술은 원심과 동일 절차에 따른다. 재심사는 원심절차에 준하되, 특별한 사유가 있을 경우 일부 조정하며 예비판정과정을 불요한다. 국별·업체별 검토를 원칙으로 하고, 반덤핑조치 전후의 수출가격, 수출물량의 변화 및 기타 경제여건의 변화추이를 조사하며 답변서에 대한 피제소자의 답변이 없을 경우 이용 가능한 자료에 의해 재심사 덤핑마진을 산정하는 것을 원칙으로 하되, 자료확보가 용이하지 않을 경우 원심 덤핑마진을 적용할 수도 있다. 덤핑마진 조사대상기간은 원칙적으로 재심사개시일이 속

중화허베이수출입회사(中華河北進出口公司)는 2000년 6월 5일 155달러 / 톤, CIF의 가격약속제의를 하였고 그 후 9월 30일 이를 141달러 / 톤, CIF로 수정할 것을 제의하였으며 재정경제부장관은 이를 수락하였다. 이는 기존의 가격약속 185달러 / 톤, CIF에 비해 44달러 / 톤 인하된 수준이며 동 사건에서 KTC는 가격약속업체의 수출가격약속 이행상황과 관련하여, 가격약속업체로부터 수입한 상품이 수입가격보다 낮은 가격으로 재판매되는 등 가격약속이 이행되지 않고 있다는 재심사요청인의 주장에 대해 이를 가격약속업체에 확인한 결과 국내 수입자와의 거래에 있어 가격약속을 지키는 대신 타 무역거래에 있어 차액을 보전해 주었다는 답변이 있는 등으로 미루어 가격약속이 실질적으로 지켜지지 않은 것으로 추정하였다. 무역위원회, "중국산 소다회의 덤핑방지관세부과 및 약속 재심사에 관한 건 최종판정", 무역위원회 의결 제2000-14호. 또한 중국산 페로실리코 망간사건에서 KTC는 중국의 Minmetals Orient 수출입무역회사가 제의한 가격약속제의는 동 약속제의가격이 2003년 상반기 수출가격보다 낮고 국내업체가 가격약속에 동의하지 않고 있으며, 특히 반덤핑관세 부과 연장 시 약속수준이 산업피해구제수준만큼은 되어야 한다는 점을 들어 동 약속제의를 수락하지 아니할 것을 재정경제부장관에게 건의하였으나 재정경제부장관은 동 약속제의를 수락하였다. 무역위원회, 앞의 주 317.

336) 관세법시행규칙 제20조.
337) 관세법시행령 제70조제9항.
338) *Ibid.*, 제71조.

하는 월로부터 소급하여 자료이용이 가능한 최근의 6월 이상 1년간으로 하되, 수입가격의 변동추이 등을 고려하여 적절히 조정한다.[339]

Ⅳ. 소 결

1987년에서 2005년 5월 현재까지 원심에서 긍정적 최종판정이 내려진 57건의 사건에서 1차 종료재심사가 신청된 사건 수는 16건으로 28%를 차지하고 연장한 건수는 15건으로 26%를 차지한다. 이 중 2차 종료재심사가 신청된 사건 수는 3건으로 5% 차지하고 이 중 2건이 연장하였으며 4% 차지, 나머지 한 건도 조사 중에 있다. 이 중 2년 연장한 사건이 5건, 3년 연장한 사건이 11건, 5년 연장한 사건이 1건이었다. 또한 일본산 PS인쇄판사건의 경우 11년 동안 지속되어 가장 오랫동안 부과된 사건이며 3차 종료재심사에서 무피해판정이 결정되어 종료되었다.[340]

총체적으로 한국의 반덤핑 종료재심사제도는 반덤핑협정상의 규정을 잘 준수하고 있으며 강제적인 재심사기한의 도입 등 많은 면에서 반덤핑조치의 남용을 막고자 하는 의도가 엿보인다.

즉 종료재심사에 따른 반덤핑조치의 부과기간은 일반적으로 원심에서의 부과기간보다 짧으며 다수는 2-3년간 지속된다. 결과 KTC는 반덤핑조치에 대해 더욱 자주 검토하게 되며 국내산업의 경영실적이 훌륭하면

---

339) 산업자원부, "반덤핑제도이용 설명회 자료", 2004, 26쪽. 중국산 일회용 포켓형 라이타사건에서 덤핑재심사대상기간은 1년, 피해재심사대상기간은 96년 1월 1일부터 판정시점까지의 정보이용이 가능한 시간으로 하였다. 무역위원회, "중국산 일회용포켓형라이타의 덤핑방지관세부과 종료 시 재발가능성유무 판정", 무역위원회 의결 제2003-9호.

340) Dongchun Lim, *supra* note 319, 사건 수는 국가별 기초로 산정하였으며 비중은 원심에서의 긍정적 최종판정과 대비한 것이다.

실질적 피해의 재발 가능성이 없다는 증거로 되기도 한다.[341]

중국산 소다회의 종료재심사사건에서 KTC는 반덤핑조치 계속 여부는 조치의 시행 이후 상황변동이 있었느냐가 중요한 결정요소이므로 상황변동에 대한 내용이 당연히 검토되어야 하며, 조치의 종료 후에도 덤핑이 계속될 것인지의 검토는 소다회 국내 수급상황에서 수입량이 절대적으로나 상대적으로나 계속 증가하면서 덤핑이 존재한다는 사실이 조사개시 전 검토에서 파악된바, 본 종료재심사는 덤핑의 재발 여부보다는 덤핑이 어느 정도의 규모로 지속되었는지에 대해 중점적으로 조사할 것이며, 또한 덤핑마진을 산정할 때에는 조사결과 확인된 사실 중 최근 자료를 이용하여 새로이 산정된 덤핑마진을 적용할 것으로 방향을 정하였다.[342] 즉, 여기에서 볼 수 있듯이 한국의 경우 종료재심사를 통하여 덤핑마진의 변경이 가능한 것이다.

한국 규정은 반덤핑협정의 규정을 반영하여 재심사의 실시에 관한 기본적인 규정을 두고는 있으나 구체적인 실행규정 즉, 재심사신청 시에 제출하여야 하는 덤핑과 산업피해의 지속 및 재발 가능성에 관한 증거가 무엇이며 어떤 근거를 기준으로 덤핑과 산업피해의 재발 가능성을 평가하여야 하는지 여부 및 재심사과정에서 원심에 적용되는 기준을 그대로 적용하여야 하는지에 대하여도 아무런 언급을 하고 있지 아니하다.[343] 한국의 경우 재심사와 관련하여 판정기준이 명시되어 있지 않아 반덤핑조치 또는 연장과 관련하여 덤핑 및 산업피해의 지속 또는 재발 가능성을 평가하는 기준이 모호하므로 이에 대한 판단기준을 확립하여 이를 규정에 포함시키는 방법이 필요할 것으로 평가된다.[344]

또한 한국의 현행 제도상 종료재심사사유는 반덤핑관세의 종료로 인

---

341) *Ibid.*
342) 김영민, "중국산 소다회 재심사에 대한 사례분석", 『무역구제』제1호(2001. 1.), 174쪽.
343) 김상준, "반덤핑조치 재심사 시 덤핑과 산업피해의 재발가능성 판단기준 및 고려사항", 무역위원회, 2000, 17쪽.
344) 박형래·박영기, "WTO국제규범과 우리나라 반덤핑제도개선의 선별성에 관한 연구", 『한국관세학회지』제2권 제2호(2001. 8.), 43쪽.

하여 국내산업이 피해를 입을 우려가 있는 경우로 규정하고 있으나, 산업피해 우려의 판단을 위해서는 덤핑조사가 불가피하므로 종료재심사 시 덤핑의 재발 우려도 조사하도록 하고, 아울러 덤핑 및 산업피해의 지속 또는 재발 가능성 판단기준도 구체화할 필요가 있다.[345) 이와 관련하여 반덤핑원심에서 검토하는 검토요소를 준용하도록 규정하며 아울러 종료재심사의 예측성 특성에 비추어 반덤핑관세의 부과 후 덤핑의 존재 여부, 덤핑마진의 크기와 수입물량 간의 관계에 대한 검토도 하도록 규정할 필요가 있다. 반덤핑협정 제11.4조는 종료재심사에 관하여 원심에 적용되는 증거절차를 따르도록 규정하고 있으므로 한국의 법령에서도 이를 명문화하는 것이 바람직하다.[346)

통지 및 공고절차와 관련하여, 한국은 당해 반덤핑조치의 종료 시 종료사실을 사전에 이해관계인에게 알리기 위한 공고를 하고 있지 않다. 따라서 한국의 관세법령상 종료재심사는 이해관계인의 신청이 요구된다는 점을 고려할 때, 행정서비스차원에서 당해 반덤핑조치의 종료사실을 사전에 이해관계인에게 통보하도록 하는 통지 및 공고절차를 추가적으로 국내 관세법령에 규정할 필요가 있는데 이러한 통보는 최소한 조치 종료 6개월 전에 행해져야 한다.

또한 원심의 경우 신청 및 조사개시결정권한이 KTC에 있는 데 반해, 재심사의 경우에는 그 신청 및 조사개시결정이 재정경제부장관의 권한으로 규정되어 있어 동일한 덤핑수입물품에 대하여 이원화된 운영체제를 유지하고 있다. 이는 반덤핑제소와 관련하여 이해관계인의 절차상 대응에 혼선을 야기할 수 있다는 문제점을 가지고 있다.[347) 반덤핑관세 부과절차와 재심사절차가 기본적으로 동일한 내용을 조사하게 됨을 감안하면, 해당 권한을 서로 다른 두 기관으로 나누는 것은 이론적으로

---

345) 김성환, “덤핑방지관세 재심사제도의 개선”, 『나라경제』1998년 10월 호(1998. 10.), 85쪽.
346) 장근호, “반덤핑제도의 운영현황과 제도적 개선방향”, 조세연구원, 1999, 259쪽.
347) 김용환, 앞의 주 17, 93쪽.

타당하지 않은 것으로 보인다. 한국의 제도가 이렇게 형성된 배경을 보면, 과거 KTC와 재정경제부가 반덤핑관세의 부과와 관련된 권한을 배분하는 과정에서 큰 입장의 차이를 보였으며, 이를 무리하게 조정하다 보니 이렇게 된 것으로 보인다. 다만, 현행 제도는 여러 가지 문제점이 있는 만큼, 앞으로는 신청서 접수 및 조사개시결정 업무를 동일한 기관이 수행하도록 하는 것이 바람직하다.[348]

이 밖에 한국은 종료재심사에 있어 예비판정을 내리지 않고 직접 최종판정을 내리고 있으며 이 또한 실제적으로 종료재심사기한을 단축시켜 주는 기능을 한다.

제7절 주요국의 반덤핑종료재심사제도 비교

Ⅰ. 신청주체

EU의 경우 종료재심사의 신청주체에 회원국도 포함되며 이는 EU가 주권국가들로 구성된 공동체의 성격에서 기인하는바 이는 WTO회원국들이 직권에 의해 재심사를 개시하는 것과 유사한 성격을 띤다. 다음으로 한국의 경우 당해 산업을 관장하는 주무부장관도 신청인으로 될 수 있다는 점에서 흥미롭다.

---

348) 김형진, "우리 덤핑방지조치의 재심사", 『통상법률』제23호(1998. 10.), 73쪽.

국내산업에 의해 종료재심사가 신청되는 경우 이러한 이해관계인들이 국내 동종상품의 생산총량에서 차지하는 비중요건이 있는가 여부가 중요한데 미국은 일단 한 개의 회사라도 충분한 응답을 하면 종료재심사가 수행되고 단지 EU, 중국, 인도와 한국의 경우는 원심에서와 유사하게 국내산업을 판정함에 있어 그 생산량이 일정한 비중을 차지할 것을 요구하고 있는 것으로 보인다. 특히 EU의 경우, 법령상으로는 원심에서와는 달리 공동체산업이 아닌 공동체생산자가 신청을 제출할 수 있도록 규정하고 있는 반면 실제 사건에서는 그 비중이 일정한 수준에 이를 것을 요구하는 것으로 보인다.

Ⅱ. 재심사의 개시

주요국의 반덤핑 종료재심사개시를 비교하여 보면 미국을 제외하고 EU, 중국, 인도, 한국 등 국가에서는 모두 이해관계인의 신청 또는 조사기관에 의한 재심사의 개시가 이루어지지 않는 한 기존의 반덤핑조치는 종료되도록 규정하고 있다.

단, 미국의 경우는 이와 다른바 즉 조사기관인 DOC는 일단 재심사를 자동적으로 개시한다. 단지 이러한 재심사에 대해 국내 이해관계인의 응답이 없다면 기존의 반덤핑조치가 종료될 수는 있다. 그럼에도 불구하고 미국의 경우는 기타 국가에 비해 조사기관이 종료재심사의 신청을 고무하는 것으로 보이기도 한다. 즉, 조사기관이 수동적으로 신청을 접수하는 것과 주동적으로 재심사를 개시한 후 신청인의 참여를 유도하는 것은 성격상 큰 차이점이 있다고 판단된다.

이와 관련하여 미국정부의 입장에서는 자동적인 종료재심사의 개시가 이해관계인의 신청 또는 조사기관의 직권에 의한 종료재심사의 개시를 허용하고 있는 반덤핑협정의 해당 규정에 위배되지는 않고 이 중 조사기관의 직권에 의한 종료재심사의 개시라는 한 가지 형태를 취한 것뿐이라고 인정하고 있다. 또한 이러한 종료재심사의 자동적인 개시가 어떠한 의미에서는 종료재심사의 수행속도를 가속화시켜 준다고 보고 있다.

그럼에도 불구하고 종료재심사를 거친 후 반덤핑조치의 지속적인 부과는 예외이고 그 종료가 원칙으로 되어야 함에도 불구하고 자동적으로 종료재심사를 개시하는 것은 그 의미 면에서 반덤핑협정의 기본정신과 위배되지 않는가 의문된다.

또한 미국의 경우 적어도 하나의 국내 이해관계인으로부터 완전하고 실질적인 응답을 받는다면 일반적으로 국내 이해관계인들이 조사개시공고를 위한 충분한 응답을 제출한 것으로 판단하며 이 면에서 역시 기타 4개국과 비교된다. 기타 국가들의 경우 재심사의 개시에 동의하는 국내 이해관계인이 일정한 비중에 이를 것을 요구하는 것으로 보인다.

자동적인 종료재심사를 개시하지 아니하는 EU, 중국, 인도, 한국의 경우 법규정 또는 실행에서 모두 반덤핑조치가 종료되기 6개월 전부터 신청인이 종료재심사개시신청을 할 수 있도록 되어 있으며 단지 구분되는 부분은 EU의 경우 조치 종료 3개월 전까지 이러한 신청이 이루어져야 하고 중국은 60일 전까지 이러한 신청이 이루어질 것을 요구하고 있다. 인도의 경우는 종료재심사가 조치 종료 예정일로부터 1년 내에 종료되지 아니하는 경우에는 계속하여 반덤핑관세를 부과할 수 없다. 한편, 한국의 경우 재심사신청 후 2개월 이내에 조사기관이 재심사개시 여부를 결정하도록 규정하고 있다. 이와 관련하여 반덤핑협정상 재심사신청 후 재심사 개시 여부를 결정하여야 하는 기한을 규정하고 있지 않는 것과 대비할 경우 한국의 해당 제도는 재심사의 수행기한을 엄격히 제한하는 기능을 하며 인도의 해당 제도 역시 조사기관으로 하여금 빠른 시일 내에 종료 재심사를 수행하도록 고무하는 기능을 하게 될 것이다.

Ⅲ. 원심절차의 적용 가능성 여부

　원심절차의 적용 가능성 여부와 관련하여 EU, 중국, 한국은 적용이 가능하도록 규정하고 있다. 특히 EU는 원심절차의 적용을 의무화하고 있는 것으로 보이고 중국의 경우 참조하도록 규정하고는 있지만 실제 사례를 보면 거의 적용을 의무화하고 있는 것으로 보인다. 그리고 한국의 경우 법령에는 이러한 내용을 담고 있지 않지만 실제 사례에서는 중국과 비슷한 입장을 취하고 있는 것으로 보인다. 따라서 이들 국가의 종료재심사와 관련된 규정은 상대적으로 간단한 편이다.

　이와는 반대로 미국의 경우 원칙적으로 원심과 종료재심사를 구분하고 있어서 원심의 절차, 규정과는 상당히 구분되는 절차 및 규정을 도입하고 있다. 그 예로 0.5%의 미소마진, 총체적 명령차원의 판정, 누적평가 등이 있으며 이러한 관행으로 인하여 미국은 WTO에서도 많은 피소를 당하고 있는 것으로 보인다. 그럼에도 불구하고 반덤핑협정상 이와 관련하여 명백한 규정이 존재하지 아니함으로 인하여 이러한 관행에 대해 분쟁해결기관이 다수 수긍하고 있는 상황이며 이러할 경우 다른 WTO회원국도 분분히 미국의 행위를 모방하지 않을까 우려된다.

　인도의 경우는 좀 독특한바 즉 규정상 원심절차를 종료재심사에 적용시킬지와 관련하여 규정하고 있지는 않다. 단 실제 사례를 보면 그중 상당부분을 적용하고 있는 것으로 보이며 단지 규정상으로 명백한 규정이 없는 이유는 반덤핑협정상 명백한 의무를 부과하지 않은 부분에서 자국에 자체적으로 의무를 부과할 필요성이 없다고 판단하고 있지 않나 생각되며 또한 어떤 측면에서는 인도 역시 원심과 종료재심사간의 차이점에 수긍하고 있는 점도 있다고 본다.

Ⅳ. 미소덤핑마진과 미소물량

미소마진과 관련하여 역시 미국은 기타 4개 국가에 비해 독특한 기준을 두고 있다. 즉, 기타 국가들은 모두 원심에서와 마찬가지로 2% 마진을 미소마진으로 규정하고 있는 한편 미국만이 그 기준을 0.5%로 낮추고 있다. 이러한 미소마진은 분쟁해결기관에 의해 WTO규정에 위반되지 않는 것으로 판정되었다. 그러나 실제에 있어 0.5%의 미소마진은 그 실효성이 적어 보이며 심지어는 작은 오류에 의해서도 동 기준을 충족시키기 어렵게 된다. 물론 각국의 실행을 놓고 보면 미소마진이 존재한다 하여 결코 종료재심사에서 부정판정이 내려지는 것은 아니지만 그럼에도 불구하고 종료재심사에서 그 기준을 0.5%로 낮추어 버리는 것은 법적 근거가 미약해 보인다.

단지 반덤핑관세 및 가격약속의 재심사에 대하여 규정하고 있는 반덤핑협정 제11.4조에서는 증거 및 절차와 관련된 반덤핑협정 제6조의 규정이 제11조에 따른 재심사절차에서 적용된다고 규정하고 있을 뿐 원심에 적용되는 다른 조항이 재심사에서도 동일하게 적용되어야 하는지에 관하여 언급을 하고 있지 아니하고 있어 미소기준에 의한 조사종결을 규정하고 있는 반덤핑협정 제5.8조의 규정이 재심사에 직접적으로 적용된다고 보기는 어렵다고 생각된다. 개념적으로도 재심사에서는 반덤핑조치가 철회될 경우에 피해가 지속되거나 재발할 가능성을 판단하여 그 결과로서 피해의 지속 또는 재발 가능성이 있다면 기존의 조치를 그대로 유지하여야 하고 그 가능성이 없다고 판단되는 경우에는 기존의 반덤핑조치를 철회하여야 하는바, 기존조치가 적용되는 상황하에서 그 조치의 효과로서 수입물량이 감소하는 것이 일반적인 현상이므로 단순히 조치기간 중의 수입물량이 일정수준 이하라는 사실을 원심의 미소물량 기준과 같이 적용하여 조사를 중단시키거나 또는 조치를 철회하는 근거로 삼는다는 것은 논리적으로 타당성이 결여되어 있는 것으로 생각된다. 따라서 미소물량과 관련된 반덤핑협정 제5.8조의 규정을 재심사에 그대로 적용하는 것은 무리가 있는 해석인 것으로 보인다.[349]

또한 종료재심사에서 미국을 포함하여 여러 국가들은 일반적으로 원심 또는 최근의 재심사에서 산정된 덤핑마진을 그대로 적용하고 있는데 경제적 관점에서 보면, 종료재심사에서 반덤핑명령이 최초 부과될 시와 비교하여 산업의 경제적 상황이 완전히 같다고 가정하는 현행 방법은 그 적절성 여부가 매우 의문스럽다.

V. 덤핑과 피해의 지속 또는 재발 가능성 판정기준

미국은 DOC의 종료재심사지침에서 일반적으로 덤핑의 지속 또는 재발 가능성이 있는 것으로 판정 내릴 수 있는 세 가지 상황과 덤핑의 지속 또는 재발 가능성이 없는 것으로 판정 내릴 수 있는 한 가지 상황을 규정하고 있다. 그러나 사실상 반덤핑관세의 부과 후 덤핑마진의 종료와 대미수출의 증가 또는 안정세를 동반하여야 한다는 요건은 수출자의 상황에서 상당히 충족시키기 어려운 상황이며 바로 이러한 점 때문에 예외적으로 연장되어야 하는 반덤핑관세가 사실상 일반적으로 연장되는 양상으로 가지 않는가 생각된다. 그러나 안타깝게도 미국에서 도입한 상술한 기준은 현재 기타 국가들에서도 모방하고 있는 것으로 보인다.

구체적인 판정요소의 도입과 관련하여 각국은 비록 원심절차의 적용 여부에 있어 차이점을 보이지만 검토하는 요소들은 대체로 일치한 것으로 로 보인다.

---

349) 김상준, "덤핑방지관세 종료재심사 시 미소물량적용에 관한 연구", 무역위원회, 2000, 2-3쪽.

이러한 점에서 미국, EU, 인도의 경우 종료재심사에서 피해의 지속 또는 재발 가능성 판정기준으로 관세흡수도 채택하고 있는 점이 흥미롭다.

VI. 재심사기한

EU는 종료재심사와 관련하여 일반적으로 12개월, 최장 15개월이라는 강제적인 기한을 도입하고 있으며 미국도 이와 비슷하다. 즉, 전반적 종료재심사의 경우 일반적으로 DOC의 재심사기한은 240일, USITC의 재심사기한은 360일이다. 단지 동 기한은 각자 90일씩 연장할 수 있는데 그럼에도 불구하고 최장 450일 내에는 최종판정이 내려져야 하므로 미국과 EU의 규정은 비슷하다고 볼 수 있다.

이에 비해 중국, 한국은 더 짧은 기한을 규정하고 있다는 점에서 흥미롭다. 즉, 중국은 12개월 내 조사를 종료하도록 규정하고 있으며 한국의 경우 최장 11개월 20일 내 모든 조사가 종료되어야 한다.

또한 이와는 대조적으로 인도의 경우는 기한에 대한 명백한 규정이 부재하며 실제 사례에 있어서도 조사기한이 16개월 심지어는 18개월까지 지속된 경우가 있다. 단지 인도의 경우 종료재심사를 신청할 수 있는 기한이 반덤핑조치의 종료 6개월 전이고 종료재심사가 5년의 종료기한 후에도 지속되고 있는 경우 1년까지 기존의 반덤핑관세가 존속할 수 있다는 요건은 인도의 조사기관에 일정한 기한의 요건을 요구하게는 될 것이다. 물론 반덤핑협정상 종료재심사의 기한과 관련하여 일반적으로 12개월 내 종료되어야 한다고만 규정하고 있어 실제에 있어 인도가 이러한 관행을 계속한다 하여도 반덤핑협정 위반으로 보기는 어려울 듯싶다. 그럼에도 불구하고 반덤핑원심의 조사기한이 최장 18개월을 초과하지 못하도록 규정되어 있고 또한 종료재심사를 신속하게 진행되도록 요구하고 있음을 감안하면 적어도 18개월이라는 최종기한은 지켜져야 할 최저기준이 아닌가 싶다.

하지만 종료재심사의 경우 원심을 통하여 이미 수집한 정보가 있고 또한 제소자 및 피소자가 상대적으로 명확하다는 점 등 여러 측면에서 조사기관의 입장에서는 원심에 비해 조사하기가 쉬울 것으로 예상되며 또한 재심사기간 중 일반적으로 반덤핑관세를 계속하여 부과한다는 면에 있어 피소자에 대해 상당히 불리하게 작용하기에 조사기관이 원심에 비해 그 조사속도를 빨려야 할 필요성이 있음에도 불구하고 원심에서와 같은 심지어는 더 오랜 기간을 소요한다는 것은 문제가 있어 보인다.

이 밖에 미국의 경우 USITC에 의한 그룹재심사가 있을 수 있는데 이러할 경우, USITC는 DOC가 그룹 중 마지막 반덤핑명령 또는 약속과 관련된 최종판정공고를 게재한 날로부터 120일 내 최종판정을 내려야 하기에 이러할 경우 앞의 반덤핑명령 또는 약속과 관련된 최종판정은 상대적으로 조사기간이 길어질 소지가 있다.

Ⅶ. 조치의 연장기간

이 밖에 한국의 경우 종료재심사에 따른 반덤핑조치의 부과기간은 일반적으로 원심에서의 부과기간보다 짧으며 다수는 2-3년간 지속된다는 측면에서 기타 4개국과 구분되는데 이들은 대부분 5년간 기존 반덤핑관세를 연장하고 있다. 결과 한국의 KTC는 반덤핑조치에 대해 더욱 자주 검토하게 되며 국내산업의 경영실적이 훌륭하면 실질적 피해의 재발 가능성이 없다는 증거로 되기도 한다.

Ⅷ. 통지 및 공고절차

　통지 및 공고절차와 관련하여, 한국은 당해 반덤핑조치의 종료 시 종료사실을 사전에 이해관계인에게 알리기 위한 공고를 하고 있지 않다. 반면에 EU, 중국, 인도는 반덤핑조치의 종료 전에 공고의 형태로 조치의 종료가 임박하였음을 공포하며 미국은 앞에서 언급한 것처럼 자동적인 개시시스템을 사용하고 있기에 공고를 하고 있다. 따라서 한국의 관세법령상 종료재심사는 이해당사자의 신청이 요구된다는 점을 고려할 때, 행정서비스차원에서 당해 반덤핑조치의 종료사실을 사전에 이해관계인에게 통보하도록 하는 통지 및 공고절차를 추가적으로 국내 관세법령에 규정할 필요가 있다.

Ⅸ. 신속재심사

　미국의 종료재심사조항은 정부로 하여금 재심사를 자동적으로 개시하도록 요구하며 동 재심사 시간의 길이와 완전성은 필요한 정보를 제공하고자 하는 이해관계인의 의도와 능력에 근거한다. 반대로 기타 4개국의 경우 주로 이해관계인들이 종료재심사의 개시에 대한 실체적인 요청을 제출하는 경우 이루어지며 일단 개시되면 이해관계인의 참여 정도에 근거하여 재심사를 제한하지는 않는다.[350]

　비록 반덤핑협정상으로는 명백히 신속재심사를 규정하고 있지 않지만 미국법령은 신속재심사에서 절차적 및 증거적인 보호를 두어 반덤핑협

---

350) Terence P. Stewart and Amy S. Dwyer, *supra* note 7, p.197.

정의 요건에 일치하도록 하고자 하였다. 예를 들면, 신속재심사와 전반적 재심사와 관련된 해당 규정에서는 종료재심사의 개시 및 최종판정에 대해 이해관계인에게 공지하도록 규정하고 있고 이해관계인은 DOC의 개시공고에 대해서는 30일의 응답제출기한, USITC의 개시공고에 대해서는 50일의 응답제출기한을 갖게 된다. 또한 이들의 결정에 대해 서면으로 추후에 의견을 제출할 수 있는 기회도 가지며 제출되어 조사기관이 종료재심사에서 의지하게 되는 정보들은 그 정확성에 대해 검증을 받는다. 마지막으로 신속재심사에서 이용 가능한 정보에 의지하는 것은 반덤핑협정에서 규정한, 이해관계인이 충분한 정보를 제출하지 아니할 때 이용 가능한 정보에 의지하도록 하는 규정과도 유사하다.351)

미국 반덤핑 종료재심사에서의 신속재심사제도는 기타 국가들에서 찾아볼 수 없는 제도이다. 즉 질의서 응답에 대한 충분성 여부에 기초하여 신속재심사 또는 전반적 재심사개시 여부를 결정하는 것이다. 여타 국의 경우 이해관계인이 조사에 응답하지 않거나 비협조적이거나 또는 방해하는 경우에는 이용 가능한 최선의 정보에 기초하여 판정을 내리고는 있지만 이는 신속재심사와는 차이가 있다고 보인다.

X. 예비판정

미국의 경우 종료재심사의 수행과정에서 예비판정을 내리게 되며 이와는 반대로 기타 국가들은 예비판정이 없이 직접 최종판정을 내리고 있다. 단지 EU나 중국의 경우 최종판정을 내리기에 앞서 예비판정에 가까운 예비결론을 이해관계인에게 공개하여 일정기간 동안 논평할 기회를 부여하고 있다.

---

351) *Ibid.*, p.129.

제8절 반덤핑 종료재심사제도의 개선방향

I. 서

2001년 12월 카타르 도하에서 개최되었던 제4차 WTO각료회의에서 회원국들은 새로운 다자간 협상의 출범을 공식적으로 선언하고 이를 DDA로 명명하였다. 동 각료회의에서는 반덤핑, 보조금, 지역무역협정 등을 규범협상그룹에서 논의하기로 결정하였다.

반덤핑, 보조금, 지역무역협정 등을 포함하는 규범분야 협상이 개시된 배경에는 상기 분야와 관련된 통상마찰이 심화되고 있다는 현실과 분쟁 해결과정을 통해 일부 관련 규범이 불명확하다는 점이 반영되었다. 제4 차 WTO각료회의에서는 규범분야와 관련하여 반덤핑과 보조금(수산보조 금 포함) 문제가 주로 논의되었는데, 대다수의 국가가 반덤핑조치 남용 및 보호주의의 근원이 되고 있는 반덤핑협정의 결함 및 모호성을 지적 하고 이를 명확히 개선할 필요성을 제기하였다. 반덤핑과 관련하여 한 국, 일본, 칠레 등은 미국과 적극적인 협상을 전개하여 반덤핑 분야에 대한 협상 개시에 합의하였으나 미국의 국내 정치적 민감성을 고려하여 반덤핑협정의 기본원칙 및 개념 등을 유지하기로 합의하였다. 결국 반 덤핑, 보조금, 지역무역협정 등에 대한 규범을 명확히 하고 개선할 목적 의 협상을 개시하는 대신 협정의 기본개념, 원칙 및 유효성은 유지한다 는 점을 각료선언문에 명시하였다. 즉, 제4차 도하 각료회의의 의장성명 서 제28항은 현행 반덤핑협정의 규율을 명확히 하고 개선할 목적으로 협상을 벌이되 협정의 기본개념, 원칙, 유효성, 수단 및 목적 등을 유지하며 개도국 및 최빈개도국의 요구를 고려한다고 규정하고 있다.[352] 여기서 현행 규정의 명확화 및 개선요구는 주로 반덤핑조치의 남용으로 인해 불이익을 당한 국가들[353]의 입장을 나타낸 것인 반면 동 반덤핑협정의 기본개념, 원칙, 유효성, 수단 및 목적 등을 유지한다는 단서조항은 실질적인 의미에서 현행 규정이 상당 폭 개정되는 것을 제한하겠다는 미국의 의도가 반영된 것이다. 아울러 개도국에 대한 고려부분은 인도를 비롯한 개도국의 관심사항을 반영한 것이다.[354]

반덤핑 분야 협상의 주요 참가자는 반덤핑프렌즈그룹, 반덤핑조치의 전통적 사용국인 미국, EU, 캐나다, 호주 그리고 개도국으로 구성되었다. 반덤핑프렌즈그룹은 반덤핑조치의 남용을 방지하기 위하여 실체조항을 중심으로 협정의 대폭 개정을 주장하고 있고 반덤핑조치의 전통적 사용국인 미국, EU, 캐나다, 호주 등은 협정의 개정에 소극적이며 조사개시와 관련한 절차조항의 명료화를 통하여 부당한 반덤핑조치관행의 시정이 가능하다고 주장하고 있다. EU, 캐나다, 호주의 경우 개별 사안에 있어 반덤핑프렌즈그룹과 입장이 일치하는 부분도 있어 중간적인 입장을 취한다고 볼 수 있다.[355]

반덤핑과 관련하여 규범협상그룹에서는 많은 이슈에 대해 논의되고 있으며 본서에서는 그중 중요한 부분인 행정재심사 관련 논의내용을 살펴보고 이에 대한 평가를 내리며 더 나아가 개선방안을 제시하고자 한다. 행정재심사 관련 논의와 관련하여 또한 재심사절차의 개선방향, 종료재심사제도의 개선방향, 중간재심사제도의 개선방향, 신규수출자재심사제도의 개선방향, 관세평가재심사제도의 개선방향 등으로 세분화될 수 있다.

---

352) WTO, *Doha WTO Ministerial 2001: Ministerial Declaration*, WT / MIN(01) / DEC / 1, 20 November 2001, para.28.

353) 반덤핑프렌즈그룹(Friends of Antidumping Negotiation: FANs)이라 불리는 이들 국가로는 브라질, 칠레, 콜롬비아, 코스타리카, 홍콩, 이스라엘, 일본, 멕시코, 노르웨이, 싱가포르, 한국, 스위스, 대만, 태국, 터키 등 15개의 WTO회원국이다.

354) 강문성 외, 『DDA 규범분야의 논의동향과 개정방향』(서울: 대외경제정책연구원, 2002), 15~28쪽.

355) 재정경제부 DDA대책반, "DDA 규범협상 반덤핑 분야 중간점검", 2003, 7~8쪽.

  반덤핑협정에 규정된 반덤핑조치의 수정 또는 종료를 위한 일부 메커니즘은 반덤핑조치가 시장의 변화에 적응되도록 한다. 이는 수출자의 반덤핑조치를 종식시키고자 하는 노력을 공정히 인정하기 위한 것으로서 극히 중요하며 또한 수입국에 대한 덤핑의 피해효과를 종식시키기 위한 최선의 방법이기도 하다. 그러나 일부 회원국들에서는 이러한 규칙을 적용함에 있어 수출자의 덤핑을 종식시키고자 하는 노력에도 불구하고 조치의 변경 또는 종료가 어렵게 하고 있다. 현재의 상황으로는 일단 반덤핑조치가 부과되면 근본적인 근거가 소멸됐음에도 불구하고 장기간 지속될 수 있으며 이로 인하여 사실상 국내산업에 대한 영구적인 보호의 기능을 하게 된다. 이러한 관행은 누구보다도 덤핑을 종식시키기 바라는 수출자들에게 피해를 야기할 뿐만 아니라 소비자의 복지와 수입국 내 하위산업의 경쟁력도 감소시키게 된다.

  우루과이라운드 타결 시 반덤핑협정 제11.3조는 우루과이라운드협상에서 이룩한 하나의 주요한 성과로 간주되었으며 동 조항이 불공정하게 반덤핑조치를 연장하는 관행을 효과적으로 종식시킬 것으로 기대되었었다. 반덤핑협정 제11.3조의 의도는 만약 모든 반덤핑조치의 종료가 적절하지 않다면 최소한 다수의 반덤핑조치는 5년이 경과하면 종료시키기 위한 것이었으나 실제에 있어 동 조항은 의도된 대로 기능하지 못하고 있다. 종료재심사와 관련된 현재 관행은 5년이라는 최장기간 한정에도 불구하고 늘 끝도 없이 연장되어 가고 있다는 것이다. 이러한 상황은 수치를 통해 입증되는데 USITC에 따르면 1998년 7월에서 2003년 3월에 이르기까지 360건의 사안이 종료재심사의 대상이 되었다. 여기에서 2003년 3월 현재 조사 중에 있는 5건의 사건을 배제할 경우 91건의 반덤핑명령(26%)이 국내산업의 이익이 결여하여 종료되었고 4건의 명령(1%)이 DOC에 의해 종료되었으며 69건의 명령(19%)이 USITC에 의해 종료되었고 나머지 191건의 명령(54%)은 추후 5년간 연장되었다. EU의 반덤핑 연례보고서에 따르면 1999년에서 2002년까지 4년간 평균 60%의 사건에서 반덤핑조치가 연장되었는데 구체적으로 1999년에는 13건 중 6

건이, 2000년에는 15건 중 11건이, 2001년에는 12건 중 6건이, 2002년에는 18건 중 12건이 연장되었다. 다른 한 조사에 따르면 주요 WTO회원국들의 경우 50%좌우 심지어 일부 국가의 경우에는 85%에 달하는 반덤핑조치가 종료재심사를 통해 연장된다고 한다.356)

WTO의 연구에서 밝혀진 바에 따르면,357) 2004년 말 현재 부과 중인 WTO회원국들의 반덤핑 또는 반보조금조치는 1,784건이었으며 이 중 1,000건 이상은 2002년 전부터 부과된 것들이었다. 때문에 곧 수많은 종료재심사가 각국의 조사기관에 의해 수행되어야 할 것이다. 이에 따르면, 종료재심사조항에서 진정한 개선을 가져오는 것은 극히 중요한 사항으로 된다.

구체적으로 반덤핑협정 제11.3조와 관련하여 다음과 같은 문제점들이 존재한다. (i) 조사기관은 종료재심사를 개시함에 있어 용이하다. 사실상, 현행 반덤핑협정 제11.3조의 표현상 조사기관은 어떠한 입증증거가 없이도 직권에 의해 또는 국내산업의 신청에 의해 종료재심사를 개시할 수 있다. 실제로 이는 매우 많은 종료재심사가 덤핑 및 / 또는 피해에 대한 입증증거가 없이도 개시되도록 하며 미국과 같은 일부 특정 국가들에서 종료재심사는 심지어 자동적으로 개시되기도 한다. (ii) 종료재심사에서 반덤핑조치의 연장 여부에 대한 결정은 미래에 대해 내린 판정에 기초한다. 실제로, 반덤핑협정 제11.3조에 따르면 조치를 연장하기 위하여 조사기관은 반덤핑관세의 종료 시 덤핑과 피해의 지속 또는 재발 가능성이 있음을 판정하여야 한다. 덤핑과 피해의 지속 또는 재발 가능성에 관한 판정은 성질상 예측적이며 추론적이다. 결과, 조사기관은 광범위하고 과도한 재량권을 가지게 된다. (iii) 종료재심사 실행에서 일련의 명백하지 못한 장치들이 제기되는데 즉 많은 규칙들과 관련하여

---

356) Cliff Stevenson, *supra* note 2, pp.185-190.

357) Alexander Keck *et. al.*, *A 'Probabilistic' Approach to the Use of Econometric Models in Sunset Reviews*, World Trade Organization Economic Research and Statistics Division, Staff Working Paper ERSD-2006-01, 2006, p.2.

이들이 종료재심사의 문맥에서 적용 가능한지 여부에 관한 것이다.

종료재심사제도의 개선방향과 관련된 논의에서는 자동종료, 판정요소의 도입, 입증책임의 부담, 직권개시의 금지, 재심사기한 등이 논의되고 있으며 이와 관련하여 반덤핑프렌즈그룹,[358] 한국,[359] 대만,[360] 일본,[361] 중국,[362] 남아프리카,[363] 베네수엘라,[364] 호주,[365] 캐나다,[366] EU,[367] 이

---

358) WTO, *Second Contribution to Discussion of the Negotiating Group on Rules on Anti-Dumping Measures*: *Paper by Brazil; Chile; Colombia; Costa Rica; Hong Kong, China; Israel; Japan; Korea; Norway; Separate Customs Territory of Taiwan, Penghu, Kinmen and Matsu; Singapore; Switzerland; and Thailand*, TN / RL / W / 10, 28 June 2002; *Replies to Questions to Our First Contribution(TN / RL / W / 6)*: *Paper from Brazil; Chile; Colombia; Costa Rica; Hong Kong, China; Israel; Japan; Korea; Norway; Singapore; Switzerland and Thailand*, TN / RL / W / 45, 27 January 2003; *Proposal on Sunset*: *Paper from Brazil; Chile; Colombia; Costa Rica; Hong Kong, China; Israel; Japan; Korea; Norway; the Separate Customs Territory of Taiwan, Penghu, Kinmen and Matsu; Singapore; Switzerland; Thailand and Turkey*, TN / RL / W / 76, 19 March 2003.

359) WTO, *Korea's View on the Improvement of the Sunset System*: *Submission of the Republic of Korea*, TN / RL / W / 111, 27 May 2003.

360) WTO, *Article 11.3(Sunset)*: *Communication from the Separate Customs Territory of Taiwan, Penghu, Kinmen and Matsu*, TN / RL / W / 204, 6 March 2006.

361) WTO, *Proposals on Sunset*: *Paper from Japan*, TN / RL / GEN / 104, 6 March 2006.

362) WTO, *Proposal of the People's Republic of China on the Negotiation on Anti-Dumping*, TN / RL / W / 66, 6 March 2003.

363) WTO, *Proposals on Issues Relating to the Anti-Dumping Agreement*: *Paper from South Africa*, TN / RL / GEN / 137, 29 May 2006.

364) WTO, *Comments by Venezuela on Document TN / RL / W / 111 Submitted by Korea Concerning Its View of the Improvement of the Sunset System*, TN / RL / W / 133, 11 July 2003.

365) WTO, *Comments on Document TN / RL / W / 10 on Anti-Dumping Measures*: *Paper from Australia*, TN / RL / W / 23, 15 October 2002; *Comments by Australia on the Proposal by Various Members on Reviews(Document TN / RL / W / 83)*, TN / RL / W / 122, 16 June 2003; *Comments by Australia on the Proposal by Various Members on Sunset Reviews(Document TN / RL / W / 76)*, TN / RL / W / 123, 16 June 2003.

366) WTO, *Submission from Canada Respecting the Agreement on Implementation of Article VI of the GATT 1994(the Anti-Dumping Agreement)*, TN / RL / W / 47, 28 January 2003; *Sunset Reviews*: *Communication from Canada*, TN / RL / GEN / 61, 15 September 2005.

367) WTO, *Proposals on Cost Saving in Anti-Dumping Proceedings*: *Submission*

집트,368) 아르헨티나369) 등이 제안서를 제출하였다. 우선 반덤핑 종료재심사를 포함한 각종 행정재심사에 원심절차의 적용 여부와 관련하여 적용하여야 한다는 입장과 적용 불가하다는 입장이 엇갈리고 있다. 또한 반덤핑협정 제11.3조를 어떻게 개선할 것인가와 관련하여 두 가지 서로 다른 접근법이 제안되었는데 하나는 반덤핑프렌즈그룹이 제출한 것으로서, 반덤핑조치부과 후 5년이 지나면 자동적으로 종료시킬 것을 건의하였다. 다른 한 가지는 캐나다가 제출한 것으로서, 반덤핑협정 제11.3조에 조사기관이 반덤핑관세의 종료 시 덤핑 및 피해의 지속 또는 재발을 야기할 가능성이 있는지 여부에 대한 판정을 내림에 있어 검토하여야 하는 예시적이고 총망라적이 아닌 요소들의 리스트를 추가할 것을 건의하였다. 아래에서 이들의 주요 제안내용에 대해 살펴보기로 한다.

Ⅱ. 원심절차의 적용 여부

종료재심사를 포함한 각종 반덤핑 행정재심사에서 원심절차의 적용 여부와 관련하여 반덤핑프렌즈그룹은 반덤핑협정 제2조(덤핑판정), 제3

---

from the European Communities and Japan, TN / RL / W / 138, 17 July 2003.

368) WTO, *Preliminary Comments and Questions by the Arab Republic of Egypt on the Contributions Submitted in the Framework of the Doha Negotiations on the Anti-Dumping Agreement and on the Agreement on Subsidies and Countervailing Measures: Submission from Egypt*, TN / RL / W / 79, 24 March 2003; *Identification of Issues under the Anti-Dumping Agreement That Need to be Improved and Clarified within the Current Negotiations on WTO Rules: Second Submission of the Arab Republic of Egypt*, TN / RL / W / 110, 22 May 2003; *Duration of Review Investigations: Communication from Egypt*, TN / RL / GEN / 118, 21 April 2006.

369) WTO, *Communication from Argentina*, TN / RL / W / 81, 23 April 2003.

조(피해판정), 제4조(국내산업의 정의), 제5조(조사의 개시와 후속조사), 제6조(증거), 제12조(판정에 관한 공고 및 설명)는 적용 가능한 경우 이들 행정재심사에 적용하도록 명확히 규정하여야 한다는 입장이지만[370] 이것은 결코 모든 측면에서 완전히 같은 규칙을 엄격히 적용해야 한다는 것은 아니다. 반덤핑프렌즈그룹도 이들 행정재심사는 갖고 있는 목적의 차이와 특성으로 말미암아 원심과 명백히 다른 절차라는 점에는 동의하며 이들 조항이 여러 가지 재심사에 적용 가능한지 여부를 확인하고 어떠한 경우에 적용되어야 하는지를 명확히 하여야 한다고 주장하고 있다.[371]

중국은 반덤핑원심에서 사용된 절차와 방법이 반덤핑 행정재심사에 반드시 적용될 것을 요구하는 명백한 조항이 반덤핑협정에 도입되어야 한다는 주장이다.[372]

베네수엘라는 일반적으로 재심사기간 중 적용되는 규칙들은 원심에서 적용된 규칙과 같아야 하지만 조사기관은 방법을 변경하여야 할 적절한 이유가 있는 상황에서는 다른 규칙을 사용할 수 있다고 주장한다.[373]

호주는 반덤핑협정하에서 재심사와 관련된 조항, 방법과 절차에 대해 명확히 할 필요가 있으나 넓은 범위에서 대대적으로 명확화 및 예측 가능하도록 하는 것은 매우 복잡한 문제인바 재심사와 관련된 세부적인 적용규정 및 절차는 매우 조심스럽게 모든 회원국들에 의해 검토되어야 한다는 입장이다. 또한 반덤핑협정에서 원심에 적용되는 조항 중 재심

---

370) WTO, *Proposal on Reviews: Paper from Brazil; Chile; Colombia; Costa Rica; Hong Kong, China; Israel; Japan; Korea; Norway; Singapore; Switzerland; the Separate Customs Territory of Taiwan, Penghu, Kinmen and Matsu; and Thailand*, TN / RL / W / 83, 25 April 2003, p.2.
371) WTO, *Further Submission on Proposals on Proceedings under Article 9: Paper from Chile; Costa Rica; Hong Kong, China; Japan; Korea, Rep. of; Norway; Switzerland; Separate Customs Territory of Taiwan, Penghu, Kinmen, and Matsu; Thailand; and Turkey*, TN / RL / GEN / 44, 13 May 2005, pp.2-3.
372) WTO, *supra* note 362, p.3.
373) WTO, *supra* note 364, p.1.

사에도 적용될 수 있는 조항의 범위를 명확히 할 필요가 있으며 만약 이러한 조항들이 적용될 수 없다면 별도의 규칙을 제공하는 것을 고려할 수 있다고 한다.[374]

캐나다는 원심에 적용되는 규정 중 여러 가지 재심사에도 적용되어야 하는 조항이 있는지 만약 있다면 어떠한 조항인지를 명확히 규정하여야 하며 원심과 재심사의 근본적인 차이점으로 인하여 반덤핑협정의 특정 조항이 합리적으로 재심사에 적용될 수 없는 경우에는 이러한 재심사에 별도로 적용될 수 있는 규칙을 제공하여야 한다는 입장이다.[375]

이집트는 재심사 관련 조항을 명확히 하여 회원국들로 하여금 원심과 관련된 어느 조항이 재심사에도 적용될 수 있는지 정확히 알 수 있도록 하여야 한다는 캐나다의 입장에 동의한다.[376]

특히 각종 재심사에서 반덤핑협정 제5.8조의 미소마진규칙의 도입과 관련하여 반덤핑프렌즈그룹과 인도[377]는 그 적용을 주장하고 있는 반면 호주는 이에 반대하고 있다. 미국 역시 반덤핑협정의 목표는 모든 덤핑으로 인한 피해를 구제하는 데 있다고 주장하면서 미소마진규칙의 재심사에 대한 적용에 부정적인 견해를 표명하였다.

---

374) WTO, *Comments on Document TN / RL / W / 10 on Anti-Dumping Measures: Paper from Australia*, TN / RL / W / 23, 15 October 2002, p.3; *Comments by Australia on the Proposal by Various Members on Reviews(Document TN / RL / W / 83)*, TN / RL / W / 122, p.1; *Comments by Australia on the Proposal by Various Members on Sunset Reviews(Document TN / RL / W / 76)*, TN / RL / W / 123, 16 June 2003, p.2.

375) WTO, *Submission from Canada Respecting the Agreement on Implementation of Article VI of the GATT 1994(the Anti-Dumping Agreement)*, TN / RL / W / 47, 28 January 2003, p.6.

376) WTO, *Preliminary Comments and Questions by the Arab Republic of Egypt on the Contributions Submitted in the Framework of the Doha Negotiations on the Anti-Dumping Agreement and on the Agreement on Subsidies and Countervailing Measures: Submission from Egypt*, TN / RL / W / 79, 24 March 2003, p.4.

377) 인도는 심지어 각종 재심사에서 미소마진 분계점을 5%로 할 것을 주장하고 있다. WTO, *Proposals on Implementation Related Issues and Concerns: Agreement on Subsidies and Countervailing Measures / Anti-Dumping Agreement Submission by India*, TN / RL / W / 4, 25 April 2002, p.3.

Ⅲ. 반덤핑조치의 자동종료

반덤핑조치의 자동종료와 관련하여 반덤핑프렌즈그룹은 모든 반덤핑조치는 피해를 야기하는 덤핑을 방어하는 데 필요한 기간과 범위 내에서 유효하여야 하며 예외 없이 당해 명령의 부과일로부터 최장 5년이 경과하면 종료되어야 한다고 주장하였다. 회원국은 직권에 의하든 또는 신청에 의하든 반덤핑조치의 종료일로부터 1년이 경과하기 전에는 당해 상품에 대해 새로운 반덤핑조사를 개시할 수 없으며 단지 더욱 짧은 기간이 경과한 후 조사를 개시할 수 있도록 정당화할 수 있는 예외적인 상황이 있으면 그 전에도 조사를 개시할 수 있지만 반덤핑조치의 종료일로부터 6개월이 경과하기 전에는 이러한 조사도 허용되지 않는다. 뿐만 아니라 조사기관은 예외적인 상황에 대해 상세한 기술과 더 짧은 기간 내 조사를 개시할 수 있도록 정당화할 수 있는 이유를 조사개시공고에 기술하여야 한다.378) 이에 더불어 한국과 대만은 반덤핑조치의 자동종료는 반덤핑협정에 현존하는 문제점들을 해소하기 위한 가장 좋고 또한 유일한 방법이라고 주장하고 있다. 재심사에서 고려되어야 하는 예시적 리스트를 규정하는 것을 통하여 현행 종료재심사 메커니즘을 개선하려는 대안은 차선책일 따름이라고 생각한다. 왜냐하면 이는 결코 예측적인 또는 투기적인 평가 속에서 반덤핑조사기관이 자의적 판단을 행하는 것을 규율할 수 없기 때문이다.379)

중국은 선진국이 개도국산 수출품에 대해 반덤핑조치를 부과한 경우 이러한 조치는 5년 후 자동 종료되어야 하며 동일한 개도국으로부터의

---

378) WTO, *Proposal on Sunset: Paper from Brazil; Chile; Colombia; Costa Rica; Hong Kong, China; Israel; Japan; Korea; Norway; the Separate Customs Territory of Taiwan, Penghu, Kinmen and Matsu; Singapore; Switzerland; Thailand and Turkey*, TN / RL / W / 76, 19 March 2003, p.2; WTO, *supra* note 361, p.1.
379) WTO, *supra* note 359, p.2; WTO, *supra* note 360, pp.3-4.

동일한 상품에 대한 조사개시신청은 전의 조치가 종료된 후 1년 내에는 받아들여지지 말아야 한다고 주장하고 있다.[380]

남아프리카는 만약 조사기관이 반덤핑조치의 종료 시 덤핑과 피해의 지속 또는 재발 가능성이 있다고 판단하면 반덤핑조치는 3년을 초과하지 않는 범위 내에서 1회에 한해 연장될 수 있으며 이는 조사기관이 덤핑, 피해와 인과관계에 대한 새로운 정보에 기초하여 신규조사를 개시하는 것은 방해하지 아니한다는 입장이다.[381]

베네수엘라는 반덤핑조치부과 5년 후 무조건적인 종료는 문제해결에 있어 약간 극단적인 해결방안이며 비록 간단하면서도 실제적이지만 기타 대안들도 연구되어야 한다고 주장하고 있다.[382]

Ⅳ. 종료재심사판정요소의 도입

종료재심사판정요소의 도입과 관련하여 캐나다는 반덤핑협정에 조사기관이 반덤핑관세의 종료로 인하여 덤핑과 피해의 지속 또는 재발을 야기할 가능성이 있는가를 판단함에 있어 검토하여야 할, 예시적이며 총망라적이 아닌 요소의 리스트를 포함한 조항을 추가하여야 한다고 주장한다. 캐나다는 반덤핑관세의 종료 시 덤핑의 지속 또는 재발 가능성을 판단함에 있어 조사기관은 모든 관련 요소에 대한 객관적인 검토를 통한 긍정적인 증거에 기초하여야 하는 데 다음의 요소를 포함하여야 한다고 주장한다. (ⅰ) 반덤핑관세가 존속하는 기간 동안 덤핑이 존재하였는지 그리고 만약 그러하다면 덤핑이 발생한 기간, 덤핑수입품과 덤

---

380) WTO, *supra* note 362, p.4.
381) WTO, *supra* note 363, pp.4-5.
382) WTO, *supra* note 364, p.1.

핑이 아닌 수입품의 물량, 덤핑마진, 덤핑이 아닌 수입품의 경우 수출가격이 정상가격을 초과한 수량. (ii) 수출자, 생산자, 중개업자와 무역업자의 생산, 설비가동률, 현재 다른 상품을 생산하고 있는 설비의 생산확대 잠재력, 원가, 판매물량, 가격, 재고, 시장점유율, 수출, 이익. (iii) 수입회원국과 국제적인 경제 면에서 시장요건의 변화, 여기에는 수입품 수급상황의 변경, 회원국으로 수입되는 물품의 출처, 가격, 시장점유율과 재고의 변화가 포함된다. (iv) 동종상품 또는 유사상품과 관련하여 기타 회원국이 반덤핑관세 또는 상계관세를 부과한 증거, 그리고 이러한 관세로 인하여 회원국으로의 수입이전이 이루어질 가능성. 또한 반덤핑관세의 종료 시 피해의 지속 또는 재발 가능성을 판단함에 있어 조사기관은 아래 요건을 포함하는 모든 요건에 대한 객관적인 검토를 통하여 객관적으로 얻은 증거에 기초하여야 한다. (ⅰ) 반덤핑관세가 종료될 경우 덤핑수입품의 가능한 물량, 그리고 특히 동종상품과 비교할 시 절대적이거나 생산 또는 소비와 관련하여 상대적으로 덤핑수입품이 상당히 증가할 수 있는 가능성. (ii) 만약 반덤핑조치가 종료될 경우 덤핑수입품의 가능한 가격 및 동종상품의 가격에 대한 효과, 그리고 특히 덤핑수입품이 동종상품의 가격을 상당히 인하시키거나 가격의 하락 또는 억제를 야기할 가능성. (iii) 국내산업과 외국산업의 가능한 성과, 여기에서 최근의 성과를 고려하며 생산, 설비가동률, 다른 상품을 생산하고 있는 설비를 해당 상품의 생산에로 이용하여 생산을 확장할 수 있는 외국 생산자의 잠재력, 고용수준, 가격, 판매, 재고, 시장점유율, 수출과 이익 등 추세를 고려한다. (iv) 반덤핑조치가 종료될 경우 덤핑수입품이 국내산업에 미칠 가능성이 있는 영향, 여기에서 모든 관련 경제요소와 지표를 고려하며 모든 잠재적인 생산, 판매, 시장점유율, 이익, 생산성, 투자회수율 또는 설비가동률에 대한 이용 관련 효과, 그리고 모든 현금흐름, 재고, 고용, 노임, 성장에 대한 잠재적인 부정적 효과를 검토하며 동종상품의 파생 또는 더욱 개선된 버전을 생산하려는 노력 또는 자본조달능력 등을 포함한다. (ⅴ) 당해 회원국과 국제적인 경제에 있어 시장상황의 변경, 여기에는 수입품의 수급관계의 변화 그리고 당해 회원국으로 수입되고 있는 수입품의 추세와 출처에 있어서의 변화. (vi) 다른 회원국이 동종상품 또는 유사상품에 대해 부과하고 있는 반덤핑관세나 상계관세에 대한 증거 및 이러한 관세가 당해 회원국으로의 무역이전을 야기할 가능성이 있다는 증거.[383)]

일본도 조사기관이 덤핑의 가능성과 피해의 가능성을 판단함에 있어 반드시 검토하여야 할 요소들을 도입하여야 한다고 주장하면서, 조사기관은 반덤핑관세의 종료 시 덤핑의 지속 또는 재발 가능성을 판정함에 있어 다음의 요소들을 포함한 모든 관련 요소들을 평가하여야 한다고 한다. (ⅰ) 가장 최근 1년간의 정상가격과 반덤핑관세의 부과 후부터 재심사기간까지 수입국이 수출거래가격과 물량 면에서의 모든 변화. (ⅱ) 수출자와 생산자의 과거실적과 가능한 장래실적, 여기에는 생산, 설비이용률, 원가, 판매, 가격, 재고, 시장점유율, 제3국에 대한 수출, 이윤에 관한 부분이 포함된다. (ⅲ) 수출국, 수입국 및 제3국에서 시장상황의 변화, 여기에는 동종상품에 대한 수급변화, 수입국에서 동종상품의 출처, 가격, 시장점유율, 재고와 관련된 변화가 포함된다. 또한 조사기관은 반덤핑관세의 종료 시 국내산업에 대한 피해의 지속 또는 재발 가능성을 판정함에 있어 다음의 요소들을 포함한 모든 관련 요소를 평가하여야 한다. (ⅰ) 덤핑 가능한 수입의 발생 가능한 물량, 그리고 특히 절대적인 면에서 또는 수입회원국에서 동종상품의 생산 또는 소비와 대비한 상대적인 면에서 이들 수입물량의 상당한 증가가 가능한지 여부. (ⅱ) 덤핑 가능한 수입품의 가능한 가격, 및 그러한 가격이 국내 동종상품에 대해 발생 가능한 영향, 특히, 이러한 수입품이 국내 동종상품의 가격을 상당히 인하시키는지 또는 가격하락을 야기하거나 가격상승을 억제할

---

383) WTO, *Submission from Canada Respecting the Agreement on Implementation of Article VI of the GATT 1994(the Anti-Dumping Agreement)*, TN / RL / W / 47, 28 January 2003, p.5; *Sunset Reviews: Communication from Canada*, TN / RL / GEN / 61, 15 September 2005, pp.3-4.

가능성이 있는지. (iii) 가능한 덤핑수입이 국내산업에 대해 발생 가능한 영향, 이와 관련하여 모든 관련되는 경제요소와 지표들을 고려하여야 하는데, 생산량, 판매, 시장점유율, 이윤, 생산성, 투자수익률 또는 설비 가동률에서의 잠재적인 감소, 자금순환, 재고, 고용, 임금, 성장에 대한 모든 잠재적인 부정적 영향을 포함하며, 파생적 또는 더욱 선진적인 버전의 동종상품을 생산하기 위한 노력 또는 자본이거나 투자유치능력을 포함한다. (iv) 수출국, 수입국 및 제3국에서의 시장상황 변동, 여기에는 동종상품의 수급에 있어서의 변화, 수입국에서 동종상품의 추세와 출처에 있어서의 모든 변화가 포함된다. (v) 덤핑 가능한 수입품이 국내산업에 대해 발생 가능한 영향을 제외하고 기타 이미 알려진 요소들의 발생 가능한 영향, 여기에는 특히 덤핑 가능한 수출자 또는 생산자로부터 수입되지 아니하는 동종상품의 발생 가능한 수입물량과 수입가격, 수요의 축소 또는 소비형태의 변화, 외국 생산자와 국내 생산자의 무역제한적 관행 및 이들 간의 경쟁, 동종상품이 아닌 상품의 기술개발, 국내산업의 수출실적 및 상품생산성 등이 포함된다.384)

호주는 가능성 테스트가 성질상 예측적이고 사실에만 기초하여 수행할 수 없으며 또한 이러한 테스트가 남용될 수 있다고 전제하였다. 그러나 가능성 테스트의 어려움을 해결하기 위하여 유일한 방법이 모든 조치를 5년 후 예외 없이 종료시켜야 하는 것은 아니며 조정예시리스트가 종료재심사의 검토에 있어서도 유용할 수 있다고 주장한다.385)

아르헨티나 역시 덤핑과 피해의 재발에 관련된 분석을 위한 구성요소에 대해 최저의 기준을 검토하는 것이 필요하다고 주장하고 있다.386)

이집트는 반덤핑협정에 조사기관이 반덤핑관세의 종료 시 덤핑과 피해의 지속 또는 재발 가능성을 판단함에 있어 고려하여야 하는 요소들

---

384) WTO, *supra* note 361, pp.3-4.
385) WTO, *Comments by Australia on the Proposal by Various Members on Sunset Reviews(Document TN / RL / W / 76)*, TN / RL / W / 123, 16 June 2003, p.2.
386) WTO, *supra* note 369, p.3.

의 리스트를 삽입하는 데 동의하지 않으며 비록 반덤핑관세는 5년의 기간 후 일반적으로 완화되어야 하지만, 정당한 경우에는 회원국이 이들 조치를 연장할 수 있도록 허용되어야 한다는 입장이다. 반덤핑협정에 존재하는 문제점은 종료재심사가 규정된 기한 내 수행되도록 하고 절차적 요건을 보장하며 종료재심사를 통하여 반덤핑관세를 수정할 수 있도록 명백히 규정함으로써 개선될 수 있다고 본다.387)

V. 입증책임의 부담

종료재심사에서 입증책임의 부담과 관련하여 반덤핑프렌즈그룹은 특정 회원국들의 실행에 있어 적절하지 않게 입증책임을 수출자에게 전환하여 수출자가 반덤핑조치의 종료로 덤핑과 피해의 가능성이 없음을 설명하도록 하고 있는바 제소자가 단순히 덤핑의 가능성만 주장함으로써 입증책임을 쉽게 충족시키게 된다. 따라서 당해 조치를 연장하게 되는데 이러한 관행은 반덤핑협정 제11.3조에 일치하지 아니하며 반덤핑조치의 지속을 주장하는 일방이 덤핑과 피해의 지속 또는 재발 가능성을 설명하는 책임을 부담하도록 명확히 하여야 한다고 주장한다.388) 이에 더불어

---

387) WTO, *Preliminary Comments and Questions by the Arab Republic of Egypt on the Contributions Submitted in the Framework of the Doha Negotiations on the Anti-Dumping Agreement and on the Agreement on Subsidies and Countervailing Measures: Submission from Egypt*, TN / RL / W / 79, 24 March 2003, p.4; *Identification of Issues under the Anti-Dumping Agreement That Need to be Improved and Clarified within the Current Negotiations on WTO Rules: Second Submission of the Arab Republic of Egypt*, TN / RL / W / 110, 22 May 2003, p.3; *Duration of Review Investigations: Communication from Egypt*, TN / RL / GEN / 118, 21 April 2006, p.1.

388) WTO, *Replies to Questions to Our First Contribution(TN / RL / W / 6): Paper*

일본은 수출자들이 반덤핑관세의 종료 시 덤핑할 가능성이 없음을 긍정적으로 입증할 기회를 부여할 것을 주장하고 있다. 가장 좋기는 수출자들에게 조사기관에 대해 가장 신뢰할 수 있는 가격지표를 제공할 수 있는 기회를 부여함으로써, 수출자들이 반덤핑조치의 부재 시 자신의 기대수출가격으로 수출함을 보여주게 하는 것이며 이는 그의 과거실적과 관련된 정보에 의해 그리고 그러한 기대수출가격이 가장 최근 1년 기간내의 정상가격 또는 가장 최근의 절차에서 발견된 정상가격에 비해 적지 아니함을 입증하여야 한다. 수출자 또는 생산자가 기대수출가격을 제출하는 경우, 확정반덤핑관세의 부과는 일정기간 정지되어야 한다. 단, 조사기관이 수출자 또는 생산자의 지난 실적과 관련된 정보에 기초하여 반덤핑관세의 정지 후 수출가격의 실제수준이 기대수출가격 또는 그 이상으로 될 가능성이 있다고 판정하거나, 반덤핑관세의 종료 시 덤핑의 지속 또는 재발 가능성이 없다고 판정하는 경우는 제외한다. 확정반덤핑관세의 부과가 정지된 경우, 조사기관은 수출자 또는 생산자에게 정지 후 일정기간 내 실제수출가격과 관련된 정보를 제출하도록 요구할 수 있다. 조사기관은 당해 기간 내 가중평균 실제수출가격이 기대수출가격보다 적은 경우에만 반덤핑관세의 종료 시 덤핑의 지속 또는 재발이 가능하다는 판정을 내릴 수 있다. 반덤핑관세의 종료 시 국내산업에 대한 피해의 지속 또는 재발이 가능하다는 조사기관의 판정이 있는 경우, 반덤핑관세는 반덤핑조치의 정지시점에 소급하여 부과될 수 있다.[389]

---

from Brazil; Chile; Colombia; Costa Rica; Hong Kong, China; Israel; Japan; Korea; Norway; Singapore; Switzerland and Thailand, TN / RL / W / 45, 27 January 2003, p.13.

389) WTO, *supra* note 361, p.2.

Ⅵ. 직권에 의한 종료재심사개시의 금지

직권에 의한 종료재심사개시의 금지와 관련하여 일본은 조사기관의 직권에 의한 종료재심사의 개시는 금지되어야 한다는 입장이다.[390]

캐나다는 종료재심사는 충분히 입증된 전제하에서 국내산업에 의해 또는 국내산업의 이익을 위해 제출한 신청에 의해서만이 개시될 수 있는바 이는 조사기관에 의한 직권조사의 가능성을 종식시킨다고 본다.[391]

남아프리카는 조사기관이 직권에 의한 종료재심사를 개시하지 못하도록 규정하여야 한다는 캐나다의 입장에 동조하며 만약 국내산업이 종료재심사를 신청하지 아니하면 반덤핑조치는 종료되어야 한다고 본다.[392]

호주는 어떠한 상황에서 덤핑조사기관이 직권에 의해 반덤핑조치의 연장에 대한 재심사를 수행하게 되는지 의문스럽다는 표정이다.[393]

Ⅶ. 재심사기한

재심사기한과 관련하여 반덤핑프렌즈그룹, 중국, 이집트는 종료재심사의 기한은 최대 12개월로 제한되어야 한다고 주장한다.[394]

---

390) *Ibid.*

391) WTO, *Sunset Reviews: Communication from Canada*, TN / RL / GEN / 61, 15 September 2005, p.2.

392) WTO, *supra* note 363, p.5.

393) WTO, *Comments on Document TN / RL / W / 10 on Anti-Dumping Measures: Paper from Australia*, TN / RL / W / 23, 15 October 2002, p.2.

394) WTO, *Second Contribution to Discussion of the Negotiating Group on Rules on Anti-Dumping Measures: Paper by Brazil; Chile; Colombia; Costa Rica;*

남아프리카는 종료재심사는 신속히 수행되어야 하고 일반적으로 재심사개시 일로부터 12개월 내 수행되어야 하며 어떠한 경우에도 18개월을 초과하지 못하도록 할 것을 주장하고 있다.[395]

EU는 규범협상그룹은 종료재심사에 강제적인 기한을 규정하여야 하는지 그리고 이러한 기한이 신규조사에 적용되고 있는 기한에 비해 상당히 짧아야 하는지를 검토할 수 있다는 입장이다.[396]

VIII. 소 결

반덤핑협정 중 원심질차를 행정재심사에 적용하여야 하는지 여부와 관련하여 반덤핑프렌즈그룹과 베네수엘라는 재심사에서 적용 가능한 경우 제2조 내지 제6조의 규정을 적용하여야 하며 일정한 경우에는 변경하여 적용하여야 한다는 입장이고, 중국은 제2조 내지 제6조의 무조건 적용을 주장하고 있는 반면 미국과 EU는 원심과 재심사의 차이점을 들어 재심사에서 제2조 내지 제6조의 규정을 적용하는 데 대해 부정적인 입장을 보이고 있다. 특히 미국은 원심과 재심사의 차이를 명확히 밝히고, 다른 방법의 사용 시 이를 수출자에게 미리 알려 반덤핑협정의 문제점을 해결할 수 있다는 입장이다. 또한 EU, 캐나다, 이집트는 이들

Hong Kong, China; Israel; Japan; Korea; Norway; Separate Customs Territory of Taiwan, Penghu, Kinmen and Matsu; Singapore; Switzerland; and Thailand, TN / RL / W / 10, 28 June 2002, p.5; WTO, *supra* note 361, p.3; *Duration of Review Investigations: Communication from Egypt,* TN / RL / GEN / 118, 21 April 2006, p.2.

395) WTO, *Informal Paper on Anti-Dumping and Subsidies Agreements: Paper from South Africa,* TN / RL / GEN / 60, 12 July 2005, p.6.

396) WTO, *supra* note 367, p.4.

조항 중 재심사에 적용 가능한 조항을 구분하고 적용 불가능한 경우에
는 새로운 규칙을 도입하여야 한다는 입장도 보이고 있다.

반덤핑 종료재심사와 관련된 논의에서 많은 회원국들은 미국 조사기
관이 종료재심사판정에 있어 과도하게 국내산업의 신청에 의거한다고 불
평하였으며 이로 인하여 미국의 반덤핑명령은 국내산업이 그 제거를 반
대하는 기간 동안 계속하여 존속할 가능성이 있다고 주장하였다. 그만큼
미국의 종료재심사제도에 대해 WTO회원국들의 비판이 많은 현실이며
또한 이와 관련하여 분쟁해결절차로까지 간 사례도 여러 건 있다.[397]

반덤핑프렌즈그룹은 모든 반덤핑조치는 5년 내 자동 종료되어야 하
고, 1년(최단 6개월) 후에야 재조사를 개시할 수 있도록 규정하자고 주
장하고 있으며 중국은 개도국제품에 대해서만 5년 내 자동 종료시키고,
1년 내 재조사를 금지하자고 주장하고 있다. 중국의 입장에 대해 한국,
노르웨이, 칠레, 스위스 등 반덤핑프렌즈그룹은 이러한 제안은 모두 일
반적으로 적용되어야 하는 사항이라고 주장하였다. 또한, 중국 역시 반
덤핑프렌즈그룹의 제안이 자국 제안과 유사하다는 이유로 동 제안을 지
지하였다. 이 밖에 남아프리카도 5년 내 종료와 재조사의 가능성을 주
장하면서도 특정 상황에서 예외적으로 3년 내에 한정한 1차례의 연장은
가능하도록 하자는 입장을 펴고 있다. 물론 남아프리카에 의하면 연장
횟수를 1차례에 한정한다고 하여 결코 신규조사를 제한하는 것은 아니
라고 주장하고 있다. 반면에 베네수엘라는 5년 내 무조건 종료는 극단
적이라고 주장하고 있으며 미국, EU, 호주 등 역시 반덤핑조치 종료 후
1년간 새로운 조사를 개시할 수 없다는 주장이 수입국의 무역구제조치
를 저해할 수 있으므로 반대하는 입장이다. 5년 후 조치의 자동적이고
절대적인 종료와 관련하여 새로운 문제들이 발생할 수 있다고 본다. 예
를 들어 만약 수출회사가 반덤핑조치의 철폐 후 덤핑 및 피해를 야기하
는 수준의 수출을 하면 국내산업은 최소 6개월이 지나야 조치의 재적용

---

397) Vivian C. Jones, *WTO: Antidumping Issues in the Doha Development Agenda*,
CRS Report for Congress, March 15, 2005, p.14.

을 신청할 수 있어 동 기간 내 보호받지 못하게 되며 또한 잠정조치가 적용될 때까지 최소 60일 간의 조사기간 동안 역시 보호를 받지 못하게 된다. 반덤핑조치에 의해 보호를 받고 있는 중소형 국내산업은 동 기간 내 심각하게 피해를 받게 될 수 있다.

다른 대안으로 캐나다, 호주, 아르헨티나는 판정요소의 도입으로 5년 후 자동 종료시키자는 제안을 교체할 것을 주장하며 이집트는 두 가지 대안을 모두 배제한 채 정해진 기한 내 재심사가 수행되고 절차적인 규정을 명확히 하는 것만을 통하여 문제해결을 가져올 수 있다고 주장한다.398) 물론 판정요소의 도입에 대해 반덤핑프렌즈그룹도 동의는 하는 편이지만 자동종료와 더불어 도입되어야 한다고 주장하는 면에서 상술한 국가들과 차이점을 가진다. 이와 관련하여 논의는 종료재심사를 통하여 반덤핑조치를 예외적으로 연장할 수 있는 요건을 강화하는 쪽으로 진행되어 가기 시작하였다. 반덤핑협정에 예시적인 요소들의 리스트를 삽입하는 것은 종료재심사의 수행에 유익한 지침을 제공해 줄 것이며 조사기관이 판정을 내림에 있어 실제적인 요소들의 다양한 변화를 다루어야 하는 것과도 충돌하지 않는다.

종료재심사에서 입증책임의 부담과 관련하여 반덤핑프렌즈그룹은 국내산업이 부담하여야 한다는 입장이고 이에 추가적으로 일본은 수출자가 주동적으로 주장을 제출하는 것도 허용하여야 한다는 입장이다. 호주는 지속적인 반덤핑관세 부과의 필요성에 대한 입증책임이 반덤핑조치의 지속을 요구하는 측으로 전환되는 점에 대해서는 유보적 반응을 보였다. 덤핑 가능성 판정이 미래적인 형태로 이루어지기 때문에 이러한 판정에 이용 가능한 수치가 과거의 수치들에 한정되며 심지어 많은 사건에서 관세수준이 수입을 금지시키는 수준으로 이루어지기에 어떤 경우에는 수입국에 대한 수출거래가 이루어지지 않는 상황도 발생한다. 그리하여 수출자들에게 그들이 반덤핑조치의 종료 시 덤핑할 가능성이

---

398) *Ibid.*, p.14.

없음을 보여줄 수 있는 긍정적인 기회가 부여되어야 한다.

직권개시의 금지와 관련하여 일본, EU, 캐나다, 남아프리카 모두 동의하는 것으로 나타났다. 하지만 위에서 살펴보았듯이 미국은 자동적인 종료재심사개시를 취하고 있고 EU, 중국, 인도, 한국 등 주요국들은 현재 모두 직권개시를 허용하고 있는 것으로 나타나며 따라서 양측 간에 상당한 대립이 예상된다. 특히 직권개시의 금지가 도입된다면 미국은 자신의 종료재심사제도를 근본적으로 수정하여야 하는 부담감을 안게 될 것이다. 물론 이와 관련하여 미국을 제외하고 EU 등 국가는 규정상으로만 직권재심사를 허용하고 있으며 실제로는 거의 적용하지 않는 상황이라서 개정에 따른 파장이 크지는 않을 것으로 사료된다.

재심사기한과 관련하여서는 반덤핑프렌즈그룹, 중국, 이집트가 12개월을 제시하고 남아프리카는 12개월 내지 18개월의 비교적 느슨한 기한을 제시하였으며 EU는 기한도입에 대해 검토 가능하다는 입장을 보이고 있으며 실제로도 12개월 내지 15개월의 기한을 적용하고 있는 상황이다.

종료재심사제도의 개선방향과 관련하여 반덤핑프렌즈그룹에 의해 제안된 반덤핑조치의 자동종료접근법은 간결하면서도 직접적인 접근법으로서 많은 장점을 갖고 있지만 너무 극단적인 해결방안이다. 캐나다가 제안한 리스트접근법은 다음의 장점을 갖고 있다. (ⅰ) 검토하도록 요구되는 요소들을 기재함으로써, 종료재심사에서 조사기관에 의해 검토되어야 하는 최소한의 요소들의 일관성을 강화시켰다. (ⅱ) 조사기관이 모든 요소들을 검토하도록 요구받음으로써 조사기관의 재량권을 제한하는 역할을 할 것이다. 때문에 5년 후 반덤핑조치의 무조건적인 종료보다는 판정요소를 명확히 규정하고 또한 강제적인 재심사기한을 도입하는 것이 더욱 적절한 해결방안이라고 생각한다. 종료재심사에서의 입증책임은 반덤핑조치의 예외적인 연장을 주장하는 국내산업이 부담하여야 할 것이고 직권개시 역시 금지하는 쪽으로 개정되어야 한다고 생각한다. 이 밖에 적절한 재심사기한은 12개월로 한정함이 좋을 듯싶다. 또한 종료재심사가 수행되는 기간 중에는 반덤핑관세의 부과가 아니라 보증금을 납부하는 형태로 관련 내용을 개정할 필요성도 있다. 마지막으로 조사기관은 다음의 요소 중 하나 또는 몇 개 요소의 복합에만 근거하여 관세의 지속적인 부과가 덤핑을 상쇄하기 위하여 필요하거나 만약 관세가 제거 또는 수정된다면 피해가 지속 또는 재발될 가능성이 있음을 가정하지 말아야 한다. (ⅰ) 조사 중인 제품의 수입이 반덤핑관세의 부과 후에는 중지된 경우. (ⅱ) 반덤핑관세의 부과 후 덤핑이 종식되고 조사대상제품의 수입물량이 상당히 감소한 경우. 단 반덤핑관세의 부과 후 덤핑이 2% 미소마진 이상으로 계속되는 경우에는 반덤핑조치를 연장함에 있어 비교적 중요한 판단요소로 될 것이다.

제 3 장
WTO 및 주요국의 반덤핑 중간재심사제도

제1절 WTO의 반덤핑 중간재심사제도

I. WTO 반덤핑 중간재심사제도의 도입배경

반덤핑협정의 제11.1조는 우루과이라운드협상에서 변경되지 않았으며 논쟁의 여지도 없었다. 동 조항과 관련된 기본적인 아이디어는 케네디라운드 반덤핑코드에 출현했으며 도쿄라운드에서 필요한 범위 내라는 문구가 추가되었다. 동 조항은 넓은 의미를 가질 수도 있는데 한 가지 해석방법은 반덤핑협정 제11.1조가 반덤핑명령의 중간재심사, 종료재심사와 관련된 제11조의 나머지 부분에 대해 전후 관계만을 제공한다는 것이다. 다른 한 가지 해석방법은 반덤핑협정 제11.1조가 조사기관에 더이상 필요하지 아니한 경우에는 반덤핑명령을 종료시키도록 확정적인 의무를 부과한다는 것이며 중간재심사, 종료재심사를 규정한 반덤핑협정 제11.2조, 제11.3조에 비해 제11.1조의 상황이 더 일반적이라는 명백한 증거도 없다는 것이다. 이와 관련하여 *U.S.-DRAMS*사건에서 패널의 판정은 첫 번째 해석방법을 지지하고 있다.[399] 즉, 패널은 반덤핑협정 제11.1조의 일반 요건은 중간재심사를 규정한 제11.2조에 의해 구체화된 다고 판단하였다.[400]

우루과이라운드협상에서 반덤핑협정 제11.2조의 문구는 여러 차례의 반복을 거쳤으며 다소 말썽이 있었는데 근본적인 문제점은 현존 반덤핑

---

399) James P. Durling and Matthew R. Nicely, *supra* note 6, pp.489-490.

400) WTO, *United States-Anti-Dumping Duty on Dynamic Random Access Memory Semiconductors(DRAMS) of One Megabit or Above from Korea: Report of the Panel*, WT / DS99 / R, 29 January 1999, para.6.41.

명령의 자동종료에 대한 요건과 관련된 것이었다. 특히 동 조항의 경우 마지막 시각에 미국의 요구에 따라 피해의 재발 가능성 여부(whether the recurrence of injury would occur)라는 문구가 피해가 지속 또는 재발할 가능성이 있는지 여부(whether the injury would be likely to continue or recur)로 대체되었다. 또한 우루과이라운드협상을 통해 반덤핑 중간재심사가 신청에 의해 개시되려면 확정반덤핑조치의 부과 이후 합리적인 기간이 경과한 후일 것을 요구하는 규정이 도입되었고 관세평가재심사와 중간재심사를 분명히 구분하는 내용도 도입되었다.[401)]

II. WTO 반덤핑 중간재심사제도의 내용

1. 실체적 규정

반덤핑협정에 따르면 반덤핑관세는 피해를 초래하는 덤핑을 상쇄하는 데 필요한 기간 및 정도 내에서 그 효력이 지속된다.[402)] 조사기관은 정당한 경우 직권에 의해 또는 확정반덤핑관세의 부과 이후 합리적인 기간이 경과하고 검토가 필요하다는 명확한 정보를 제시하는 이해관계인의 요청에 따라 반덤핑관세의 계속적인 부과의 필요성에 대해 검토한다. 이해관계인은 조사기관에 대해 덤핑을 상쇄하기 위해 지속적인 관세의 부과가 필요한지 여부, 관세가 철회 또는 변경되었을 경우 피해가 지속되거나 재발할 것인지 여부 또는 이러한 두 가지에 대해 조사를 요청하는 권리를 갖는다. 재심사결과 반덤핑관세가 더 이상 정당화되지 아니하다

---

401) James P. Durling and Matthew R. Nicely, supra note 6, pp.501-502.
402) 반덤핑협정 제11.1조.

고 조사기관이 결정하는 경우 반덤핑관세의 부과는 즉시 종료된다.[403]

반덤핑관세 부과의 필요성은 두 가지 측면에서 나누어 볼 수 있다. 이는, 관세의 지속적인 부과가 덤핑을 상쇄시키기 위하여 필요한 것인지 여부와 반덤핑관세가 없어지거나 변경될 경우에도 피해가 지속되거나 재발할 것인지의 여부이다. 예컨대, 수출자가 반덤핑관세의 부과 이후 상당한 기간 덤핑수출을 하고 있지 않은 경우 전자에 해당할 것이고, 국내산업의 성장 등의 이유로 덤핑행위가 있다고 하더라도 국내산업의 피해를 야기하지 않게 되었을 경우가 후자의 경우일 것이다. 반덤핑관세의 본래 목적상 덤핑, 피해의 지속 또는 재발 가능성 중 하나라도 없으면, 당연히 반덤핑관세 부과는 종결되어야 하는 것이다. 이해관계인은 이상의 두 가지를 재심사사유로 삼아서 조사 당국에 조사를 요청할 수 있다. 만일 재심사결과 위 두 가지 중에 하나라도 부정적인 결론이 나온다면 반덤핑관세의 부과는 즉시 종결되어야 한다.

중간재심사의 개시에는 두 가지 방식이 있는데 조사기관이 직권에 의한 개시와 이해관계인의 신청에 의한 개시로 나뉜다. 두 가지 경우에 그 요건과 관련하여 큰 차이점을 가지는데 즉 조사기관이 직권에 의해 재심사를 개시하기 위한 요건에 대해서 반덤핑협정은 침묵하고 있다. 반면, 이해관계인의 신청에 의한 재심사의 개시에는 확정반덤핑관세의 부과 이후 합리적인 기간이 경과할 것, 검토가 필요하다는 명확한 정보를 제시할 것이 요구된다. 단지 여기에서 합리적인 기한은 얼마만한 기한을 지칭하는지는 명확하지 않으며 이해관계인의 범위에 대해서는 명확한 규정은 없지만 수출자, 생산자, 국내산업 또는 수입자 등이 포함될 것이다.

이해관계인은 조사기관에 반덤핑관세의 지속적인 부과가 덤핑을 상쇄하기 위하여 필요한지 여부, 만약 관세가 철폐 또는 변경되면 피해가 지속 또는 재발할 가능성이 있는지 여부, 또는 이러한 두 가지에 대해

---

403) *Ibid.*, 제11.2조.

동시에 검토를 요청할 수 있는데 이를 각각 덤핑재심사, 피해재심사와 전반적 재심사로 구분할 수 있다.

반덤핑협정 제11.2조의 변경이라는 용어는 중간재심사는 종료재심사와 달리 선택 가능한 옵션이 반덤핑조치의 유지 여부 외에도 중간재심사의 판정에 따라 동 반덤핑관세가 다른 세율로 부과될 수 있는 옵션도 가지고 있음을 나타낸다. 이러한 시스템하에서 반덤핑관세는 일반적으로 원심에서 부과된 세율에 기초하여 5년간 적용되기 때문에 추급적인 반덤핑 관세징수시스템을 취하는 국가들로 놓고 말하면 중요하다.

이 밖에 M & A 등 기업구조조정과 관련하여 기업들이 관심을 가져야 할 중간재심사의 유형은 실체변경과 관련된 중간재심사이다. 즉, M & A나 사명(社名)변경, 기타 기업의 내부적 혹은 외부적 상황의 변화와 관련하여 변경 전의 실체와 변경 후의 실체가 동일한 실체인가 혹은 새로운 실체인가를 판단하여 기존의 반덤핑조치를 계속하여 적용할 것인가 혹은 새로운 실체로 보아 새로이 반덤핑조사를 하여야 할 것인가를 결정하는 제도이다. 따라서 인수, 합병, 사명변경 등을 실시하고 있는 기업에 있어서는 반드시 검토하여야 할 중요한 제도이다.[404]

중간재심사결과 반덤핑관세가 더는 필요하지 않다고 판명되는 경우 반덤핑관세는 즉각 종료되어야 하며 이러한 재심사는 추급적인 상태로 진행된다. 따라서 반덤핑협정 제11.2조는 조사기관에 실체적인 재량권을 부여하였으며 그리하여 심지어 덤핑과 피해가 재심사기간 중 종료되었다 할지라도 조사기관은 관세의 지속적인 부과가 덤핑을 상쇄하기 위하여 필요하다거나 또는 만약 관세가 철폐되면 피해의 지속 또는 재발이 가능하다고 판정을 내릴 수 있다. 즉, 반덤핑원심에서는 과거의 덤핑에 대해 판정을 내리는 것과는 달리 추후 발생할 가능성이 있는 덤핑과 피해에 대한 검토를 할 수가 있다.[405]

---

404) 유기석, "M & A 등 기업구조조정과 관련된 상황변동재심", 『무역구제』 제5호(2002. 1.), 265쪽.

405) Edwin A. Vermulst, *supra* note 12, pp.191-192.

이러한 의미에서 반덤핑협정은 반덤핑관세의 최종지불책임에 관한 판정 즉 관세평가재심사는 그 자체로서 중간재심사를 구성하지 아니한다고 규정하였다.[406)

2. 절차적 규정

반덤핑원심에 적용되는 규정 중 증거 및 절차와 관련한 제6조의 규정은 중간재심사에 적용되며 중간재심사는 신속하게 진행되고, 일반적으로 재심사개시일로부터 12개월 이내에 종결된다.[407)

이러한 규정은 비교적 애매하며 원심에 적용되는 반덤핑협정 제2조 내지 제5조의 규정은 종료재심사절차에 적용이 가능한지 여부에 대해서는 침묵하고 있으며 또한 종료재심사가 일반적으로 개시일로부터 12개월 내 종료되어야 한다는 비강제적 성격의 규정을 둠으로써 각국이 이를 준수하지 아니하여도 그 위법성을 물을 수 없도록 되었다. 즉 원심과 관련하여서는 일반적으로 12개월, 최장 18개월이라는 기한을 명백히 규정한 것과 대조되며 단지 신속하게 진행되어야 한다고 하는 점은 이러한 원심에 비해 어느 정도 더 빨리 수행되어야 하는지 그리고 최장기한에 대한 규정은 있는지가 문제된다. 즉 종료재심사가 18개월을 초과하는 경우 반덤핑협정에 위배되는지 여부도 명백하지 않은 상황이다.

---

406) 반덤핑협정 주석 21.
407) *Ibid.*, 제11.4조.

Ⅲ. WTO 반덤핑 중간재심사제도의 문제점

WTO 반덤핑 중간재심사제도와 관련하여 재심사의 수행에 있어서 조사기관이 검토하여야 할 명백한 검토요소가 없으며 또한 절차적인 규정 역시 미비한 상황이다.

비록 반덤핑협정 11.4조에서 제6조의 증거, 절차와 관련된 내용을 적용할 수 있다고 규정하였지만 제2조 내지 제5조의 내용들은 적용 가능하다는 규정이 없어 각국 조사기관이 이들 내용과 관련하여 자의적으로 판단을 내릴 수 있는 가능성을 남겨두었다.

반덤핑협정상 중간재심사규정은 재심사의 경우 이미 취해진 반덤핑조치의 결과 수입가격상승으로 인해 수입물량이 줄어드는 상황을 어떻게 반영하는지에 대한 명시적인 규정이 없다. 따라서 재심사 시 수입물량, 덤핑, 피해 등이 최소허용기준 혹은 그 이하로 되었을 경우 어떻게 하여야 하는지가 문제된다.[408]

또한, 이해관계인이 반덤핑관세의 재심사를 신청할 수 있는 일정한 합리적 기간은 정의되지 않았으므로 수입국 조사기관의 재량에 맡겨져 있다고 볼 수 있다.[409]

이러한 문제점들을 해결하기 위한 대안으로 반덤핑 중간재심사에 강제적인 재심사수행기한을 도입하자는 주장, 중간재심사에서도 덤핑 및 피해의 지속 또는 재발 가능성과 관련하여 미래적인 검토가 이루어지므로 그 최소한의 검토요건에 대해 규정하자는 주장, 기존의 반덤핑협정 제2조 내지 제5조의 규정을 중간재심사에도 확대 적용하거나 적용이 불가능한 경우에는 관련 규정을 별도로 제정하자는 주장 등이 제기되고 있다.

---

408) 이종화, 앞의 주 18, 35쪽.
409) 박노형, 앞의 주 271, 94쪽.

Ⅳ. 반덤핑 중간재심사와 관련된 DSB의 판정내용에 대한 분석

2006년 12월 1일 현재 이미 패널 / 상소기관의 판정이 채택된 6건의 반덤핑 / 상계조치 행정재심사 관련 사건 중 중간재심사와 관련된 사건은 2건인데 즉 *U.S.-DRAMS*사건과 *Mexico-Rice AD Measures*사건이다. 이들 사건에서 분쟁해결기관은 반덤핑협정 제11.2조와 관련하여 일부 의미 있는 판정을 내렸는데 구체적으로 살펴보면 다음과 같다.

1. 중간재심사에서 현존하는 덤핑이 발견되지 않으면 반덤핑조치를 철폐하여야 하는지 여부

*U.S.-DRAMS*사건에서는 현존하는 덤핑이 발견되지 않으면 반덤핑조치를 철폐하여야 하는지 여부가 문제되었다. 제소국 한국은 우선 반덤핑협정 제11.2조는 재심사에서 덤핑의 부재판정이 나면 관세가 철회될 것을 요구한다고 주장하였다. 그 근거는 이러한 판정에 따르면 관세가 더는 덤핑을 상쇄하기 위하여 필요하지 않기 때문이라 하였다.[410) 패널은 한국의 주장에 대해 조사기관이 현재의 덤핑이 존재하지 아니하는 경우 추후 관세부과의 지속을 선험적으로 배제할 것을 주장하는 것으로 해석하였다.

패널은 이러한 주장을 기각하고 다음과 같은 이유에서 현존하는 덤핑이 없어도 반덤핑조치의 필요성이 있을 수 있다고 판정했다.

패널은 반덤핑협정 제11.2조에 대한 문언적인 분석으로부터 검토를 시작하였다. 패널에 의하면 반덤핑협정 제11.2조의 첫 문장은 현재진행

---

410) WTO, *supra* note 400, para.6.24.

형이고 두 번째 문장은 덤핑이 재발할 가능성이 있는지 여부에 대해 언급하고 있지 않는데 이는 피해의 경우 재발 가능성에 대해 언급하고 있는 것과 구분된다. 더 나아가, 패널은 반덤핑협정 제11.2조의 두 번째 문장에서 조사기관이 덤핑을 상쇄하기 위해 지속적인 관세의 부과(continued imposition)가 필요한지를 검토하도록 하고 있음에 주목했다. 패널의 견해에 따르면 'continued'라는 단어는 결국 시간적으로 미래와 과거를 포함하므로 만약 반덤핑관세가 오직 현재의 덤핑만을 상쇄하기 위해 필요하다면 'continued'라는 단어는 무의미해진다는 것이다. 두 번째 문장에서 지시한 피해판정과 관련하여, 패널은 비록 현존하는 덤핑이 부재하더라도 조사기관은 그로 인한 인과관계의 맥락에서 추후 야기될 피해의 존재 여부에 대해 검토할 수 있으며 또한 덤핑의 전망에 대해서도 검토하게 될 것이라고 판정하였다. 마지막으로, 패널은 반덤핑협정 제11.2조의 문언상 조사기관이 현존 상황에 대해서 분석하도록 명백한 제한을 도입하지 않았다고 하였다.[411]

소위 일몰조항이라고 불리는 반덤핑협정 제11.3조에 명시적으로 덤핑의 가능성도 검토하도록 하고 있는 점도 패널의 논거로 사용되었다.[412]

더 나아가서 반덤핑협정 주석 22는 "반덤핑관세가 소급적으로 평가되었을 경우 가장 최근의 산정과정에서 관세가 부과되어서는 안 된다는 조사결과 그 자체가 조사기관에 대해 확정반덤핑관세의 종료를 요구하지 아니한다."고 규정하고 있다. 패널은 만약 현존하는 덤핑이 없다고 반덤핑조치가 철회되어야 한다면, 주석 22는 무의미하게 될 것이라고 보았다.[413]

패널은 반덤핑협정의 기본적인 운영방식도 고려하였다. 반덤핑협정하에서 반덤핑관세의 금액이 덤핑마진을 초과하지 않도록 보장하는 관세평가 메커니즘을 마련하였다면 조사기관은 최근 조사대상기간 중의 덤

---

411) *Ibid.*, paras.6.26-29.
412) *Ibid.*, para.7.41.
413) *Ibid.*, para.6.32.

핑행위 조사에 근거하여 추급적인 효과를 가진 반덤핑관세를 부과할 수 있다고 패널은 언급하였다.414) 패널은 반덤핑협정의 기본적 운영 자체가 추급적이므로 명시적인 규정이 없이는 이러한 원칙에서 벗어날 수 없으며, 반덤핑협정 제11.2조 조문에 명시적으로 회원국이 제11.2조 재심사와 관련하여 현재의 검토만 하도록 하고 예측적인 검토를 배제하도록 규정하고 있지 않다고 지적하였다.415)

이에 기초하여, 패널은 반덤핑협정 제11.2조가 일단 한 수출자가 덤핑을 정지하였음이 발견되면 즉시 반덤핑조치를 철회할 것을 요구하고 있다는 한국의 주장을 기각하였으며, 반덤핑관세의 지속적인 부과는 덤핑이 현존하는 경우를 제외하고는 선험적으로 배제되어야 한다는 주장도 기각하였다.416)

따라서 패널은 반덤핑관세의 철회로 인해 덤핑이 발생할 것으로 예상된다면 반덤핑조치를 계속 부과하는 것이 허용된다고 명시적으로 판정하지는 않았다. 그러나 패널은 가능성 기준을 사실상 인정한 것으로 평가된다. 우선 패널이 현재의 덤핑이 없을 때 반덤핑조치 계속이 허용되느냐를 검토하는 과정에서 가능성 기준을 상당히 수용하는 입장을 보이고 있다. 단순히 덤핑의 가능성을 이유로 반덤핑조치가 정당화될 수 있느냐 하는 문제는 현재의 덤핑이 없는 상태에서 반덤핑조치를 계속할 수 있느냐 하는 문제와는 구별된다. 후자의 질문은 일반적인 가능성에 관한 것이고 전자의 질문은 특정한 요건에 관한 것이다. 그러나 패널과정에서 패널은 반덤핑의 기본 운영방식으로서 추급적 접근방식 등을 언급하면서 현재의 덤핑 없이 부과하는 관세의 인정 문제와 미래의 덤핑에 근거한 관세부과의 인정이라고 하는 별개의 문제를 명확히 구분하지 않고 있다. 더 나아가 패널은 가능성 요건을 지지하는 명시적인 언급을 했다. 비록 이러한 언급은 가능성 요건의 제11.2조 합치성을 예단하지

---

414) 반덤핑협정 제9.3.2조.
415) WTO, *supra* note 400, para.6.33.
416) *Ibid.*, para.6.34.

않는 것이라는 단서가 달리긴 했지만 패널보고서 주석 494에서 패널은 종료재심사를 규정하고 있는 제11.3조와 제11.2조가 반덤핑조치를 5년차 이후로 연장할 수 있도록 하는 것이라는 점에서 같은 효과를 가지므로 제11.3조에서 명시적으로 허용되고 있는 가능성 기준은 제11.2조에도 역시 적용될 수 있다고 보았다. 패널은 또한 할 것 같은(likely)이라는 표현은 통상적으로 있을법한(probable)이라는 의미를 갖기 때문에 덤핑의 재발이 있을법하다면 이러한 상황은 반덤핑조치를 연장할 만한 충분한 근거를 이룬다고 보았다. 따라서 패널은 가능성 기준을 거부하는 것은 사실상 재심사 당국으로 하여금 조치 철회가 덤핑의 발생을 가져올 것으로 예상되는 상황에서 조치 철회를 강제하는 것이라고 언급했다.[417)]

2. 미국의 덤핑재발 불가능성 기준의 적법성 여부

*U.S.-DRAMS*사건에서는 미국 DOC규정상의 덤핑재발 불가능성 기준이 적법한지 여부가 문제되었다. 현존하는 덤핑이 없는 상황에서도 반덤핑조치를 계속 부과하는 것이 허용된다고 결론을 내린 후 패널은 미국의 덤핑재발 불가능성 기준이 반덤핑협정 제11.2조에 합치하는지 여부를 검토하였다. 우선 DOC규정의 문구 및 제3차 관세평가재심사판정시 DOC의 발언에 대한 검토를 통해 패널은 DOC규정상의 기준이 불가능성 기준임을 지적했다. 다시 말해서 만약 DOC가 덤핑이 재발하지 않을 것이라는 사안에 만족하지 못할 경우 반덤핑조치를 계속 부과할 필요성이 있다고 판정한다는 것이다.[418)]

그 후 패널은 미국에서 사용한 불가능성 기준이 만약 조치가 철회된다면 덤핑이 발생할 것임을 입증하는 가능성 기준과 동등한지를 검토하

---

417) 김희상, "한·미 DRAM 분쟁에 관한 WTO 패널보고서의 비판적 고찰", 『통상법률』제31호(2000. 2.), 94∼95쪽.
418) WTO, *supra* note 400, paras.6.37-38.

였다. 패널은 한 사건에 대해 긍정적인 입증을 하는 것과 이에 대한 부정적인 입증에 실패한 것은 개념적인 차이가 있다고 보았다. 전자는 당연히 후자를 포함하지만 역은 성립하지 않으며 따라서 후자의 조건(덤핑이 발생하지 않을 것이라는 입증에 실패)은 충족시켰지만 전자의 조건(덤핑이 발생할 것이라는 기준)은 충족시키지 못한 경우가 있을 수 있다. 이에 따라 패널은 미국의 불가능성 기준은 가능성 기준과 동등하지 않으며 외국 수출업자에게 더 부담을 준다고 결론을 내렸다.[419]

이어서 패널은 미국의 불가능성 기준이 가능성 기준에도 미치지 못함으로써 이미 반덤핑협정 제11.2조에 합치되지 않는다는 점이 입증되었기 때문에 가능성 요건이 제11.2조 재심사에서 인정되는지 여부에 대해서는 고려할 필요가 없다고 판정했다.[420]

3. 미국이 직권에 의한 피해재심사를 개시하지 아니한 것의 적법성 여부

*U.S.-DRAMS*사건에서는 연속 3년간 관세평가재심사를 통해 덤핑이 발생하지 아니하였음을 판정한 후에도 USITC가 직권에 의해 피해에 대한 재심사를 개시하지 않은 점이 문제되었다. 한국은 이 점에 대해 제소하였으며[421] 또한 미국법령 그 자체로도 반덤핑협정 제11.2조의 직권개시 요건을 적절히 이행하지 아니하였는데 왜냐하면 미국의 법/규정에는 USITC에 의해 그러한 재심사가 개시될 수 있는 장치가 마련되어 있지 않기 때문이라고 주장하였다.[422] 패널은 DOC가 동 사건에서 덤핑이 발견되지 않은 3년간의 상황을 묘사하면서 피해의 재발 가능성 여부에 대해 검토하였다.[423] 이때, 패널은 USITC가 1930년 관세법 제751(b)조와

---

419) *Ibid.*, para.6.46.
420) *Ibid.*, para.6.48.
421) *Ibid.*, para.6.57.
422) *Ibid.*, para.6.61.

USITC규정 제207.45(c)조에 의해 직권에 의한 피해재심사를 수행할 수 있는 일반적인 권한을 가지고 있다고 보았다.[424] 때문에 패널은 피해재심사의 직권개시와 관련한 한국의 제소를 기각하였다.

4. 중간재심사에서 대표성 요건의 존재 여부

*Mexico-Rice AD Measures*사건에서는 중간재심사에서 수출물량의 대표성 요건이 존재하는가가 문제되었다. 패널은 반덤핑협정 제9.3.2조와 제11.2조에 의하면 재심사대상기간 중 수입국으로의 수출물량이 대표성적인가 여부와 관계없이 재심사가 수행될 수 있으며 수출자 또는 외국 생산자가 관세평가재심사와 중간재심사를 받기 위하여 이러한 대표성 요건을 충족시킬 필요가 없다고 판정하였다. 멕시코는 상소에서 자국의 대외무역법 상 재심사의 개시를 배제하는 것이 아니라 단지 수출자 또는 외국 생산자가 덤핑마진의 재산정을 받기 위하여 대표성적인 수출물량을 제시하도록 요구하는 것이라고 하였다.[425]

반덤핑협정 제9.3.2조와 제11.2조의 문구에 기초하여, 상소기관은 이러한 재심사를 수행함에 있어 대표성 요건을 보아낼 수 없다고 판정하였으며[426] 이에 기초하여 멕시코의 대외무역법 제68조 그 자체가 반덤핑협정 제9.3조와 제11.2조에 위반된다고 한 패널의 판정을 유지하였다.[427]

---

423) *Ibid.*, paras.6.59-60.

424) *Ibid.*, para.6.62.

425) WTO, *Mexico-Definitive Anti-Dumping Measures on Beef and Rice Complaint with Respect to Rice AB-2005-6: Report of the Appellate Body*, WT / DS295 / AB / R, 29 November 2005, paras.308-310.

426) *Ibid.*, paras.311-315.

427) *Ibid.*, para.316.

5. 이 행

*U.S.-DRAMS*사건에서 미국의 불가능성 기준이 반덤핑협정 제11.2조 위반으로 판정 남에 따라 2000년 1월 17일, 미국은 분쟁해결기관에 입장보고서를 제출하였다. 동 보고서에서 미국은 다음과 같은 두 단계에 걸쳐 분쟁해결기관의 권고를 이행하였다고 주장하였다. 첫째, DOC규정 제351.222(b)조를 개정하여 불가능성 기준을 삭제하고 그 대신 DOC가 반덤핑관세명령의 지속적인 적용이 덤핑을 상쇄하기 위하여 필요한지 여부에 대해 검토하도록 하는 요건으로 대체하였다. 둘째, DOC는 새로운 가능성 조항을 적용하여 한국산 DRAM에 대한 재판정을 내렸는데 동 판정에서 DOC는 반덤핑명령의 지속적인 적용이 덤핑을 상쇄하는데 필요하다고 판정하였기 때문에 한국산 DRAM에 대한 반덤핑관세를 철폐하지 않기로 하였다.

2000년 4월 25일 개최된 분쟁해결기관회의에서 한국은 미국이 분쟁해결기관의 권고와 판정을 이행하지 아니하였다고 주장하였다. 한국의 주장에 의하면 첫째로, 미국은 패널의 판정에 일치하는 기준을 채택하지 아니하고 매우 일반적이며 또한 실제로 오용되는 기준을 채택하였으며 둘째로, 개정된 기준을 반덤핑관세의 철폐에 적용함에 있어 패널이 요구한 것처럼 확정적이고 긍정적인 증거에 의해 반덤핑관세명령이 덤핑을 상쇄하기 위하여 계속 존재하여야 함을 입증하지 못한 채 한국산 DRAM에 대한 반덤핑명령을 계속하여 적용하였다. 따라서 한국은 분쟁해결양해 제21.5조에 근거하여 이행패널의 설치를 요청하였으며 분쟁해결기관은 동 사안을 원심패널에 회부하였다.

그러나 2000년 9월 20일 한국과 미국 양 당사자는 분쟁해결기관에 패널의 검토하에 있는 사항에 대해 양자가 만족하는 방식으로 해결하였다고 통보하였다.[428] 즉 양자간 만족하는 해결방안이란 당해 분쟁에서

---

428) WTO, *United States-Anti-Dumping Duty on Dynamic Random Access Memory*

문제되었던 반덤핑명령이 DOC에 의한 종료재심사결과 철폐된 것이었다. DOC는 2000년 10월 5일자 연방관보에 반덤핑명령의 철폐에 관한 판정을 게재하였다.[429]

*Mexico-Rice AD Measures*사건에서 멕시코는 2006년 1월 19일 분쟁해결기관의 판정과 권고를 이행하겠다고 통보하였으며 2006년 5월 18일 동 이행과 관련하여 미국과 합리적인 이행기간을 2006년 12월 20일까지로 합의하였다고 통보하였다.[430]

6. 소 결

*U.S.-DRAMS*사건에서 미국 반덤핑규정의 가능성 요건을 검토하는 과정에서 패널은 공식적으로는 가능성 기준은 반덤핑협정 제11.2조하에서 허용될 수도 있고 허용되지 않을 수도 있다는 입장이었다. 불가능성 기준이 가능성 기준에도 미치지 못한다고 결론을 낸 후 가능성 기준의 합치성에 대해서는 고려하지 않기로 결정했다. 따라서 패널은 반덤핑관세의 철회로 인해 덤핑이 발생할 것으로 예상된다면 반덤핑조치를 계속 부과하는 것이 허용된다고 명시적으로 판정하지는 않았다.

그러나 패널은 가능성 기준을 사실상 인정한 것으로 평가된다. 우선 패널이 현재의 덤핑이 존재하지 않을 때 반덤핑조치의 계속적인 부과가 허용되느냐를 검토하는 과정에서 가능성 기준을 상당히 수용하는 입장을 보이고 있다.

Semiconductors(DRAMS) of One Megabit or Above from Korea Recourse to Article 21.5 of the DSU by Korea: Report of the Panel, WT / DS99 / RW, 7 November 2000, paras.3-10.

429) WTO, *United States-Anti-Dumping Duty on Dynamic Random Access Memory Semiconductors(DRAMS) of One Megabit or Above from Korea*: Recourse by Korea to Article 21.5 of the DSU, WT / DS99 / 12, 25 October 2000, p.1.

430) WTO, *Mexico-Definitive Anti-Dumping Measures on Beef and Rice*: Agreement under Article 21.3(b) of the DSU, WT / DS295 / 12, 24 May 2006, p.1.

더 나아가 패널은 가능성 요건을 지지하는 명시적인 언급을 했다. 비록 이러한 언급은 가능성 요건의 반덤핑협정 제11.2조 합치성을 예단하지 않는 것이라는 단서가 달리긴 했지만 패널보고서 주석 494에서 패널은 종료재심사를 규정하고 있는 제11.3조와 제11.2조가 반덤핑조치를 5년 차 이후로 연장할 수 있도록 하는 것이라는 점에서 같은 효과를 가지므로 제11.3조에서 명시적으로 허용되고 있는 가능성 기준은 제11.2조에도 역시 적용될 수 있다고 보았다. 패널은 또한 가능이라는 표현은 통상적으로 있을법한(probable)이라는 의미를 갖기 때문에 덤핑의 재발이 있을법하다면 이러한 상황은 반덤핑조치를 연장할 만한 충분한 근거를 이룬다고 보았다. 따라서 패널은 가능성 기준을 거부하는 것은 사실상 재심사기관으로 하여금 조치 철회가 덤핑의 발생을 가져올 것으로 예상되는 상황에서 조치 철회를 강제하는 것이라고 언급했다.

제2절 미국의 반덤핑 중간재심사제도

I. 서

미국의 경우 DOC 또는 USITC가 관련 정보를 접수하거나 이해관계인이 반덤핑 최종판정 또는 조사정지에 대해 재심사를 개시하기에 충분한 근거가 있는 상황변동을 제시하며 재심사신청을 하는 경우에 DOC 또는 USITC는 연방관보에 재심사개시공고를 게재한 후 그러한 판정 또

는 약속에 대한 재심사를 수행하여야 한다.[431)]

미국의 경우 대부분의 일상적인 상황변동은 정기적으로 수행되는 관세평가재심사에 의해 조사되므로 관세평가재심사와 별개로 진행될 만한 변동된 상황은 일반적으로 관세청의 관세예치 시의 혼란을 방지하기 위한 이슈들, 가령 사명의 변경, 회사의 통폐합 등에 한정되는 것이 일반적이다.[432)]

또한 중간재심사의 개시요건이 너무 높기에 미국의 경우 그러한 요청이 매우 적게 제출되며 실제로 수행되는 재심사는 더욱 미비한 상황이다.[433)]

Ⅱ. 실체적 규정

1. DOC 재심사

중간재심사와 관련하여 DOC의 관행은 다음과 같다. 즉, 반덤핑명령의 재심사에 정당한 이유를 제공하는 변동된 상황은 DOC에 의해 각 사안의 특수한 사실에 근거하여 판정된다. 미 국회는 재심사를 정당화시키는데 충분한 상황변동의 종류에 대해 엄격한 정의를 DOC에 제공하고 있지 않는데 이는 미 국회가 이러한 문제들은 추가적인 법령적 지침이 없이 개별적인 사안에 따라 결정함이 최선이라고 판단하였기 때문이다.

덤핑재발의 불가능성 이슈를 평가함에 있어 많은 사건에서 DOC는 3년간의 덤핑마진 부재와 응답자의 추후 덤핑하지 아니하겠다는 증명 및

---

431) 19 U.S.C. § 1675(b)(1).
432) 한국무역협회, 앞의 주 175, 173쪽.
433) Richard D. Boltuck and Seth T. Kaplan, *An Economic Approach to ITC Sunset Reviews*, Brookings Trade Forum, 1998, p.220.

추후 덤핑행위 발생 시 반덤핑명령의 즉각적인 회복에 동의한다는 내용
을 고려하였다.

덤핑재발의 가능성과 관련하여 DOC는 예를 들어 국내와 수출국 산
업의 상황 및 추세, 현금흐름, 외국업체가 덤핑판매 없이 미국시장에서
경쟁할 수 있는 능력, 해당 산업의 가격추세, 재고수준, 추후 덤핑의 가
능성 여부를 제시하고자 제출된 증거, 덤핑재발 시 발생 가능한 덤핑마
진 등 요소를 검토하는데 이러한 요소들 중 결정적인 것은 없으며 적절
한 경우 기타 요소들도 고려될 수 있다고 하고 있다.434)

예를 들어 중국산 브레이크 로터(Brake Rotors)에 대한 중간재심사에
서는 Fengkun Foundry사가 기존의 반덤핑 부과대상자인 Fengkun Meta-
llurgical사의 승계자인가 여부가 문제되었다. 즉, Fengkun Foundry사는
자신이 Fengkun Metallurgical사가 사명을 변경하여 이루어진 것이라고
주장하였으며 DOC는 이와 관련하여 두 회사의 지배구조, 생산시설, 공
급관계, 소비자 등 면에 있어서 변동이 발생하였는지를 검토하였다. 또한
DOC는 이들 중 하나 또는 여러 요소의 조합이 결코 승계관계를 판단함
에 있어 결정적인 지표로 되지는 않을 것이라는 단서를 달면서 일반적으
로 만약 신규회사의 경영상황이 전임회사와 비교하여 실질적인 변화가
없다면 승계자지위를 인정하여 준다고 명시하였다. 결과적으로 DOC는
증거기록을 전반적으로 보면 두 회사가 실질적으로 다른 회사가 아니므
로 Fengkun Metallurgical사의 덤핑마진을 승계하도록 승인하였다.435)

또한 중국산 옥탄디카본산(Sebacic Acid)에 대한 중간재심사에서는 별
도의 피해조사가 없이 부분적으로 반덤핑관세가 철회되었던 회사들에
대해 반덤핑관세가 재부과될 수 있는지 여부 그리고 국내 이해관계인의

---

434) WTO, *Notification of Laws and Regulations under Articles 18.5 and 32.6 of
the Agreements: Replies from the United States to Questions from Korea*, G /
ADP / Q1 / USA / 4, 17 October 1997, pp.2-5.

435) US Department of Commerce, *Issues and Decision Memorandum for the Final
Results of the Changed Circumstance Review: Brake Rotors from the People's
Republic of China(A-570-846)*, Federal Register: July 18, 2005(Volume 70, Number 136).

부재 시 그의 신청으로 개시된 중간재심사가 계속하여 수행되어야 하는지가 문제되었다.

우선 첫 번째 문제와 관련하여 DOC는 과거에 미소마진 이상의 덤핑마진을 받은 경험이 있는 조사대상업체에 대해서는, 반덤핑명령의 폐지 후 그 조사대상업체가 다시 덤핑을 하는 경우, 그 시점에 반덤핑명령이 발령 중이라면 그 조사대상업체를 다시 반덤핑명령에 즉시 복귀시킨다는 데 그 업체가 동의하는 것을 전제로 반덤핑관세가 관세평가재심사를 통해 철회될 수 있으며 이러한 경우에 만약 덤핑이 재개되면 반덤핑관세를 다시 부과할 수 있다고 판정하였다. 또한 이러한 경우 수행되는 중간재심사에서 피해에 대한 판정은 필요하지 아니하다고 판정하였다.

다음으로 두 번째 문제와 관련하여 DOC는 반덤핑 중간재심사를 신청한 국내의 유일한 관련 생산자가 재심사의 개시 후 해당 상품을 더 이상 생산하지 아니한 것만으로는 중간재심사를 철폐할 사유가 되지 못하며 더욱이 동 생산자는 중간재심사의 철회신청을 하지 아니하였고 실제 상황을 검토한 결과 국내 생산자가 생산을 정지한 이유는 중국업체의 덤핑으로 야기된 것이며 만약 중국업체에 대한 반덤핑관세의 부과가 재개되면 동 국내업체는 생산을 재개할 준비가 되어 있다고 판정하였다.[436)]

2. USITC 재심사

중간재심사를 수행함에 있어 USITC는 반덤핑명령 또는 판정의 폐지 시 실질적인 피해의 지속 또는 재발 가능성이 있는지 여부, 가격약속이 대상상품의 수입으로 야기된 피해를 계속하여 완전히 종식시키고 있는

---

436) US Department of Commerce, *Issues and Decision Memorandum for the Changed Circumstances Review and Reinstatement of the Antidumping Duty Order on Sebacic Acid from the People's Republic of China(A-570-825)*, Federal Register: March 30, 2005(Volume 70, Number 60).

지 여부, 조사정지가 실질적 피해의 지속 또는 재발 가능성을 야기할지 여부에 대한 판정을 내려야 한다.[437]

중간재심사와 관련하여 USITC의 관행은 다음과 같다. 국내산업이 덤핑 수입품으로 인해 실질적인 피해 또는 피해의 우려가 있는지 여부에 관한 최종피해판정에 대한 재심사를 개시하기 위하여 모든 이해관계인에 대한 통지와 의견을 종합하여 USITC가 이용 가능한 정보는 원심 때의 상황과 비교하여 상당한 변동이 있고, 그러한 상황변동이 반덤핑관세명령의 부과로 인한 자연적인 그리고 직접적인 결과가 아니며 또한 변동된 상황이 표시하는 바에 따르면 반덤핑명령의 폐지 시 국내산업에 대한 실질적 피해의 지속 또는 재발이 불가능함을 설득시키기에 충분한 것이어야 한다. 국내산업의 상황 또는 대상수입품이 당해 산업에 대한 영향을 취급하지 아니한 소위 상황변동은 분석에서 관련성이 없는 것으로 간주된다.[438]

중간재심사가 USITC에 의해 수행되는 기간 동안, 반덤핑명령 또는 판정의 폐지를 추구하는 일방은 변화된 상황이 그러한 폐지를 위한 정당한 이유를 제공하는지와 관련하여 설득할 책임을 지며, 조사정지의 종료를 추구하는 일방은 변화된 상황이 그러한 종료를 위한 정당한 이유를 제공하는지와 관련하여 설득할 책임을 진다.[439]

중간재심사에 있어, USITC는 만약 반덤핑명령의 폐지 또는 조사정지의 종료 시 합리적으로 예측할 수 있는 시간 내 실질적 피해의 지속 또는 재발 가능성에 대해 판정하여야 한다. USITC는 물량, 가격효과, 반덤핑명령의 폐지 또는 조사정지의 종료 시 대상상품의 수입이 국내산업에 미칠 수 있는 영향 등을 검토하여야 하며 구체적으로 다음의 내용들을 고려하여야 한다. (i) 물량, 가격효과, 반덤핑명령의 부과 또는 조사정지 전 대상상품의 수입이 국내산업에 미친 영향 등을 포함하여 USITC가 전에 내린 피해판정. (ii) 반덤핑명령 또는 조사정지와 관련된

---

437) 19 U.S.C. § 1675(b)(2).
438) WTO, *supra* note 434, pp.2-5.
439) 19 U.S.C. § 1675(b)(3).

산업의 상황이 개선되었는지 여부. (iii) 반덤핑명령의 폐지 또는 조사정지의 종료 시 국내산업이 실질적 피해를 입기 쉬운지 여부. (iv) 종료재심사절차에서 관세흡수에 대한 DOC의 판정.[440]

예를 들어 인도·태국산 민물새우(Certain Frozen Warmwater Shrimp and Prawns)에 대한 중간재심사에서 USITC는 쓰나미로 인하여 해당 국가 생산자들의 새우생산능력과 미국으로의 수출능력이 상당히 약화되어 반덤핑명령의 철폐 시 미국 새우산업에 대한 실질적인 피해의 지속 또는 재발 가능성이 있는지 여부에 한해 검토하였다. USITC에 의하면 쓰나미로 인하여 인도 및 태국 생산자들의 새우 생산 및 수출능력은 상당히 제한되지 아니하였으며 더욱이 반덤핑관세의 부과가 있음에도 불구하고 인도 및 태국으로부터의 해당 상품 수출은 쓰나미 발생 후 결코 감소하지 아니하였다. 또한 가공업자들이 제출한 설문답변서에 의하면 생산수준에 있어 매우 적은 변화만 발견되었으며 비록 부화장과 어업 분야의 새우산업은 가공 또는 농업 분야의 새우산업에 비해 큰 피해를 입었지만 이러한 영향으로는 생산 및 수출이 상당히 감소할 것임을 입증할 수 없다. 더 나아가 이용 가능한 데이터에 의하면 쓰나미가 발생하였음에도 불구하고 인도와 태국의 새우산업은 합리적으로 예상 가능한 장래에 존속 가능하고 발생 가능한 생산의 감소추세는 소규모이며 쓰나미 발생 전의 대규모적인 수출물량을 감안하면 이러한 소규모의 감소가 있다고 하여도 미국으로의 상당한 수출물량과 상당한 시장점유율은 유지될 것이다. 또한 예상되는 감소가 반덤핑관세의 부과로 인한 것인지 쓰나미로 인한 것인지를 구분하기도 어려우며 이 밖에 USITC는 미국의 새우산업이 여전히 취약한 상태이고 허리케인으로 인한 새우잡이선박과 가공공장의 파괴, 발생 가능한 물량과 가격효과 등을 포함한 국내산업의 상황이 악화될 것이라는 전망 등에 기초하여 반덤핑관세의 철폐 시 예견 가능한 시간 내에 피해의 지속 또는 재발 가능성이 있는 것으로 판정하였다.[441]

---

440) 19 U.S.C. § 1675a(a)(1).

441) United States International Trade Commission, *Certain Frozen Warmwater Shrimp*

1) 물 량

반덤핑명령의 폐지 또는 조사정지의 종료 시 대상상품의 수입물량에 대해 발생 가능한 상황을 검토함에 있어 USITC는 대상상품의 수입물량이 절대적인 면에서 또는 미국 내 생산, 소비에 비해 상대적인 면에서 상당한 수준일지 여부에 대해 검토하여야 하며 이와 관련하여 다음의 부분을 포함한 모든 관련 요소들을 검토하여야 한다. (i) 수출국 생산능력의 증가 가능성 또는 현존 유휴생산능력의 증가 가능성. (ii) 대상상품의 현존 재고 또는 재고품 증가의 가능성. (iii) 미국을 제외한 국가들에 대상상품을 수출하는 경우 현존하는 장벽. (iv) 현재에는 비록 다른 상품의 생산에 사용되고 있지만 장래에 대상상품의 생산에 투입될 수 있는 외국의 생산전환설비의 잠재력.[442]

2) 가 격

반덤핑명령의 폐지 또는 조사정지의 종료 시 대상수입품에 의한 가격효과의 발생 가능성을 검토함에 있어 USITC는 미국 내 동종상품과 비교할 경우 수입품에 의한 상당한 가격인하가 발생할 가능성이 있는지, 대상상품이 미국으로의 수입이 미국 내 동종상품의 가격에 대해 상당한 가격하락을 야기하거나 가격상승을 상당히 억제하는 효과를 일으킬 가능성이 있는지 등 사항을 검토하여야 한다.[443]

3) 국내산업에 대한 영향

반덤핑명령의 폐지 또는 조사정지의 종료 시 대상상품의 수입이 국내산업에 야기할 가능성이 있는 영향을 평가함에 있어, USITC는 다음의 요소들을 포함하여 미국 국내산업이 감수하게 될 가능성이 있는 모든

---

and Prawns From India and Thailand Determinations(751-TA-28-29), Federal Register: November 29, 2005(Volume 70, Number 228).

442) 19 U.S.C. § 1675a(a)(2).

443) 19 U.S.C. § 1675a(a)(3).

관련 경제지표를 검토하여야 한다. (i) 생산량, 판매, 시장점유율, 이윤, 생산성, 투자수익율, 설비가동률 등 면에서의 감소 가능성. (ii) 자금순환, 재고, 고용, 임금, 성장, 자본 또는 투자조달능력에 있어 발생 가능한 부정적 효과. (iii) 국내의 동종상품에 대한 모방 또는 더욱 선진적인 버전을 발전시키고자 하는 노력을 포함하여 당해 산업의 현재 발전과 생산노력에 대해 발생 가능한 부정적 효과. USITC는 영향을 받은 국내산업과 비교한 상업주기, 경쟁요건 속에서 상술한 모든 관련 경제지표를 검토하여야 한다.[444]

4) 판정의 기초

USITC가 고려하도록 규정된 어떠한 자료의 제출 또는 부재든지 USITC가 만약 반덤핑명령의 폐지 또는 조사정지의 종료 시 실질적인 피해의 시속 또는 재발 가능성 여부를 판정함에 있어 반드시 결정적인 지침으로 되지는 않으며, 그러한 판정을 내림에 있어 USITC는 폐지 또는 종료의 박두한 효과가 아니라는 것을 장기간에 걸쳐 입증하여야 한다.[445]

5) 덤핑마진의 크기

중간재심사에 따른 판정을 내림에 있어, USITC는 덤핑마진의 크기를 고려할 수 있다.[446]

6) 누적평가

만약 수입품들 간에 서로 경쟁 가능하고, 또한 미국 국내의 동종상품과도 경쟁 가능하며, 중간재심사와 종료재심사가 비슷한 날짜에 개시되었다면, USITC는 모든 국가들로부터의 대상상품의 수입물량과 영향에 대해 누적적으로 평가할 수 있다. 만약 수입품이 국내산업에 대해 인식

---

444) 19 U.S.C. § 1675a(a)(4).
445) 19 U.S.C. § 1675a(a)(5).
446) 19 U.S.C. § 1675a(a)(6).

가능한 부정적 효과를 야기할 가능성이 없다고 판단하는 경우 USITC는 대상상품의 수입물량과 수입효과에 대해 누적평가를 하지 못한다.[447]

7) 지역산업을 위한 특별규정

지역산업이 관련된 중간재심사 사건에서 USITC는 원심에서 정의된 지역산업, 확립된 기준을 충족시키는 기타 지역 또는 미국 전체를 기초로 판정을 내릴 수 있다. 하나의 지역산업에 대한 분석이 재심사의 판정을 위해 적절하다고 판단하는 경우, USITC는 만약 반덤핑명령의 폐지 또는 조사정지의 종료 시 확립된 기준이 충족되는지 여부에 대해 고려하여야 한다.[448]

Ⅲ. 절차적 규정

1. DOC 재심사

1) 재심사신청

이해관계인은 언제든지 반덤핑명령 또는 조사정지와 관련하여 중간재심사를 신청할 수 있으며 신청서가 제출된 후 45일 내 DOC는 중간재심사개시 여부를 결정한다.[449] 단 DOC는 만족할 만한 이유가 발견되지 아니하는 한 원심의 최종판정 또는 조사정지가 공고된 날로부터 24개월이 지나기 전에는 이에 대한 중간재심사를 개시하지 않는다.[450] 또한 만약 DOC가 변동된 상황이 재심사를 개시하기 위한 충분한 근거가 된

---

447) 19 U.S.C. § 1675a(a)(7).
448) 19 U.S.C. § 1675a(a)(8).
449) 19 C.F.R. § 351.216(b).
450) 19 U.S.C. § 1675(b)(4); 19 C.F.R. § 351.216(c).

다고 판정하는 경우 직권에 의해서도 중간재심사를 수행할 수 있다.[451]

2) 재심사판정

적시의 재심사신청을 접수한 후 또는 적절한 경우 DOC의 직권개시 후 DOC는 신속히 연방관보에 재심사개시공고를 게재하며 그 전후로 적절한 이해관계인 또는 기타 관계인(또는 만약 적절하다면 표본조사 대상자 또는 기타 관계인)에게 재심사를 위한 사실적인 정보를 요구하는 질의서를 송부한다. 만약 적절하다면 현지조사를 수행하고 이용 가능한 정보에 기초하여 재심사 예비판정을 제출하며 연방관보에 논평요청 및 만약 재심사가 덤핑마진의 판정을 포함한 경우, 판정된 덤핑마진 등 내용이 포함된 재심사 예비판정공고를 게재한다. 다음 재심사 최종판정을 제출하며 만약 재심사가 덤핑마진의 판정과도 관련된 경우 판정된 덤핑마진을 포함한 재심사 최종판정을 제출 및 연방관보에 게재한다.[452] DOC는 재심사 예비판정 및 최종판정에 자신이 예비조사 또는 최종조사에 근거하여 제안한 어떠한 행동에 대한 서술이든지 모두 포함시키며 만약 신속한 행동이 필요하다고 판단하는 경우 재심사개시 및 재심사 예비판정공고를 하나의 공고로 통합할 수 있다.[453]

조사기관은 최종판정이 제출된 후 합리적인 기간 내 동 판정에 대해 행정적 오류를 수정할 수 있는 절차를 확립하여야 하며 이러한 절차는 이해관계인이 그러한 오류에 대해 자신의 관점을 제출할 수 있는 기회를 보장해 줘야 한다.[454]

3) 기 한

DOC는 중간재심사가 개시된 날로부터 270일 내 최종판정을 내리며

---

451) 19 C.F.R. § 351.216(d).
452) 19 C.F.R. § 351.221(b).
453) 19 C.F.R. § 351.221(c)(3).
454) 19 U.S.C. § 1675(h).

만약 당해 절차에 참가한 모든 당사자가 재심사결과에 동의하는 경우 45일 내 최종판정을 내린다.[455]

2. USITC 재심사

1) 재심사신청

이해관계인은 USITC에 반덤핑 중간재심사를 신청할 수 있으며 또한 신속하게 원심의 이해관계인에게 신청서의 복사본을 제공하여야 한다. 모든 신청서에는 중간재심사를 개시하기 위하여 충분한 상황변동이 발생하였음을 입증하는 내용이 기술되어야 한다.[456]

2) 재심사신청 접수공고

재심사개시에 관하여 시기적절하고 충분하게 신청을 받은 후, 사무국은 재심사개시신청을 접수하였음을 연방관보에 공고하며 USITC가 중간재심사를 개시하여야 하는지 여부에 관해 공공의견을 구한다. 이러한

---

455) 19 C.F.R. § 351.216(e). 독일산 철강판재류(Corrosion-Resistant Carbon Steel Flat Products)에 대한 DOC의 중간재심사는 2006년 9월 12일 개시되었으며 10월 13일 예비판정을, 11월 13일 최종판정을 내렸고 결과적으로 국내산업의 이익이 결여하다는 이유로 독일산 철강판재류에 대한 반덤핑관세를 철회하였다. US Department of Commerce, *Notice of Final Results of Antidumping Duty Changed Circumstances Review and Revocation of Order In Part: Certain Corrosion-Resistant Carbon Steel Flat Products from Germany(A-428-815)*, Federal Register: November 13, 2006(Volume 71, Number 218).

456) 19 C.F.R. § 207.45(a). 인도·태국산 민물새우에 대한 중간재심사에서 USITC는 원심의 피해투표를 할 때 직전에 발생한 쓰나미가 인도 및 태국의 새우산업에 영향을 미쳤을 가능성이 있음에 주의하였고 따라서 원심의 판정 후 중간재심사개시 여부에 대해 의견을 청취한 후 충분한 정보를 접수하였다고 판정을 내려 중간재심사를 개시하였다. 일상적으로 이러한 재심사는 원심의 판정 이후 24개월 내에는 이루어지지 아니함에도 불구하고 본 사건에서 USITC는 발생한 상황의 특수성에서 기인하여 그 전에 재심사를 개시한다고 명시하였다. United States International Trade Commission, *supra* note 441.

공공의견을 제출할 수 있는 기간은 최소한 공고가 공포된 후 30일간 부여된다.[457]

3) 재심사개시

공공의견을 제출할 수 있는 기간이 만료한 후, USITC는 신청서가 재심사를 개시할 수 있는 충분한 상황변동을 제시하였는지에 대해 판단하며 긍정적인 판단이 내려지면 중간재심사를 개시하여야 한다. USITC는 직권에 의해서도 중간재심사를 개시할 수 있다. 재심사의 개시공고는 연방관보에 게재되어야 하며 공고가 공포된 후 120일 내 종료되어야 한다. 단지 USITC가 적절하고 충분한 이유를 제시하는 경우에는 이러한 기한에 대해 변경, 포기, 정지 또는 철회할 수 있다. USITC는 신청서에 재심사를 개시할 수 있는 충분한 상황변동이 제시되지 못하였다고 판단하면 재심사신청을 취하하며 그 취하이유를 포함한 공고를 연방관보에 게재하여야 한다.[458]

4) 재심사수행

USITC의 중간재심사 조사절차는 원심에서의 절차를 적용한다.[459]

5) 조사정지의 기초로 되는 판정의 종료

만약 중간재심사에 있어 가격약속이 계속하여 대상상품에 대한 수입품의 피해를 종식시키는가 여부에 관한 USITC의 판정이 부정적이라면, 가격약속은 USITC의 판정이 게재된 날로부터 수락되지 아니한 것으로 간주된다.[460]

---

457) 19 C.F.R. § 207.45(b).
458) 19 C.F.R. § 207.45(c). 인도·태국산 민물새우에 대한 중간재심사에서 USITC는 2005년 5월 5일 조사개시를 하였음에도 불구하고 11월 29일에야 최종판정을 내렸으며 재심사개시와 더불어 USITC는 120일의 기한을 준수할 수 없는 상황이어서 그 기한을 조정한다고 명시하였다. *supra* note 441.
459) 19 C.F.R. § 207.45(d).

Ⅳ. 소 결

미국의 중간재심사규정은 덤핑과 피해의 가능성 판정과 관련하여 검토되어야 할 요소들을 명확히 규정하고 있다. 또한 중간재심사는 DOC의 덤핑 가능성 판정과 USITC의 피해 가능성 판정으로 나뉘며 양자를 동시에 요청하거나 또는 택일하여 요청할 수 있다. 단 DOC의 덤핑 가능성 판정에 있어서는 일반적으로 원심 종료 후 24개월 내에는 중간재심사신청을 제한하고 있는데 이는 미국이 소급적인 관세평가시스템을 갖고 있는 데서 그 이유를 찾을 수 있을 것이다. 즉 원심 종료 후 1년이 지나면 관세평가재심사가 개시되며 따라서 이러한 관세평가재심사가 상당한 부분에서 덤핑 가능성 판정과 관련하여서는 중간재심사에서의 덤핑 가능성 판정과 중복되는 기능을 갖고 있기 때문이다. 실제로 미국의 경우 관세평가재심사의 개시가 많은 것에 비해 중간재심사의 발동은 적은 것으로 보이며 특히 USITC에 의한 중간재심사는 더욱 적은 편이다.[461]

---

460) 19 U.S.C. § 1675(f).
461) 1980년부터 2004년까지 USITC에 의해 개시된 중간재심사는 오직 29건뿐이다. USITC, *Import Injury Investigations Case Statistics(FY 1980-2004)*, 2005, p.67.

제3절 EU의 반덤핑 중간재심사제도

Ⅰ. 서

　　EU반덤핑규칙은 제11.3조에서 중간재심사제도를 규정하고 있는바 즉 현재 부과 중이거나 시행 중인 반덤핑관세 또는 가격약속은 중간재심사의 대상이 된다.

　　중간재심사는 상품의 범위에 대한 검토 또는 반덤핑조치의 기타 양식에 대한 검토에만 한정될 수 있다. 많은 사례에서 중간재심사는 유럽위원회가 EU이사회의 조치 채택 시 요청에 의해 직권으로 개시한다. 공동체생산자는 비록 자신이 원심의 신청에 참여하지 않았다 하더라도 중간재심사를 요청할 수 있으며 단 이러한 신청은 EU반덤핑규칙 제4조에서 규정한 공동체산업의 요건에 부합되는 생산자 또는 그의 이익을 위하여 제출된 것이어야 한다. 국내산업 또는 외국 공급자에 의한 중간재심사신청은 반덤핑 최종판정이 내려진 후 1년이 지난 후에야 가능하지만 유럽위원회의 직권개시 또는 회원국의 신청에 따른 재심사개시 등 경우에는 이러한 시간적 제한이 적용되지 않는다.462)

　　만약 재심사결과로 인해 기존의 조치가 유지되거나 수정되는 경우에, 중간재심사가 덤핑과 산업피해 모두에 대해 조사를 실시한 경우에 한해, 기존의 반덤핑 규제조치의 적용기간과는 무관하게 새로운 5년간의 반덤핑 규제조치기간이 적용된다. 반면, 덤핑과 산업피해 모두에 대한 중간재심사가 아닌 부분적 재심사의 경우에는, 기존의 반덤핑 규제조치의 적용

---

462) Ivo Van Bael and J. P. Bellis, *supra* note 244, p.426.

기간 내에서 단지 기존의 조치가 그대로 유지되거나 수정될 뿐이다.463)

Ⅱ. 실체적 규정

정당한 사유가 있는 경우 회원국의 요청이나 유럽위원회의 직권으로 또는 직전조사 종결 이후 최소 1년 경과시점부터464) 국외 수출자, EU 내 수입자 또는 EU 내 생산자 등 이해관계인이 중간재심사의 필요성에 대한 증거와 함께 동 재심사를 유럽위원회에 요청하는 경우 유럽위원회는 이를 회원국에 통보하고 자문위원회의 협의를 거쳐 재심사를 개시하게 된다.465) 이러한 중간재심사의 신청에 있어, 반덤핑조치의 계속적 부과가 덤핑을 상쇄하는 데 더 이상 필요하지 않고 반덤핑조치가 폐지되어도 피해가 지속되거나 재발할 우려가 없다는 것 또는 현재 부과 중이거나 시행 중인 반덤핑조치가 피해를 초래하는 덤핑을 상쇄하기에 충분하지 않다는 것 등에 대한 충분한 증거를 포함하고 있어야 한다.466) 중간재심사는 제품의 범위를 명확히 하기 위한 의도로도 신청할 수 있다.467)

중간재심사를 수행하는 과정상 주요한 검토사항으로는 기존조치의 부과결정을 위한 조사 당시의 상황에 비하여 재심사대상기간의 덤핑과 피해가 상당한 수준으로 변경되었는지 여부 또는 현재 부과 중인 조치가 원심에서 피해를 제거하고자 의도되었던 결과를 달성하였는지 여부 등이다. 이와 관련하여 유럽위원회는 최종판정을 내림에 있어 적시적으로

---

463) 이재원, 앞의 주 242, 179쪽.
464) 이러한 1년의 경과시점에 대한 요구는 회원국의 요청이나 유럽위원회의 직권에 의한 재심사개시의 경우에는 필요하지 않다.
465) EU반덤핑규칙 제11.3조1단.
466) *Ibid.*, 2단.
467) Ivo Van Bael and J. P. Bellis, *supra* note 244, p.418.

제출된 모든 관련 증거문서에 대해 검토하여야 한다.[468]

중간재심사의 결과는 재심사가 개시된 기초에 근거하여 결정되지 아니하며 EU이사회는 심지어 덤핑과 피해마진의 감소에 관한 명백한 증거가 신청에 포함되었다 할지라도 관세의 수준을 높일 수 있다. 중간재심사는 서로 다른 결과를 가져올 수 있는데 즉 반덤핑관세가 수정될 수 있고 가격약속이 관세에 의해 대체되거나 또는 관세가 가격약속에 의해 대체될 수도 있다. 물론 조치가 철폐되거나 개별 회사의 관세세율이 인하되거나 반덤핑조치의 형태가 수정되고 발견된 덤핑과 피해의 수준에 따라 그 수준이 조정될 수도 있다. 이 밖에도 반덤핑조치의 상품범위가 명백화되거나 공동체생산이 전무한 경우 조치가 철폐될 수도 있다.

중간재심사에서도 피해검토는 두 부분으로 나뉜다. 즉 유럽위원회는 우선 덤핑과 피해를 소급적으로 평가하여 만약 덤핑과 피해가 변경되었다고 판단하면 이러한 변경이 영속적인가 여부에 대해 추급적으로 평가한다. 만약 이러한 변경이 일시적이 아니라고 판단하면 상응하게 해당 조치를 조정한다.[469]

이와 관련하여 한국산 폴리에스터(Polyester Staple Fibres)의 반덤핑조사에 있어 유럽위원회는 관세환급을 정상가격에서 반영하는 데 있어 원심과 중간재심사에서 각각 다른 방법론을 적용한 바 있다. 유럽위원회는 원심 때 적용한 방법론에 문제가 있었다는 이유로 중간재심사에서는 전혀 새로운 방법론을 적용한 바 있는데, 이렇듯 관세환급 자체와 관련된 규정이나 절차 등에 있어 전혀 변경된 것이 없음에도 불구하고 단지 원심 때의 방법론에 오류가 있었다는 이유로 중간재심사에서는 전혀 새로운 방법론을 적용한 바 있다.[470]

덤핑의 지속 또는 재발 가능성 여부를 판단함에 있어 유럽위원회는

---

468) EU반덤핑규칙 제11.3조3단.

469) Ivo Van Bael and J. P. Bellis, *supra* note 244, p.261.

470) *Polyester Staple Fibres Originating in the People's Republic of China, Saudi Arabia, Republic of Korea and Taiwan*, Council Regulation 428 / 2005, recital 255-242.

수출국 생산자의 설비가동률, 유휴생산능력, 시장점유율, 덤핑판정을 받은 제3국 및 EU에 대한 수출증가 여부, 수출국 국내에서의 판매량, 생산능력 확충계획 여부 등 내용을 종합적으로 검토하고 있다.

예를 들어 한국·대만산 폴리에스터사건에서 유럽위원회는 대만의 경우 수출하고 있는 생산자들의 설비가동률이 73%에밖에 미치지 못함에도 불구하고 생산능력은 감소하였으며 또한 설비가동률은 이러한 수준을 계속 유지하고 있다고 하였다. 또한 생산시설을 베트남이나 중국 등 생산성이 나은 국가들로 이전하였으며 비록 이용 가능한 유휴생산능력이 존재하지만 EU로의 수출은 결코 반덤핑조치의 종료로 인하여 증가하지 않을 것이라고 판단하였다. 이들의 주요 수출국은 EU가 아니며 조사대상기간과 비교할 경우 EU 내에서의 시장점유율은 안정된 수준을 보이고 있는가 하면 기타 국가들로의 수출에 있어 반덤핑조치가 역시 적용되고 있지만 수출은 오히려 증가하고 있다고 하였다. 이 밖에 수출국 국내에서의 판매량도 안정된 수준을 유지하였고 이러한 점을 감안한다면 덤핑의 재발은 일어나지 않을 것으로 보았다. 또한 EU로의 수출가격은 제3국으로의 수출가격에 비해 높으며 반덤핑관세를 부과당하고 있음에도 불구하고 수출이 상당한 점 그리고 국내가격이 안정적이어서 정상가격의 인상 가능성의 부재 등을 감안하여 결론적으로 조치의 종료로 인하여 덤핑이 재발하지 아니할 것이라고 결론지었다. 결국 대만에 대한 반덤핑조치를 종료하였으며[471] 한국의 경우에도 이와 비슷한 이유로 덤핑마진을 인하하였다.[472]

또한 대만산 열가소성고무(Styrene-butadiene-styrene Thermoplastic Rubber)사건에서 유럽위원회는 대만시장에서 조사대상상품의 역내가격 인상이 가능하며 또한 수출가격의 인상도 가능함이 검토되었고 안정적인 국내시장을 갖고 있고 원심 시와 비교하여 역내가격이 인상되었으며 심지어 가공하지 않은 원료가격에 비해서도 높다고 하였다. 기타 시장으로의 수출

---

471) *Ibid.*, recital 163-172.
472) *Ibid.*, recital 149-161.

과 관련하여 EU시장은 그중 아주 작은 비중만 차지하고 있으며 수출가격도 안정하게 인상되었는바 반덤핑조치의 종료로 인하여 덤핑이 재발할 위험이 크지 않다고 판정하였다. 결과적으로 이러한 점들을 감안하여 반덤핑조치를 종료하였다.[473]

이 밖에 한국·대만산 폴리에틸렌 테레프탈염산(Polyethylene Terephthalate)사건에서 유럽위원회는 EU로의 수출가격은 재심사대상기간에 원심에서의 조사대상기간에 비해 대폭 증가하였으며 또한 해당 회사들은 높은 설비가동률을 유지하고 현존 생산능력을 증가할 어떠한 계획이 없다고 판정하였다. 그리고 이러한 이유로 인하된 덤핑마진을 적용하였으며 대만의 경우도 이와 유사하였다.[474]

EU는 반덤핑규칙 제21조에서 공익조항을 두고, 모든 조사건에 대하여 그 검토를 수행하고 있는바, 중간재심사에 대하여도 동일하게 적용하고 있다. 즉, 기존조치의 지속 또는 연장이 EU의 공익에 부합되는지 여부를 검토하고 있다.[475]

중간재심사는 덤핑이나 피해에 대한 검토 중 한 가지만 수행하는 부분적 재심사와 양자에 대해 모두 검토하는 전면적 재심사로 나뉘며 중간재심사가 반덤핑조치의 덤핑과 피해판정에 대해 모두 수정 또는 유지한 경우, 추가로 5년이라는 기간이 동 수정 또는 유지판정 시로부터 개시된다. 반대로 부분적인 중간재심사는 원심조치의 유효기간에 영향주지 않는다.[476]

---

473) *Styrene-Butadiene-Styrene Thermoplastic Rubber Originating in the Republic of Korea, Russia and Taiwan*, Council Regulation 1372 / 2005, recital 121-124.

474) *Polyethylene Terephthalate Originating inter alia in the Republic of Korea and Taiwan*, Council Regulation 83 / 2005, recital 47-54.

475) Wolfgang Mueller *et. al.*, *supra* note 248, p.336.

476) Ivo Van Bael and J. P. Bellis, *supra* note 244, pp.427-429.

Ⅲ. 절차적 규정

중간재심사는 자문위원회의 자문을 거쳐 유럽위원회가 재심사개시결정을 하게 되며, 기존 부과되고 있는 반덤핑조치는 중간재심사를 통해서 철회, 유지 또는 수정된다. 개별적인 수출자에 대하여 반덤핑조치가 철회되었으나 당해 수출국 전반에 대한 철회가 아닌 경우, 동 수출자는 계속하여 추후절차의 대상으로 남게 되며 당해 국가를 대상으로 수행되는 추후의 어떠한 재심사에서든지 재심사의 대상으로 된다.[477]

EU반덤핑규칙 중 원심의 절차, 조사수행과 관련된 조항들은 기한과 관련된 조항을 제외하고 중간재심사에 적용되고 있다. 중간재심사는 신속히 수행되어야 한다. 일반적으로 재심사개시 일로부터 12개월 내 종결되어야 하며 어떠한 경우에도 재심사개시 일로부터 15개월 내에는 종결되어야 한다. 만약 종료재심사와 더불어 중간재심사가 병행되었다면 중간재심사는 종료재심사에서 예측 가능할 수 있도록 종료재심사보다 먼저 종결되어야 한다. 유럽위원회는 어떠한 조치를 취할 것인지에 관한 제안을 상술한 최후기한 만료 1개월 전에 EU이사회에 제출하여야 한다. 만약 재심사가 상술한 최후기한 내 종결되지 못하고 종료재심사와 중간재심사가 병행되는 경우 중간재심사는 종료된다. 여기에서 병행은 종료재심사가 중간재심사의 수행 중에 개시되었거나 양자가 동일한 시간에 개시된 경우를 모두 포함한다. 중간재심사의 판정내용은 EU관보에 게재되어야 한다.[478]

만약 상황변동이 없음이 입증된다면 유럽위원회는 덤핑판정 및 표본조사와 관련하여 원심에서 적용된 방법과 동일한 방법을 적용하고 있으며[479] 원심에서 적용되는 방법을 이용하여 수출가격의 신뢰도를 검토하여야 한

---

477) EU반덤핑규칙 제11.6조.
478) *Ibid.*, 제11.5조.
479) *Ibid.*, 제11.9조.

다. 그러나 수출가격을 구성하기로 결정하는 경우, 수출가격을 산정함에 있어 만약 반덤핑관세가 EU에서의 재판매가격과 추후의 판매가격에 반영되었음이 입증된다면 지불한 반덤핑관세의 수량을 공제하지 말아야 한다.[480]

조사기관이 강제적인 재심사기한 내 재심사를 수행하지 못하는 경우 재심사가 개시되지 아니한 것과 같은 상황으로 되며 중간재심사의 경우 기존조치는 변경됨이 없이 지속된다. 그러나 이는 결코 조사기관이 강제적인 기한으로부터 자유로움을 의미하지는 않으며 이를 준수하지 못하는 경우 사법재심사의 대상으로 된다. 또한 재심사가 규정된 기한 내 종결되지 못하는 경우 수출자와 수입자는 재심사신청을 재차 제출할 수 있다.[481]

중간재심사가 반덤핑조치의 종료가 임박한 시점에서 개시되는 경우 이러한 재심사는 종료재심사에서 열거된 상황도 포함하여야 한다.[482]

중간재심사의 개시는 유럽위원회가 재심사대상기간을 새로이 설정하여 새로운 조사를 행한다는 것을 의미한다. 이러한 조사의 재개는 법적으로는 새로운 조사의 개시라는 형식을 취하고 그 재심사대상기간도 최초의 절차와 동일한 것이 보통이다. 이러한 중간재심사에서 당국은 잠정관세를 부과하지 않고 직접적으로 확정관세를 부과하기도 한다.[483]

EU는 반덤핑 중간재심사를 개시한 후 그 전에 개시된 신규조사에서 중간재심사의 대상상품에 대해서도 조사하는 경우 중간재심사를 종료하고 있다. 예를 들어 러시아산 방향성 전기강판(Certain Grain Oriented Electrical Sheets)사건에서 유럽위원회는 직권에 의한 중간재심사를 개시하였으며 원심에서의 확정반덤핑관세 부과 후 조사가 진행된 미국·러시아산 규소전기강(Grain Oriented Flat-rolled Products of Silicon-electrical Steel)사건을 통해 반덤핑관세가 부과된 상품에 방향성 전기강판이 포함되었다는 이유로 중간재심사를 취소하였다.[484]

---

480) *Ibid.*, 제11.10조.
481) WTO, *supra* note 265, pp.3-5.
482) EU반덤핑규칙 제11.7조.
483) Edwin A. Vermulst and Paul Waer, *supra* note 261, p.124.
484) *Grain Oriented Flat-Rolled Products of Silicon-Electrical Steel Originating in the*

Ⅳ. 소 결

EU반덤핑규칙상 중간재심사와 관련한 규정은 반덤핑협정의 규정에 비해 상세하며 또한 이러한 재심사에서 원심과 같은 조사방법과 조사절차를 적용하도록 하고 있는 점에서 높이 평가된다. 이 밖에도 15개월이라는 최장 조사기한을 도입하였다는 점에서도 반덤핑협정에 비해 더욱 엄격한 규정을 둔 것으로 판단된다.

EU는 중간재심사를 통하여 해당 회사에 대해 반덤핑관세가 철회되었더라도 당해 수출국 전체에 대한 철회가 아니라면 이러한 회사는 추후의 재심사에 참여하여야 하는 부담감을 안게 되는 특점도 있다.

제4절 중국의 반덤핑 중간재심사제도

Ⅰ. 서

MOFCOM은 반덤핑조치(가격약속 포함)의 유효기간 내에 반덤핑조치의 부과 후 변화된 정상가격, 수출가격을 근거로 원래의 형식과 수준에 따라 반덤핑조치를 계속하여 부과하는 필요성에 대하여 신청에 따라 조

United States of America and Russia, Council Regulation 1371 / 2005, recital 3.

사개시를 하여 중간재심사를 수행할 수 있으며 중간재심사의 신청이 없더라도 정당한 이유가 있다면 직권조사를 개시하여 중간재심사를 수행할 수 있다.[485] 재심사절차는 반덤핑조례상 반덤핑원심에 관한 규정을 참조하여 집행하며[486] 재심사기간에 재심사절차는 반덤핑조치의 시행에 영향주지 않는다.[487]

중간재심사는 반덤핑조치를 취한 후, 반덤핑조치를 취하게 된 해당 요소에 변화가 발생하여 조사기관이 반덤핑조치를 계속하여 실시할 것인지 여부에 대해 심사하는 것이며 예를 들어 국내산업이 당해 제품을 더 이상 생산하지 아니하거나 국내에 이미 해당 산업이 부재하는 경우로서 이러한 경우에는 더 이상 덤핑과 피해가 존재하지 아니한다.[488]

---

485) 반덤핑조례 제49조, 덤핑·덤핑마진중간재심사잠정규칙 제3조-제4조. 2006년 12월 1일 현재 MOFCOM은 10건의 중간재심사를 개시하였는데 즉 한국·일본·미국산 TDI사건, 한국현대석유화학주식회사산 합성고무사건, EU산 카데콜사건, 한국·말레이시아·싱가포르·인도네시아산 아크릴산에스테르사건, 한국·러시아·우크라이·카자흐스탄산 냉연철강사건, 한국산 폴리에스테르칩사건, 한국산 폴리에스테르필름사건, 러시아산 합성고무사건, 일본·미국·독일·이란·말레이시아·대만·멕시코산 에틸알콜아민사건, 한국금호석유화학주식회사산 합성고무사건이 있으며 이 중 폴리에스테르필름사건, 냉연철강사건과 카데콜사건, 한국현대석유화학주식회사산 합성고무사건, 러시아산 합성고무사건, TDI사건의 경우 최종판정이 내려진 상황이다. TDI사건, 카데콜사건의 경우 국내 생산자의 신청에 의해, 합성고무사건, 아크릴산에스테르사건, 폴리에스테르칩사건, 폴리에스테르필름사건, 에틸알콜아민사건의 경우 외국업체의 신청에 의해, 냉연철강사건의 경우 MOFCOM의 직권에 의해 중간재심사가 개시되었다.

486) 반덤핑조례 제51조.

487) *Ibid.*, 제52조.

488) 王振淸, 馬軍, "反傾銷案件行政復審, 行政復議與司法審査", 『法學雜誌』2003年 第3期, 28頁.

Ⅱ. 실체적 규정

한국·러시아·우크라이나·카자흐스탄산 냉연철강사건에서 MOFCOM
은 국제냉연철강시장시세, 중국냉연철강시장시세, 중국냉연철강의 향후
가격추세 및 수급상황에 대한 분석을 통해 향후 전 세계적으로 철강가격
은 여전히 일정한 수준을 유지할 것이고 중국의 철강 및 냉연철강 가격도
비교적 높은 수준을 유지할 것이며 중국냉연철강자원은 단계적인 부족국
면이 발생하게 될 것이라고 판단하였다. 때문에 MOFCOM은 국제시장상
황 및 중국 수급관계에 실질적인 변화가 발생하여 냉연철강자원이 단계적
인 결핍현상이 나타나 현재의 시장상황에서 계속하여 반덤핑관세를 부과
할 필요성이 없다고 판단하여 반덤핑관세를 중지하였다. 단, 반덤핑관세
중지기간 중 만약 냉연철강시장상황 및 수급관계에 재차 실질적인 변화가
발생하면 각 이해관계인은 MOFCOM에 신청서를 제출하여 반덤핑관세
회복의 필요성에 대해 재차 심의해 줄 것을 신청할 수 있다고 하였다.[489]

또한 한국산 폴리에스테르필름사건의 경우 도레이새한회사는 전 대외
무역경제합작부에 신청서와 보충신청서를 제출하여 동 회사에 적용되는
반덤핑관세세율에 대해 재심사를 개시하여 주고 덤핑마진을 계산하여
줄 것을 신청하였으며 또한 반덤핑관세의 적용범위에 대해 재심사하여
자성 폴리에스테르필름은 반덤핑관세의 최종적용대상에서 배제하여 줄
것을 신청하였다. 이에 MOFCOM은 "자성 폴리에스테르필름과 기타 폴
리에스테르필름은 물리, 화학특성에 있어 실질적인 구분이 없고 생산원
료, 생산공예가 같으며 일정한 정도에서 상호대체 가능하고 최종용도에
있어 일정한 차이가 존재하지만 아직 자성 폴리에스테르필름을 배제할
수 있는 충분한 이유로 되지 못한다. 양자는 상호경쟁관계에 있으며 같

---

489) 商務部, "對進口冷軋板卷中止執行反傾銷措施的復審裁定", 2004年 商務部公告
　　第53號 公布.

은 세번(HS Code)하에 있는 상품이다. 때문에 자성 폴리에스테르필름과 비자성 폴리에스테르필름은 동종상품에 속하며 따라서 반덤핑조치의 적용범위에서 배제되지 말아야 한다."고 판정하였다. 덤핑마진과 관련하여서는 한국 도레이새한회사에서 생산된 폴리에스테르필름의 반덤핑관세세율을 0%로 조정하였으며 한국산 수입 폴리에스테르필름에 대해 반덤핑조치를 시행하는 기간 중 도레이새한회사는 관련된 재심사에 참가해야 한다고 하였다.[490]

한국·말레이시아·싱가포르·인도네시아산 아크릴산에스테르사건에서 말레이시아 BASF사의 중국 내 관련 수입자는 BASF사로부터 수입한 아크릴산에스테르와 관련하여 이미 납부한 반덤핑관세를 환급하여 줄 것을 신청하였으나 이해관계인의 부담을 줄이기 위하여, MOFCOM은 BASF사의 중국 내 관련 수입자의 관세환급신청에 대한 단독적인 심사를 잠시 중지하고 중간재심사 조사결과에 따라 관세환급 여부를 공포하기로 하였다. 결국 조사결과 BASF사의 덤핑마진은 여전히 4%이며 이러한 조사결과에 근거하여 MOFCOM은 BASF사의 중국 내 관련 수입자의 관세환급신청을 거부하였다.[491]

이 밖에 한국산 폴리에스테르칩사건에서 MOFCOM은 한국 효성회사에 적용되는 반덤핑관세세율을 52%에서 26%로 하향 조정하였으며[492] EU산 카데콜사건의 경우 프랑스 Rhodia유기화공유한회사, 이탈리아 Borregaard유한회사에 적용되는 반덤핑관세율을 20%, 27%에서 각각 50%, 41%로 인상하였다.[493]

물론 이러한 재심사판정에 불복할 경우 이해관계인은 행정심판 또는 행정소송을 제기할 수 있다.[494]

---

490) 對外貿易經濟合作部, "關于對韓國東麗世韓公司的復審裁定", 2003年 對外貿易經濟合作部公告 第1號 公布.
491) 商務部, "丙烯酸脂期中復審裁決公告", 2005年 商務部公告 第40號 公布.
492) 商務部, "關于對原産于韓國曉星公司的進口聚酯切片所適用的反傾銷措施的期中復審裁定", 2005年 商務部公告 第18號 公布.
493) 商務部, "隣苯二酚反傾銷期中復審裁定", 2005年 商務部公告 第61號 公布.

Ⅲ. 절차적 규정

1. 조사개시

국내산업 또는 국내산업을 대표하는 자연인, 법인 또는 관련 조직(이하 국내산업), 관련 국가(지역)의 수출자 또는 생산자, 국내 수입자는 모두 MOFCOM에 중간재심사를 신청할 수 있다.[495] 중간재심사신청은 반덤핑조치의 발효 후 매 1년 만기일로부터 30일 이내에 제출하여야 하며[496] 재심사판정에 대한 중간재심사를 신청하는 경우, 재심사판정의 발효 후 1년 만기일로부터 30일 이내에 제출하여야 한다.

수출자 또는 생산자가 중간재심사를 신청하는 경우, 신청 전 12개월 이내에 중국에 반덤핑조치 부과대상상품(이하 조사대상상품)을 수출한 적이 있어야 한다. 여기서 수출은 일정한 수량에 달하고 정상적인 수출가격을 확정할 수 있는 수준이어야 하며 동 수량은 조사대상상품의 정상적인 상업거래량에 따라 확정하여야 한다.[497] 수출자 또는 생산자의 중간재심사신청은 서면형식으로 제출하여야 하고, 신청인의 법인대표

---

494) 반덤핑조례 제53조.

495) 덤핑·덤핑마진중간재심사잠정규칙 제5조.

496) 한국산 폴리에스테르필름사건의 경우 1년 만기일로부터 46일째 되는 날 신청을 제출하였는데 이로부터 동 기한은 절대적인 것이 아님을 알 수 있다. 단지 동 사건의 경우 2000년 8월 25일 원심에서 최종판정이 내려졌는데 그중 한국새한회사에 적용된 반덤핑관세세율은 33%였다. 1999년 한국새한회사는 일본도라이주식회사와 합자하여 한국도라이새한회사를 설립하였으며 합자협의에 따라 폴리에스테르필름과 관련된 모든 자산을 한국도라이새한회사에 투입하였다. 이로 2001년 2월 1일 한국도라이새한회사는 한국새한회사에 적용한 33%의 반덤핑관세세율을 동 회사에도 적용할 것을 신청하였으며 세관총서는 국무원관세세칙위원회의 결정에 근거하여 한국도라이새한회사에서 생산된 폴리에스테르필름에 대해서도 33%의 반덤핑세율을 적용한다고 공포하였다. 2001년 10월 11일, 한국도라이새한회사는 반덤핑 중간재심사를 신청하였으며 2001년 11월 12일 신청서를 보완, 제출하였다.

497) 덤핑·덤핑마진중간재심사잠정규칙 제7조.

또는 수권인이 정식으로 서명하여야 한다. 수출자 또는 생산자의 중간재심사신청은 다음의 증거와 자료를 첨부하여야 한다. (ⅰ) 신청인의 명칭, 주소와 기타 관련 상황. (ⅱ) 신청 전 12개월 내 신청인의 국내판매상황. (ⅲ) 신청 전 12개월 내 신청인이 중국으로의 수출상황. (ⅳ) 덤핑마진의 계산에 필수적인 각종 조정 및 덤핑마진의 초보적 계산결과. (ⅴ) 신청인의 설명이 필요하다고 간주하는 기타 내용. 제(ⅰ)호부터 제(ⅳ)호까지의 자료는 반덤핑원심의 질의서에서 요구된 내용 및 형식에 따라 제출하여야 한다.498) 수출자 또는 생산자의 중간재심사신청은 비밀문서(신청인이 비밀유지신청을 한다면)와 공개문서로 분류하며, 비밀문서와 공개문서는 모두 원본 1부와 사본 6부씩 제출하여야 한다.499) MOFCOM은 수출자 또는 생산자의 재심사신청 접수일로부터 근무일 기준 7일 내에 원심 신청인에게 통지하여야 하며 원심 신청인은 통지를 접수한 날로부터 21일 내에 재심사에 대해 의견을 제출할 수 있다.500)

여기서 조사기관에 의한 재심사절차와 이해관계인의 청구에 의한 재심사절차에는 차이점이 존재한다. 우선, 이해관계인이 재심사를 청구하는 경우에는 상기에서 서술한 관련 자료들을 제출해야 하며 반덤핑조치 발효 후 매 1년 만기일501) 이후에만 재심사가 가능하도록 규정하고 있는데502) 이는 재심사신청의 남용을 방지하기 위한 것이다. 그러나 조사

---

498) *Ibid.*, 제9조.

499) *Ibid.*, 제10조.

500) *Ibid.*, 제11조. 반덤핑원심 신청인이 재심사를 할 것인가에 대해 발표하는 의견은 기타 재심사를 신청한 수출자 또는 생산자를 포함한 이해관계인이 입수 가능하다. WTO, *Notification of Laws and Regulations under Articles 18.5 and 32.6 of the Agreements Replies to the Questions Posed by Argentina Regarding the Notification of China*, G / ADP / Q1 / CHN / 18, 7 May 2003, p.4.

501) 반덤핑조례에서는 일정한 합리적인 기간이 경과한 후라고만 규정하고 있었고 덤핑·덤핑마진중간재심사잠정규칙(제6조)에서는 동 기한에 대해 명확하게 규정하고 있다. 한국·러시아·우크라이나·카자흐스탄산 냉연철강사건에서 MOFCOM은 반덤핑관세의 부과 후 냉연철강의 국제시장상황 및 국내의 수급관계에 실질적인 변화가 발생하여 직권에 의한 중간재심사를 개시하였다.

502) 덤핑·덤핑마진중간재심사잠정규칙 제6조 동 조항은 일반적인 상황의 사건만 규율하며, 반덤핑조치 또는 중간재심사판정의 발효 후 1년이 경과하기 전 상황의 변경에

기관이 직권으로 중간재심사를 개시하는 경우에는 정당한 이유가 있는 경우503)면 가능하며 개시기간에 구속을 받지 않는다.504) 중국의 덤핑·덤핑마진중간재심사잠정규칙[傾銷及傾銷幅度期中復審暫行規則]은 덤핑과 덤핑마진에 대한 중간재심사에만 적용되며 피해, 상품범위조정 등 내용의 중간재심사에는 적용되지 않는다. 따라서 이러한 1년의 규정은 이들 재심사에도 적용되지 않을 것이다.

국내산업의 중간재심사신청은 반덤핑원심과 관련된 전부 또는 일부 국가(지역)의 모든 수출자, 생산자 또는 일부 수출자, 생산자를 지명하여 재심사범위를 확정할 수 있다.505) MOFCOM은 국내산업의 중간재심사신청을 접수한 후, 근무일 기준 7일 내에 재심사신청 공개문서 및 비밀자료의 공개요약문을 관련 국가(지역)의 중국주재 대표기관에 발송하여야 한다.506) 수출자 또는 생산자는 MOFCOM이 국내산업의 재심사신

따라 이해관계인이 미리 중간재심사신청을 제출하는 것을 방해하지 않는다. WTO, *supra* note 500, p.4. 그러나 어떠한 상황변동을 지칭하는지는 명확하지 않다. 한국·일본·미국산 TDI사건의 경우 1년 만기일로부터 28일째, 한국현대석유화학주식회사산 합성고무사건에서는 1년 만기일로부터 30일째, EU산 카데콜사건에서는 1년 만기일로부터 30일째, 한국·말레이시아·싱가포르·인도네시아산 아크릴산에스테르사건에서는 1년 만기일로부터 28일째, 한국산 폴리에스테르칩사건의 경우 2년 만기일로부터 24일째, 한국산 폴리에스테르필름사건의 경우 1년 만기일로부터 46일째 되는 날 신청을 제출하였다. 한국·러시아·우크라이나·카자흐스탄산 냉연철강사건의 경우 MOFCOM이 직권에 의해 최종판정이 이루어진 지 8개월이 안 되는 상황에서 중간재심사가 개시되었는바 직권에 의한 중간재심사의 경우 1년 만기일까지 기다릴 필요가 없다.

503) 정당한 이유에 대해 덤핑·덤핑마진중간재심사잠정규칙에서도 구체적으로 규정하고 있지 않음으로 조사기관의 재량에 의해 재심사절차가 개시될 소지가 크다.

504) 김호, 앞의 주 275, 151쪽.

505) 덤핑·덤핑마진중간재심사잠정규칙 제13조. 한국·일본·미국산 TDI사건의 경우 제소자인 河北滄州大化TDI유한책임회사는 한국·일본산 TDI에 대해서만 재심사신청을 제기하였고, EU산 카데콜사건에서는 제소업체인 連雲港三吉利화학공업유한회사가 전체 EU생산업체에 대한 재심사신청을 제기하였다.

506) *Ibid.*, 제15조. MOFCOM은 관련 국가와 지역의 중국에 있는 공관(Office)에 통지하여 그들이 알고 있는 수출자와 생산자에게 통지하도록 한다. WTO, *Notification of Laws and Regulations under Articles 18.5 and 32.6 of the Agreements Replies to the Questions Posed by United States Regarding the Notification of China*, G / ADP / Q1 / CHN / 33, 10 October 2003, p.8. 한국·일본·미국산 TDI사

청 공개문서 및 비밀자료의 공개요약문을 관련 국가(지역)의 중국주재 대표기관에 제출한 날로부터 21일 이내에 재심사개시 여부에 대해 의견을 발표할 수 있다.[507)

수입자가 수출자 또는 생산자와 관련이 없어 관련 정상가격과 수출가격의 증거와 자료를 즉시 얻을 수 없거나 수출자 또는 생산자가 수입자에게 상술한 증거와 자료의 제공을 원치 않는다면, 수입자는 수출자 또는 생산자의 주장(statement)을 제공하여야 한다. 동 주장은 덤핑마진이 이미 인하 또는 제거되었음을 명확하게 표시하여야 하며, 관련 증거와 자료는 규정된 내용과 형식에 따라 수입자가 재심사를 신청한 날로부터 30일 이내에 MOFCOM에 직접 제출되어야 한다.[508) MOFCOM은 수입자의 중간재심사신청을 접수한 날로부터 근무일 기준 7일 내에 반덤핑 원심 신청인에게 통지하여야 하며 원심 신청인은 통지를 접수한 날로부터 21일 이내에 재심사개시 여부에 대해 의견을 발표할 수 있다.[509)

2. 조사절차

MOFCOM은 일반적으로 중간재심사신청을 접수한 날로부터 60일 이

건의 경우 MOFCOM은 재심사신청서를 접수한 3일 후 재심사신청을 접수하였다는 통지, 재심사신청서의 공개부분 및 비밀자료의 공개요약문을 일본주중대사관, 한국주중대사관에 전달하였으며, EU산 카데콜사건에서 재심사신청서를 접수한 2일 후 유럽위원회 주중대표부에 통지한 동시에 중간재심사신청서의 공개부분 및 비밀자료의 공개요약문을 전달하였다.

507) *Ibid.*, 제16조. 한국·일본·미국산 TDI사건의 경우 한국동양제철화학주식회사, 한국화인케미칼주식회사는 MOFCOM이 한국 주중대사관에 재심사신청 관련 내용을 통지한 후 19일 만에, 일본폴리우레탄공업주식회사, 三井武田화학주식회사, 한국바스프유한회사는 20일 만에 논평을 제출하였으며, EU산 카데콜사건에서 프랑스 Rhodia유기화공주식유한회사는 MOFCOM이 유럽위원회 주중대표부에 재심사신청 관련 내용을 통지한 후 20일 만에 논평을 제출하였다.

508) *Ibid.*, 제18조.

509) *Ibid.*, 제20조.

내에 조사개시 여부를 결정하여야 한다.[510] MOFCOM의 심사결과 중간
재심사신청 및 첨부된 증거와 자료가 요구에 부합되지 않는다면 신청인
에게 규정한 기한 내에 보충 또는 수정할 것을 요구할 수 있다.[511] 신
청인이 규정한 기간 내에 보충 또는 수정하지 않거나 보충 또는 수정한
후 여전히 요구에 부합되지 않는다면 MOFCOM은 신청을 기각하고 서
면형식으로 신청인에게 그 이유를 설명할 수 있다.[512] MOFCOM이 조
사를 개시하여 중간재심사를 결정하는 경우 공고를 하여야 하며 중간재
심사의 조사개시공고는 다음의 내용을 포함하여야 한다. (i) 조사대상
상품에 대한 기술. (ii) 조사대상수출자 또는 생산자의 명칭 및 그 소속
국(지역) 명칭. (iii) 재심사개시 일자. (iv) 재심사 조사대상기간. (v) 신
청서에서 덤핑마진이 어느 정도 변동하였거나 또는 이미 제거되었다고
주장한 근거에 대한 기술. (vi) 이해관계인이 의견을 표명하고 관련 자
료를 제출하는 기한. (vii) 조사기관이 현지조사를 진행하고자 하는 의향.
(viii) 이해관계인이 협조하지 않을 경우 부담하게 되는 책임. (ix) 조사
기관의 연락방법.[513] 수출자 또는 생산자가 중간재심사를 신청하는 경
우, 중간재심사는 신청인의 조사대상상품의 정상가격, 수출가격과 덤핑
마진[514]에 대해서만 조사를 진행한다.[515]

---

510) *Ibid.*, 제22조. 한국·일본·미국산 TDI사건의 경우 43일, 한국현대석유화학주식회사
    산 합성고무사건에서는 64일(보충자료 제출완료 후부터 계산하면 21일), EU산
    카데콜사건의 경우 73일, 한국·말레이시아·싱가포르·인도네시아산 아크릴산에
    스테르사건의 경우 57일, 한국산 폴리에스테르칩사건의 경우 59일, 한국산 폴
    리에스테르필름사건의 경우 83일(보충자료 제출완료 후부터 계산하면 52일)이
    소요되었다. 즉 7건 중 3건의 경우 60일을 초과하였으며 일반적으로라는 어구
    를 삽입함으로써 조사기관의 재량 폭이 넓어진 것이다.
511) 한국현대석유화학주식회사산 합성고무사건, 한국산 폴리에스테르필름사건의 경
    우 자료를 보충하여 제출할 것을 요구했다.
512) 덤핑·덤핑마진중간재심사잠정규칙 제23조.
513) *Ibid.*, 제24조.
514) 중간재심사는 덤핑조사와 피해조사를 모두 포함할 수 있다. 그러나 대외무역경
    제합작부의 제한된 기능으로 인하여 덤핑·덤핑마진중간재심사잠정규칙은 덤핑
    과 덤핑마진에 대한 재심사만 포함하게 된 것이다. 이는 중국 조사기관이 관련
    법령과 규칙에 근거하여 덤핑과 피해에 대한 재심사를 모두 수행하는 것을 방
    해하지 않는다. WTO, *supra* note 500, p.4.

국내산업이 중간재심사를 신청하는 경우, 중간재심사는 신청대상인 관련국(지역)의 모든 수출자 또는 생산자의 조사대상상품의 정상가격, 수출가격과 덤핑마진에 대해 조사를 진행해야 한다. 그리고 반덤핑원심에서 덤핑마진이 제로 또는 무시할 만한 수준으로 확정된 수출자 또는 생산자에 대해서도 재심사를 하여야 한다. 국내산업이 반덤핑원심 관련국(지역)의 개별 수출자 또는 생산자에 대해서만 중간재심사를 신청하는 경우 MOFCOM은 지명한 수출자 또는 생산자의 조사대상상품의 정상가격, 수출가격과 덤핑마진에 대해서만 조사를 진행할 수 있다.[516] 원심에서 덤핑마진이 제로 또는 무시할 만한 수준으로 확정된 수출자 또는 생산자에 대해서도 중간재심사의 대상범위에 포함시키는 것은 신규수출자재심사에서 덤핑마진이 제로 또는 무시할 만한 수준으로 확정된 신규수출자에 대해서도 중간재심사의 대상범위에 포함시키는 것과 일맥상통한다.

수입자가 중간재심사를 신청하는 경우, 중간재심사는 MOFCOM에 관련 증거와 자료를 제출할 것이라고 밝힌 수출자 또는 생산자의 조사대상상품의 정상가격, 수출가격과 덤핑마진에 대해서만 조사를 진행한다.[517]

MOFCOM은 어떠한 이해관계인이든지 조사개시공고 공포 후 10일 내 MOFCOM에 신청서를 제출하여 재심사절차 참가신청을 할 수 있으며 만약 이해관계인이 동 기간 내 신청하지 아니하면 MOFCOM은 그가 제출한 관련 자료를 접수하지 아니하며 이용 가능한 자료에 근거하여 판정을 내릴 권한을 갖는다.[518]

중간재심사가 덤핑에 대한 판정만 포함하는 경우 조사대상기간은 재

---

515) 덤핑·덤핑마진중간재심사잠정규칙 제25조.
516) *Ibid.*, 제26조. 반덤핑협정 제11.2조는 재심사가 반덤핑조치의 계속적인 부과의 필요성에 대한 검토를 할 것을 허가하고 있으며 이러한 조치는 제로덤핑마진 또는 무시할 만한 덤핑마진도 포함한다. WTO, *supra* note 506, p.9. 한국·일본·미국산 TDI사건의 경우 제소자인 河北滄州大化TDI유한책임회사는 한국·일본산 TDI에 대해서만 재심사신청을 제기하였고, EU산 카데콜사건에서는 제소업체인 連雲港三吉利화학공업유한회사가 전체 EU생산업체에 대한 재심사신청을 제기하였다.
517) *Ibid.*, 제27조.
518) 商務部, *supra* note 493.

심사신청 전의 12개월이다.[519] 수출자 또는 생산자, 상품유형 또는 거래가 너무 많아, 매 수출자 또는 생산자에 대한 덤핑마진의 단독 확정 또는 전부의 유형 또는 거래를 조사하는 데 지나치게 부담스러울 뿐만 아니라 덤핑조사의 적시적인 완성이 방해받는 경우, MOFCOM은 표본조사의 방법을 취하여 조사를 수행할 수 있다.[520] 중간재심사에서 수입상품이 최초로 독립구매자에게 재판매되는 가격에 근거하여 수출가격이 추정되는 경우, 수출자 또는 생산자가 충분한 증거를 제공하여 반덤핑관세가 이미 수입상품이 최초로 독립구매자에게 재판매된 가격과 이후 중국 내 판매가격에 적절하게 반영되었음을 입증하면 MOFCOM은 추정한 수출가격을 산정할 때 이미 납부한 반덤핑관세세액을 공제하여서는 아니 된다.[521] 중간재심사에 대하여 예비판정을 내릴 필요가 없으나 MOFCOM은 예비조사결론을 내린 후, 그 결론 및 근거한 사실과 이유를 공개하고, 이해관계인에게 10일 이상의 시간을 주어 의견과 보충자료를 제출하도록 하여야 한다.[522] 중간재심사의 예비조사결론 및 근거한 사실과 이유가 공개된 후, 재심사신청인은 재심사신청을 취하할 수 없다.[523] 수출자는 중간재심사의 예비조사결론 및 근거한 사실과 이유가 공개된 후 15일 이내에 가격약속을 제안할 수 있다. MOFCOM이 가격약속을 수락하기로 결정하면 국무원관세세칙위원회에 건의를 하고 국무원관세세칙위원회는 동 건의에 근거하여 결정을 내리며 MOFCOM이 이를 공고한다.[524] 중간

---

519) 덤핑·덤핑마진중간재심사잠정규칙 제28조. 한국산 폴리에스테르필름사건의 경우 15개월이었는데 이때는 덤핑·덤핑마진중간재심사잠정규칙이 공포되지 않은 상태였다.
520) *Ibid*., 제29조.
521) *Ibid*., 제31조.
522) *Ibid*., 제33조. 여기서 말하는 예비판정은 덤핑마진계산에 대한 예비결론(Preliminary Results)이다. WTO, *supra* note 506, p.9. 예를 들어 한국 효성주식회사산 폴리에스테르칩에 대한 중간재심사판정에서 MOFCOM은 최종판정을 내리기 전 반덤핑조사과정 중 정보를 제공한 이해관계인에게 판정의 근거와 기본사실을 공개하였고 이해관계인에게 논평의 기회를 주었으며 최종판정에 있어 이해관계인이 제출한 의견과 논평을 법에 따라 고려하였다고만 적고 있지만 어떠한 형태 또는 방식으로 고려하였는지는 언급이 없다.
523) *Ibid*., 제34조.

재심사는 조사개시일로부터 12개월 이내에 종료하여야 하며[525] 재심사기
한 만료 전의 15일 내에 국무원관세세칙위원회에 반덤핑관세의 유보, 수
정 또는 취소를 건의하여야 한다. MOFCOM은 재심사기한 만료 전에 국
무원관세세칙위원회의 결정에 근거하여 이를 공고한다.[526] 중간재심사기
간에 기존 반덤핑조치는 계속하여 유효하며 재심사판정은 판정공고일로
부터 집행, 소급효를 갖지 않는다.[527] 반덤핑조치의 만료 전 1년 내에 수
출자 또는 생산자, 국내 수입자의 신청에 의해 진행되는 중간재심사가
반덤핑조치의 만료 시 종결되지 않고 국내산업이 종료재심사를 신청하지
않으며 MOFCOM도 직권으로 종료재심사개시결정을 하지 않는다면
MOFCOM은 공고를 하여 중간재심사를 종료하고 반덤핑조치의 집행을
종료하여야 한다.[528] 반덤핑조치의 만료 전 1년 내에 국내산업이 신청한
중간재심사가 반덤핑조치의 만료 시 종결되지 않는 경우, MOFCOM은
국내산업이 이미 종료재심사를 신청한 것으로 간주하고 이를 공고하며
종료재심사를 개시한다. MOFCOM은 중간재심사와 종료재심사를 함께
진행하고 동시에 판정을 내릴 수 있다.[529]

---

524) *Ibid.*, 제35조. 반덤핑원심에서 가격약속이 제안된 경우 MOFCOM이 직접 수락 여
　　부를 결정할 수 있는 경우와는 대조적이다. 이는 반덤핑조사와 관련하여 MOFCOM
　　과 국무원관세세칙위원회 간에 권력배분의 산물로 보인다.
525) *Ibid.*, 제36조. 한국산 폴리에스테르필름사건, 한국산 폴리에스테르칩사건의 경우
　　정확히 12개월, EU산 카데콜사건의 경우 10개월 4일 소요되었으며 한국·대만·러
　　시아·우크라이나·카자흐스탄산 냉연철강사건의 경우 3개월 23일 소요되었다.
526) *Ibid.*, 제37조. MOFCOM이 언제 국무원관세세칙위원회에 반덤핑관세의 유보,
　　수정 또는 취소를 건의하였는지는 관련 판정문에 나와 있지 않다.
527) *Ibid.*, 제38조.
528) *Ibid.*, 제39조.
529) *Ibid.*, 제40조. 중간재심사는 반덤핑조사개시잠정규칙 등에서 제공한 기본절차를
　　적용할 수 있다. WTO, *supra* note 506, p.9.

3. 공청회

한국·러시아·우크라이나·카자흐스탄산 냉연철강사건의 경우 MOFCOM은 공청회를 개최하였다. MOFCOM의 공청회 개최공고에 따르면 모든 이해관계인은 조사개시공고 공포일로부터 10일 내 MOFCOM에 신청서를 제출하여 동 재심사절차에 참여할 것을 신청할 수 있으며 공청회에 참가한다. 만약 이해관계인이 동 기간 내 MOFCOM에 신청서를 제출하지 아니하면 MOFCOM은 공청회의 참여를 거절할 수 있으며 동 이해관계인이 제출한 관련 자료를 접수할 것을 거절하는 한편 이용 가능한 자료에 근거하여 판정을 내릴 권한을 갖는다. 공청회에서 발언하고자 하는 이해관계인은 공청회참가신청을 제출하는 동시에 MOFCOM에 발언내용과 개요 및 발언하고자 하는 시간을 제출하여야 한다. 발언하는 이해관계인은 공청회 후 3일 내에 서면형식으로 발언자료 및 관련 증거를 보충제출하여야 한다.[530]

동 공청회기간 중, 외국 생산자, 수출자, 수출국정부, 수입자 및 하위업체 등 이해관계인들은 현재의 시장상황에 따라보면 중국 생산자의 운영상황이 좋아 계속하여 반덤핑관세를 부과할 필요성이 없다고 주장하였고 중국 생산자 및 협회는 현재 중국냉연철강시장시세에 파동이 있어 향후의 가격추세는 예측하기 어려우며 때문에 조사대상상품에 대해 계속하여 반덤핑관세를 부과하여야 한다고 주장하였다.[531]

---

530) 商務部, "冷軋板卷復審聽證會", 2004年 商務部公告 第22號 公布.
531) 商務部, *supra* note 489.

Ⅳ. 소 결

중국 반덤핑법령상의 중간재심사 관련 규정은 조사기관에 의한 직권재심사와 이해관계인의 신청에 의한 재심사를 보장하고 있고 재심사기간을 원칙적으로 12개월로 규정하고 있는 점에서 반덤핑협정상 조건들을 준수하고 있다. 또한, 공히 반덤핑관세가 부과된 후 1년이 경과된 후 재심사를 신청할 수 있도록 하고 있어 반덤핑협정상의 합리적인 기간이 경과한 이후를 1년으로 해석·적용하고 있다. 다만, 이러한 규정도 예외는 있어 보이는데 즉, MOFCOM이 WTO회원국들의 질의에 답변함에 있어서 이러한 규정은 일반적인 상황의 사건만 규율하며, 반덤핑조치 또는 중간재심사판정의 발효 후 1년이 경과하기 전 상황의 변경에 따라 이해관계인이 미리 중간재심사신청을 제출하는 것을 방해하지 않는다고 하였다. 이러한 상황으로 본다면 법령에서 일반적으로라는 어구를 추가할 필요성이 있을 것이다. 또한, 반덤핑원심에서 가격약속이 제안된 경우 MOFCOM이 직접 수락 여부를 결정할 수 있는 경우와는 대조적으로 중간재심사에서 이러한 가격약속이 제안되면 MOFCOM이 수락할 것을 국무원관세세칙위원회에 제안하도록 되어 있는데 이에 대해 통일시킬 필요가 있다. 다음으로 중국의 덤핑·덤핑마진중간재심사잠정규칙은 덤핑과 덤핑마진의 판정만 담당했었던 전 대외무역경제합작부가 공포한 법령이기에 산업피해와 관련된 중간재심사를 규율할 수 있는 상세한 절차규정의 부재도 아쉬운 면이다. 국내산업에 의해 신청된 중간재심사가 반덤핑관세의 존속기간 종료 시까지도 판정이 내려지지 아니하는 경우 MOFCOM이 직접 국내산업이 종료재심사를 신청한 것으로 간주하고 종료재심사를 개시하는 점도 다른 국가들에 비해 특수한 제도로 보인다. 마지막으로, 재심사수행기간과 관련, 중국은 엄격하게 12개월을 넘지 않도록 규정하고 있어 예외적으로는 연장이 가능하도록 규정한 반덤핑협정과 구분된다.

또 한 가지 주목할 점은 반덤핑협정규정의 해석상 중간재심사 시 반덤핑관세의 계속적 부과 필요성 및 조치 폐지 시 산업피해 발생 가능성의 입증책임이 조사기관에 있어야 한다는 점이다. 특히, 덤핑·덤핑마진중간재심사잠정규칙은 재심사의 신청요건으로 신청자에게 각종 판매자료, 수출자료, 덤핑마진 산정자료 및 덤핑마진 산정의 예비결과까지 제출할 것을 요구하고 있다. 따라서 MOFCOM이 이러한 상세한 자료제공을 통해 반덤핑조치의 계속적 부과가 불필요하고 반덤핑조치를 철회하더라도 산업피해가 발생할 가능성이 없다는 것을 해당 기업에 입증하도록 실제로 요구한다면, 이는 반덤핑협정상의 조사기관의 입증책임을 기업에 전환시키는 것이 되어 반덤핑협정에 위반하게 되는 것이다. 이러한 가능성은 종료재심사의 경우에도 마찬가지다. 즉, 반덤핑관세의 종료로 덤핑과 피해가 지속되거나 재발할 가능성이 있다는 입증책임을 MOFCOM이 부담하지 않고 해당 기업에 전환한다면 이는 종료재심사에 대한 반덤핑협정규정을 위반하는 것이 되는 것이다. 향후 MOFCOM이 재심사절차 운영상 이러한 불법적인 관행을 유지하는지 여부를 주시하여야 할 것이다.[532]

중국의 반덤핑조례 제4장에 의하면 반덤핑조치는 잠정반덤핑조치와 확정반덤핑조치를 포함하는데 법령 간의 일치성에 기초하여 덤핑·덤핑마진중간재심사잠정규칙 제6조제1항의 반덤핑조치를 잠정반덤핑조치와 확정반덤핑조치가 모두 포함되는 것으로 이해할 수 있다. 한국·미국·캐나다산 신문용지사건을 보면 동 사건의 예비판정은 1998년 7월 9일 내려졌고 최종판정은 1999년 6월 3일 내려졌는데 상술한 해석에 따르면 1999년 7월 9일부터 해당 판정에 대해 중간재심사를 신청할 수 있는데 이 경우 확정반덤핑관세가 부과된 지 1개월밖에 되지 않은 시점이다. 이는 물론 확정반덤핑조치의 안정적인 시행 및 국내산업의 이익을 충분히 보장하는 데 있어 매우 불리하나 입법기관의 본의가 아니다. 때문에 덤핑·덤핑마진중간재심사잠정규칙 제6조제1항의 반덤핑조치는 확정반덤핑

---

532) 최원목, 앞의 주 289, 77쪽.

조치를 의미하는 것이다. 또한 동 조항에서 "재심사의 판정에 대해 중간재심사를 신청하는 경우"라는 표현에서 재심사를 어떻게 이해하여야 하는지가 문제될 수 있다. 동 법률문서의 문맥을 결부하여 동 재심사를 중간재심사로 해석할 수 있다. 이러한 해석에 의하면 만약 중간재심사가 원래의 반덤핑판정에 대해 수정하였다면 다음의 중간재심사는 재심사판정에 대한 재심사로 되며 동 조항 제2항의 규정을 적용하게 된다. 이렇게 하면 인위적으로 문제를 복잡하게 만들어 중간재심사의 신청이 끊임없이 변화하는 상황에 놓이게 되어 신청인의 부담을 가중시켜 주고 각 재심사는 모두 하나의 원심 반덤핑조치의 추후절차라는 이치와도 부합되지 않는다. 여기서 종료재심사로 이해하는 것이 적절할 것이다.[533]

중국은 원심에서 제로 또는 미소마진을 판정받은 경우, 추후 중간재심사의 대상으로 되며 예비결론을 내린 후 의견을 제시하고 보충자료를 제출할 수 있는 기간을 두고 있다는 점 등에서도 특수성을 보이고 있다.

제5절 인도의 반덤핑 중간재심사제도

I. 서

1975년 인도 관세법에도 이러한 반덤핑 중간재심사가 규정되어 있다.

---

533) 肖偉, *supra* note 292, 485頁.

원심에서 확정된 덤핑마진은 수시로 중앙정부에 의해 확정 및 판정되어야 하며, 그러한 재심사개시 후 만약 중앙정부가 필요하다고 판단하면 관보에 고시를 공포하는 형식을 통하여 동 재심사의 수행을 목적으로 한 규정을 도입할 수 있다. 그러나 이러할 경우 관세법상의 일반 규칙을 손상하지 아니하여야 한다. 또한 그러한 규정에서는 반덤핑관세가 어떠한 방식으로 부과되는지를 명확히 할 수 있으며 동 상품과 관련하여 수출가격, 정상가격 및 이와 관련된 덤핑마진이 판정되는 방법과 그러한 반덤핑관세의 산정, 징수에 대해 규정할 수 있다.[534]

1992년에서 2005년까지 인도에서 수행한 반덤핑 행정재심사사건의 통계수치를 보면 중간재심사의 수행이 가장 많았던 것으로 나타나며 또한 중간재심사와 관련하여 관세규정(Customs Tariff Rules, 1995) 제23조도 적용된다.

Ⅱ. 실체적 규정

인도 관세규정 제23조에 의하면 조사기관은 수시로 반덤핑관세를 계속하여 부과하여야 할 필요성에 대해 재심사를 수행하여야 하며 만약 접수된 정보에 기초하여 반덤핑관세를 계속하여 부과하는 것이 정당화되지 아니한다는 점이 인정되면 중앙정부에 반덤핑조치의 철회를 건의하여야 한다.[535]

반덤핑 중간재심사와 관련된 인도의 사례는 2005년 말 현재 이미 재심사가 수행된 사건이 32건, 수행 중에 있는 사건이 11건, 재심사가 종

---

534) 인도 관세법 제9A(6)조.
535) 인도 관세규정 제23(1)조.

료된 사건이 3건 있다. 이들에 대한 판정결과를 보면 재심사의 개시에 필요한 서류가 충분하지 아니하거나 신청이 불완전하여 종료된 사건이 3건이며 제로덤핑마진이 산정된 사건이 7건, 관세철폐 제안이 5건, 관세의 계속 부과가 20건이었다.[536] 이들 중 최근에 판정이 내려진 몇 개의 사례에 대한 조사기관의 판정내용을 살펴보면 다음과 같다.

EU·미국·일본산 황산히드록실아민(Hydroxyl Amine Sulphate)사건에서 조사기관은 상기 국가로부터 기원 또는 수출된 대상상품은 그 정상가격보다 낮은 가격으로 수출되어 덤핑을 구성하기는 하지만 인도 국내산업은 결코 이러한 덤핑수입품으로 인하여 실질적인 피해를 입지는 않았기 때문에 반덤핑관세의 중지로 덤핑과 피해의 재발을 야기할 가능성이 없다고 판단하여 반덤핑조치의 중지를 건의하였다.[537]

중국·대만·홍콩산 과망간산칼륨(Potassium Permanganate)사건에서 조사기관은 비록 반덤핑관세가 부과되고 있지만 중국으로부터의 덤핑은 지속되고 있으며 국내산업은 계속하여 이러한 덤핑으로 인하여 실질적인 피해를 받고 있다고 하였으며 이로 인하여 덤핑과 피해의 재발 가능성에 대한 검토는 불필요하다고 하였다. 또한 중국산 상품의 덤핑은 비록 그 수량은 상당하게 감소하였다지만 반덤핑관세가 유효함에도 불구하고 지속되고 있는데 덤핑마진의 범위와 현재의 수입물량 그리고 중국 수출자들이 다른 국가로의 수출물량을 고려하여 조사기관은 관세가 철회된다면 덤핑이 지속될 것이라고 판단하였다. 국내산업에 대한 피해의 지속 또는 재발 가능성을 검토하기 위하여 조사기관은 인도시장으로 유입된 상품의 가격수준을 검토하였다. 이와 관련하여 중국 수출자들에 의해 수출된 가격은 상당한 가격인하와 저가판매가 있었으며 반덤핑관세의 철회 시 수입품의 가격구조가 변화될 것임을 입증할 수 있는 논증

---

536) Ministry of Commerce & Industry, *supra* note 299.

537) Ministry of Commerce & Industry, *Final Findings: Anti-Dumping(Mid-Term Review) Investigations Concerning Imports of Hydroxyl Amine Sulphate(HAS) Originating in or Exported from EU, USA and Japan*, 4 March 2005, recital 63-68.

또는 효과적인 주장이 제기되지 아니하는 반면 중국에서의 유휴생산능력과 수급상황을 놓고 보면 만약 반덤핑관세가 철회 시 가격수준이 가일층 인하되고 또한 국내산업에 가일층의 피해를 야기할 것임을 보여준다고 판정하여 반덤핑관세의 부과중지를 거부하였다.[538]

EU·미국·싱가포르·태국산 비타민(Vitamin AB_2D_3K)사건에서 조사기관은 국내산업을 포함하여 어떠한 이해관계인도 응답하지 아니하였으므로 덤핑, 실질적인 피해, 인과관계와 같은 평론요소는 확인할 수가 없으며 어떠한 이해관계인의 참여 및 협력도 없는 상황에서 반덤핑관세의 정지 시 피해의 지속 또는 재발이 가능하지 않다고 보았으며 더 나아가 반덤핑관세의 중지를 건의하였다.[539]

EU산 PHPG(Para Hydoxyl Phenyl Glycine Base)사건에서 조사기관은 EU로부터 수입되는 상품의 경우 덤핑마진이 존재하지 않으며 덤핑의 지속 가능성이 없기 때문에 반덤핑관세의 지속적인 부과는 덤핑과 국내산업에 대한 피해를 상쇄하기 위하여 필요하지 않다고 판단하였다.[540]

---

538) Ministry of Commerce & Industry, *Final Findings: Mid-Term Review of Definitive Anti-Dumping Duty on Imports of Potassium Permanganate Originating in or Exported from Peoples Republic of China, Chinese Taipei and Hong Kong*, 3 June 2005, recital 109-113.

539) Ministry of Commerce & Industry, *Final Findings: Anti-Dumping(Mid-Term Review) Investigations Concerning Imports of Vitamin AB_2D_3K Originating in or Exported from EU, USA, Thailand and Singapore*, 4 March 2005, recital 11.

540) Ministry of Commerce & Industry, *Final Findings: Mid-Term Anti-dumping Review Investigations in the Matter Relating to Imports of D(-) Para Hydroxy Phenyl Glycine Base(PHPG Base) from European Union*, 25 May 2005, recital 28-29.

Ⅲ. 절차적 규정

이러한 재심사는 재심사개시일로부터 12개월 내 종료되어야 하며[541] 재심사절차와 관련하여 관세규정 제6조(조사원칙), 제7조(비밀정보), 제8조(정보의 정확성), 제9조(기타 특정 국가에서의 조사), 제10조(수출가격, 정상가격 및 덤핑마진의 산정), 제11조(피해판정), 제16조(정보공개), 제17조(최종판정), 제18조(관세부과), 제19조(비선별적인 관세부과), 제20조(관세부과개시) 등 원심에 적용되는 조항들이 필요한 변경을 거쳐 적용된다.[542]

중간재심사의 조사대상기간과 관련하여 EU · 미국 · 일본산 황산히드록실아민사건,[543] EU · 미국 · 싱가포르 · 태국산 비타민사건,[544] EU산 PHPG사건[545]에서는 피해와 덤핑에 대한 전면적인 재심사가 이루어졌으며 피해조사대상기간은 3년, 덤핑조사대상기간은 1년이었다. 이 밖에 중국 · 대만 · 홍콩산 과망간산칼륨사건에서는 덤핑에 대해서만 재심사를 수행하였는데 조사대상기간은 1년이었다.[546]

이해관계인은 재심사의 개시공고 후 40일 내 관련 정보를 제출하거나 공청회의 개최를 신청할 수 있다.[547]

반덤핑조치의 유일무이한 목적은 덤핑의 피해효과를 종료시키는 것이므로 반덤핑협정은 여러 차례에 걸쳐 그 지속의 필요성에 대한 재심사를 수행하도록 회원국들에 의무를 부과하였다. 추가로 반덤핑조치는 국내와 수출시장에서의 가격변동으로 인한 덤핑마진의 변동을 이유로 수

---

541) 인도 관세규정, 제23(2)조.
542) *Ibid.*, 제23(3)조.
543) Ministry of Commerce & Industry, *supra* note 537, recital 1.
544) Ministry of Commerce & Industry, *supra* note 538, recital 1.
545) Ministry of Commerce & Industry, *supra* note 539, recital 5.
546) Ministry of Commerce & Industry, *supra* note 540, recital 4.
547) Ministry of Commerce & Industry, *supra* note 537, recital 1; Ministry of Commerce & Industry, *supra* note 538, recital 1; Ministry of Commerce & Industry, *supra* note 539, recital 5; Ministry of Commerce & Industry, *supra* note 540, recital 4.

정이 필요할 수 있으며 조치의 변경은 덤핑상품으로 인한 피해의 변동도 고려할 것을 요구할 수 있다.

반덤핑조치가 폐지 또는 수정되어야 하는지를 확정하기 위하여 인도의 관세규정은 필요한 경우 반덤핑협정에 따라 전반적 또는 부분적으로 관세 또는 가격약속에 대한 재심사를 수행하도록 규정하고 있으며 이는 조사기관의 직권 또는 이해관계인의 신청에 의해 개시된다.

중간재심사의 남용을 막기 위해 언제든지 재심사신청을 할 수 있는 것은 아닌데 이는 이해관계인들이 원심에서 협조에 기권한 후 긍정적인 판정이 내려지면 곧바로 재심사를 요구하는 것을 막기 위한 것이다. 이를 염두로 중간재심사는 이해관계인에 의하여 개시되는 경우에는 원심의 판정이 이루어진 후 최저 1년이 지나서야 개시될 수 있으며 상황변동의 증거를 제출하는 일방은 재심사의 필요성을 입증하기 위한 충분한 증거를 제시해야 한다.

중간재심사에서는 일반적으로 원심에서와 같은 절차가 적용되는데 이는 재심사의 통지가 공고되며 모든 이해관계인들이 주장을 제출할 기회를 부여받음을 뜻한다. 조사기관은 추가증거를 취득 및 확인하며 국내산업과 수출자 등에 대해 현지조사를 수행한다.

조사기관은 재심사결과 반덤핑조치를 수정, 철회 또는 무효화할 것인지를 고려하며 중앙정부에 대해 적절한 건의를 제출한다.[548]

Ⅳ. 소 결

반덤핑 중간재심사와 관련하여 인도는 관세법 제9A(6)조, 관세규정

---

548) Ministry of Commerce & Industry, *supra* note 306.

제23조를 통하여 비교적 간단히 규정하고 있다. 구체적인 조사절차와 관련하여서는 원심의 관련 규정을 필요한 변경을 통하여 적용할 것을 규정하고 있는 실정이다. 이러한 필요한 변경이 어떻게 이루어지는 명확하지 않기는 하지만 실제적으로는 원심의 관련 규정을 거의 그대로 적용하는 것으로 보인다.

제6절 한국의 반덤핑 중간재심사제도

Ⅰ. 서

한국에서는 반덤핑관세 또는 가격약속의 시행 이후 기존조치의 내용 변경이 필요하다고 인정할 만한 충분한 상황변동이 발생한 경우, 중간재심사가 개시된다.[549]

한국법상 중간재심사란 재심사신청인이 반덤핑관세 또는 가격약속의 시행 이후 그 조치의 내용 변경이 필요하다고 인정할 만한 충분한 상황변동이 발생하였다는 신청사유에 의하여 재심사를 요청하였을 경우 수행되는 재심사로서 덤핑마진 중간재심사, 산업피해 중간재심사 및 종합재심사 등으로 구분된다. 덤핑마진 중간재심사는 반덤핑관세율 또는 가격인상약속(이하 반덤핑조치)수준의 변경 여부만을 재심사하는 경우를

---

549) 관세법시행령 제70조제1항.

말하고, 산업피해 중간재심사는 기존 반덤핑조치로 인한 국내산업의 실질적인 피해유무를 재심사하는 경우를 말하며, 종합재심사는 덤핑마진 중간재심사 및 산업피해 중간재심사를 동시에 수행하여야 할 필요가 있는 경우를 말한다.[550]

II. 실체적 규정

재정경제부장관은 필요하다고 인정되거나 이해관계인이나 당해 산업을 관장하는 주무부장관이 반덤핑관세 또는 약속의 시행 이후 그 조치의 내용 변경이 필요하다고 인정할 만한 충분한 상황변동이 발생하였다는 증빙자료를 첨부하여 요청하는 때에는 반덤핑관세가 부과되고 있거나 약속이 시행되고 있는 물품에 대하여 반덤핑 중간재심사 여부를 결정하여야 한다.[551]

반덤핑관세 및 약속의 재심사를 요청할 수 있는 이해관계인은 동종물품의 국내 생산자 또는 그 단체, 당해 반덤핑조치 대상물품의 공급자·수입자 또는 그 단체, 기타 이해관계가 있다고 재정경제부장관이 인정하는 자이다.[552]

KTC의 중간종합재심사의 개시 여부 실무검토는 "반덤핑관세 및 약속 재심사개시 여부 실무검토 요령"에 의한다.[553]

재심사결과에 따라 반덤핑조치의 부과, 약속의 내용 변경 등에 관한 필요한 조치를 할 수 있다.[554]

---

550) 덤핑방지관세 및 상계관세부과신청·조사·판정에 관한 세부운영규정 제22조.
551) 관세법시행령 제70조제1항.
552) 관세법시행규칙 제20조제1항.
553) 덤핑방지관세 및 상계관세부과신청·조사·판정에 관한 세부운영규정 제24조.

예를 들어 중국산 포켓형라이터사건에서 반덤핑관세율이 하향 조정되었다. 중국 신하이(Xinhai)사는 덤핑마진 산정에 있어 정상가격으로 제3국 수출가격이 적용되어 72.41%의 반덤핑관세를 부과받았는바, 2000년부터 중국 내 내수판매가 발생하였기에 내수가격을 정상가격으로 사용함으로써 반덤핑관세를 인하해 줄 것을 요청하였으며 재정경제부는 동 요청에 대해 KTC에 조사를 의뢰하였다. KTC는 2000년부터 발생한 중국 내 내수판매가 원가 이상으로 충분히 판매됨에 따라 내수가격을 정상가격으로 적용하여 현재 부과되고 있는 중국 신하이사에 대한 반덤핑관세율 72.41%를 36.42%로 하향 조정해 줄 것을 재정경제부에 건의, 재정경제부는 KTC의 건의에 따라 반덤핑관세율을 하향 조정하는 조치를 2002년 3월 14일자로 시행하였다.[555]

일본·미국산 리튬 1차전지사건에서 KTC는 2005년 6월 15일 일본·미국산 MnO_2성분 리튬 1차전지에 대한 반덤핑관세 부과조치를 철회할 것을 재정경제부장관에게 건의하기로 결정하였다. 이번 결정은 국내 유일의 MnO_2성분 리튬 1차전지 생산업체였던 (주)비츠로셀이 화재로 인해 생산을 중단함에 따라 국내생산업체가 존재하지 않게 되었고, 이에 따라 재정경제부장관이 2005년 5월 16일 직권으로 중간재심사를 개시하여 KTC에 조사를 요청해 온 데 따른 것이다.[556]

이 밖에 KTC는 2002년 3월 7일 지원상사가 신청한 중국산 시약급 소다회의 반덤핑관세 부과대상 제외 건에 대해 동 상품이 현재 반덤핑관세 부과대상인 중국산 소다회(일반 소다회)와 순도·용도·소비자 평가가 다르고 대체 가능성이 없어, 두 상품은 동종상품이 아니라고 판정하였다. 이에 따라 중국산 시약급 소다회를 반덤핑관세 부과대상에서 제외할 것을 재정경제부장관에게 건의하기로 결정하였다.[557]

---

554) 관세법 제56조제1항.
555) 무역위원회, 앞의 주 339.
556) 무역위원회, "일본·미국산 리튬 1차전지 덤핑방지관세 부과조치에 대한 상황변동 재심", 무역위원회 의결 제2005-9호.
557) 무역위원회, "중국산 시약급소다회의 덤핑방지관세 부과대상 제외여부 결정",

Ⅲ. 절차적 규정

중간재심사의 요청은 반덤핑관세 또는 약속의 시행일부터 1년이 경과된 날 이후에 할 수 있으며, 반덤핑관세 또는 약속의 효력이 상실되는 날 6개월 이전에 요청하여야 한다. 이 경우 재정경제부장관은 재심사를 요청받은 날부터 2개월 이내에 재심사의 필요 여부를 결정하여야 한다.[558]

재정경제부장관은 재심사의 필요 여부를 결정하는 때에는 관계행정기관의 장 및 KTC와 협의할 수 있으며, 재심사가 필요한 것으로 결정된 때에는 KTC는 이를 조사하여야 한다. 이 경우 KTC는 재심사의 사유가 되는 부분에 한정하여 조사할 수 있다.[559]

KTC는 재심사개시일부터 6개월 이내에 조사를 종결하여 그 결과를 재정경제부장관에게 제출하여야 하며 다만, 조사기간을 연장할 필요가 있거나 이해관계인이 정당한 사유를 제시하여 조사기간의 연장을 요청하는 때에는 4개월의 범위 내에서 그 조사기간을 연장할 수 있다.[560]

재정경제부장관은 재심사결과 조치를 취할 것이 필요한 때에는 조사결과를 제출받은 날부터 1개월 이내에 당해 조치를 하여야 한다. 다만, 필요하다고 인정되는 때에는 20일의 범위 내에서 그 기간을 연장할 수 있다.[561]

재정경제부장관은 재심사를 위하여 관세청장으로 하여금 반덤핑조치 물품의 수입 및 징수 실적, 약속업체의 약속준수 여부, 기타 반덤핑조치의 재심사에 필요한 사항을 조사하여 보고하게 할 수 있다.[562]

무역위원회 의결 제2002-5호.
558) 관세법시행령 제70조제2항.
559) *Ibid.*, 제4항.
560) *Ibid.*, 제5항.
561) *Ibid.*, 제6항.
562) *Ibid.*, 제7항.

Ⅳ. 소 결

총체적으로 한국의 반덤핑 중간재심사제도는 반덤핑협정상의 규정을 잘 준수하고 있으며 강제적인 재심사기한의 도입 등 많은 면에서 반덤 핑조치의 남용을 막고자 하는 의도가 엿보인다.

그럼에도 불구하고 관세법시행령은 상황의 변동이 발생한 경우 이해관 계인에 의한 재심사요청을 허용하고 있으나, 구체적으로 재심사신청이 가 능한 상황의 변동이 무엇인지를 언급하고 있지 않다. 그러나 국내 생산자 의 보호라는 차원에서 재심사제도가 적극 활용되기 위해서는 재심사사유 가 될 수 있는 상황의 변동을 예시 규정할 필요가 있다. 재심사의 사유가 될 수 있는 상황의 변동이란 덤핑행위의 증가, 덤핑행위의 재개, 가격약속 의 위반, 덤핑 및 피해의 부재, 피해제거에 불충분한 조치 등 재심사의 결 과 반덤핑관세가 사실상 수정되거나 철회될 수 있는 경우를 의미한다.[563]

반덤핑협정에서는 중간재심사결과에 따라 조사기관이 취하여야 할 조 치의 내용에 대하여 "조사기관이 현 반덤핑조치가 더 이상 지속되어야 할 정당한 사유가 없다고 판단할 경우 즉각적으로 당해 조치는 종료되 어야 한다."고만 규정하고 있어, 현 반덤핑조치가 지속적으로 부과되어 야 한다고 판단될 경우 적용하여야 할 조치수준의 변경 등에 대해서는 언급이 없다. 따라서 이에 대한 해석 및 조치의 적용은 각 회원국의 재 량에 맡겨져 있는 것으로 판단된다. 한국은 관세법 제56조제1항에서 "재심사결과에 따라 반덤핑조치의 부과, 약속의 내용 변경 등에 관한 필요한 조치를 할 수 있다."라고 규정함으로써 중간재심사결과의 덤핑 마진 또는 산업피해수준의 변화를 향후 조치기간 동안에 새로이 반영하 도록 규정하고 있다.[564]

---

563) 신유균, "반덤핑관세제도의 발전적 개편방향", 『나라경제』1995년 4월 호(1995. 4.), 112쪽.
564) 김형진, 앞의 주 348, 74쪽.

제7절 주요국의 반덤핑 중간재심사제도 비교

Ⅰ. 중간재심사의 대상범위

미국의 경우에는 원심에서 미소마진 등으로 반덤핑조치에서 배제되었다면 관세평가재심사대상에 해당되지 않으나, 중국이나 EU 등의 경우에는 제소자가 중간재심사를 신청하였을 때 원심에서 미소마진 등 무혐의를 받은 업체도 조사대상에 포함된다. 이는 원심에서 무혐의 처리되어 덤핑마진을 부과받지 않던 업체도 제소자의 중간재심사신청으로 새로이 덤핑마진이 부과될 가능성이 많다는 것을 의미한다.565)

Ⅱ. 관세평가시스템의 차이

미국의 반덤핑제도는 소급적 기초하에서 관세평가재심사를 통하여 반덤핑관세액을 매년 변화되는 상황을 고려하여 확정하기 때문에 동 제도 특성상 중간재심사는 덤핑마진의 변경이 목적이 아니고 반덤핑조치의 철회 여부를 결정하는 것을 목적으로 한다. 이에 비해 EU, 중국이나 인도, 한국의 반덤핑제도는 최초 원심결과 확정된 덤핑마진이 향후 일정기간 지속적으로 발생할 것이라는 추급적 기초하에서 해당 조치를 취하기 때문에 EU나 중

---

565) 한국무역협회, 앞의 주 175, 175~176쪽.

국, 인도, 한국의 중간재심사는 미국의 중간재심사와 본질적으로 다르다.

운용에 있어서도 미국의 경우 관세평가재심사의 수량과 비교하여 중간재심사의 수량은 극히 적은 반면 기타 국가들의 경우 중간재심사의 발동이 아주 활발한 편이다. 반면 이들 국가의 관세평가재심사는 극히 저조한 태세를 보이고 있다. 즉 모종 의미에서 중간재심사와 관세평가재심사가 비슷한 기능을 하는 부분이 있으므로 관세평가재심사를 많이 발동하는 국가의 경우 상대적으로 중간재심사가 적게 발동된다.

또한 미국의 경우 반덤핑 중간재심사의 심사대상이 주로는 반덤핑조치의 유지 여부에 대한 심사인 반면 기타 4개국의 경우 그 심사대상은 주로 덤핑마진의 변경, 즉 인상 또는 인하에 초점이 맞춰져 있는 실정이다.

Ⅲ. 중간재심사의 신청기한

미국의 중간재심사규정은 덤핑과 피해의 가능성 판정과 관련하여 검토되어야 할 요소들을 명확히 규정하고 있다. 또한 중간재심사는 DOC의 덤핑 가능성 판정과 USITC의 피해 가능성 판정으로 나뉘며 양자를 동시에 요청하거나 또는 택일하여 요청할 수 있다. 단 DOC의 덤핑 가능성 판정에 있어서는 일반적으로 원심 종료 후 24개월 내에는 중간재심사신청을 제한하고 있는데 이는 미국이 소급적인 관세평가시스템을 갖고 있는 데서 그 이유를 찾을 수 있을 것이다. 즉, 원심 종료 후 1년이 지나면 관세평가재심사가 개시되므로 이러한 관세평가재심사가 상당한 부분에서 중간재심사에서의 덤핑판정과 중복되는 기능을 갖고 있기 때문이다. 실제로 미국의 경우 관세평가재심사의 발동이 많은 것에 대비해 중간재심사의 발동은 적은 것으로 보인다.

EU, 중국, 인도, 한국의 경우 일반적으로 원심 종료 후 12개월 내에는 중간재심사신청을 제한하고 있는데 이는 원심에서 조사에 적극적으로 대응하지 않고 성실하게 관련 자료를 제출하지 않은 일방 당사자가 조사가 끝난 후 곧 중간재심사를 신청하는 것을 막기 위한 것으로 보인다.

EU와 중국은 조사기관이 신청을 받은 후 개시여부결정을 내리기 위한 기한을 규정하고 있는데, EU의 경우에는 신청 후 45일로 하고 있고 중국은 일반적으로 재심사신청 후 60일 내 개시하도록 규정하고 있는데 이는 WTO협정상으로는 신청을 받은 후 개시여부결정을 내리는 데 필요한 기한을 규정하고 있지 않는 것과 대조적이다.

Ⅳ. 원심절차의 적용 가능성 여부

인도의 경우 반덤핑 중간재심사의 구체적인 조사절차와 관련하여서는 원심의 관련 규정을 필요한 변경을 통하여 적용할 것을 규정하고 있는데 이러한 필요한 변경이 어떻게 이루어지는 명확하지 않기는 하지만 실제적으로는 원심의 관련 규정을 거의 그대로 적용하는 것으로 보인다. EU, 중국도 비슷한 상태인데, 중간재심사에서 반덤핑원심에 적용되는 절차적인 규정들을 참조하도록 규정하고 있고 실제에 있어 역시 그대로 적용하고 있다. 한국의 상황도 이와 다를 바가 없다.

미국은 이 면에서도 차이점을 보이고 있다. 원심에서의 절차적인 규정을 중간재심사에 적용하는 것을 원칙적으로 반대하고 있다. 즉 원심과 중간재심사는 그 성격상 차이점을 갖고 있으며 따라서 원심 및 중간재심사에 적용되는 절차규정을 별도로 열거하고 있다. 단 USITC는 피해와 관련된 중간재심사에서 원심절차를 적용하도록 규정하고 있다.

V. 재심사기한

EU는 반덤핑 중간재심사와 관련하여 일반적으로 12개월, 최장 15개월이라는 강제적인 조사기한을 도입하였고 미국은 DOC가 270일 내 재심사를 종료하여야 하는 반면 USITC의 경우는 120일 내 재심사를 종료하여야 한다. 단지 USITC의 재심사기한은 USITC가 필요에 의해 변경할 수 있는 특점을 가진다.

이와 달리 중국과 인도는 중간재심사기한을 12개월로 엄격히 한정시키고 있고 한국은 11개월 20일로 규정하고 있다.

제8절 반덤핑 중간재심사제도의 개선방향

I. 서

현행 반덤핑협정에는 중간재심사에 적용 가능한 규칙과 절차를 명확히 규정하고 있지 않다. 중간재심사는 반덤핑조치가 필요한 범위와 기간 내 유효하도록 의도되었지만, 명확한 규칙과 절차의 부재는 결국 조사기관에 피해를 야기하는 덤핑을 상쇄하기 위하여 필요하지 아니한 반덤핑관세를 계속하여 부과할 수 있는 자유로운 재량권을 제공해 준다.

또한 반덤핑협정 제11.2조는 덤핑평가와 피해 가능성 평가와 관련하여 가이드라인을 제시하지 않고 있다. 그 결과 회원국들은 이러한 평가와 관련하여 서로 상당히 구분되는 기준을 적용함으로써 중간재심사에 대한 기율을 유지하는 WTO의 능력에 손상을 주고 있다.

반덤핑협정상으로는 중간재심사를 신속히 수행하며 통상적으로 재심사개시 후 12개월 내 종결되어야 한다고 규정하고 있는데 여기에서 "통상적으로"라는 문구를 사용함으로써 각 회원국이 자의적으로 재심사기한을 연장하는 것이 가능하게 되었다.

중간재심사제도의 개선방향과 관련된 논의에서는 판정요소의 도입, 재심사기한 등이 논의되고 있으며 이와 관련하여 반덤핑프렌즈그룹,[566) 브라질,[567) 중국,[568) 아르헨티나,[569) 이집트,[570) 남아프리카,[571) EU[572) 등이 제안서를 제출하였다.

---

566) WTO, *Proposal on Reviews: Paper from Brazil; Chile; Colombia; Costa Rica; Hong Kong, China; Israel; Japan; Korea; Norway; Singapore; Switzerland; the Separate Customs Territory of Taiwan, Penghu, Kinmen and Matsu; and Thailand*, TN / RL / W / 83, 25 April 2003; WTO, *supra* note 348; *Proposals on Proceedings under Article 11.2: Communication from Brazil, Chile, Israel, Japan, Korea, Singapore, Switzerland, Thailand*, TN / RL / GEN / 52, 1 July 2005.

567) WTO, *Proposal on Article 11.2: Communication from Brazil*, TN / RL / GEN / 117, 21 April 2006.

568) WTO, *supra* note 362.

569) WTO, *Duration of Review Investigations: Communication from Egypt*, TN / RL / GEN / 118, 21 April 2006.

570) WTO, *Identification of Issues under the Anti-Dumping Agreement That Need to be Improved and Clarified within the Current Negotiations on WTO Rules: Second Submission of the Arab Republic of Egypt*, TN / RL / W / 110, 22 May 2003.

571) WTO, *supra* note 376.

572) WTO, *supra* note 395.

II. 중간재심사판정요소의 도입

중간재심사판정요소의 도입과 관련하여 반덤핑프렌즈그룹은 덤핑의 평가와 피해 가능성의 평가와 관련하여 조정예시리스트를 완성하여야 하며 반덤핑관세의 지속적인 부과가 덤핑을 상쇄하는 데 필요한지 여부에 대한 검토가 포함된 재심사에서 조사기관은 재심사대상기간 중 수출국 생산자, 수출자의 경영과 관련된 모든 관련 요소와 관세의 지속적인 부과가 덤핑의 상쇄에 필요한지와 관련된 모든 경제적 요소에 대해 검토하여야 한다고 주장한다. 이러한 요소들에는 가격, 원가, 재고, 생산성, 설비가동률, 수출국에서의 판매, 수입국과 기타 제3국으로의 수출 등 요소가 포함되며 이에 한정되지는 않는다. 지속적인 관세의 부과가 덤핑을 상쇄하는 데 필요한지 판단함에 있어 조사기관은 재심사대상기간 내의 덤핑에 대한 판정을 내려야 한다. 만약 반덤핑관세가 제거 또는 수정될 경우 피해의 지속 또는 재발 가능성 여부에 대한 검토와 관련된 재심사에서 조사기관은 위에 열거한 요소들에 대해 검토하여야 하고 또한 재심사대상기간 중 국내산업과 관련된 경제적 요소와 피해의 지속 또는 재발 가능성과 관련된 모든 경제적 요소를 검토하여야 하며 단 반덤핑협정 제3.4조에 열거한 그러한 요소들에만 한정되지는 않는다. 동 검토는 조사기관이 입수한 모든 관련 증거에 기초하여야 하며 조사기관은 관세의 지속적 부과가 덤핑을 상쇄하는 데 필요한가, 그리고 만약 관세가 종료 또는 수정될 경우 피해가 지속 또는 재발 가능한지와 관련하여 현존 조치의 효과도 고려하여야 한다.[573]

이에 브라질은 재심사가 만약 관세의 제거 또는 변경 시 피해의 지속 또는 재발 가능성 여부에 대한 검토를 포함하는 경우, 조사기관은 다음

---

573) WTO, *Proposals on Proceedings under Article 11.2: Communication from Brazil, Chile, Israel, Japan, Korea, Singapore, Switzerland, Thailand*, TN / RL / GEN / 52, 1 July 2005, p.2.

의 내용을 포함한 모든 관련 요소들을 검토하여야 한다는 입장이다. (ⅰ) 가능한 덤핑수입품의 가능한 물량, 특히 이러한 수입품의 물량이 절대적인 면에서 또는 수입회원국에서 동종상품의 생산 또는 소비에 비해 상대적인 면에서 상당한 증가가 있을 가능성이 있는지. (ⅱ) 가능한 덤핑수입품의 가능한 가격, 그리고 이러한 가격이 국내의 동종상품가격에 대해 미칠 수 있는 영향, 특히 이러한 수입품이 국내 동종상품의 가격을 상당하게 인하시키거나 가격의 하락 또는 가격의 억제를 야기할 가능성이 있는지. (ⅲ) 가능한 덤핑수입품이 국내산업에 대해 야기 가능한 영향, 모든 관련되는 경제요소와 지표를 고려하여야 하며, 여기에는 생산량, 판매, 시장점유율, 이익, 생산성, 투자회수 또는 생산능력의 이용률에 있어서의 어떠한 잠재적인 감소, 및 현금흐름, 재고, 고용, 임금, 성장에 있어서의 어떠한 부정적인 효과를 포함하여야 하며, 파생적 또는 더욱 선진적인 버전의 동종상품을 생산하기 위한 노력 또는 자금이나 투자유치능력을 포함한다. (ⅳ) 수출국, 수입국 및 제3국에서의 시장요건의 변화, 여기에는 동종상품의 수급에 있어서의 변화를 포함하며, 수입국에서 동종상품의 추세와 출처에 있어서의 어떠한 변화도 포함한다. (ⅴ) 가능한 덤핑수입품이 국내산업에 대한 피해를 제외하고 이미 알려진 기타 요소들의 야기 가능한 효과, 여기에는 덤핑 가능한 수출자 또는 생산자로부터의 수출이 아닌 부분의 가능한 수입물량과 가격, 소비의 축소 또는 소비패턴의 변경, 무역제한적 관행과 외국 및 국내 생산자 간의 경쟁, 과학기술의 발전과 동종상품이 아닌 상품, 그리고 국내산업의 수출실적과 생산성 등이 포함된다.574)

　아르헨티나는 덤핑과 피해의 재발에 관련된 분석을 위한 구성요소에 대해 최저의 기준을 검토하는 것이 필요하다고 본다.575)

---

574) WTO, *supra* note 567, pp.4-5.
575) WTO, *supra* note 369, p.3.

Ⅲ. 재심사기한

반덤핑 중간재심사기한과 관련하여 반덤핑프렌즈그룹, 중국, 이집트는 중간재심사가 12개월 내 수행되어야 하며 이는 재심사 장치의 유효성과 예측 가능성을 제고할 수 있다고 본다.576)

남아프리카는 중간재심사는 일반적으로 재심사개시 일로부터 12개월 내 수행되어야 하며 어떠한 경우에도 18개월을 초과하지 못한다고 주장하고 있다.577)

EU는 규범협상그룹이 중간재심사에 강제적인 기한을 규정하여야 하는지 그리고 이러한 기한이 신규조사에 적용되고 있는 기한에 비해 상당히 짧아야 하는지를 검토할 수 있다는 표정이다.578)

Ⅳ. 소 결

반덤핑 중간재심사에서 판정요소의 도입과 관련하여 반덤핑프렌즈그룹은 동의하고 아르헨티나는 검토가 필요하다는 입장이다. 특정 회원국들의 관행에 있어 반덤핑관세가 더 이상 필요한지 여부와 관련된 판정

---

576) WTO, *supra* note 362, p.3; *Proposal on Reviews: Paper from Brazil; Chile; Colombia; Costa Rica; Hong Kong, China; Israel; Japan; Korea; Norway; Singapore; Switzerland; the Separate Customs Territory of Taiwan, Penghu, Kinmen and Matsu; and Thailand*, TN / RL / W / 83, 25 April 2003, p.2; WTO, *supra* note 569, p.2.

577) WTO, *supra* note 395, p.6.

578) WTO, *supra* note 367, p.4.

은 늘 확실한 근거가 없는 가정, 즉, 동 조치가 종료되면 수출자가 조치부과 전의 수출가격으로 복귀할 것이라는 가정에 기초하고 있다. 확실한 근거가 없는 이러한 가정은 심지어 반덤핑협정 제11.2조가 덤핑에 있어서는 가능성 테스트를 제공하고 있지 아니하지만 역시 이루어지고 있다. 사실상 제11.2조는 가능성 테스트를 배타적으로 피해와 관련하여서만이 제공하고 있다. 덤핑평가와 관련하여 다음의 사항들이 조정예시리스트에 포함되어야 한다. (i) 덤핑마진은 현재의 시장상황과 가격에 근거하여 산정되며 원심대상기간의 가격에 근거하지 말아야 한다. (ii) 반덤핑조치가 재심사의 대상으로 된 적이 있는 경우 조사기관은 가장 최근의 재심사에서 산정된 덤핑마진에 의거해야 한다. (iii) 덤핑마진이 발견되지 아니하는 경우, 피해 가능성 테스트는 적용되지 말아야 하며 또한 조치는 종료되어야 한다. 또한 피해 가능성 평가와 관련하여 다음의 사항들이 조정예시리스트에 포함되어야 한다. (i) 수입품으로 인한 피해의 가능성에 대한 판정은 국내산업과 관련 수출자들의 현재 경쟁적 상황에 근거하여야 하며 원심에서의 정보에 기초하지 말아야 한다. (ii) 조사기관은 반덤핑협정 제3조에 근거하여 피해검토를 수행하여야 하며 사실에 근거하고 단순한 주장, 억측 또는 추측에 근거하지 말아야 한다. (iii) 조사기관은 반덤핑관세의 지속 필요 여부와 관련하여 판정을 내림에 있어 덤핑수입품의 현재 물량에 기초하여야 한다.

　재심사기한은 반덤핑프렌즈그룹, 중국, 이집트가 12개월을 제시, 남아프리카가 12개월 내지 18개월을 제시한 가운데 EU는 검토가 가능하다는 입장이다.

　중간재심사제도의 개선방향과 관련하여 12개월의 강제적인 기한을 도입하는 동시에 판정요소를 명확히 규정함으로써 반덤핑조치의 남용을 막아야 한다. 반덤핑 중간재심사의 덤핑, 피해와 인과관계에 대한 판정에서 심사하여야 하는 관련 요소를 규정함에 있어서 원심 중의 관련 요소들을 참고할 수 있으며 실제에 있어 적지 않은 회원국들이 중간재심사판정에서 심사하는 요소들이 원심에서의 관련 요소와 비슷한 상황이다.

제4장
WTO 및 주요국의
반덤핑 신규수출자재심사제도

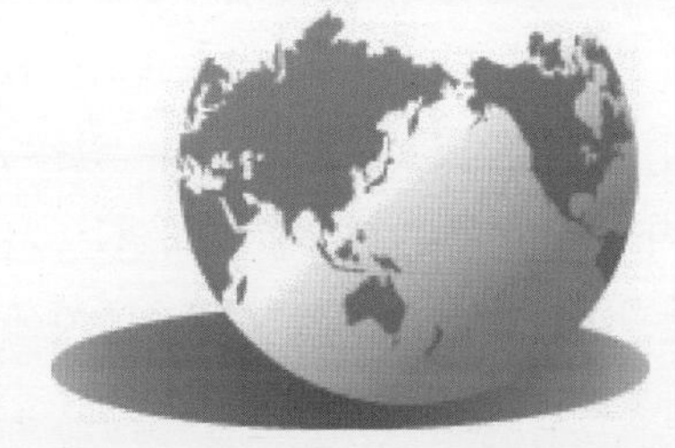

제1절 WTO의 반덤핑 신규수출자재심사제도

Ⅰ. WTO 반덤핑 신규수출자재심사제도의 도입배경

반덤핑원심에서 조사된 공급자들에게는 개별 반덤핑관세율이 결정되며 조사대상에서 제외된 수출자 또는 공급자들에 대해서는 통상 단일의 반덤핑관세율이 정해지게 된다. 특정 국가로부터 수입되는 특정 물품에 대하여 반덤핑관세가 부과되고 있는 상황에서는 수출실적이 없는 신규수출자가 수입국으로 수출을 하게 되는 경우에는 조사대상기간 동안에 덤핑마진 산정의 기초가 되는 수출가격과 정상가격에 대한 자료가 없으므로 단일의 덤핑마진을 적용받게 되며, 이렇게 단일의 덤핑마진에 따라 반덤핑관세를 부과받는 경우에는 조사대상기간 동안의 수출가격과 정상가격을 근거로 하여 계산된 개별 덤핑마진을 적용받는 수출자 또는 공급자와의 형평성에 문제가 발생하게 된다. 만일 신규수출자가 조사대상기간에 수출실적이 있었더라면 적용받을 수 있는 덤핑마진이 달라질 수 있었던 것이다. 따라서 신규수출자에 대하여는 기존의 반덤핑조치에서 결정된 단일의 덤핑마진과는 별도로 신규수출자에 대한 개별 덤핑마진 산정의 기회가 제공되는 것이다.[579]

덤핑판정 당시 해당 제품을 생산, 수출하지 않았던 기업이 반덤핑관세 부과 후 새로이 동종상품을 생산하여 수출하는 경우 이러한 신규수출자에 대해서는 덤핑 여부에 의해 반덤핑관세 부과 여부를 결정하는 것이 합리적이다. 그러나 반덤핑협정 체결과정에서 미국 및 EU는 신규

---

579) 김현수, "신규공급자재심에 관한 연구", 『무역구제』제7호(2002. 7.), 181~182쪽.

수출자가 동종의 제품을 다른 업체를 통하여 수출할 경우 반덤핑관세의 우회가 가능하다는 점을 들어 기존 수출자의 덤핑마진율을 가중 평균하여 적용할 것을 주장하였다. 이에 대해 반덤핑협정은 조사대상기간 중에 수출하지 않은 수출자 또는 생산자가 반덤핑관세의 부과대상인 수출자나 생산자와 관련이 없음을 증명한다면 기존의 반덤핑관세가 부과될 수 없음을 명시하고 있다.[580]

신규수출자재심사에 대하여 이를 기존의 반덤핑관세가 부과되고 있는 원심과 동일선상에서 보되 별도의 덤핑마진에 대한 사항만을 검토할 것인가 아니면 완전히 새로운 조치로 파악하여 기존조치 중에 있는 것과는 별개로 취급하여 별도의 덤핑마진뿐만 아니라 부과기간도 별개로 산정하여야 하는가 하는 의문이 제기될 수 있다. 이러한 문제는 신규수출자재심사에 있어서 필요한 여러 절차와 범위 및 신규절차에 있어서의 조치 등의 수준을 결정하는 데에 상당히 중요한 기초가 된다. 이와 관련하여 반덤핑협정을 검토하여 보면 제9.5조에서 "특정국으로부터의 제품에 대한 반덤핑조치가 있는 경우 신규수출자에 대하여는 별도의 덤핑마진 산정을 위하여 재심사를 수행하여야 한다."고 규정하고 있다. 즉 신규수출자재심사란 것은 별도 덤핑마진을 산정하는 데에 그 목적이 있다고 할 수 있으며 그 용어의 사용에 있어서도 '재심사'라는 용어를 사용하고 있다는 것을 고려한다면 기존의 조치와 연속선상에서 신규수출자재심사를 본다는 것이다. 또한 신규수출자재심사는 일반적인 관세부과보다는 신속하게 조사를 개시하고 수행하도록 하고 있으며 이는 원심에서 수행된 조사절차 중에 중복되는 부분을 제외할 수 있다는 것이며 따라서 원심수준이 아닌 기존절차의 보완적인 절차로 보는 것이다.[581]

반덤핑 신규수출자재심사제도는 많은 국가들에서 반덤핑절차 중 기타 관세율을 적용하는 실행에서 영감을 받은 듯싶다. 이러한 관세율은 일반적으로 최종판정에서 명칭이 언급되지 아니한 모든 수출자들에 대해

---

580) 한국무역협회, 앞의 주 175, 87쪽.
581) 김현수, 앞의 주 579, 183쪽.

적용된다. 이는 원심 중 협력하지 아니하는 수출자들을 대상으로 고안된 것으로서 이들을 대처함에 있어서는 적극적인 역할을 한 반면 조사대상기간 내 수출을 하지 아니함으로 인하여 협력할 수 없게 된 신규수출자들도 기타 관세율을 적용받음으로써 이들에 대해서는 불리하게 작용하였다.[582]

신규수출자재심사를 신청하는 경우 확정관세의 부과일 또는 가격약속의 수락일로부터 일정한 기간이 경과할 때까지 기다릴 필요가 없고 확정조치의 공고일의 다음 날부터는 언제든지 재심사신청을 할 수 있다.[583]

Ⅱ. WTO 반덤핑 신규수출자재심사제도의 내용

1. 실체적 규정

반덤핑협정에 따르면 특정 상품이 수입회원국에서 반덤핑관세의 대상이 되는 경우, 조사대상기간 중 동 상품을 수입국에 수출하지 아니한 당해 수출국 내의 수출자 또는 생산자가 자신들이 수출국 내의 동 상품에 대한 반덤핑관세의 부과대상인 수출자 또는 생산자와 관련이 없다는 것을 입증할 수 있는 경우, 조사기관은 신속하게 이러한 수출자 또는 생산자에 대한 개별적인 덤핑마진을 결정하기 위한 재심사를 수행한다.[584]

반덤핑협정에서 신규수출자재심사를 규정한 목적은 조사대상기간 중 대상상품을 수출하지 아니한 회사들에 그들 자신의 덤핑마진을 산정받

---

582) Edwin A. Vermulst, *supra* note 12, p.205.
583) Edwin A. Vermulst and Paul Waer, *supra* note 261, pp.130-131.
584) 반덤핑협정 제9.5조.

고 그리하여 그들 자신만의 관세세율을 부여받을 수 있는 기회를 부여하고자 하는 것이다.

반덤핑협정에는 해당 수출국 내의 수출자 또는 생산자가 신규수출자재심사를 신청할 수 있다고 명백히 규정하였는데 이는 한 회사가 신규수출자재심사를 신청하기 위한 요건으로 이미 수출을 단행하였을 필요는 없음을 암시한다.[585] 반덤핑 종료재심사와 중간재심사의 경우, 조사기관의 직권에 의한 재심사의 개시를 규정하고 있는 것과는 달리 신규수출자재심사에서는 이해관계인의 신청에 의한 재심사의 개시만을 규정하고 있으며 이해관계인의 범위 역시 종료재심사에서의 국내산업과 중간재심사에서의 국내산업, 수출자, 수입자, 생산자와 구분되며 단지 신규수출자 또는 생산자의 신청에 의해서만이 이러한 재심사의 개시가 가능한 상황이다.

신규수출자에는 이들 수출자 또는 생산자는 원심대상기간에 존재하였으나 실제 수출을 하지 아니하였거나 또는 그 후에야 비즈니스를 개시한 경우가 모두 포함된다. 두 가지 경우의 수출자들은 해당 국가에 대한 소위 기타 관세세율의 대상으로 되며 이러한 기타 관세세율은 해당 국가의 협력한 수출자에 대한 반덤핑관세세율 중 높은 것으로 되거나 또는 심지어 원심에서 협력한 수출자의 협력수준이 낮을 경우 더욱 높은 수준으로 부과된다. 때문에 이러한 기타세율의 적용을 받는 신규수출자는 덤핑과 관련하여 개별적인 덤핑마진을 부여받고자 하는 의도가 생기게 된다.[586]

신규수출자의 자격을 얻으려면 이미 반덤핑관세의 부과대상으로 된 해당 수출국 내의 수출자 또는 생산자와 관련이 없음을 입증하여야 한다.

---

585) Judith Czako et. al., A Handbook on Anti-Dumping Investigations(New York: Cambridge University Press, 2003), p.90.
586) Wolfgang Mueller et. al., *supra* note 248, pp.352-353.

2. 절차적 규정

신규수출자재심사는 수입회원국 내에서의 정상적인 관세의 평가 및 재심사절차에 비하여 빠른 속도로 개시되고 행하여진다. 동 재심사가 이루어지고 있는 동안에는 이러한 생산자 또는 수출자로부터 수입되는 상품에 대하여 반덤핑관세가 부과되지 아니한다. 그러나 조사기관은 동 재심사결과 당해 생산자 또는 수출자에 대해 덤핑판정이 내려지는 경우 재심사개시일까지 반덤핑관세를 소급 적용할 수 있도록 하기 위하여 평가의 보류 및 / 또는 담보의 요청을 할 수 있다.[587] 즉, 예를 들어 원심에서 부과된 기타 세율이 10%이고 신규수출자재심사과정에서 신규수출자의 덤핑마진이 5%밖에 되지 않음이 판정되었다면 5%의 반덤핑관세는 소급적으로 징수될 수 있다는 것이다.[588]

반덤핑협정에 따르면 신규수출자재심사는 반덤핑 종료재심사, 중간재심사와 관세평가재심사에 비해 빠른 속도로 개시되고 행하여진다. 단지 이와 관련하여 구체적인 기한은 규정하지 않고 있어 이와 관련한 각 회원국의 실행이 역시 엇갈리게 되었다.[589]

또한 일단 신규수출자재심사신청요건을 충족시켜 재심사가 개시되면 해당 수출자 또는 생산자에 대해서는 반덤핑관세를 부과하지 않으며 단지 추후 최종판정에서 덤핑판정이 내려질 경우를 대비하여 평가의 보류 및 / 또는 담보의 요청을 할 수 있도록 규정하고 있다.

신규수출자재심사의 경우 종료재심사나 중간재심사에서는 신청에 대한 시간적 제한이 있음에도 불구하고 이러한 시간적 제한을 두고 있지 않다는 점에서 비교된다.

---

587) 반덤핑협정 제9.5조.
588) Edwin A. Vermulst, *supra* note 12, p.206.
589) Judith Czako et. al., *supra* note 585, p.91.

Ⅲ. WTO 반덤핑 신규수출자재심사제도의 문제점

반덤핑협정 제9.5조는 신규수출자가 수시로 재심사를 요청할 수 있는 권리를 부여하였고 조사기관에 대해서는 신속한 기초 위에 이러한 재심사를 수행할 것을 의무시하도록 규정하였다. 재심사가 수행되는 중에는 그 수출에 대해 반덤핑관세가 부과되지 않으나 평가의 보류 및 / 또는 담보는 요구할 수 있도록 규정하였다.

그러나 단지 여기에서 신속한 기초 위에 신규수출자재심사를 개시 및 수행할 것만 규정하고 구체적인 기한은 규정하지 않고 있다. 비록 반덤핑 종료재심사, 중간재심사 또는 관세평가재심사에 비해 빠르게 수행되어야 한다는 규정은 있으나 관세평가재심사의 기한이 12개월 내지 18개월, 종료재심사와 중간재심사의 기한이 일반적으로 12개월 내로 규정된 것과 달리 구체적인 기한을 규정하지 않아 회원국들이 이러한 기한을 악용할 소지가 있다. 현행 반덤핑협정상의 신규수출자재심사제도는 구체적인 재심사의 수행절차 및 실체적 규정에 대한 내용도 미비하며 원심에 적용되는 제2조 내지 제6조 규정의 적용 여부에 대한 규정도 없는 상황이다.

이 밖에 신규수출자재심사를 충족시키기 위한 요건으로 신규수출자는 원심대상기간 중 수출을 하지 아니하였고 수출국 내의 원심대상기간 중 수출을 한 수출자 또는 생산자와 관련되지 아니함을 입증하여야 한다. 단지 이러한 관련성에 대한 구체적인 규정이 없는 상황이고 반덤핑협정 제4.1(ⅰ)조의 각주 11에서 제시한 관계사의 정의를 원용하는 것은 동 조항에 '제4.1조의 목적상' 사용되는 것이라고 명시하고 있으므로 실제 적용에 한계가 있다.[590)]

더 나아가 반덤핑협정 제9.5조는 정당한 신규수출자의 수요와 피해를

---

590) 손기윤, "WTO반덤핑협정 재심규정 연구", 『무역구제』제23호(2006. 7.), 34쪽.

입은 국내산업의 수요 간에 공정한 절차를 도입함으로써 반덤핑명령의 유효성을 보장하는 한편 동 절차의 효과적인 수행을 모색하기 위한 것이며 비록 "수출자 또는 생산자는 수출국 내의 동 상품에 대한 반덤핑관세의 부과대상인 수출자 또는 생산자와 관련이 없다는 것을 입증하여야 한다."고 규정하고 있지만 신규수출자재심사는 여전히 반덤핑조치를 우회하기 위하여 사용될 소지가 있다는 것이다. 즉 원심에서 이미 덤핑을 감행하였음이 발견된 회사가 단순히 새로운 회사를 설립하여 미소한 수출을 비정상적으로 높은 가격에 공모한 소비자에게 단행한 후 신규수출자재심사를 신청할 수 있으며 이미 조사받은 회사와의 관련성도 발견되지 않게 될 수 있어 낮은 덤핑마진 또는 제로덤핑마진을 부과받은 후 대량덤핑수출을 감행한다는 것이다.

상술한 신규수출자재심사제도의 문제점을 감안하여 대표적인 수출 및 명백한 절차를 도입하자는 주장, 기존 반덤핑협정의 제2조 내지 제6조를 적용하도록 규정하자는 주장, 강제적인 재심사기한을 규정하자는 주장이 대안으로 제시되고 있다.

Ⅳ. 반덤핑 신규수출자재심사와 관련된 DSB의 판정내용에 대한 분석

2006년 12월 1일 현재 이미 패널 / 상소기관보고서가 채택된 6건의 반덤핑 / 상계조치 행정재심사 관련 사건 중 신규수출자재심사와 관련된 판정내용을 갖고 있는 사건은 한 건뿐인데 바로 *Mexico-Rice AD Measures* 사건이다.

동 사건에서는 신규수출자재심사와 관련하여 수출자 또는 외국 생산자가 수출의 대표성 요건을 충족시켜야 하는지 여부가 문제시되었다. 패널은 신규수출자재심사를 수행함에 있어 대표성 요건을 요구하는 것은 반덤핑협정 제9.5조 위반이라고 판정하였는데 왜냐하면 동 조항에서는 이러한 요건을 제시하고 있지 않기 때문이다. 상소에서 멕시코는 "자국 대외무역법상 모든 조항이 조사기관이 신규수출자재심사를 수행하기로 결정을 내림에 있어 대표성 요건을 부과할 수 있는가 여부에 대해 침묵하고 있다."고 주장하였다.[591]

이에 상소기관은 반덤핑협정 제9.5조에 열거된 특정 요건 중 대표성 요건을 규정하지 않고 있다고 판정하였으며 멕시코의 대외무역법 제89D조에 이러한 요건을 규정한 점은 그 자체로서 반덤핑협정 제9.5조 위반이라고 한 패널의 판정을 유지하였다.[592]

*Mexico-Rice AD Measures*사건에서 상소기관은 수출자가 신규수출자재심사를 수행하기 위해서 충분한 수량의 수출을 하였어야 할 필요가 없다고 판정하였는데 이는 현행 반덤핑협정 제9.5조에서 수출국의 수출자만이 아니라 생산자도 신규수출자재심사를 신청할 수 있도록 규정한 점에 일치하며 실제 수출을 단행하지 아니한 상황에서도 신규수출자재심사의 신청이 가능하도록 규정한 반덤핑협정의 기본정신을 반영한 것이다. 하지만 반면에 일부 수출자들이 이러한 규정을 우회 또는 악용할 소지도 있다. 즉, 높은 가격에 적은 양의 수출을 한 후 신규수출자의 지위를 취득하며 제로덤핑마진 또는 낮은 덤핑마진을 산정받은 후 실제로 덤핑을 함으로써 수입국의 국내산업에 피해를 줄 가능성도 있다. 특히 수입국의 중소업체인 경우 이러한 반덤핑조치의 우회행위에 취약할 수밖에 없게 된다. 이와 관련하여 기존의 반덤핑조치 대상업체와 신규수출자 간의 관련성이 있는지 여부에 대한 검토를 확실하게 할 필요가 있다.

---

591) WTO, *supra* note 425, paras.317-320.
592) *Ibid.*, paras.321-324.

제2절 미국의 반덤핑 신규수출자재심사제도

I. 서

미국은 관세법 및 DOC규정에 신규수출자재심사와 관련된 규정을 명시하고 있다.

미국에서 실질적으로 신규수출자재심사의 진행사례가 적은데 그 이유는 기타 덤핑마진을 적용받는 것보다 자신의 개별마진율이 더 적게 산출될 것이라는 확신이 있는 상황하에서만 이와 같은 재심사를 신청하게 되기 때문이다.[593]

또한 미국의 경우 이러한 신규수출자재심사에 대한 우려의 목소리가 높은데 이는 신규수출자재심사가 남용될 수 있다는 생각에서 기인한다. 즉, 기존의 수출자가 서류를 위조하는 것을 통하여 반덤핑조사대상기간 중에는 수출을 하지 아니하였음을 위조한 후 조사대사기간이 만료된 후 최소한 한 건의 정당한 수출을 단행함으로써 신규수출자재심사를 제출할 수 있는 자격요건을 일단 충족시키거나 또는 유령회사를 설립하여 비슷한 행위를 단행하는 것이다. 다음 조사대상기간이 만료된 후 유령회사를 통하여 높은 가격으로 공모한 미국 내의 수입자에게 수출한 후 신규수출자재심사를 신청하는 것이다. 이러한 방법을 통하여 신규수출자재심사가 개시되면 이들은 채권을 예치하는 특권을 부여받게 되며 반덤핑관세를 부과받지 않게 되는 것이다.[594]

---

593) 한국무역협회, 앞의 주 175, 173쪽.
594) Kevin J. Fandl, "Promoting International Business Development While Protecting Domestic Market: An Analysis of the New Shipper Review Policy of the United

이러한 남용을 막기 위한 대안으로 신규수출자재심사제도를 철폐하는 등 극단적인 제안도 제기되었지만 비교적 현실적인 제안은 신규수출자재심사의 개시요건을 엄격하게 규정하는 것으로 보인다.

Ⅱ. 실체적 규정

만약 대상상품의 수출자 또는 생산자가 조사대상기간 내 대상상품을 미국(만약 당해 사건이 지역산업과 관련된 사건인 경우, 당해 지역에 대상상품을 수출 또는 다른 지역에 수출한 후 당해 지역으로 판매하는 것)으로 수출하지 아니하였고, 대상기간 내 대상상품을 미국(만약 당해 사건이 지역산업과 관련된 사건인 경우, 당해 지역에 대상상품을 수출 또는 는 다른 지역에 수출한 후 당해 지역으로 판매하는 것)으로 수출한 어떠한 수출자 또는 생산자와도 특수관계에 있지 아니함을 입증하는 신청을 제출하면 DOC는 신규수출자재심사를 수행하여 당해 수출자 또는 생산자를 상대로 개별적인 가중평균 덤핑마진을 산정하여 주어야 한다.[595]

미국은 신규수출자재심사가 단지 기존 반덤핑명령에 대한 행정재심사이며 결코 새로운 조사는 아니다고 인정하며 신규수출자재심사를 수행함에 있어 행정재심사에 적용되는 규정들을 적용하고 반덤핑관세의 판정에 있어 가중평균 대 가중평균 또는 개별거래 대 개별거래에 기초하여 덤핑마진을 산정하는 방법을 적용하지 않는다. 또한 재심사대상기간 내 제로 또는 미소마진이 산정되었다 하여 결코 반덤핑명령으로부터 배제하지도 않는다.[596]

States", *Georgetown Journal of International Law*, Vol.36, No.2(2005), pp.614-621.
595) 19 U.S.C. § 1675(a)(2)(B)(ⅰ).
596) WTO, *Notification of Laws and Regulations under Articles 18.5 and 32.6 of*

예를 들어 중국산 꿀에 대한 반덤핑 신규수출자재심사에서는 DOC가 신규수출자재심사에서 개별 수출가격 대 가중평균 정상가격의 비교에 기초하여 덤핑마진을 산정하는 것이 적법한지가 논의되었다. 중국회사 측에서는 이러한 제로잉의 방법이 WTO분쟁해결기관에 의해 *U.S.-Softwood Lumber*사건597)에서 불법으로 판정되었다고 주장하였으며 이에 DOC는 동 사건은 반덤핑원심사건이며 행정재심사와는 무관하다고 판단하여 중국 측의 주장을 기각하였다.598)

Ⅲ. 절차적 규정

1. 신규수출자재심사신청

수출자 또는 생산자는 자신이 대상상품을 미국으로 수출하였거나 또는 수출을 위한 판매를 한 경우 신규수출자재심사를 신청할 수 있는데599) 신규수출자재심사를 위한 신청에는 다음의 내용이 포함되어야 한다. (ⅰ) 재심사의 신청인이 당해 상품의 수출자이면서 또한 생산자인 경우에는 당해 신청인이 조사대상기간 동안 미국으로 대상상품을 수출

---

the Agreements: *Replies from the United States to Follow-up Questions from Hong Kong*, G / ADP / Q1 / USA / 2, 16 April 1997, pp.5-6.

597) United States-Final Dumping Determination on Softwood Lumber from Canada (DS264).

598) US Department of Commerce, *Issues and Decision Memorandum for the Final Results in the 2002 / 2003 New Shipper Reviews of Honey from the People's Republic of China(A-570-863)*, Federal Register: February 25, 2005(Volume 70, Number 37).

599) 19 C.F.R. § 351.214(b)(1).

하지 아니하였다는 증명(또는 만약 지역산업인 경우 관련 지역에서의 판매를 목적으로 대상상품을 수출하지 아니하였다는 증명). (ii) 재심사의 신청인이 대상상품의 수출자이지만 생산자는 아닌 경우에는 재심사의 신청인이 조사대상기간 동안 미국으로 대상상품을 수출하지 아니하였다는 증명(또는 만약 지역산업인 경우 관련 지역에서의 판매를 목적으로 대상상품을 수출하지 아니하였다는 증명)과 재심사의 신청인을 위해 대상상품을 생산 또는 공급한 자가 조사대상기간 동안 미국으로 대상상품을 수출하지 아니하였다는 증명(또는 만약 지역산업인 경우 관련 지역에서의 판매를 목적으로 대상상품을 수출하지 아니하였다는 증명). (iii) 이들 수출자 또는 생산자가 원심 중 개별적으로 검토받지 못한 수출자 또는 생산자를 포함하여 조사대상기간 동안 미국으로 대상상품을 수출한 어떠한 수출자 또는 생산자와도 특별관계가 없다는 증명(또는 만약 지역산업인 경우 관련 지역에서의 판매를 목적으로 대상상품을 수출하지 아니하였다는 증명), 비시장경제국가의 수입품이 관련된 경우 당해 수출자 또는 생산자의 수출행위가 중앙정부에 의해 통제받지 아니한다는 증거. (iv) 재심사를 신청한 수출자 또는 생산자의 대상상품이 처음으로 소비를 목적으로 창고에 진입 또는 진입이 거부된 날짜 또는 만약 수출자 또는 생산자가 그 날짜를 확인할 수 없는 경우에는 수출자 또는 생산자가 미국으로의 수출을 목적으로 대상상품을 처음으로 선적한 날짜, 당해 발송물량과 추후 발송물량 및 미국 내의 특수관계가 없는 소비자에게 처음 판매한 날짜에 관한 증거자료.[600]

예를 들어 중국산 사과주스농축액(Non-Frozen Apple Juice Concentrate)에 대한 반덤핑 신규수출자재심사에서 DOC는 재심사의 신청인이 원심대상기간 중 해당 상품을 미국으로 수출하지 아니하였고 반덤핑관세를 부과받은 수출자 또는 생산자와 특수관계에 있지 않으며 수출행위가 중국 중앙정부의 통제를 받지 아니함으로 재심사를 개시한다고 공고하였다. 동

---

600) 19 C.F.R. § 351.214(b)(2).

사건에서 중국업체는 미국으로의 첫 선적 일자와 그 물량, 추후의 선적물량, 미국 내의 비관련 소비자에게 처음으로 해당 상품을 판매한 일자 등 자료를 제출하였다.601)

또한 미국은 수출 또는 수출을 위한 판매를 하였을 것을 요구함으로써 법령상으로 수출자와 생산자에 대한 요건을 구분하고자 하는 노력을 보인 것으로 사료되며 아울러 신규수출자재심사의 신청요건으로 실제 수출하였을 필요가 없는 것으로 나타난다. 예를 들어 중국산 글리신(Glycine)에 대한 신규수출자재심사에서 DOC는 재심사대상기간 내에 해당 상품이 아직 선적 또는 수입되지는 아니하였지만 수출을 위해 판매되었다면 신규수출자재심사를 신청할 수 있다고 판정하였다.602)

수출자 또는 생산자는 대상상품이 처음으로 미국시장에 유입된 날짜 또는 판매를 목적으로 대상상품을 창고로부터 인도한 날짜로부터 1년 내 신규수출자재심사를 신청할 수 있으며 만약 처음으로 미국시장에 유입된 날짜를 확인할 수 없는 경우에는 수출자 또는 생산자가 미국으로의 수출을 목적으로 대상상품을 처음으로 선적한 날짜로부터 1년 내 신규수출자재심사를 신청할 수 있다.603)

DOC는 재심사의 대상인 반덤핑명령의 부과일로부터 6개월 후 또는 만약 재심사신청이 상술한 6개월 내 이루어진 경우, 그 후의 6개월 내 신규수출자재심사를 다음의 시점에 개시하여야 한다.604) 만약 재심사신청이 해마다 주기의 달 또는 반년마다 주기의 달 후 6개월 내 이루어지는 경우 DOC는 신규수출자재심사를 해마다 주기의 달 또는 반년마다

---

601) US Department of Commerce, *Non-Frozen Apple Juice Concentrate from the Peoples's Republic of China: Initiation of Antidumping New Shipper Review*(*A-570-855*), Federal Register: January 30, 2003(Volume 68, Number 20).

602) US Department of Commerce, *Issues and Decision Memorandum for the final result; New Shipper Administrative Review of Glycine From the Peoples's Republic of China*(*A-570-836*), Federal Register: January 31, 2001(Volume 66, Number 21).

603) 19 C.F.R. § 351.214(c).

604) 19 U.S.C. § 1675(a)(2)(B)(ii).

주기의 달 후의 다음 달에 즉시 개시하며[605] 여기에서 반년마다 주기의 달은 해마다 주기의 달 후 6개월이 경과된 다음 달을 의미한다.[606] 예를 들어 어느 해 1월에 반덤핑명령이 연방관보에 게재된 경우 신규수출자재심사신청이 그 반덤핑명령이 게재된 달의 해마다 주기의 달의 마지막 날로부터 6개월간의 기간, 즉 2월부터 7월 사이에 DOC에 접수되었다면 신규수출자재심사는 8월에 개시되며, 신규수출자재심사가 8월에서 1월 사이에 신청되었다면 신규수출자재심사는 2월에 개시된다.[607]

예를 들어 중국산 사과주스농축액에 대한 반덤핑 신규수출자재심사에서 해마다 주기의 달은 6월이었고 재심사신청은 2002년 12월 17일 이루어져 재심사는 2003년 1월 30일 개시되었다.[608]

적절한 시기에 재심사신청을 접수한 후 DOC는 신속히 연방관보에 재심사개시공고를 게재하며 그 전후로 적절한 이해관계인 또는 기타 관계인(또는 만약 적절하다면 표본조사 대상자 또는 기타 관계인)에게 재심사를 위한 사실적인 정보를 요구하는 질의서를 송부한다. 만약 적절하다면 현지조사를 수행하고 이용 가능한 정보에 기초하여 재심사 예비판정을 제출하며 연방관보에 논평요청 및 판정된 덤핑마진 등 내용이 포함된 재심사 예비판정공고를 게재한다. 다음 재심사 최종판정을 제출하며 판정된 덤핑마진을 포함한 재심사 최종판정을 제출 및 연방관보에 게재한다.[609]

DOC는 최종판정이 제출된 후 합리적인 기간 내 동 판정에 대해 행정적 오류를 수정할 수 있는 절차를 확립하여야 하며 이러한 절차는 이해관계인이 그러한 오류에 대해 자신의 관점을 제출할 수 있는 기회를 보장해 줘야 한다.[610]

---

605) 19 C.F.R. § 351.214(c)(1).
606) 19 C.F.R. § 351.214(c)(2).
607) 19 C.F.R. § 351.214(c)(3).
608) US Department of Commerce, *supra* note 601.
609) 19 C.F.R. § 351.221(b).
610) 19 U.S.C. § 1675(h).

2. 청산정지, 채권 또는 담보의 예치

DOC는 신규수출자재심사를 개시하는 경우 세관에 관련 수출자 또는 생산자로부터의 대상상품에 대한 청산을 정지하도록 명령하며 재심사가 종결되기 전까지 대상상품의 통관 시 현금예치금 대신 보증서 또는 기타 형태의 담보를 제공할 수 있는 선택권한을 수입자에게 부여한다.611)

예를 들어 중국산 사과주스농축액에 대한 반덤핑 신규수출자재심사에서 DOC는 해당 회사들에 대해 재심사가 종료될 때까지 현금예치금 대신 보증금 또는 채권을 예치할 수 있는 권한을 주도록 세관에 지시하였다.612)

3. 신규수출자재심사의 철폐

만약 신규수출자재심사의 신청인이 재심사개시공고일로부터 60일 내 신청을 철회하는 경우 DOC는 신규수출자재심사를 전부 또는 부분적으로 철폐할 수 있으며613) 만약 DOC가 다음과 같은 결론을 내리는 경우에도 신규수출자재심사를 전부 또는 부분적으로 철폐할 수 있다. (i) 일반적 재심사대상기간 내 대상상품의 미국 내 수입과 미국 내 특수관계가 없는 소비자에 대한 판매가 이루어지지 않은 경우. (ii) 일반적 재심사대상기간을 초과하여 한 차례의 대상상품의 미국 내 수입과 미국 내 특수관계가 없는 소비자에 대한 판매를 포함시킬 경우 규정된 재심사기한의 준수가 방해받는 경우.614)

DOC는 신규수출자재심사를 전부 또는 부분적으로 철폐하는 경우 연방관보에 반덤핑 신규수출자재심사의 철폐 또는 부분적 철폐공고를 게재한다.615)

---

611) 19 U.S.C. § 1675(a)(2)(B)(iii), 19 C.F.R. § 351.214(e).

612) US Department of Commerce, *supra* note 601.

613) 19 C.F.R. § 351.214(f)(1).

614) 19 C.F.R. § 351.214(f)(2).

4. 재심사대상기간

예외적인 경우를 제외하고 반덤핑절차에 있어 신규수출자재심사는 그렇게 함이 타당하다면 일반적으로 다음 기간 내의 통관, 수출 또는 판매를 포함한다. 만약 신규수출자재심사가 반덤핑명령이 연방관보에 게재된 달의 해마다 주기의 달의 다음 달에 개시된 경우 대상기간은 그해마다의 주기의 달 바로 전달을 마지막 달로 하는 12개월이며 만약 반덤핑명령이 연방관보에 게재된 달의 해마다 주기의 달의 6개월 전 또는 후의 달의 다음 달에 개시된 경우 재심사대상기간은 그해마다 주기의 달의 6개월 전 또는 후의 달을 마지막 달로 하는 6개월간이다.

단 예외사항이 존재하는데, 만약 DOC가 첫 해마다 주기의 달이 끝난 후 즉시 신규수출자재심사를 개시하는 경우 타당하다면 동 재심사는 일반적으로 청산정지일로부터 첫 해마다 주기의 달의 곧바로 전달 말까지의 통관, 수출 또는 판매를 포함한다. 또한 만약 DOC가 첫 반년마다 주기의 달이 끝난 후 즉시 신규수출자재심사를 개시하는 경우 타당하다면 동 재심사는 일반적으로 청산정지일로부터 첫 반년마다 주기의 달의 곧바로 전달 말까지의 통관, 수출 또는 판매를 포함한다.[616]

예를 들어 중국산 사과주스농축액에 대한 반덤핑 신규수출자재심사에서 재심사의 대상기간은 2002년 6월 1일에서 11월 30일까지였다. 참고로 동 사건의 재심사개시는 2003년 1월 30일 이루어졌다.[617]

5. 재심사기한

DOC는 일반적인 반덤핑 재심사절차에 따라 신규수출자재심사를 수

---

615) 19 C.F.R. § 351.214(f)(3).
616) 19 C.F.R. § 351.214(g)(1).
617) US Department of Commerce, *supra* note 601.

행하여[618] 재심사개시 후 180일 내 예비판정을 내려야 하며, 예비판정이 제출된 후 90일 내 최종판정을 내려야 한다. 단, 만약 DOC가 당해 사건이 특별하게 복잡하다고 판단하는 경우에는 180일의 기간을 300일로, 90일의 기간을 150일로 연장할 수 있다.[619]

6. 복합적 재심사

만약 관세평가재심사, 기타 신규수출자재심사, 신속종료재심사 또는 중간재심사(또는 재심사신청)가 신규수출자재심사대상인 수출자 또는 생산자의 상품을 포함하고 있는 경우 DOC는 수출자 또는 생산자와의 협의를 거쳐 신규수출자재심사를 전부 또는 부분적으로 철폐하거나 거절할 수 있다. 단, 만약 신청인이 서면으로 재심사기한에 대한 포기에 동의하는 경우, 다른 조항들은 계속하여 적용하는 전제하에 당해 수출자 또는 생산자에 대해 여러 개의 재심사를 동시에 수행한다.[620]

---

618) 19 C.F.R. § 351.214(h).

619) 19 U.S.C. § 1675(a)(2)(B)(iv), 19 C.F.R. § 351.214(i). 중국산 버섯(Preserved Mushrooms)에 대한 신규수출자재심사사건에서 DOC는 2005년 10월 7일 신규수출자재심사를 개시, 2006년 7월 7일 예비판정을 내렸으며 11월 17일 최종판정을 내렸다. 즉, 동 사건에서 DOC는 예비판정시한과 최종판정시한에 대해 모두 그 기한을 연장한 바 있다. US Department of Commerce, *Certain Preserved Mushrooms from the People's Republic of China: Preliminary Results of the Antidumping Duty New Shipper Review(A-570-851)*, Federal Register: November 17, 2006(Volume 71, Number 222).

620) 19 C.F.R. § 351.214(j).

Ⅳ. 소 결

미국은 반덤핑 신규수출자재심사를 원심과 상당히 다른 것으로 보고 있으며 아울러 신규수출자재심사에 있어 원심에 적용되는 것과 상당히 다른 절차와 요건을 적용하고 있다. 예를 들어 덤핑마진의 산정방법과 미소덤핑마진의 수치 등 면에서 모두 큰 차이점을 보이고 있다.

그러나 사실 신규수출자재심사는 원심대상기간 중 대상상품을 해당 국가에 수출하지 아니한 신규수출자를 위하여 개별적인 덤핑마진을 산정해 주기 위한 제도라는 점에 있어서 이들 신규수출자들에 대해 원심과 같은 기능을 한다. 따라서 적어도 신규수출자재심사에서는 원심에서와 같은 요건과 절차를 도입하여야 한다고 본다.

제3절 EU의 반덤핑 신규수출자재심사제도

Ⅰ. 서

비록 EU반덤핑규칙이 제정되기 전 신규수출자재심사에 대한 특별규정이 존재하지 아니하였지만 실제에 있어 EU는 1989년부터 시작하여 신규수출자를 위한 새로운 절차를 개시하고자 하는 의향을 보였다.621)

신규수출자재심사절차가 도입되기 전, 원심대상기간 중 EU로 상품을 수출하지 아니한 수출자의 경우 문제시되었다. 즉 이들은 원심에서 협력할 수 없었으며 따라서 이들 수출자들은 기타 관세를 부과받게 되는데 이는 동 신규수출자에 대해 어려움을 부과한다. 또한 이들은 그 부과일로부터 1년이 경과하기 전에는 중간재심사도 신청할 수 없게 된다.[622]

EU반덤핑규칙에 따르면 원심대상기간 중 해당 상품을 EU로 수출하지 아니한 수출국 내의 신규수출자에 대해 개별적인 덤핑마진을 산정하여 주기 위한 재심사가 수행되어야 한다.[623]

Ⅱ. 실체적 규정

EU반덤핑규칙상 신규수출자재심사는 신규수출자가 자신은 수출국 내의 다른 생산자 또는 수출자와 아무런 관련이 없으며, 조사대상기간 이후 실제로 EU로 수출한 적이 있거나 또는 EU로 상당한 물량을 수출하기로 취소 불가능한 의무를 부담하게 되었음을 입증하는 경우에 개시될 수 있다.[624]

유럽위원회는 이러한 증거가 있는 경우 자문위원회의 협의를 거쳐 EU생산자들에게 의견진술의 기회를 부여한 후 신규수출자재심사를 개시하고 조사는 신속하게 진행되어야 한다. 재심사가 개시되면, 관련 수출자에 부과되던 반덤핑관세는 부과되지 않고, 재심사판정 결과 반덤핑

---

621) *Video Cassettes and Video-Tape Reels Originating in the Republic of Korea and Hong Kong*, Commission Decision 376 / 89, recital 43.
622) Ivo Van Bael and J. P. Bellis, *supra* note 244, p.434.
623) EU반덤핑규칙 제11.4조1단.
624) *Ibid.*, 2단.

관세를 부과하여야 하는 경우 재심사개시일까지 소급해서 동 반덤핑관세를 부과할 수 있도록 하기 위하여 재심사개시 이후의 수입량을 등록할 수 있게 하였다.625)

유럽위원회의 제안이유서(Explanatory Memorandum)에 의하면 이러한 등록제도는 조사결과 결정된 확정조치를 소급적으로 부과하기 위한 것으로서 잠정관세제도와 동일한 기능을 수행하는 현금을 예치하거나 보증서를 제출하지 않은 채 관세 당국으로 하여금 수입품을 기록하여 두게만 한다는 점에서 차이가 있을 뿐으로 반덤핑협정에서 말하는 평가유보와 유사한 제도이다.626) 이러한 등록제도가 수출자에게 부담을 주는 조치이므로 9개월을 초과하여 적용될 수 없는 제한이 있다.627)

유럽위원회가 원심절차에서 표본조사방법을 사용한 경우에는 신규수출자재심사신청이 인정되지 않으며628) 신규수출자에 대해 적용되는 반덤핑관세는 표본조사에 포함되지 못하였지만 조사에 협력한 생산자에 대해 적용되는 세율, 즉 표본조사에 포함된 생산자들에 대한 덤핑마진의 가중평균치가 적용된다.629)

이러한 규정은 신규수출자에 대해 원심에서 표본화되지 못하여 평균관세가 부과된 수출자에 비교하여 더욱 유리한 대우 즉 개별적인 대우를 부여하는 것을 막기 위한 것이다.630) 하지만 표본조사방법을 사용하기로 하는 유럽위원회의 결정은 당사자의 통제범위 밖에 있는 사항인데 이러한 사유를 들어 신규수출자재심사신청자격을 부정하는 것은 불공정한 것이라는 비판이 제기되고 있다.631)

---

625) *Ibid.*, 3단.

626) *Explanatory Memorandum to the Proposal by the Commission to the Council*, COM(94) 414 final.

627) EU반덤핑규칙 제14.5조.

628) *Ibid.*, 제11.4조4단.

629) WTO, *Notification of Laws and Regulations under Articles 18.5 and 32.6 of the Agreements Replies of the European Community to Questions from Hong Kong*, G / ADP / Q1 / EEC / 3, 23 April 1997, p.3.

630) Wolfgang Mueller *et. al.*, *supra* note 248, p.354.

신규수출자재심사의 결과는 기존의 반덤핑관세 부과조치의 적용기간에는 영향을 미치지 않고, 단지 해당 신규수출자의 개별 덤핑마진이 산정될 뿐이다.632)

실제적인 덤핑마진이 해당 국가의 피해마진에 비해 높은 경우, 관세는 피해마진에 한정된다. 신규수출자재심사결과 신규수출자에 대한 덤핑마진이 미소마진으로 판정되어 관세가 부과되지 않거나 가격약속이 부여되거나 신규수출자의 지위가 거부당하거나 종가관세가 부과될 수 있다. 또한 신규수출자재심사는 신규수출자가 조사에서 협력하지 아니하는 경우 종료된다. 이러한 신규수출자재심사는 덤핑마진에 대한 판정에만 한정되며 재심사대상조치의 유효기간에는 영향을 미치지 아니한다.633)

신규수출자의 지위를 부여받으려면 다음과 같은 네 가지 요건을 충족시켜야 한다. 첫째, 외국 수출자 또는 생산자만이 신규수출자의 지위를 부여받을 수 있다. 즉 수입자거나 공동체생산자들은 이러한 신규수출자재심사를 신청할 수 없다. 둘째, 당사자는 원심대상기간 중 해당 상품을 공동체로 수출하지 않았음을 설명하여야 한다. 조사대상기간 전에 해당 상품을 공동체로 수출하였으나 원심대상기간 중 해당 상품을 공동체로 수출하지 아니하였을 경우에도 이러한 요건을 충족시킨다. 셋째, 신규수출자의 지위를 신청한 당사자가 수출국 내에서 해당 반덤핑조치의 대상으로 된 수출자 또는 생산자와 관련이 없음을 보여주어야 한다. 넷째, 당사자는 조사대상기간 후에 공동체로 실제 수출을 하였거나 상당한 물량을 수출하기로 취소 불가능한 계약을 한 상태여야 한다. 물론 만약 수출자가 비시장경제국가의 수출자인 경우 자신이 개별적인 대우를 받기 위한 요건을 충족시킴을 설명하여야 한다. 신규수출자재심사는 덤핑마진의 산정만 목적으로 하며 따라서 피해, 인과관계와 공동체이익은 이러한 절차에서 문제되지 않는다.634)

---

631) Edwin A. Vermulst and Paul Waer, *supra* note 261, p.128.
632) 이재원, 앞의 주 242, 182쪽.
633) Ivo Van Bael and J. P. Bellis, *supra* note 244, p.436.

사례에서 보면 신규수출자재심사가 받아들여지려면 재심사대상기간 내 대표적인 수출이 이루어졌거나 상당한 수량의 관련 상품을 EU로 수출하여야 하는 의무를 담은 돌이킬 수 없는 계약을 체결하였음이 입증되어야 하며 또한 단독덤핑마진을 산정하기 위한 충분하고 정확한 정보가 제출되어야 한다.

대만산 계량용 전자저울(Certain Electronic Weighing Scales)사건에서 유럽위원회는 대만 Charder사가 재심사대상기간에 동 상품을 생산 및 수출하지 않았으며 Charder사와 수입자가 수출한 것으로 주장한 상품은 미완성품으로서 관련 상품과 서로 다른 물리적 특성을 가진다고 판정하였다. 이러한 미완성품은 수입자에 의해 가일층 가공되어 전자저울로 변형되는데 가일층 변형된 전자저울도 재심사대상기간 내 판매되지 않았는바 이러한 원인으로 수입상품은 관련 상품에 귀속될 수 없으며 Charder사는 상당한 수량의 관련 상품을 EU로 수출하여야 하는 의무를 담은 돌이킬 수 없는 계약을 체결하였다는 사실도 제시하지 못하였다는 이유로 재심사를 종료하였다.[635)

알제리산 요소와 질산암모늄의 혼합물(Solutions of Urea and Ammonium Nitrate)사건에서 유럽위원회는 신청인의 원가회계기록에 현저한 결함이 있어 신청인의 단독덤핑마진을 결정하기 위한 적절한 기초를 제공하여 주지 못한다고 판정하여 신규수출자재심사를 종료하였다.[636)

인도산 스테인리스 강선(Stainless Steel Wire with A Diameter of 1mm or More Originating)사건에서 유럽위원회는 신청인이 원심대상기간 후에야 비로소 단 1건 수출이 있었으며 동 수출은 재심사대상기간 바로 전에 이루어졌다고 하였다. 신청인은 이와 관련하여 유럽위원회에 재심사대상기간을 확장하여 동 수출이 이루어진 기간을 포함시킬 것을 신청하였는

---

634) Wolfgang Mueller *et. al.*, *supra* note 248, pp.353-354.

635) *Certain Electronic Weighing Scales(REWS) Originating, inter alia, in Taiwan*, Council Regulation 1941 / 2004, recital 11.

636) *Solutions of Urea and Ammonium Nitrate(UAN) Originating, inter alia, in Algeria*, Council Regulation 1113 / 2005, recital 11.

데 이와 관련하여 자신이 2001년 8월 재심사신청을 하였고 신청 시 재심사대상기간을 2001년 7월 1일에서 2003년 3월 1일까지로 하여 줄 것을 신청하였었다고 주장하였다. 이와 관련하여 유럽위원회는 EU반덤핑규칙 제6.1조에 의하면 대표적인 판정의 목적으로 유럽위원회는 일반적으로 조사절차개시 바로 전의 6개월보다 긴 기간을 선정하여야 하며 동 사건의 경우 신청인이 요구에 부합되는 재심사신청을 제출하는 데 많은 시간이 소요됨으로써 이미 2년에 가까운 시간이 흘렀으며 만약 동 수출을 포함시키기 위하여 이렇게 기간을 확장한다면 진부한 데이터와 회계정보가 사용되게 되므로 신청인의 현존 상황을 판단하는 것을 방해하게 될 것이라고 판단하였다. 유럽위원회는 또한 설사 이러한 장기간의 재심사대상기간이 허용되더라도 동 판매만으로는 덤핑평가 및 개별적인 덤핑마진 산정을 위한 대표적인 기초를 제공하지 못하는바 동 거래는 단지 신청인의 총 생산량에서 0.2%에 달할 뿐이며 동 가격 역시 동종상품을 기타 제3국으로 수출하는 가격의 2배에 이르기에 동 판매만으로는 신청인에 대한 덤핑판정을 내리는 데 대표적일 수 없다고 보아 신청인의 제안을 기각하였고 결국 해당 수출이 없는 것으로 보아 원심에서 기타 회사들에 적용되는 덤핑마진을 동 회사에 부과하였다.[637]

중국산 계량용 전자저울(Certain Electronic Weighing Scales)사건에서 유럽위원회는 신청인이 관련 상품을 원심대상기간 내에는 수출하지 않았고 동 기간 후 EU로의 수출을 개시하였으며 원심에서 반덤핑관세를 부과받은 중국의 어떠한 수출자 또는 생산자와도 관련이 없기에 신규수출자의 지위를 인정받아 개별적인 덤핑마진을 산정받았는데 흥미 있는 것은 재심사결과 오히려 반덤핑관세가 원심에서 기타 회사에 부과된 덤핑마진보다 훨씬 높은 수준으로 나왔다는 것이다.[638]

---

637) *Stainless Steel Wire with a Diameter of 1 mm or More Originating in India*, Council Regulation 1294 / 2004, recital 14-15.

638) *Certain Electronic Weighing Scales(REWS) Originating, inter alia, in the People's Republic of China*, Council Regulation 692 / 2005, recital 9-11, article 1.

신규수출자재심사의 조사결과 당해 수출자에 대하여 잔여관세 이하의 개별적 덤핑마진이 인정되면 반덤핑조치는 그에 따라 수정된다. 하지만 덤핑사실이 인정되지 않는 경우에도 당해 수출자에 대한 관세는 취소되지 않는다. 이는 신규수출자재심사를 신청하기 위하여 임시로 수출가격을 비덤핑가격수준으로 인상하였을 가능성이 있을지 모른다는 의심을 유럽위원회가 가지고 있기 때문이다.[639]

Ⅲ. 절차적 규정

EU반덤핑규칙 중 원심의 절차, 조사의 수행과 관련된 조항들은 기한과 관련된 조항을 제외하고 신규수출자재심사에 적용되어야 한다. 신규수출자재심사는 어떠한 경우에도 조사개시일로부터 9개월 내 종결되어야 하며 유럽위원회는 재심사결과 어떠한 조치를 취할 것인지에 관한 제안을 상술한 최후기한 만료 1개월 전에 EU이사회에 제출하여야 한다. 만약 재심사가 상술한 최후기한 내 종결되지 못하는 경우, 기존조치는 변경하지 않으며 신규수출자재심사에 대한 판정은 EU관보에 게재되어야 한다.[640]

만약 상황변동이 없음이 입증된다면 유럽위원회는 덤핑판정, 표본조사와 관련하여 원심에서 적용된 방법과 동일한 방법을 적용하여야 하며[641] 원심에서 적용되는 방법을 이용하여 수출가격의 신뢰도를 검토하여야 한다. 그러나 수출가격을 구성하기로 결정하는 경우, 수출가격을 산정함에 있어 만약 반덤핑관세가 EU에서의 재판매가격과 추후의 판매

---

639) Ivo Van Bael and J. P. Bellis, *supra* note 244, p.436.
640) EU반덤핑규칙 제11.5조.
641) *Ibid.*, 제11.9조.

가격에 반영되었음이 입증된다면 지불한 반덤핑관세의 수량을 공제하지 말아야 한다.642)

　조사기관이 강제적인 재심사기한 내 재심사를 종결하지 못하는 경우 재심사가 개시되지 아니한 것과 같은 상황으로 되며 신규수출자재심사의 경우 기존 반덤핑조치는 변경되지 않고 존속되며 신규수출자는 반덤핑원심에서 기타 회사에 적용되는 관세율에 따라 관세를 납부하여야 한다. 단, 이와 관련하여 EU는 강제적 기한을 지키지 못하는 경우 사법재심사에 직면하게 될 수 있다.643)

　신규수출자재심사는 자문위원회의 자문을 거쳐 유럽위원회가 재심사 개시결정을 하며 재심사를 거쳐 정당화되는 경우, 기존조치는 철회, 유지 또는 수정되어야 한다. 만약 신규수출자에 대해 반덤핑조치가 폐지되었지만 당해 수출국 전반에 대해서는 폐지되지 아니하는 경우 그러한 수출자는 당해 국가에 대해 추후 개시되는 재심사에서 자동적으로 조사대상으로 남게 된다.644)

　신규수출자재심사는 위원회규정의 형태로 개시되며 단순한 공고로 개시되는 것이 아니다. 그 이유는 이러한 재심사의 개시는 원심의 개시에 비해 그 결과적으로 두 가지 다른 점이 있기 때문인데, 첫째로는 현행 기타 반덤핑관세세율은 해당 신규수출자에 대해 철회되며 세관 당국에 해당 수출자로부터의 수출에 대해 등록할 것을 명령하는 것이다.

　만약 재심사결과 해당 신규수출자에 대한 덤핑마진이 제로 또는 미소 마진인 경우 반덤핑관세를 부과한 해당 규칙은 개정됨으로써 이들 신규 수출자를 배제하여야 한다.645)

---

642) *Ibid.*, 제11.10조.
643) WTO, *supra* note 265, pp.3-5.
644) EU반덤핑규칙 제11.6조.
645) Wolfgang Mueller *et. al.*, *supra* note 248, p.356.

Ⅳ. 소 결

EU의 반덤핑 신규수출자재심사제도는 반덤핑협정에 비해 구체적이며 또한 명확한 기한도 규정하고 있다. 즉, 9개월이라는 기한을 도입함으로써 반덤핑협정에서 단지 신속히 재심사를 수행하라는 요구에 비해 더 엄격한 요구를 조사기관에 부과하고 있다는 점이다.

EU반덤핑규칙 제11.4조의 3단은 표본조사에 의하여 반덤핑관세가 부과된 경우에는 신규수출자재심사를 신청할 수 없다는 조건을 규정하고 있다. 이러한 내용은 반덤핑협정에는 규정되어 있지 않는 부분이며 더욱이 표본조사의 경우에 이들 신규수출자에 대한 신속한 재심사의 적용이 거부되는 근거가 불분명하다. 만약 유럽위원회가 실제적으로 이러한 상황에서 신규수출자재심사의 개시를 거부한다면 반덤핑협정에 위반될 소지가 있다고 본다.646)

또한 EU는 신규수출자재심사의 신청을 위해서는 이미 실제 수출을 하였거나 상당한 물량을 수출하기로 취소 불가능한 계약을 한 상태여야 하는데 여기서 반덤핑관세의 존속으로 인하여 실제 수출을 할 수 없는 수출자에 대한 규정을 명백히 하고 있지 않다는 점이다. 이러한 사례에서 조사기관은 이들 신규수출자를 위한 개별적인 덤핑마진을 산정하여 줄 수가 없다. 이론상으로는 조사기관이 신규수출자의 정상가격과 그의 추후 수출가격 차이에 해당하는 가변의 반덤핑관세를 부과하는 형태를 취하는 반덤핑관세를 부과할 수 있다. 반덤핑협정상으로는 결코 실제 수출한 경우에만 신규수출자재심사를 신청할 수 있다고 규정하고 있지 않다.647)

---

646) Edwin A. Vermulst and Paul Waer, "The Post-Uruguay Round Antidumping Regulation", *Journal of World Trade*, Vol.29, No.2(1995), p.65. 박노형, 앞의 주 271, 115쪽.
647) Edwin A. Vermulst, *supra* note 12, p.206.

제4절 중국의 반덤핑 신규수출자재심사제도

I. 서

반덤핑조사대상기간 중 중국에 덤핑혐의가 있는 상품을 수출하지 않은 관련국(지역)의 수출자 또는 생산자는 반덤핑조치의 발효 후 그들에 대해 단독의 반덤핑세율을 확정해 줄 것을 요구하는 재심사를 신청할 수 있는데[648] 이것이 소위 신규수출자재심사이다. 중국은 반덤핑신규수출자재심사잠정규칙[反傾銷新出口商復審暫行規則]을 두고 신규수출자재심사의 절차와 요건을 상세히 규정하고 있다.

II. 실체적 규정

신규수출자재심사의 신청인은 반덤핑원심 조사대상기간 내 중국에 덤핑혐의가 있는 상품을 수출한 적이 있는 수출자 또는 생산자와 관련 관계[649]가 없어야 하며, 신규수출자재심사신청인이 무역회사인 경우, 이

---

648) 반덤핑신규수출자재심사잠정규칙 제3조.
649) MOFCOM에서 2003년 10월 17일 공포, 11월 17일부터 시행한 반덤핑산업피해 조사규정[反傾銷産業損害調査規定] 제13조제2항은 이러한 관련성에 대해 정의하고 있다. 즉 여기에서 말하는 관련성은 그중 일방이 직접 혹은 간접으로 일방을 통제하거나 혹은 영향을 주는 것, 혹은 쌍방이 직접 혹은 간접으로 제 삼자의 통제나 영향을 받는 것, 혹은 쌍방이 공동으로 직접 혹은 간접으로 제 삼자 등에게 영향을 주는

밖에 동 공급자도 반덤핑원심 조사대상기간 내에 중국에 덤핑혐의가 있는 상품을 수출한 적이 있는 수출자, 생산자거나 또는 상술한 수출자, 생산자와 관련 관계가 있어서는 아니 된다.[650) 신규수출자재심사신청인은 반드시 반덤핑원심 조사대상기간 이후에 중국에 덤핑혐의가 있는 상품을 실제로 수출한 적이 있어야 하며, 여기에서 수출은 일정한 수량이며 정상수출가격을 확정할 수 있는 수준이어야 한다. 동 수량은 조사대상상품의 정상적인 상업거래량에 따라 확정한다.[651) 신규수출자재심사신청인은 반덤핑원심의 최종판정이 발효된 후에 재심사를 신청할 수 있는데 또한 신청시간은 실제 수출 후 3개월 이내이어야 한다.[652) 그러나 반덤핑원심개시 이후 최종판정 이전의 실제 수출에 대해 제기된 신청은 3개월의 제한을 받지 않으며 단, 반덤핑원심에서 최종판정을 내린 후 3개월 이내에 제출되어야 한다. 실제 수출 일자는 영수증 일자에 따라 결정된다.[653)

신규수출자재심사에서 재심사범위는 신청인의 조사대상상품에 대한 정상가격, 수출가격과 덤핑마진 등으로 된다.[654)

상황을 의미한다.

650) 반덤핑신규수출자재심사잠정규칙 제4조.

651) *Ibid.*, 제5조. 충분한 수량은 사건별로 결정되며 고려대상상품과 특수한 시장상황에 근거하여 결정되어야 한다. WTO, *Notification of Laws and Regulations under Articles 18.5 and 32.6 of the Agreements Replies to the Questions from Mexico Regarding the Notification of China*, G / ADP / Q1 / CHN / 43, 23 April 2004, p.9.

652) 3개월이라는 기간은 제5조에 규정한 충분한 수량요건에 부합되는 수출거래의 시점부터 계산한다. WTO, *supra* note 500, p.4.

653) 반덤핑신규수출자재심사잠정규칙 제7조.

654) 商務部, 苯酚反傾銷新出口商復審立案公告, 2005年 商務部公告 第88號 公布.

Ⅲ. 절차적 규정

신규수출자재심사신청은 서면형식으로 제출하여야 하며, 신청인의 법정대표 또는 그 수권인이 정식으로 서명하여야 한다.[655] 신규수출자재심사신청은 다음의 증거와 자료를 첨부하여야 한다. (ⅰ) 신청인의 명칭, 주소 및 관련 정황. (ⅱ) 회사구조 및 관련 기업 명칭. (ⅲ) 신청 전 6개월 내, 조사대상상품이 수출국 국내 판매된 평균가격, 거래횟수, 총금액, 중국에 수출한 평균가격, 거래횟수, 총금액, 제3국(지역)에 수출한 평균가격, 거래횟수, 총금액. (ⅳ) 중국에 수출한 조사대상상품의 계약, 영수증, 선하증권, 대금지급증명서 사본 및 수입자가 반덤핑관세를 납부한 증명. (ⅴ) 신청인이 설명이 필요하다고 인정하는 기타 내용.[656] 신청서는 비밀문서(만약 신청인이 비밀유지신청을 한다면)와 공개문서로 나뉘며, 비밀문서와 공개문서는 모두 원본 1부와 사본 6부씩 제출하여야 한다.[657] MOFCOM은 신규수출자재심사신청일로부터 근무일 기준 7일 내에 재심사신청을 반덤핑원심 신청인에게 통보하며 반덤핑원심 신청인은 통지를 받은 날로부터 14일 이내에 재심사에 대해 의견을 제출할 수 있다.[658] MOFCOM은 신청인이 제출한 신청서 및 첨부된 증거, 자료를 접수한 날로부터 근무일 기준 30일 내에 조사개시 여부를 결정하여야 한다.[659] MOFCOM이 조사개시를 하지 않기로 결정한다면 재심사신청인에게 서면형식으로 통지하고 이유를 설명하여야 하며[660] 조사개시를 결정한다면 다음의 내용을 포함한 공고를 하여야 한다. (ⅰ) 조사대상상품에 대한 기술. (ⅱ) 조사대상수출자 또는 생산자 및 그 소속국(지역)

---

655) 반덤핑신규수출자재심사잠정규칙 제8조.
656) *Ibid.*, 제9조.
657) *Ibid.*, 제10조.
658) *Ibid.*, 제11조.
659) *Ibid.*, 제12조.
660) *Ibid.*, 제13조.

의 명칭. (iii) 조사개시 일자. (iv) 재심사의 조사대상기간. (ⅴ) 이해관계인이 의견을 발표하고 관련 자료를 제출해야 하는 기한. (vi) 조사기관이 현지조사를 진행할 의향. (vii) 이해관계인이 협조하지 않을 경우의 결과. (viii) 조사기관의 연락방법.661) MOFCOM은 조사개시공고 발표 전에 조사개시사항을 세관에 통보하여야 하며 세관은 공고 발표일로부터 신청인이 수출한 덤핑혐의가 있는 상품에 대한 반덤핑관세의 부과를 정지하여야 한다. 그러나 신청인의 조사대상상품의 수입자에게 원심의 반덤핑판정에서 기타 회사에 적용하는 반덤핑세율에 따라 보증금을 납부할 것을 요구해야 한다.662) 신규수출자재심사의 조사대상기간은 재심사 신청 제출 전 6개월이다.663)

어떠한 이해관계인이든지 재심사개시공고 후 20일 내 동 재심사에 대해 의견서 및 관련 증거를 제출할 수 있다. MOFCOM은 조사에 필요하다고 인정하는 증거를 취득하기 위하여 수요에 의해 관련 이해관계인에게 설문서를 발송하며 동 조사설문서에 대한 답변은 발송 후 37일 내 설문서에 규정한 요구에 따라 제출하여야 한다.

이해관계인은 공청회 개최신청서를 제출할 수 있고 MOFCOM 역시 필요하다고 인정하는 경우 직권에 의해 공청회를 개최할 수 있다. MOFCOM은 필요한 경우 조사인원을 관련 국가에 파견하여 현지조사를 할 수 있으며 이해관계인은 제출하는 모든 자료에 현지조사의 접수를 동의한다는 성명을 포함시켜야 한다. 조사 전 MOFCOM은 사전에 관련 국가와 기업에 통지한다.

조사기관이 조사를 수행하는 과정에 이해관계인은 충분히 상황을 반영하고 관련 자료를 제공해야 한다. 이해관계인이 충분히 상황을 반영하지 아니하고 관련 자료를 제공하지 아니하거나 합리적인 시간 내 필요한 정보를 제공하지 아니하거나 기타 방식으로 조사를 엄중히 방해하

---

661) *Ibid.*, 제14조.
662) *Ibid.*, 제15조.
663) *Ibid.*, 제16조.

는 경우 조사기관은 이미 취득한 사실과 이용 가능한 최선의 정보에 근거하여 판정을 내릴 수 있다.[664]

수입상품이 최초로 독립구매자에게 재판매된 가격에 근거하여 수출가격이 추정된 경우, 신청인이 반덤핑관세가 이미 적절하게 동 가격 및 금후의 국내판매가격 중에 반영되었음을 충분한 증거로 증명할 수 있다면 MOFCOM은 추정된 수출가격을 계산함에 있어 이미 납부된 반덤핑관세세액을 공제하여서는 아니 된다.[665] 신규수출자재심사는 예비판정을 내릴 필요는 없으나 MOFCOM은 예비조사결론을 얻은 후 이해관계인에게 예비결론 및 근거사실과 이유를 공개하여야 하며 이해관계인에게 의견과 보충자료를 제출할 수 있도록 10일 이상의 기간을 부여하여야 한다.[666] 예비결론이 공개된 후, 신규수출자재심사신청인은 15일 이내에 MOFCOM에 가격약속을 제안할 수 있다.[667] 재심사신청인이 제안한 가격약속이 수락할 수 있다고 인정하는 경우, MOFCOM은 재심사조사의 중지 또는 종료를 결정할 수 있으며 동시에 세관에 통지하여 가격약속의 발효일로부터 동 신규수출자가 수출하는 덤핑혐의 상품에 대한 반덤핑관세의 부과를 정지한다. 재심사조사의 개시 후 가격약속의 발효 전에 동 신규수출자가 수출한 덤핑혐의 상품에 대해서는 납부한 보증금금액에 따라 반덤핑관세를 부과한다.[668] 신규수출자재심사 조사는 조사개시일로부터 9개월을 초과하지 않는다.[669] MOFCOM은 재심사기한 만료 15일 전에 국무원관세세칙위원회에 재심사신청인에 대해 적용할 반덤핑관세를 건의하여야 하며 재심사기한 만료 전에 국무원관세세칙위원회의

---

664) 商務部, *supra* note 654.

665) 반덤핑신규수출자재심사잠정규칙 제19조.

666) *Ibid.*, 제21조.

667) *Ibid.*, 제22조.

668) *Ibid.*, 제23조. 반덤핑협정 제9.5조에 따르면 조사 당국은 평가의 보류 및/또는 보증의 요청을 할 수 있다. MOFCOM이 덤핑이 존재한다는 결론을 내린 후 신청인은 가격약속을 제안할 수 있기 때문에, 재심사기간 중의 수출에 대해 반덤핑관세가 부과되어야 한다. WTO, *supra* note 651, p.9.

669) *Ibid.*, 제24조.

결정에 근거하여 공고하여야 한다.670) 재심사판정에서 덤핑의 존재가
결정된 경우, 재심사조사 개시 후 판정 이전에 재심사신청인이 수출한
조사대상상품에 대하여 반덤핑관세를 소급하여 징수하여야 한다. 재심
사에서 판정한 반덤핑관세가 이미 납부한 보증금액수보다 높은 경우 차
액부분은 징수하지 않고, 이미 납부한 보증금액수보다 낮은 경우 차액
부분은 환급하여야 한다.671)

이러한 재심사판정에 불복할 경우 이해관계인은 행정심판 또는 행정
소송을 제기할 수 있다.672)

Ⅳ. 소 결

중국의 반덤핑법령은 반덤핑절차에 있어 신규수출자재심사제도를 명
시하고 있으며, 단 신규수출자에 대한 요건규정은 반덤핑협정에 합치하
지 않는다. 즉 반덤핑협정에 결코 재심사대상기간의 수출량이 일정한
수량에 이를 것을 요구하고 있지 않음에도 불구하고 중국의 해당 규정
은 이를 명시하고 있는 것이다.

반덤핑협정은 신규수출자재심사를 보통의 관세평가나 재심사절차보다
신속히 진행할 것, 재심사가 진행되는 동안 보증금 이외의 반덤핑조치
를 부과하지 않을 것, 그리고 재심사의 결과 덤핑이 판정되면 재심사개
시일에 소급하여 반덤핑관세가 부과될 것을 요구하고 있다.673) 신규수

---

670) *Ibid.*, 제25조.
671) *Ibid.*, 제26조. 신규수출자재심사는 반덤핑조사개시잠정규칙 등이 제공한 기본절
　　차를 참조하여 진행할 수 있다. WTO, *supra* note 506, p.6. 2006년 12월 1일
　　현재 재심사에서 판정한 반덤핑관세액이 이미 납부한 보증금보다 적은 경우,
　　차액부분에 관한 이자를 환급한 선례는 없다.
672) 반덤핑조례 제53조.

출자의 경우는 조사대상기간 동안 덤핑마진 산정에 기초가 되는 수출가격과 정상가격에 대한 자료가 없으므로 개별적으로 덤핑마진을 산정받을 기회가 없었고, 조사대상 이외의 수출자에게 부과되는 단일관세율을 부과받게 되어 개별 덤핑마진을 적용받는 수출자와의 형평의 문제가 발생하게 된다. 따라서 신규수출자재심사는 원심보다 신속하게 조사를 진행하고 재심사판정의 소급기간을 재심사개시일까지 확장하여 적용해 줌으로써 기존조치가 취해진 수출자와 신규수출자 간의 형평을 최대한 보장해 주고 있는 것이다.674)

중국의 반덤핑법령은 이러한 반덤핑협정상의 신규수출자재심사절차 및 관세부과상의 제한 요건들을 충족시키고 좀 더 절차적으로 상세한 이행규정들을 두고 있다고 평가할 수 있으며 특히 조사기간을 9개월로 한정시킨 면에서 적극적인 면을 갖고 있다.

단지 중국은 신규수출자가 실제로 수출한 후 3개월 이내에 신규수출자재심사를 신청하도록 규정하고 있으며 실제로 대표성적인 수출을 한 경우에야 재심사를 신청할 수 있는 자격을 부여하는데 이는 반덤핑협정상 요구하지 않고 있는 내용이다.675)

---

673) 반덤핑협정 제9.5조.

674) Lei Wang and Shengxing Yu, "China's New Anti-Dumping Regulations: Improvements to Comply with the World Trade Organization Rules", *Journal of World Trade*, Vol.36, No.5(2002), p.919.

675) 최원목, "한·중·일 3국의 불공정무역행위 조사 및 규제에 관한 법제도 연구", 무역위원회, 2004, 132쪽.

제5절 인도의 반덤핑 신규수출자재심사제도

Ⅰ. 서

신규수출자재심사와 관련하여 인도 관세법에서는 해당 규정을 찾아볼 수 없으며 단 관세규정 제22조에는 이와 관련된 규정을 두고 있다.

따라서 한 상품이 반덤핑관세의 부과대상으로 되었을 경우 조사기관은 관련 수출국가 내의 조사대상기간 내 인도로 관련 상품을 수출하지 아니한 수출자 또는 생산자에 대해 개별적인 덤핑마진을 산정해 줄 목적으로 정기적인 재심사를 수행하여야 하는데, 이는 이러한 수출자 또는 생산자들이 자신이 수출국에서 관련 상품과 관련하여 반덤핑관세를 부과당한 어떠한 수출자 또는 생산자와도 관련이 없음을 입증하는 전제하에 이루어진다.[676]

Ⅱ. 실체적 규정

인도의 경우 신규수출자재심사를 신청하기 위한 요건으로 반덤핑관세가 부과된 관련 수출국가 내의 조사대상기간 내에 인도로 관련 상품을 수출하지 아니한 수출자 또는 생산자여야 하고 이러한 수출자 또는 생

---

676) 인도 관세규정 제22(1)조.

산자들은 자신이 수출국에서 관련 상품과 관련하여 반덤핑관세를 부과 당한 어떠한 수출자 또는 생산자와도 관련이 없음을 입증하여야 한다. 인도는 반덤핑협정 제9.5조에 일치하게 신규수출자재심사 대상기간 동안 인도에 실제 수출을 단행하였음을 요구하지는 않는다.

또한 중앙정부는 이러한 수출자 또는 생산자에 대해 재심사기간 동안 반덤핑관세를 부과하지 말아야 한다. 단, 주관기관이 그렇게 건의하는 경우 잠정적인 관세산정을 취하여 수입자로부터 담보를 요청할 수 있다. 만약 동 재심사결과 관련 상품 또는 수출자에 대해 덤핑판정이 이루어지면 재심사개시일로부터 소급하여 반덤핑관세를 부과할 수 있다.[677]

실제 사례를 보면 인도의 경우 반덤핑 신규수출자재심사에서 피해판정의 신청도 가능하도록 하는 것으로 보인다. 예를 들어 중국산 연축전지(Lead Acid Batteries)에 대한 신규수출자재심사사건에서 조사기관은 동 재심사에서 피해판정에 대한 재심사신청은 이루어지지 않았으므로 덤핑판정에만 한정하여 조사한다고 함으로써[678] 이는 어떤 의미에서는 피해판정에 대해서도 조사할 수 있음을 의미하는 것 같다.

반덤핑 신규수출자재심사와 관련된 인도의 사례는 2005년 말 현재 이미 재심사가 수행된 사건 7건, 수행 중에 있는 사건 4건, 재심사가 종료된 사건이 2건 있다. 아직 한국과 관련된 신규수출자재심사 사례는 없으며 구체적인 판정결과를 살펴보게 되면 신청인이 정보를 제출하지 아니하는 등 종료된 사건이 3건, 미소덤핑마진 또는 마이너스덤핑마진이 발생하여 관세가 철회된 사건이 2건 있었다.

예를 들어 중국산 연축전지사건에서 조사기관은 산정된 덤핑마진이 미소덤핑마진에 속하므로 반덤핑조치의 부과를 건의하지 않기로 하였으며[679] 중국·아랍 에미리트 연합국산 타일(Vitrified / Porcelain Tiles)사건

---

677) *Ibid.*, 제22(2)조.
678) Ministry of Commerce & Industry, *Final Findings: New Shipper Review of Anti-Dumping Duty Imposed on Imports of Lead Acid Batteries Requested by M / s. Yuasa Battery Guangdong Co. Ltd. China PR*, 10 April 2004, recital 10.
679) *Ibid.*, recital 85.

에서 조사기관은 해당 회사가 재심사대상기간의 수출가격이 정상가격에 비해 높기 때문에 반덤핑조치의 부과를 건의하지 않기로 하였다.[680]

Ⅲ. 절차적 규정

인도의 반덤핑법령상 신규수출자재심사와 관련된 조사절차는 규정된 바가 없다. 하지만 인도의 신규수출자재심사 실행을 통하여 이러한 조사절차를 파악할 수 있을 것이다.

우선 조사대상기간과 관련하여, 중국산 연축전지사건에서 조사대상기간은 6개월이었고, 중국·아랍 에미리트 연합국산 타일사건에서는 12개월로 규정하였다. 여기에서 특히 흥미로운 점은 중국산 연축전지사건에서 조사기관은 2002년 8월 27일자로 신규수출자재심사를 개시하였음에도 불구하고 조사대상기간은 미래적 기간 즉 2002년 9월 1일에서 2003년 2월 28일까지로 잡고 있다는 것이다.[681] 이와 관련하여 조사기관은 관세규정 제22조 또는 기타 어떠한 부분에서도 신규수출자재심사에서의 조사대상기간이 미래적인 방식을 취하는 것을 금지하지 않고 있다고 하였다. 인도의 국내산업은 이와 관련하여 이러한 방식을 취하게 되면 수출자는 그들의 가격을 조작하여 덤핑마진을 낮출 수 있게 된다고 주장하였으나 조사기관은 이는 단지 추측과 우려일 따름이기에 이러한 주장을 받아들이기 어렵다고 하였다. 또한 동 사례에서 국내산업은 신규수

---

680) Ministry of Commerce & Industry, *Final Findings: New Shipper Review of Anti-Dumping Duty Imposed on Imports of Vitrified / Porcelain Tiles Requested by M / s. Nanhai Shagyuan Oulin Construction Co. Ltd., China PR(Producer) and M / s. Prestige General Trading, Dubai, UAE(Exporter)*, 30 June 2004, recital 46.

681) Ministry of Commerce & Industry, *supra* note 678, recital 2, 11.

출자재심사를 신청한 중국기업이 원심에서 반덤핑관세의 대상으로 된 싱가포르기업과 관련된다고 주장하면서 동 기업에 대한 신규수출자재심사를 배제하여 줄 것을 요구하였으나 조사기관은 관련관계 요건은 단지 동일 국가 내의 기업들 사이에만 적용된다고 판정하였다.[682]

재심사개시 후의 정보제출기한과 관련하여, 중국산 연축전지사건에서는 조사대상기간이 만료하는 시점으로부터 40일,[683] 중국·아랍 에미리트 연합국산 타일사건에서는 조사대상기간이 만료하는 시점으로부터 30일로 규정하였다.[684]

재심사의 수행기간은 상당히 길어지고 있는 양상을 보이는데 특히 재심사대상기간을 미래적인 방식으로 선정하는 경우에 있어 그러하다. 중국산 연축전지사건에서 조사기간은 20개월이었고, 중국·아랍 에미리트 연합국산 타일사건에서는 12개월 7일이 소요되었다.[685]

Ⅳ. 소 결

반덤핑 신규수출자재심사와 관련하여 인도는 단지 관세규정 제22조를 통하여 비교적 간단히 규정하고 있다. 하지만 신규수출자재심사의 특성에 비추어 이러한 재심사의 수행에 있어서 상당부분 원심의 관련 조항을 적용하고 있는 것으로 보인다.

인도의 사례에서 신규수출자재심사 중 조사대상기간을 미래적으로 잡

---

682) *Ibid.*, recital 47-49.

683) *Ibid.*, recital 12.

684) Ministry of Commerce & Industry, *supra* note 680, recital 1.

685) Ministry of Commerce & Industry, *supra* note 678, recital 1-16; Ministry of Commerce & Industry, *supra* note 680, recital 1.

은 사례가 있는데 이는 주목할 만하다. 조사기관이 조사대상기간을 미래적으로 잡을 경우 신규수출자로 놓고 말하면 가격조작 등이 쉬워질 수 있으므로 더욱 낮은 덤핑마진을 산정받을 수 있는 가능성이 존재하는 한편 이로 인하여 재심사의 기한이 너무 길어지는 약점 또한 간과하지 말아야 할 것이다. 이런 측면에 있어서 조사대상기간을 미래적으로 잡는 경우 수출국의 입장에서 양면의 칼로 될 것이다.

제6절 한국의 반덤핑 신규수출자재심사제도

Ⅰ. 서

한국의 경우, 신규수출자로서 갖추어야 할 조건은 원심 조사대상기간 중 조사대상상품을 한국에 수출한 사실이 없고, 그 이후 수출한 사실이 있어야 하며, 기존 반덤핑 부과대상공급자와 특수관계에 있지 않아야 한다.[686]

예를 들어 중국산 알칼리망간건전지사건에서 KTC는 신청인이 미국 Energizer International사가 100% 출자한 회사이기 때문에, 중국 내에 기존의 반덤핑관세 부과대상업체와 특수관계에 있지 않다는 주장에 동의하였다. 즉, 여기에서 국내산업은 기존 반덤핑관세의 대상으로 된 업체 중에 Energizer Singapore사가 있으며 신규수출자인 Energizer China

---

686) 관세법시행령 제65조제3항.

사의 경우 동 회사와 특수관계에 있으므로 신규수출자재심사를 신청할 수 없다는 주장이었으나 KTC는 이러한 특수관계는 동일한 국가 내에서만 적용된다고 판단하였던 것이다.[687]

Ⅱ. 실체적 규정

공급국을 지정하여 반덤핑관세를 부과하는 경우 조사대상기간 이후에 수출하는 당해 공급국의 신규수출자가 반덤핑관세를 부과받은 공급자와 특수관계에 있는 때에는 그 공급자에 대한 반덤핑관세율 또는 기준수입가격을 적용하여 반덤핑관세를 부과한다. 다만, 신규수출자가 특수관계에 있지 아니하다고 입증하는 경우에는 재심사를 통하여 별도의 반덤핑관세율 또는 기준수입가격을 정하여 부과할 수 있다. 이 경우 재정경제부령이 정하는 바에 따라 기존 조사대상자에 대한 조사방법 및 조사절차 등과 달리할 수 있다.[688] 재정경제부장관은 신규수출자가 특수관계에 있지 아니하다고 입증하는 경우에는 신규수출자에 대하여 덤핑 및 실질적 피해 등의 조사를 조속히 행하여야 하며 이 경우 실질적 피해 등의 조사는 공급국에 대한 실질적 피해 등의 조사로 갈음할 수 있다.[689] 여기에서 한국의 경우 신규수출자가 당해 공급국의 기존 반덤핑 부과대상업체와 특수관계에 있는 경우 당해 업체에 부과되는 덤핑관세액에 따라 신규수출자에 대해 관세를 부과하고 신규수출자재심사에서도 피해검토가 가능하도록 되어있으며 신규수출자재심사가 수행되는 기간

---

687) 무역위원회, "중국산 알칼리망간건전지 신규공급자에 대한 재심사판정의결서", 무역위원회 의결 제2002-24호.
688) 관세법시행령 제65조제3항.
689) 관세법시행규칙 제17조제3항.

에 담보금의 예치를 요구하는 조항이 없다는 점 등 여러 면에서 비교적 큰 차이점을 보인다고 생각된다.

이를 잘 나타내주는 중국산 알칼리망간건전지사건에서 KTC는 재심사대상기간 중 신청인이 한국에 수출한 물량은 같은 기간 중 신청인과 특수관계가 있는 Energizer Singapore사의 대한국 수출물량에 비해서나 신청인의 재심사대상기간 이후 대한국 수출물량에 비해서도 미미한 물량임을 감안할 때, 동 물량은 상업적인 대표성을 인정하기 어렵다고 판단하였다. 또한, 신청인의 수출거래에 있어서 한국을 제외한 제3국에 대한 수출이 모두 신청인과 특수관계가 있는 회사를 통해 이루어졌으며, 재심사대상기간 이후 한국에 대한 수출의 경우에도 특수관계자인 Energizer Korea사를 통해 이루어졌음을 확인하였다. 그러나 신규수출자재심사 대상기간 중에 신청인 對 한국 수출거래선은 특수관계에 있지 아니한 DAS(주)를 택하였고 더욱이 동사에 대해서는 재심사대상기간을 제외하고는 전혀 거래가 없는 점 등을 감안할 때 신청인의 재심사대상기간 중 대한국 수출거래선에 대한 거래는 통상적인 거래관계로 보기 어렵다고 판단하였다. 따라서 재심사 관련 수출물량 및 수출거래선 등에 대한 검토결과 재심사대상기간 중 신청인에 의해 이루어진 한국으로의 수출은 정상적인 수출거래로 인정하기에는 문제가 있다고 판단하여 신청인에 대하여 별도의 반덤핑관세율을 부과하지 않는 것이 타당하다고 판정하였다.[690]

Ⅲ. 절차적 규정

신규수출자가 덤핑 여부를 조사해 주도록 요청하는 경우에는 통상적

---

690) 무역위원회, 앞의 주 687.

으로 6월 이내에, 예외적으로 10월 이내에 질문서조사 및 현지조사, 이해관계인 의견진술 등을 거쳐 덤핑수입 사실과 덤핑마진을 결정하는 것을 원칙으로 한다.691)

재정경제부장관은 신규수출자에 대하여 원심에서의 덤핑 및 실질적 피해 등의 조사를 조속히 행하여야 한다. 즉 신규수출자재심사의 경우 원심절차를 적용하며 실질적 피해 등의 조사는 원심에서 실질적 피해 등의 조사로 갈음할 수 있다.692)

예를 들어 중국산 알칼리망간건전지사건에서 KTC는 예비조사와 본 조사를 통합해 실시하고, 조사착수 결정일로부터 5개월 이내에 동 조사를 종료토록 하였으며 또한 신청인이 산업피해에 대한 조사요청을 하지 않았기 때문에 조사범위를 덤핑부문에 국한시키도록 하였다. 또한 조사대상기간을 조사대상상품의 국내 반입이 완료된 시점을 기준으로 그 이전 1년으로 하였으며 이해관계인이 그들의 의견을 조사에 반영시키고자 할 경우에는 조사개시공고 발효 후 40일 이내에 그 의견을 서면으로 제출해야 하며 동 기한 내에 공청회의 개최를 서면으로 요청할 수 있다고 하였다.693)

Ⅳ. 소 결

총체적으로 한국의 반덤핑 신규수출자재심사제도는 반덤핑협정상의 규정을 잘 준수하고 있으나 실제로 활용되는 차수는 적은 것으로 보인다.

신규수출자재심사의 경우 덤핑조사대상 수입물품에 대해서 반덤핑조

---

691) 덤핑률조사 실무지침, 무역위원회예규 제2001-5호.
692) 관세법시행규칙 제17조제3항.
693) 무역위원회, "중국산 알칼리망간건전지 덤핑방지관세부과에 대한 신규공급자 조사 개시여부 및 방법 건의", 무역위원회 의결 제2002-12호.

치가 적용될 수 있도록 조사기관은 세관장 또는 제소자의 요청에 의해서 관련 수입수량을 일정기간 등록하거나 기타 관세율에 따라 보증금의 예치를 요구할 수 있는 규정을 설치할 필요성이 있다.[694]

현행 규정은 신청인이 신규수출자의 요건을 갖추는 경우에는 별도의 덤핑마진을 결정하기 위하여 신속하게 조사를 개시하고 진행하도록 규정하고 있으나 신규수출자에 대하여 별도의 반덤핑관세율을 정하여 부과할 수 있다고 규정하고 있어 반드시 별도의 덤핑마진을 부과하여야 하는 것은 아니며 또한 신규수출자재심사에 적용되는 절차적 규정 역시 명확하지 않은 상황이다. 특히 재심사절차를 규정한 관세법시행령 제70조의 규정은 신규수출자재심사에는 적용되지 않는 상황이다.

저자의 관점에 의하면 원심에 적용되는 기존규정을 신규수출자재심사에도 확대 적용하여야 하는데 왜냐하면 신규수출자재심사는 신규수출자에 대해 반덤핑원심의 기능을 하기 때문에 기한을 제외한 부분에서 서로 다른 조사방법을 사용할 이유가 없다.

한국의 관세법시행규칙 제17조제3항에서는 "영 제61조의 규정에 의한 조사를 조속히 행하여야 한다. 이 경우 실질적 피해의 조사는 영 제65조제3항의 규정에 의한 공급국에 대한 실질적 피해 등의 조사로 갈음할 수 있다."로 규정하고 있어서 산업피해부분에 대하여도 고려한다는 것으로 해석되며, 이는 WTO, 미국, EU, 중국 및 인도의 규정과는 다소 차이를 보이고 있다. 따라서 실질적으로 산업피해부분에 대한 판단은 원심 및 만일 상황의 변동이 있다면, 중간재심사에서 고려되므로, 산업피해부분의 검토를 신규수출자재심사에서 다시 하는 경우에는 원심에서 실시한 사항을 중복하는 것이며 신규수출자만이 국내산업에 미치는 영향을 판단할 수 없으며 기존의 수출자 또는 공급자들을 함께 고려하여야 하므로 신규수출자재심사뿐만 아니라 중간재심사를 포함하는 포괄적인 절차가 되는 것이다. 따라서 신규수출자재심사의 경우에는 그 목적

---

694) 신유균, 앞의 주 563, 115쪽.

인 개별 덤핑마진에 충실하여야 할 것이며, 산업피해조사는 생략하는 것이 타당할 것이다.[695]

제7절 주요국의
반덤핑 신규수출자재심사제도 비교

Ⅰ. 신청요건

각국은 신규수출자재심사를 신청하기 위한 요건으로 기존 반덤핑조치의 부과대상인 수출자 또는 생산자와 관련이 없을 것 그리고 원심대상기간에는 해당 상품을 실제 수출하지 아니하였을 것을 요구하는 면에서는 같은 반면 재심사대상기간 후 수출과 관련된 요건에 있어서는 차이를 보인다.

즉 미국은 수출자 또는 생산자는 자신이 대상상품을 미국으로 수출하였거나 또는 수출을 위한 판매를 한 경우로, EU는 조사대상기간 이후 실제로 EU로 수출한 적이 있거나 또는 EU로 상당한 물량을 수출하기로 취소 불가능한 의무를 부담하게 되었음을 입증하는 경우로, 중국은 신규수출자재심사신청인은 반드시 반덤핑원심 조사대상기간 이후에 중국에 덤핑혐의가 있는 상품을 실제로 수출한 적이 있어야 하며, 여기에

---

695) 김현수, 앞의 주 579, 184~185쪽.

서 수출은 일정한 수량이며 정상수출가격을 확정할 수 있는 수준이어야 할 것으로, 한국은 원심대상기간 이후 수출한 사실이 있을 것을 요구하고 있다. 인도는 이러한 요건을 규정하고 있지 않다.

상술한 요건들을 분석하여 보면 중국의 경우 실제 수출이 있어야 하고 또한 이러한 실제 수출물량이 일정한 량에 이를 것을 규정하여 그 요건이 까다로운 편이고 EU의 경우 규정상으로는 수출하기로 취소 불가능한 의무를 부담하는 경우에는 그 물량이 상당한 것으로 규정하고 실제로 수출하였을 경우에는 수량요건을 규정하고 있지 않지만[696] 실제 사례에 있어서는 수출물량의 중요성을 검토대상으로 하는 취소불능수출계약에 관한 규정을 준용하여 신규수출자의 수출물량이 상당량에 해당하는지 여부를 확인하고 그에 따라 산정되는 덤핑마진이 신규수출자의 수출가격의 대표성을 확보할 수 있는 경우만 그것을 기준으로 개별 덤핑마진을 산정할 수 있도록 하고 있다.[697]

한국 역시 법규정상으로는 단지 실제 수출이 있을 것을 요구하고 있지만 실제 사례에서 상업적인 대표성 요건을 적용하고 있다. 예를 들어 중국산 알칼리망간건전지에 대한 신규수출자재심사사건에서 KTC는 재심사대상기간 중 신청인이 한국에 수출한 물량이 신청인과 특수관계자에 있는 Energizer Singapore사의 대한국 수출물량에 비해서나 신청인의 재심사대상기간 이후 대한국 수출물량에 비해서도 미미한 물량임을 감안할 때, 동 물량은 상업적인 대표성을 인정하기 어렵다고 판단하여 기타 업체에 적용되는 덤핑마진을 부과할 것을 재정경제부장관에게 건의하기로 하였다.[698]

미국은 수출 또는 수출을 위한 판매를 하였을 것을 요구함으로써 법령상으로 수출자와 생산자에 대한 요건을 구분하고자 하는 노력을 보인

---

696) 앞의 주 687, 187~188쪽.
697) *Sacks and Bags Made of Polyethylene or Polypropylene Originating*, inter alia, *in India*, Council Regulation 2744 / 2000, article 1.
698) 무역위원회, 앞의 주687.

것으로 사료되며 아울러 신규수출자재심사의 신청요건으로 실제 수출하였을 필요가 없는 것으로 나타난다. 중국산 글리신에 대한 신규수출자재심사에서 DOC는 재심사대상기간 내에 해당 상품이 아직 선적 또는 수입되지는 아니하였지만 수출을 위해 판매되었다면 신규수출자재심사를 신청할 수 있다고 판정하였다.[699]

인도의 경우 이와 관련하여 구체적인 요건을 두지 않고 있다.

반덤핑협정 제9.5조상으로는 단지 수출자 또는 생산자가 원심대상기간 중 수출하지 아니하였을 것만을 요구하고 있으며 그 후에 실제 수출하였을 것을 요구한 바가 없다. WTO분쟁해결기관은 *Mexico-Rice AD Measures*사건에서도 이러한 입장을 제시한 바 있다. 즉, 동 사건에서 상소기관은 수출자가 신규수출자재심사를 수행하기 위해서 충분한 수량의 수출을 하였어야 할 필요가 없다고 판정하였는데[700] 이는 현행 반덤핑협정 제9.5조에서 수출국의 수출자만이 아니라 생산자도 신규수출자재심사를 신청할 수 있도록 규정한 점에 일치하며 실제 수출을 단행하지 아니한 상황에서도 신규수출자재심사의 신청이 가능하도록 규정한 반덤핑협정의 기본정신을 반영한 것이다.

이 밖에 미국기준하에서는 기존의 조치하에 있는 모든 수출자 또는 생산자와의 특수관계 여부를 국가와는 상관없이 검토하여야 하며, EU, 인도와 한국의 경우에는 국가별로 검토하여야 한다. 예를 들어 A국가에 소재하고 있는 신규수출자 a가 반덤핑조치가 취해지고 있는 B국가의 b와 특수관계자에 해당되는 경우에는 미국기준으로는 신규수출자재심사 신청이 되지 아니하나, EU, 인도와 한국의 관련 규정에 따르면 신규수출자재심사신청이 가능하다고 하겠다.[701]

---

699) US Department of Commerce, *supra* note 602.
700) WTO, *supra* note 425, paras.321-324.
701) 김현수, 앞의 주 579, 186~187쪽.

Ⅱ. 원심절차의 적용 가능성 여부

미국은 반덤핑 신규수출자재심사를 원심과 상당히 다른 것으로 보고 있으며 아울러 신규수출자재심사에 있어 원심에 적용되는 것과 상당히 다른 절차와 요건을 적용하고 있다. 예를 들어 덤핑마진의 산정방법과 미소덤핑마진의 수치 등 면에서 모두 큰 차이점을 보이고 있다.

이와는 대조적으로 EU, 중국, 인도와 한국은 원심의 절차를 적용하고 있으며 특히 EU, 중국과 한국은 법령에서 이를 명확히 규정하고 있다.

이는 또한 다른 한 측면에서 미국과 기타 4개 국가가 신규수출자재심사를 바라보는 시각 면에서의 차이점도 보여준다. 즉 미국은 기타 국가들이 신규수출자재심사를 통하여 적절하게 구제받을 수 있는 수출 또는 외국생산업체들이 적다고 주장하는 것과는 반대로 오히려 일부 수출 또는 는 외국생산업체들이 동 제도를 악용하여 덤핑을 우회하는 행위를 하고 있다는 점에 착안점을 두고 이를 막으려는 데 전력하고 있다.

사실 신규수출자재심사는 원심대상기간 중 대상상품을 해당 국가에 수출하지 아니한 신규수출자를 위하여 개별적인 덤핑마진을 산정해 주기 위한 제도라는 점에 있어서 이들 신규수출자들에 대해 원심과 같은 기능을 한다. 따라서 적어도 신규수출자재심사에서는 원심에서와 같은 요건과 절차를 도입하여야 한다고 본다.

Ⅲ. 재심사신청기한

미국의 경우 실제 수출 후 1년 내, 중국의 경우는 실제 수출 후 3개월 내로 신규수출자재심사의 신청기한을 규정하고 있다. 반면에 EU와 인도, 한국은 이와 관련한 규정을 두고 있지 않으며 반덤핑협정에도 역시 이에 관한 명백한 요건이 없는 상황에서 각 회원국이 도입한 기한이 서로 다르게 된 것이다. 즉 EU, 인도와 한국의 경우 조사대상기간 이후에 수출이 있다면 언제든지 신청이 가능할 것이다.

중국은 기타 국가들과 대조적으로 재심사개시신청을 받은 후 30일 내 재심사개시결정을 내려야 하는 규정을 두고 있어 조사기관이 재심사개시신청을 받은 후 빠른 시일 내 개시 여부를 판단하도록 하고 있다.

Ⅳ. 조사기한

신규수출자재심사는 기존조사의 연장선상이며, 산업피해부분은 원심에서 파악한다는 것을 고려한다면 원심보다는 다소 압축된 조사가 될 것이다.[702]

EU의 반덤핑 신규수출자재심사제도는 반덤핑협정에 비해 구체적이며 또한 명확한 기한도 규정하고 있다. 즉 9개월이라는 기한을 도입함으로써 반덤핑협정에서 단지 신속히 재심사를 수행하라는 요구에 비해 더 엄격한 요구를 조사기관에 부과하고 있다. 중국도 9개월이라는 기한을 도입하고 있으며 한국은 내부지침의 형태로 6개월 내지 10개월의 기한을 규정하고 있다.

인도의 경우는 명백한 규정을 두고 있지 않으며 미국은 일반적으로 270일, 최장 450일로 그 기한이 여타 국가에 비해 긴 편이다.

실제 사례에 있어 인도의 신규수출자재심사수행기간은 상당히 길어지

---

702) 앞의 주, 191쪽.

고 있는 양상을 보이는데 특히 재심사대상기간을 미래적인 방식으로 선정하는 경우에 있어 그러하다. 중국산 연축전지사건에서 조사기간은 20개월이었고, 중국·아랍 에미리트 연합국산 타일사건에서는 12개월 7일 소요되었다. 물론 반덤핑협정에 신규수출자재심사의 대상기간과 관련하여 미래적인 방식으로 선정하는 것을 금지하는 조항은 없지만 단지 이러한 이유로 인하여 신규수출자재심사기한이 과도하게 길어져 심지어 원심에서의 최대치인 18개월을 초과하는 경우에는 반덤핑협정의 위반이 될 것이다.

한국의 경우 중국산 알칼리망간건전지사건에서 KTC는 예비조사와 본조사를 통합해 실시하고, 조사는 조사개시일로부터 6개월 이내에 종료되었다.[703]

V. 표본조사

EU반덤핑규칙 제11.4조의 3단은 원심에서 표본조사에 의하여 반덤핑관세가 부과된 경우에는 신규수출자재심사를 신청할 수 없다는 조건을 규정하고 있다. 이러한 내용은 반덤핑협정에는 규정되어 있지 않는 부분이며 더욱이 표본조사의 경우에 이들 신규수출자에 대한 신속한 재심사의 적용이 거부되는 근거가 불분명하다. 만약 유럽위원회가 실제적으로 이러한 상황에서 신규수출자재심사의 개시를 거부한다면 반덤핑협정에 위반될 소지가 있다고 본다.

---

703) 무역위원회, 앞의 주 687.

VI. 단일덤핑마진의 적용

반덤핑조사에서 조사된 공급자들에게는 개별 반덤핑관세율이 결정되며 조사대상에서 제외된 수출자 또는 공급자들에 대해서는 통상 단일의 반덤핑관세율이 정해지게 된다. 특정 국가로부터 수입되는 특정 물품에 대하여 반덤핑관세가 부과되고 있는 상황에서는 수출실적이 없는 신규수출자가 수입국으로 수출을 하게 되는 경우에는 신규수출자재심사를 통해 별도의 개별 덤핑마진을 산정받는 경우를 제외하고 조사대상기간 동안에 덤핑마진 산정의 기초가 되는 수출가격과 정상가격에 대한 자료가 없으므로 단일의 덤핑마진을 적용받게 된다.

한국의 경우 현행 관세법에는 원심 시에 반덤핑관세를 부과하는 경우에 특수관계자가 있는 공급자 또는 수출자에 대하여 개별적 덤핑마진을 부과하도록 규정하고 있으며 이와는 달리 미국, EU, 중국, 인도의 경우에는 단지 특수관계가 있다고 해서 개별적 덤핑마진을 적용하지는 않는다.

VII. 관세의 소급부과

미국, EU, 중국, 인도의 법령에는 신규수출자재심사를 수행하는 기간 내에는 신규수출자에 대해 반덤핑관세를 부과하지 아니하며 단지 추후 덤핑사실이 판정되면 재심사개시 때로부터 소급하여 관세를 부과할 수 있도록 보증금예치, 평가유보, 수입물량 등록 등의 조치를 규정하고 있다.

구체적으로 DOC는 신규수출자재심사를 개시하는 경우 세관에 관련 수출자 또는 생산자로부터의 대상상품에 대한 청산을 정지하도록 명령하며 재심사가 완료되기 전까지 대상상품의 통관 시 현금예치금 대신 보증서 또는 기타 형태의 담보를 제공할 수 있는 선택권한을 수입자에게 부여한다.

유럽위원회의 경우는 재심사가 개시되면, 관련 수출자에 부과되던 반덤핑관세는 부과되지 않고, 재심사판정 결과 반덤핑관세를 부과하여야 하는 경우 재심사개시일까지 소급해서 동 반덤핑관세를 부과할 수 있도록 하기 위하여 재심사개시 이후의 수입량을 등록할 수 있다. 유럽위원회의 이러한 등록제도는 조사결과 결정된 확정조치를 소급적으로 부과하기 위한 것으로서 잠정관세제도와 동일한 기능을 수행하는 현금을 예치하거나 보증서를 제출하지 않은 채 관세 당국으로 하여금 수입품을 기록하여 두게만 한다는 점에서 차이가 있을 뿐으로 반덤핑협정에서 말하는 평가유보와 유사한 제도이다.

중국의 경우, MOFCOM은 조사개시공고 발표 전에 조사개시사항을 세관에 통보하여야 하며 세관은 공고 발표일로부터 신청인이 수출한 덤핑혐의가 있는 상품에 대한 반덤핑관세의 부과를 정지하여야 하며, 신청인의 조사대상상품의 수입자에게 원심의 반덤핑판정에서 기타 회사에 적용하는 반덤핑세율에 따라 보증금을 납부할 것을 요구해야 한다.

인도는 중앙정부가 이러한 수출자 또는 생산자에 대해 재심사기간 동안 반덤핑관세를 부과하지 말아야 하며 단 주관기관이 그렇게 건의하는 경우 잠정적인 관세산정을 취하여 수입자로부터 담보를 요청할 수 있다.

반면에 한국의 관련 법령에는 이와 관련된 규정을 두고 있지 않은바 이에 대해 명백히 규정할 필요가 있다.

제8절 반덤핑 신규수출자재심사제도의 개선방향

Ⅰ. 서

반덤핑협정 제9.5조는 정당한 신규수출자의 수요와 피해를 입은 국내산업의 수요 간에 공정한 절차를 도입함으로써 반덤핑명령의 유효성을 보장하는 한편 동 절차의 효과적인 수행을 모색하기 위한 것이다. 비록 제9.5조에 "수출자 또는 생산자는 수출국 내의 동 상품에 대한 반덤핑관세의 부과대상인 수출자 또는 생산자와 관련이 없다는 것을 입증하여야 한다."고 규정하고 있지만 신규수출자재심사제도가 반덤핑조치를 우회하기 위하여 사용될 소지가 있다. 미국과 기타 회원국들의 실행에 의하면 신규수출자재심사절차에 의한 개별적인 덤핑마진 산정이 정당한 신규수출자에 의해 이루어지고 있는 반면 동 조항은 갈수록 이러한 신규수출자로 주장할 수 없는 수출자들에 의해 남용되고 있다. 특정수출자들은 조사기관에 신규수출자 주장이 정당한가 여부를 판정하도록 요청하는 데 소요되는 기간 동안 특혜를 보고 있다. 원심에서 이미 덤핑을 감행하였음이 발견된 회사도 단순히 새로운 회사를 설립하여 미소한 수출을 비정상적으로 높은 가격에 특수관계자인 소비자에게 판매한 후 신규수출자재심사를 신청할 수 있으며 이미 조사받은 회사와의 관련성도 발견되지 않게 된다. 그리고 동 재심사가 수행되는 기간 동안 동 회사는 단지 담보금 또는 기타 담보를 예치하는 방식으로 상품을 수출할 수 있게 된다. 이는 기존의 회사에 이어 동 신규 창설된 루트를 통해 수입국시장에 상품을 덤핑 수출할 수 있도록 한다. 만약 이러한 안배가 신규수출자재심사를 통하여 발견되지 않는다면, 이러한 경우 매우 낮은 덤핑마진 또는 제로마진을 산정받게 되며 기존 회사의 상품을 계속하여 수입국시장에 수출할 수 있게 된다. 설사 동 안배가 재심사를 통하여 발견된다 할지라도 기존 회사는 수개월 동안 심지어는 여러 해 동안 동 루트를 통한 수출에 있어 반덤핑관세의 부과를 성공적으로 지연시키게 되며 이 기간 중, 국내산업에 실질적인 피해를 야기한다. 수출자는 자신과 새로운 회사 간의 관계에 대해 극히 복잡한 망상조직을 설치하여 이러한 효과를 극대화할 수 있는데 관계가 복잡할수록 조사기관이 신규회사가 이미 알려진 수출자와 관련됨을 발견하는 데 소요되는 시간이 길어질 것이고 종국적으로 이러한 관계가 발견되지 아니할 기회도 증가하게 된다. 따라서 신규수출자재심사의 수행과 관련된 세부적인 절차적 가이드라인은 필수적이다.

신규수출자재심사제도의 개선방향과 관련된 논의에서는 덤핑마진의 산정방법, 미소마진의 도입, 증거 및 절차적 보호장치의 도입, 재심사남용의 금지, 재심사기한 등이 논의되고 있으며 이와 관련하여 반덤핑프렌즈그룹,[704] 일본,[705] 멕시코,[706] 미국,[707] 이집트,[708] 중국,[709] 남아프리카[710] 등이 제안서를 제출하였다.

---

704) WTO, *supra* note 370.

705) WTO, *Proposals on the Prohibition of Zeroing: Communication from Japan*, TN / RL / GEN / 126, 24 April 2006, pp.3-4.

706) WTO, *New Shipper Reviews(Article 9.5 of the Anti-Dumping Agreement): Paper from Mexico*, TN / RL / GEN / 98, 2 March 2006.

707) WTO, *New Shipper Reviews(ADA Article 9.5): Communication from the United States*, TN / RL / W / 156 / Rev.1, 14 July 2004.

708) WTO, *Egypt's Preliminary Comments on the Contributions Submitted in the Framework of the Doha Negotiations on the Agreements on Anti-Dumping and Subsidies and Countervailing Measures(TN / RL / W / 72)*, TN / RL / W / 100, 6 May 2003; WTO, *supra* note 394; WTO, *supra* note 570.

709) WTO, *supra* note 362.

710) WTO, *supra* note 395.

Ⅱ. 덤핑마진의 산정방법

반덤핑 신규수출자재심사에서 덤핑마진의 산정방법과 관련하여 반덤 핑프렌즈그룹은 신규수출자재심사의 성격상 실제 덤핑마진과 부과되어 야 할 반덤핑관세수준을 결정하는 것임을 감안할 때 원심에서와 동일한 실체적 및 절차적 기준이 적용되어야 한다. 특히, 반덤핑협정 제2조 덤 핑마진의 산정에 관한 규정이 그러하면서도 만약 다른 방법을 사용하는 경우 조사기관은 이해관계인에게 논평할 기회를 부여하여야 하며 다른 방법의 사용이유에 대해 충분히 해석하여야 한다고 주장한다.711)

이와 더불어 일본은 신규수출자재심사는 단지 원심대상기간 중 수출 하지 아니한 생산자와 수출자에 대해 원심으로 대용할 뿐이며 따라서 제로잉의 금지는 신규수출자재심사에 적용되어야 한다고 주장한다.712)

Ⅲ. 미소마진의 도입

미소마진의 도입과 관련하여 반덤핑프렌즈그룹은 신규수출자재심사에 있어 미소마진의 효과는 원심에서의 효과와 같아야 하는바 왜냐하면 신 규수출자재심사는 신규수출자에 대해 원심을 대신하는 역할을 하기 때 문이다. 즉, 원심에서 미소덤핑마진 판정을 받은 개별 수출자가 반덤핑 조치로부터 자유로워지기에 신규수출자재심사를 통하여 미소덤핑마진

---

711) WTO, *supra* note 371, pp.2-3.
712) WTO, *Proposals on the Prohibition of Zeroing: Communication from Japan*, TN / RL / GEN / 126, 24 April 2006, pp.3-4.

판정을 받은 개별 수출자도 반덤핑조치로부터 자유로워져야 한다는 주장이다.713)

Ⅳ. 증거, 절차적 보호장치의 도입

신규수출자재심사에 증거, 절차적 보호장치의 도입과 관련하여 반덤핑프렌즈그룹은 제6조의 증거 및 절차적 보호장치는 이해관계인들에게 증거제출의 충분한 기회를 제공하고 공정한 절차보호차원에서 아주 필요하며 이러한 보호장치가 신규수출자재심사에 적용되지 말아야 하는 이유는 없으며 반덤핑협정에 제6조의 규칙들이 신규수출자재심사에 적용되어야 한다고 명백히 규정할 필요가 있다고 본다. 또한 반덤핑 관련 국내법규에 있어 회원국들은 종료재심사와 중간재심사에 적용되는 증거절차를 반덤핑협정 제6조에 따라 확립하여야 하나 결코 회원국들에 신규수출자재심사와 관련하여 동일한 국내증거절차를 어떠한 수정도 없이 적용할 것을 요구하지는 않는데 왜냐하면 재심사의 범위 및 특성이 원심, 종료재심사, 중간재심사의 것과 다를 수 있기 때문에 제6조의 최저요건과 원칙이 준수되는 전제하에 더욱 간결한 절차와 요건이 신규수출자재심사에 적용될 수 있다고 주장한다.714)

---

713) WTO, *supra* note 371, pp.4-5; *Further Explanations on the Applicability of Articles 2 and 6 and the De Minimis Rule to the Proceedings under Articles 9.3 and 9.5: Paper from Chile; Costa Rica; Hong Kong, China; Japan; Korea, Rep. of; Norway; Switzerland; Separate Customs Territory of Taiwan, Penghu, Kinmen and Matsu; Thailand; and Turkey Supplement*, TN / RL / GEN / 44 / Suppl.1, 19 July 2005, pp.2-3.

714) WTO, *Further Explanations on the Applicability of Articles 2 and 6 and the De Minimis Rule to the Proceedings under Articles 9.3 and 9.5: Paper from Chile; Costa Rica; Hong Kong, China; Japan; Korea, Rep. of; Norway; Switzerland; Separate Customs Territory of Taiwan, Penghu, Kinmen and Matsu; Thailand;*

V. 재심사남용의 금지

미국은 무역구제법령의 유효성을 손상시키고 정당한 신규수출자재심사의 수행을 지연시키는 신규수출자재심사의 남용을 막기 위한 조치를 취하는 것이 모든 회원국의 이익에 일치하며 다음의 절차는 반덤핑협정 제9.5조의 명백화와 개선을 위하여 필요하다고 주장한다. (i) 신규수출자재심사가 두 단계에 나뉘어 수행될 수 있도록 규정한다. 첫 번째 단계에 조사기관은 수출자에 의해 제출된, 자신이 수출국에서 당해 상품과 관련하여 반덤핑관세의 부과대상이 된 어떠한 수출자 또는 생산자와도 관련되지 아니함을 보여주는 증거에 대해 검토한다. 수출자에 의해 제공된 증거의 정확성을 확인한 후 다음 단계를 수행한다. 두 번째 단계에서, 조사기관은 정보를 수집하고 신규수출자를 위해 개별적인 덤핑마진을 산정한다. (ii) 신규수출자재심사를 요청하기 위한 자격으로 수출자는 이미 최소한 수입회원국에 대해 상업적인 수량의 수출선적을 하였거나 또는 선의의 그리고 수입회원국에 대한 장기적인 수출계획을 수립하였어야 한다. (iii) 만약 조사기관이 신규수출자재심사를 통하여 동 회사가 실제상 반덤핑조치의 부과대상인 수출자 또는 생산자와 관련이 있다고 판정하는 경우 조사기관은 재심사를 신청한 회사에 적용될 관세의 수준과 관련하여 적절한 상황에서 필요한 경우에는 관련된 수출자 또는 생산자와 비교하여 입수 가능한 사실에 따른 불리한 추론을 할 수 있다. (iv) 재심사의 질서 있는 수행을 추진하기 위하여, 신규수출자재심사가 일반적인 관세평가, 재심사절차와 같은 스케줄에 의해 수행될 수 있도록 규정한다.[715]

멕시코는 공정성과 예측 가능성을 위하여서는 신규수출자에 대해 개

---

and Turkey Supplement, TN / RL / GEN / 44 / Suppl.1, 19 July 2005, pp.3-4.
715) WTO, *supra* note 707, p.2.

별적인 덤핑마진을 산정하여 주는 것이 필요하지만 동 절차에 대한 남용을 막기 위한 강제성이 결여되기 때문에 반덤핑협정에 개별적인 덤핑마진을 산정받기 위해서 신규수출자는 그들 각자의 재심사과정에 증거를 제공하여 반덤핑관세의 대상상품에 대해 대표성적인 수출을 하였음을 입증하여야 하며 그 실시방법, 범위 및 특징에 대해 가능한 명확히 규정하여야 한다고 주장한다.716)

이집트는 신규수출자재심사는 반덤핑조치를 우회하기 위하여 사용될 소지가 있으며 신규수출자재심사제도를 개선하여 동 제도가 반덤핑조치를 부과당한 수출자와 생산자들에 의해 반덤핑을 우회하는 장치로 사용되지 말게끔 하여야 한다는 입장이다. 특히 반덤핑조치의 우회가 개도국의 국내산업에 대한 부정적인 영향은 심각하며 제9.5조를 개도국의 조사기관이 남용에 직면하지 않고 반덤핑협정의 기본원칙이 효과적으로 보장되도록 수정하여야 한다는 입장이다.717)

VI. 재심사기한

반덤핑 신규수출자재심사기한과 관련하여 반덤핑프렌즈그룹은 신규수출자가 절차를 연기해 줄 것을 요구하는 경우를 제외하고 신규수출자재심사는 재심사신청이 이루어진 날로부터 9개월 내 수행되어야 하며 특수한 상황에서 보다 긴 재심사기한이 필요하게 되지만 어떠한 경우에도 12개월을 초과하지 말아야 한다고 주장한다. 또한 조사기관이 신규수출자재심사신청을 받은 후 재심사를 개시하여야 하는 기한도 마련하여야 하며 신

---

716) WTO, *supra* note 706, p.3.
717) WTO, *supra* note 570, p.4.

규수출자재심사신청요건을 상세히 설명할 필요가 있다는 입장이다.[718]

중국과 남아프리카는 신규수출자재심사의 기한은 재심사개시일로부터 12개월로 한정되어야 한다고 주장한다.[719] 이와 관련하여 중국은 현행법령상으로도 이미 9개월의 신규수출자재심사기한을 도입하고 있음에도 불구하고 어떠한 사항 때문에 9개월이 아닌 12개월을 주장하는지가 의문되며 이는 개도국들에 대한 배려차원에서 제출한 제안이 아닌가 싶다.

멕시코는 신규수출자재심사의 수행에 적절한 기한은 재심사개시일로부터 6개월 내지 8개월이며 단 각국 조사기관의 행정적인 부담과 실행이 서로 다를 수 있다고 본다.[720]

이집트는 신규수출자재심사는 9개월 내 수행되어야 하며 동 기간은 이해관계인과 조사기관 간의 권리와 이익의 균형을 유지할 수 있다고 주장한다.[721]

Ⅶ. 소 결

신규수출자재심사에서 덤핑마진의 산정방법과 관련하여 반덤핑프렌즈그룹을 포함한 다수 국가들은 원심에서와 같은 방법 즉 반덤핑협정 제2조를 적용하여야 한다는 입장이고 이에 미국은 반대하고 있다. 왜냐하면 미국은 현재 신규수출자재심사에서는 거래별 수출가격 대 가중평균 정상가격의 비교를 수행하고 있기 때문이다.

신규수출자재심사에 원심에서와 같은 미소마진의 적용과 관련하여서

---

718) WTO, *supra* note 370, p.2.
719) WTO, *supra* note 362, p.3; WTO, *supra* note 395, p.5.
720) WTO, *supra* note 707, p.2.
721) WTO, *supra* note 570, p.2.

도 역시 다수 국가 對 미국의 대결구도로 가고 있다. 특히 미소마진과 관련하여 미국은 0.5%의 미소마진을 고집하고 있다.

또한 반덤핑프렌즈그룹은 원심에서의 증거 및 절차적 규정이 종료재심사와 중간재심사뿐만 아니라 신규수출자재심사에도 적용되어야 한다는 입장을 보이고 있다.

신규수출자재심사의 남용금지와 관련하여 미국, 멕시코, 이집트 등 국가들은 동 절차의 남용이 발생 가능하고 이에 대한 금지를 위하여 미국과 멕시코는 대표적인 수출 및 명백한 절차를 도입하여야 한다는 입장이고, 이집트는 특히 신규수출자재심사의 개도국에 대한 남용을 우려하고 있다.

신규수출자재심사의 기한과 관련된 논의에서 반덤핑프렌즈그룹은 재심사신청이 이루어진 후 9개월 내지 12개월, 멕시코는 재심사개시 후 6개월 내지 8개월, 이집트는 재심사개시 후 9개월, 중국과 남아프리카는 재심사개시 후 12개월을 제시하였다.

신규수출자재심사제도의 개선방향과 관련하여 확실히 동 제도가 일부 수출자 또는 생산자들에 의해 반덤핑조치를 우회하기 위한 대안으로 악용되고 있음에 유의하였다. 따라서 대표적인 수출 및 상세한 조사 및 판정절차를 마련하는 것이 유익하다고 본다. 또한 신규수출자재심사의 성격상 신규수출자에 대해 원심의 기능을 하므로 원심과 관련된 절차규정을 동 재심사에도 적용하는 것이 우선적일 것이라고 생각된다. 이 밖에도 현재 일부 국가들이 신규수출자재심사를 수행함에 있어 대표적인 수출을 하였을 것을 요구함으로써 반덤핑협정에 규정되지 아니한 요건을 도입하고 있다. 만약 이러한 규정의 도입이 반덤핑조치의 우회를 막기 위한 것이라면 반덤핑관세의 부과로 인하여 정상적인 수출을 할 수 없게 된 업체에 대한 배려 그리고 수출 예정인 업체들에 대한 배려도 동반되어야 한다. 신규수출자재심사에서 행정적인 부담은 일반적인 관세평가와 재심사절차에 비해 명백히 가벼우며 또한 신규수출자에 대한 덤핑마진을 산정함에 있어 가능한 한 신속히 처리하는 것이 보다 바람

직한바 이렇게 함으로써 반덤핑관세의 부과대상인 수출자와 관련되는 신규수출자가 동 장치를 자신이 단순한 담보조항을 통해 가일층 수출하는 수단으로 이용하지 못하도록 방지하여야 한다. 그러나 현행 반덤핑협정상의 "신속하게 그리고 신속한 기초 위에(on an accelerated basis)"라는 문구는 해석상 기한에 대해 많은 차이를 허용할 정도로 광범한바 이러한 재심사를 수행하는 회원국에 의해 결정되고 이는 예측 가능성을 손상한다. 더 나아가, 일반적인 관세평가와 재심사절차에 비해 신속함에 기초한 재심사를 수행하라는 의무는 결국 신규수출자재심사가 일반적인 절차에 비해 얼마나 적은 시간이 소요되느냐에 따라 반덤핑협정에 일치하느냐 하는 논의를 도출하게 된다. 따라서 재심사의 기한은 중간재심사, 종료재심사에 비해 더 짧은 9개월이 적절하다고 생각된다. 여기에서 9개월의 기산시점은 재심사개시일이 될 것이며 재심사신청일을 기산시점으로 하는 것은 반덤핑협정 전후 규정 간의 통일성과 조화를 방해한다고 생각된다. 신규수출자재심사를 위해 특별한 기한을 도입하는 것은 재심사 장치의 유효성과 예측 가능성을 제고할 수 있으며 이해관계인과 조사기관 간의 권리와 이익의 균형을 유지할 수 있다. 또한 원심에서의 덤핑마진 산정방법, 미소마진규칙, 증거절차는 신규수출자재심사에 적용되어야 하는데 그 이유는 신규수출자가 신규수출자재심사에 대해 원심을 대신하는 기능을 하므로 이들 신규수출자가 원심에서 조사를 받는 업체들과 동일하게 대우받아야 하기 때문이다.

제5장
WTO 및 주요국의
반덤핑 관세평가재심사제도

제1절 WTO의 반덤핑 관세평가재심사제도

I. WTO 반덤핑 관세평가재심사제도의 도입배경

반덤핑협정은 반덤핑관세 규모의 최대허용치를 설정하고 있는데 덤핑마진을 초과해서는 안 된다고 규정하고 있다. 그러나 확정반덤핑관세 부과 이후 시장상황이 변하고 그에 따라 수입품 가격이 변하여 덤핑마진이 변할 수 있으므로 이때 원심 덤핑마진 및 반덤핑관세 규모에 대한 재평가가 필요하다. 따라서 실제 덤핑마진이 최종판정상의 덤핑마진과 차이가 있어서 상기 기본원칙에 부합하지 않을 수 있기 때문에 동 원칙에 부합하기 위하여 관세 규모를 최종적으로 판정하는 것이 관세평가재심사이다.[722]

우루과이라운드협상을 통하여 반덤핑협정에는 소급적 및 추급적 두 가지 유형의 관세평가재심사제도가 도입되었으며 각 회원국들은 그중 한 가지 시스템을 선택하여 사용하고 있다. 예를 들어 미국은 소급적 관세평가시스템을 사용하고 EU, 중국, 인도, 한국 등 다수 회원국들은 추급적인 관세평가시스템을 사용하고 있다. 이러한 소급적 평가와 추급적 평가문제는 WTO 각 회원국 조사기관의 두 가지 서로 다른 접근방법을 반영하며 추급적 평가시스템은 관리하기가 쉬우며 소급적 시스템은 대중성보다는 실행적인 면에서 더욱 큰 중요성을 가진다.

반덤핑협정상 관세평가재심사와 관련된 제9.3조는 우루과이라운드협상기간 중 많은 변화를 가져왔으며 시간이 지남에 따라 명확한 기한이

---

722) 손기윤, 앞의 주 590, 36쪽.

도입되었다. 명확한 기한의 창설은 미국이 관세평가재심사를 완성함에 있어 지속적으로 추진한 기한이 포함된 것으로서 미국은 최종관세평가를 10년 넘어 수행한 사례도 있었던 것이다.[723]

일단 각 회원국의 협상자들은 분명한 기간을 두려고 결정한 후 추급적 및 소급적 시스템에 모두 적용되는 병행조항이 수요됨을 인식하였다. 비록 시작단계의 초안은 서로 다른 기한을 계획하였지만 마지막에 협상자들은 일반적으로 12개월 그리고 어떠한 경우에도 18개월 내라는 재심사기한을 두 가지 시스템에 모두 적용하는 데 동의하였다.[724]

Ⅱ. WTO 반덤핑 관세평가재심사제도의 내용

1. 실체적 내용

반덤핑협정 제9.3조는 반덤핑관세의 징수를 규정하고 있다. 동 조항에서 제시한 원칙은 반덤핑관세액이 반덤핑협정 제2조에 의해 확정된 덤핑마진을 초과하지 말아야 한다는 것이다.

반덤핑협정 제9.3.1조와 제9.3.2조는 서로 다른 두 가지 유형의 관세징수시스템의 존재를 인정하고 있다. 첫 번째는 소급적 시스템인데 미국에 의해 사용되고 반덤핑협정 제9.3.1조를 법적 근거로 하며 두 번째는 추급적 시스템인데 반덤핑제도를 운영하고 있는 다수의 기타 국가들에 의해 사용되며 반덤핑협정 제9.3.2조를 법적 근거로 한다.[725]

---

723) James P. Durling and Matthew R. Nicely, *supra* note 6, p.441.
724) *Ibid.*, pp.443-444.
725) Edwin A. Vermulst, *supra* note 12, p.174.

추급적인 평가시스템하에서 반덤핑관세는 해당 상품의 수입 시 원심의 최종판정에서 확정된 세율에 따라 확정적으로 납부하게 되며 환급신청을 통하여 관련되는 선적에 대한 덤핑마진이 산정된다.

반대로 소급적인 평가시스템하에서 반덤핑관세는 수입 시에 부과되지 않으며 대신 수입 당시에 원심의 최종판정에서 산정된 덤핑마진의 수량에 따라 현금보증금 또는 담보를 제공하게 된다. 실제적인 덤핑마진은 특정 기간 동안 선적이 완료된 후 실제 수치에 기초하여 산정되며 반덤핑관세는 이러한 수치에 따라 징수된다.

아래 사례를 들어 두 가지 관세평가시스템에 대해 설명해 보고자 한다.

우선 소급적인 평가시스템에 대해 설명하여 본다. 원심의 최종판정에서 조사대상기간의 수치에 기초하여 한 개별 수출자에 대해 30%의 덤핑마진이 산정되었다고 가정하자. 동 조치의 부과 후 수입되는 상품에 대해서는 현금예치금을 납부하여 잠재하는 확정관세의 부과에 담보를 제공한다. 관련 수출자의 요청에 의해 최종판정이 내려진 후 1년의 수입선적에 대해 덤핑마진이 재산정된다. 동 기간은 첫 번째 재심사대상기간으로 명명되며 덤핑마진은 원심과 아주 비슷한 조사를 통하여 재산정된다. 즉, 재심사대상기간의 정상가격 및 수출가격을 산정하고 이들을 서로 비교한다. 첫 번째 재심사대상기간에 대해 산정된 덤핑마진은 두 가지 용도를 가지는데 즉 첫 번째 재심사대상기간의 수입에 대해 관세를 징수하며 추후의 수입에 대해 새로운 현금예치비율을 설정하여 주는 것이다. 그리하여 만약 재심사대상기간에 새로 산정된 덤핑마진이 20%라면 동 기간 내 선적에 대한 관세는 이 수준에서 징수된다. 30%의 현금예치비율이 실제 관세율에 비해 10% 높으므로 관련 수출자는 10%만큼 환급받는다. 만약 첫 번째 재심사대상기간의 덤핑마진이 40%라면 관세율은 이러한 수준으로 설정되며 해당 상품의 수입자는 추가로 10%의 관세를 납부하여야 한다. 또한 당해 평가절차의 종료 후로부터 적용 가능한 현금예치율은 20%로 설정된다. 만약 재심사대상기간의 신규 덤핑마진이 제로라면 관세율과 현금예치율은 모두 제로로 설정되지만 평가절차는 자동 종료되지는 않는다. 종료는 단지 반덤핑협정 제11조의 재심사를 통하여 부정적인 덤핑 및 피해판정이 내려지는 경우에 단행된다. 지정된 시간 내에 관세평가재심사가 신청되지 아니하는 경우, 예치된 비율에 따라 확정관세가 부과되며 그러한 비율이 추후의 기간에 계속 유지된다.

다음으로 추급적인 평가시스템을 살펴본다. 확정반덤핑관세는 최종판정에서 산정된 30%의 덤핑마진에 따라 관세부과 후 수입되는 모든 해당 제품에 대해 부과된다. 관련 수출자의 요청에 의해 개별 선적에 대한 덤핑마진은 해당 선적의 정상가격과 수출가격에 기초하여 재산정될 수 있다. 산정된 덤핑마진이 20%이면 해당 환급절차의 대상이 된 모든 선적에 대한 10%의 환급을 초래하며 장래의 수입에 대한 관세징수에는 영향을 미치지 않는다. 이들은 여전히 30% 관세율의 대상으로 되며 동 세율은 오직 제11조하의 재심사를 통해서만이 변경 가능하다.[726]

소급적인 시스템의 핵심은 수입자의 상황인바 만약 수입자 A가 덤핑이 아닌 가격에 판매하고 수입자 B는 계속하여 덤핑가격에 판매하였다면 수입자 A는 환급받게 되는 반면 수입자 B는 환급받을 수 없게 된다.

소급적인 시스템의 장점은 매우 정확하며 수출가격을 덤핑이 아닌 수준으로 인상한 수출자에 대해 보상을 해 주는 것이며 그 약점은 시간을 소모하고 비용이 많이 든다는 것이다.

반면에 추급적인 시스템의 핵심은 수출자의 상황이며 평균 덤핑마진을 재산정한다. 원심에서의 덤핑마진이 10%였다고 가정하면 재산정된 덤핑마진이 6%일 경우, 모든 수입자들은 4%의 감소부분을 환급받을 수 있다.

이와 같은 추급적인 시스템의 장점은 조사기관과 수출자로 놓고 말하면 매우 간단하다는 것이다. 반면에 그 약점은 동 시스템이 매우 부정확하다는 것이다. 실제로 반덤핑관세가 부과된 당시 기본사실은 이미 1년 반 내지 2년 반 동안 낡은 것이다. 더 나아가, 추급적인 시스템은 특히

---

726) Judith Czako *et. al.*, *supra* note 585, pp.93-96.

종가관세가 부과되는 경우에는 이와 같은 비율의 관세가 그 가격수준에 관계없이 추후의 모든 수입에 적용됨을 암시한다. 만약 그러하다면 자신의 수출가격을 덤핑이 아닌 수준으로 인상한 수출자의 경우 수입자는 실제로 더욱 높은 량의 반덤핑관세를 부과하게 된다는 것이다.727)

반덤핑협정 제9.3.3조는 수출자와 수입자 또는 제3자 사이의 제휴 또는 보상협정으로 인하여 구성수출가격으로 수출가격을 산정할 경우 적정 환급액 및 환급 여부에 관한 결정을 함에 있어서는 정상가격의 변화, 수입과 재판매 사이 비용의 변화, 후속 판매가격에 적정히 반영되어 있는 재판매가격에서의 변화 등을 고려하도록 하고 있다. 또한, 재판매가격이 인상되었다는 것이 확정적인 증거로 제시된 경우에는 환급절차에서 수출가격을 산출함에 있어서 기지불된 반덤핑관세를 일률적으로 수입과 재판매 사이에 발생한 비용으로 간주하여 수출가격에서 공제하는 관행을 취하고 이에 따라 수출자의 덤핑마진이 확대되는 것을 금지함으로써 수출자가 이중의 피해를 보지 않도록 명문화하였다.728)

2. 절차적 내용

반덤핑협정에 따르면 반덤핑관세액이 소급적으로 산정되는 경우 반덤핑관세 지불의 최종적인 책임판정은 가능한 한 빠른 시일 내에 일반적으로 반덤핑관세액의 최종산정을 요청한 날로부터 12개월 이내에 이루어지며 어떠한 경우에도 18개월을 초과하여서는 아니 된다. 환급은 가능한 한 빠른 시일 내에 일반적으로 최종책임의 판정으로부터 90일 이내에 이루어지며 어떠한 경우든 환급이 90일 이내에 이루어지지 못하는 때에는 조사기관은 요청이 있을 경우 이에 대한 설명을 제공한다.729)

---

727) Edwin A. Vermulst, *supra* note 12, pp.175-176.
728) 반덤핑협정 제9.3.3조.
729) *Ibid.*, 제9.3.1조.

또한 반덤핑관세액이 추급적으로 산정되는 경우, 덤핑마진을 초과하여 납부된 반덤핑관세는 요청에 따라 신속히 환불되도록 하는 규정을 둔다. 실제 덤핑마진을 초과하여 납부된 관세는 일반적으로 반덤핑관세의 대상이 된 상품의 수입자에 의해 증거가 뒷받침되는 환급요청이 있은 날로부터 12개월 이내에 승인 여부가 결정되며, 어떠한 경우에도 18개월을 초과하여서는 아니 된다. 승인된 환급은 일반적으로 승인결정이 내려진 후 90일 이내에 이루어져야 한다.730) 여기에서 추급적인 평가시스템의 경우에는 환급이 90일 이내에 이루어지지 못하는 때에 조사기관은 요청이 있을 경우 이에 대한 설명을 제공할 의무를 지지 않는데 이는 소급적인 평가시스템과 대조된다. 이러한 차이점을 두게 된 이유는 추급적인 시스템 하에서 대상은 국내 수입자에 한정되므로 조사기관이 국내 수입자에 대한 의무를 국제협정에 규정할 필요가 없다고 판단한 것으로 추정된다.

반덤핑협정 제9.3.1조와 제9.3.2조하에서 모든 평가는 이해관계인의 신청에 의해 개시되며 일반적으로 12개월 내 종료되어야 하며 최장 18개월 내에는 종료되어야 한다. 이러한 규정은 반덤핑원심의 수행에 필요한 기한에 대한 규정과 유사하다. 또한 두 가지 시스템하에서 관세평가재심사의 수행으로 인한 관세환급은 평가완료 후 90일 내 이루어져야 한다.

반덤핑 종료재심사, 중간재심사, 신규수출자재심사의 경우 재심사기한을 계산하는 시점은 조사개시가 이루어진 시점인 반면 관세평가재심사는 신청시점으로부터 계산된다는 점에서 차이를 가지는가 하면 최종판정 후 90일 내 관세가 환급되어야 한다는 규정은 일반적으로 라는 용어가 삽입되면서 비강제적 성격을 갖는다.

반덤핑협정은 환급절차의 수행과 관련하여 어떠한 절차적 또는 실체적 규칙을 명시하지 않고 있으며 많은 회원국들은 실행에서 반덤핑협정 중 원심의 수행에 적용되는 규칙들을 가능한 범위 내에서 이들 평가재심사에 적용하고 있는 실정이다.731)

---

730) *Ibid.*, 제9.3.2조.
731) Judith Czako *et. al.*, *supra* note 585, pp.93-96.

3. 두 가지 관세평가시스템의 비교

반덤핑협정 제9.3조는 관세평가의 두 가지 서로 다른 시스템을 예상하고 있으며 각각의 시스템하에서 회원국들은 산정된 덤핑마진을 초과하는 반덤핑관세를 징수하지 못하도록 요구하고 있다. 첫 번째 시스템은 제9.3.2조에 규정되었는데 추급적인 평가이며 두 번째는 제9.3.1조에 규정되어 있고 소급적인 평가이다.

추급적인 평가시스템하에서 반덤핑관세는 각각의 수입선적이 수입되는 때에 최종판정에서 확정된 세율에 따라 확정적으로 납부하게 되며 환급신청을 통하여 관련되는 선적에 대한 덤핑마진이 산정된다. 또한 수입 시 징수된 관세와 실제 덤핑마진 간의 차액은 환급되며 장래의 선적에 적용될 관세율은 일반적으로 환급절차에서의 덤핑마진 산정으로 영향을 받지 않으며 오히려 최종판정에서 확정된 관세율의 수준을 유지한다. 물론 이론상으로는 조사기관이 관세평가재심사절차에서 신규 산정된 덤핑마진에 기초하여 반덤핑관세를 조정할 수 있어 보이나 만약 이렇게 되면 수출자들이 당해 기간 중의 수출가격을 인상하여 환급을 받고 더욱 낮은 관세율을 부과받음으로써 그 후 재차 덤핑을 하는 경우 국내산업은 대처할 방법이 없게 되는 약점이 있다. 즉, 수출자들이 이러한 절차를 악용할 소지가 있다는 것이다. 추급적인 시스템하에서 실제 덤핑마진이 원심에서 확정한 덤핑마진에 비해 높은 경우, 그 차액에 대해 추징하지는 않는데 이는 확정반덤핑관세가 이미 수입 시에 징수되었기 때문이며 물론 수출자의 입장에서도 덤핑마진이 인상되었을 것으로 예상되면 과세평가재심사절차를 신청하지 않았을 것이다. 그럼에도 불구하고 실제 덤핑마진이 원심에서 확정된 덤핑마진보다 높게 산정될 소지는 있으며 이러한 경우 일부 국가에서는 조사기관이 직권에 의한 중간재심사를 개시하고 있다.

소급적인 평가시스템하에서 반덤핑관세는 각각의 수입선적이 수입되는 때에 부과되지 않으며 대신 수입 당시에 최종판정에서 산정된 덤핑마진의 수량에 따라 현금보증금 또는 담보를 제공하게 된다. 실제적인 덤핑마진은 특정 기간 동안 선적이 완료된 후 실제 수치에 기초하여 재산정되며 반덤핑관세는 이러한 수치에 따라 징수된다. 예치한 담보의 수량이 실제적인 관세를 초과하는 부분은 환급되며 모자라는 경우 추징한다. 새로 산정된 관세세율은 추후의 선적에 대해 예치액수를 결정해 주는 역할을 한다. 물론 이론상으로는 조사기관이 원심에서 확정된 예치액수를 계속하여 유지할 수는 있지만 이러한 경우 수출자로 하여금 자신의 수출가격을 조정하여 추후의 단계에서 낮은 비율의 예치액수를 부과받고자 하는 유인을 약화시키게 된다. 때문에 예치비율은 환급절차의 결과에 따라 조정되어야 하는 것이다.[732]

 따라서 두 가지 유형의 관세평가재심사에 있어 최종판정이 갖는 의미는 커다란 차이점을 가진다. 이 밖에도 추급적인 관세평가재심사는 오직 수입자의 신청에 의해서만이 개시가 가능하며 소급적인 관세평가재심사는 이해관계인의 신청에 의한 개시가 가능한데 여기에서 이해관계인의 경우 수입자에 한정되지도 않는다. 또한 추급적인 관세평가재심사의 경우, 수입자는 적절한 증거를 제출하여야 하지만 이러한 요건은 소급적인 관세평가재심사에는 규정되어 있지 않다.

 전반적으로 소급적인 관세평가재심사는 공정성을 유지하여 주는 측면에 있어서는 훌륭한 시도일지 모르나 수출자와 수입자의 예측 가능성에 심각한 손상을 준다.

---

732) *Ibid.*, pp.91-92.

Ⅲ. WTO 반덤핑 관세평가재심사제도의 문제점

반덤핑관세에 대한 소급적인 평가시스템은 수입자들에게 가장 불리하게 작용한다. 예를 들어 2004년 1월 1일 5%의 반덤핑관세가 부과되었다고 하자. 수입자가 2004년 1월 2일부터 동 제품을 수입할 시 5%의 예치금을 납부하게 된다. 2005년 1월 31일, 수입자 또는 국내 생산자는 관세평가재심사를 신청하여 2004년도의 덤핑수량을 확인하여 줄 것을 요청할 수 있다. 12개월 또는 최장 18개월까지 연장이 가능한 기간을 통하여 DOC는 완전한 재심사를 개시하며 2006년 7월에 결정을 내린다. 미국 수입자들은 그리하여 수입이 이루어진 후 2년 반 사이의 기간 동안 수입품의 가격에 대해 알 수 없으며 더구나 소송이 관여되는 경우에는 3~5년이라는 시간이 더 추가된다. 물론 이론적으로 소급적인 평가시스템은 훌륭하다. 즉 만약 덤핑이 4%일 경우 1%의 차액에 이자까지 환급하여 주며 반대로 50%인 경우에는 차액에 이자까지 추징한다. 그러나 상업적으로 말하면 이는 상도에 어긋난 것이다. 수입자들은 2004년에 물건을 판매함에 있어 판매되는 물건의 가격을 추후 2년 반까지 알 수가 없기에 불확실성에 직면하여 크게 불리함을 경험한다. 회계자료도 보존되어야 하고 또한 재심사과정에서 많은 비용이 소요된다. 더욱이 많은 수입자들은 아예 불확실성 때문에 수입을 단념하게 된다. 그리하여 소급적인 평가시스템은 그 자체로도 반덤핑관세의 적용과는 별도로 무역장벽을 야기한다. 이는 다른 회원국들의 시스템이 낫다는 것은 아니다. 예를 들어 EU의 경우 단순히 관세를 부과하며 외관상으로 환급신청을 고무하지 않는 것으로 보인다. 최소한 EU 내 수입자들은 만약 5%의 관세를 부과당하였다면 모든 것이 확정되었음을 알며 이러한 확실성 때문에 제소 없이 납부하게 된다. 캐나다의 시스템이 비교적 우수한데 즉 매년 추급적인 정상가격을 산정하며 그 가격 이상으로 수

입되는 제품에 대해서는 관세가 부과당하지 않게 된다.[733)

또한, 반덤핑 관세평가재심사와 관련하여 반덤핑협정상 반덤핑관세의 금액은 제2조에 근거하여 확정한 덤핑마진을 초과하지 않는다고만 규정하고 있으며 구체적인 재심사의 절차, 특히 원심에 적용되는 제2조 내지 제6조의 규정을 적용할 수 있는지에 대해서는 침묵하고 있다.

이 밖에도 관세평가재심사를 통하여 실제 덤핑마진이 부과한 덤핑마진에 비해 많은 경우, 그 차액에 대한 이자부분을 환급하여 주느냐가 문제될 수 있다.

이러한 문제점과 관련하여 이자지급의 도입주장, 원심에서의 규정을 적용할 것을 요구하는 주장 등이 제기되고 있다.

Ⅳ. 반덤핑 관세평가재심사와 관련된 DSB의 판정내용에 대한 분석

2006년 12월 1일 현재 이미 패널 / 상소기관판정이 채택된 6건의 반덤핑 / 상계조치 행정재심사 관련 사건 중 관세평가재심사와 관련된 사건은 2건인데 즉 *U.S.-DRAMS*사건과 *Mexico-Rice AD Measures*사건이다. 이들 사건에서 분쟁해결기관은 반덤핑협정 제9.3조와 관련하여 일부 의미 있는 판정을 내렸는데 구체적으로 살펴보면 다음과 같다.

---

733) Gray N. Horlick, "The 10 Major Problems With the Anti-Dumping Instruments in the United States", *Journal of World Trade*, Vol.39, No.1(2005), pp.176-177.

1. 관세평가절차에서 반덤핑협정 제5.8조의
적용 가능성 여부

*U.S.-DRAMS*사건에서는 관세평가재심사에서 원심에 적용되는 반덤핑
협정 제5.8조가 적용 가능한지 여부가 문제되었다. 한국은 미국이 반덤
핑협정 제9.3조에 의한 관세평가절차에 있어 반덤핑협정 제5.8조에 규정
된 2%의 미소마진 분계점 대신 0.5%의 분계점을 도입하였기에 반덤핑
협정 제5.8조 위반이라고 주장하였다. 동 이슈는 반덤핑협정 제5.8조가
제9.3조에 의한 관세평가절차에서 원심에서와 마찬가지로 적용되는가
여부에 관한 것이었다.734)

패널은 우선 반덤핑협정 제5.8조의 문언에 대해 검토하였다. 패널은
반덤핑협정 제5.8조의 범위를 정의함에 있어 두 번째 문장에서 'cases'
라는 단어가 사용되었음을 고려하였다. 그러나 'cases'라는 단어의 일반
적인 의미가 동 문제를 해결할 수 없으므로 패널은 두 번째 문장의 문
맥을 검토하였다. 첫 번째 문장에서 단수의 신청 또는 조사의 수행에
대해서만 언급하고 있으므로 패널은 두 번째 문장에서 'cases'라는 단어
는 신청과 관련되지 아니하고 단지 후속조사로만 되는 제9.3조의 관세
평가절차를 포함할 수 없다고 판정하였다.735)

이 밖에도, 반덤핑협정 주석 22는 제9.3조에 의한 관세평가절차에서 무
관세 판정이 내려진다 하여 결코 조사기관이 반드시 자동적으로 반덤핑관
세를 철폐하여야 하는 것은 아님을 명백히 규정하고 있다. 그리하여 패널
은 미소마진판정이 반덤핑관세의 철폐를 초래한다는 주장은 채택된 미소
마진 분계점이 얼마인가에 상관없이 적절하지 아니하다고 판정하였다.736)

패널은 원심과 관세평가에서 미소마진의 분계점이 다른 데 대한 가능
한 정책적 이유에 대해 설명하였다. 반덤핑협정 제5.8조에서의 미소마진

---

734) WTO, *supra* note 400, para.6.83.
735) *Ibid.*, para.6.84.
736) *Ibid.*, paras.6.86-88.

테스트는 조사신청 및 원심에 적용될 시 근본적으로는 한 수출자가 반덤핑관세의 부과대상으로 될 것인지를 판정하는 기능을 한다. 다른 한 면에서 관세평가 문맥에서의 미소마진 테스트는 한 수출자가 관세를 납부하여야 하는지 여부를 판정하는 기능을 하며 결코 동 수출자에 대해 해당 관세를 철폐하여 주지는 않는다.[737]

이에 기초하여, 패널은 반덤핑협정 제5.8조에서의 미소마진규칙이 제9.3조에 의한 관세평가절차에서도 적용되어야 한다는 한국의 주장을 기각하였다.

2. 관세평가재심사에서 대표성 요건의 존재 여부

*Mexico-Rice AD Measures*사건에서는 관세평가재심사에서 수출의 대표성 요건이 존재하는지 여부가 문제되었다. 패널은 반덤핑협정 제9.3.2조에 의하면 재심사대상기간 중 수입국으로의 수출물량이 대표성적인가 여부와 관계없이 재심사가 수행될 수 있으며 수출자 또는 외국 생산자가 관세평가재심사와 중간재심사를 받기 위하여 이러한 대표성 요건을 충족시킬 필요가 없다고 판정하였다. 멕시코는 상소에서 자국의 대외무역법상 재심사의 개시를 배제하는 것이 아니라 단지 수출자 또는 외국 생산자가 덤핑마진의 재산정을 받기 위하여 대표성적인 수출물량을 제시하도록 요구하는 것이라고 하였다.[738]

반덤핑협정 제9.3.2조의 문구에 기초하여, 상소기관은 이러한 재심사를 수행함에 있어 대표성 요건을 보아낼 수 없다고 판정하였으며[739] 이에 근거하여 멕시코의 대외무역법 제68조 그 자체가 반덤핑협정 제9.3조에 위반된다고 한 패널의 판정을 유지하였다.[740]

---

737) *Ibid.*, para.6.90.
738) WTO, *supra* note 425, paras.308-310.
739) *Ibid.*, paras.311-315.

3. 소 결

*U.S.-DRAMS*사건에서 패널은 반덤핑협정 제9.3조에 따라 수행하는 관세평가절차에서는 반덤핑협정 제5.8조가 적용되지 않는다고 하였다. 즉 조사기관이 0.5% 미소마진 분계점을 도입하던 혹은 심지어 그보다 낮은 미소마진 분계점을 도입하던 각국의 재량에 맡긴다는 것으로 풀이된다.

*Mexico-Rice AD Measures*사건에서 상소기관은 관세평가재심사에서는 수출의 대표성 요건이 존재하지 않는다고 판정하였다. 이 역시 원심과 관세평가재심사가 서로 다른 절차임을 염두에 둔 판정으로 풀이된다.

제2절 미국의 반덤핑 관세평가재심사제도

I. 서

미국은 반덤핑관세의 부과와 관련하여 소급적인 평가시스템을 사용하고 있으며 따라서 최종적으로 부담하여야 할 반덤핑관세는 상품이 수입된 후에야 비로소 확정된다. 비록 관세부담의무는 여러 가지 유형의 재심사를 통하여 결정될 수도 있지만 최종적인 관세부담의무를 결정하기 위하여 가장 보편적으로 사용되는 절차는 관세평가재심사로 된다.[741]

---

740) *Ibid.*, para.316.

미국에서 반덤핑원심에서 DOC의 최종판정은 수출자들에 대해 최종적인 반덤핑책임을 확립하지는 않으며 오히려 DOC의 최종판정에서 공고되는 반덤핑관세율은 반덤핑관세명령의 부과 후 수입자들에 대해 적용 가능한 현금예치금액을 추정하는 목적을 가진다. 실제로 부과되는 반덤핑관세액은 반덤핑관세명령의 부과 1년 후 개시되는 관세평가재심사의 결과에 기초한다. 결과적으로 DOC가 관세평가재심사에서 최종판정을 내리기 전까지 그 누구도 최종적인 반덤핑책임을 절대적으로 확신할 수 없게 된다.

미국의 이러한 절차는 기타 국가들의 해당 절차와 큰 차이점을 가진다. 예를 들어 EU의 법령에 의하면 반덤핑관세는 추급적인 기초 위에 부과된다. 결과 EU의 법령하에서 최종판정이 내려지면 수출자는 자신이 부담하게 되는 최종적인 반덤핑관세액을 수입국으로의 수출선적이 이루어지기 전에 알 수 있다. 반대로 미국의 법령하에서 수출자는 미국으로의 선적을 한 후 상당히 오랜 시간이 지나서야 비로소 자신이 부담하여야 되는 반덤핑관세액을 알 수 있게 된다. 미국법령은 최종적인 반덤핑관세액의 선적이 이미 이루어진 상황하에서야 확립하여 주는 제도를 취하고 있다.742)

직접적인 재정 측면에서 말하면 관세평가재심사는 미국의 반덤핑절차에서 핵심부분으로 된다. USITC가 최종적인 긍정 피해판정을 내린 후 DOC는 최종적인 반덤핑관세명령을 내리게 된다. 일단 확정반덤핑명령이 게재되면 수입자들은 덤핑마진에 상응하는 부분의 예측관세를 예치하며 예치수준은 그 전의 마진에 기초한다. 확정반덤핑명령에서 결정된 예치의 수준은 관세평가재심사에서 별도의 수준을 확정하기 전까지 적용된다.

---

741) 19 C.F.R. § 351.213(a).

742) International Trade Centre UNCTAD and WTO, *Business Guide to Trade Remedies in The United States: Anti-Dumping, Countervailing and Safeguards Legislation, Practices and Procedures* (Geneva: ITC, 2003), pp.191-192.

일단 DOC가 확정반덤핑명령을 게재하면 수출자들은 자신의 국내시장에서의 가격, 수출시장에서의 가격 또는 양자를 모두 변경하는 방식을 통하여 그들의 가격을 변경시킨다. 가격 또는 조정에서의 추후 변경에 의해 추후의 거래에서의 마진은 상응하게 변화한다. 때문에 관세평가재심사를 통하여 평가된 반덤핑관세의 수량이 덤핑마진의 변경에 따라 변경하여야 하는지 판단하여야 하며 만약 그러하다면 덤핑마진을 재산정하게 된다. 일단 덤핑마진이 재산정되면 이는 반덤핑명령의 게재에서부터 관세평가재심사까지의 기간 내 최종의 반덤핑관세 징수액으로 된다. 또한 재산정된 덤핑마진은 관세평가재심사에서부터 추후의 재심사까지의 기간에 대해 예치할 반덤핑관세를 예측하는 기능을 한다.[743]

II. 실체적 규정

반덤핑관세명령, 반덤핑판정 또는 조사정지공고가 게재된 날에서 1년 주기 후부터 DOC는 만약 그러한 재심사의 신청이 접수되었고 또한 관보에 당해 재심사의 공고를 게재한 후 최소한 매 12개월마다 반덤핑관세의 수준에 대해 재심사 또는 판정, 조사 종료의 원인으로 되는 가격약속의 현황 및 준수상황에 대한 재심사 및 당해 가격약속에 포함된 덤핑마진 수량에 대해 재심사를 수행하며 연방관보에 이러한 재심사의 결과를 게재하는 동시에 평가되어야 할 관세공고, 예치되어야 할 예측관세 또는 재개되어야 할 조사 등의 내용도 포함하여야 한다.[744]

관세평가재심사의 목적상, DOC는 통관별 대상상품의 정상가격과 수

---

743) 이상용, 한국산 DRAM에 관한 WTO 반덤핑 분쟁사례의 연구, 『통상법률』제37호(2001. 2.), 52~53쪽.
744) 19 U.S.C. § 1675(a)(1).

출가격(또는 구성수출가격) 및 통관별 덤핑마진을 판정하여야 하며745) 판정의 내용은 판정대상으로 된 상품의 통관에 대한 반덤핑관세의 평가와 예측된 관세의 공탁에 대해 근거를 제공한다.746)

반덤핑관세의 관세평가재심사와 판정에 있어 가중평균 대 가중평균 또는 개별거래 대 개별거래에 기초하여 덤핑마진을 산정하는 방법을 적용하지 않으며747) 일반적으로 가중평균 대 거래별 비교하는 방법을 적용한다.748)

예를 들어 한국산 스테인리스 강관이음쇠에 대한 관세평가재심사에서 DOC는 거래별 개별수출가격 또는 구성수출가격을 월별 가중평균 정상가격과 비교하였다.749)

반덤핑관세명령의 게재 후 2년 또는 4년 차 개시된 관세평가재심사에서 만약 신청이 있을 경우, 그리고 대상상품이 미국 내에서 외국의 생산자 또는 수출자와 특수한 관계에 있는 수입자를 통해 판매되었다면, DOC는 반덤핑명령의 대상이 된 외국의 생산자 또는 수출자에 의해 반덤핑관세가 흡수되었는지 여부에 대한 판정을 내려야 한다.750)

특정 반덤핑명령 대상업체가 관세평가재심사에서 3년간 연속으로 0% 또는 미소마진 이하의 덤핑마진을 받은 경우 반덤핑명령의 폐지를 신청할 수 있는 자격이 생긴다. DOC는 특정 반덤핑명령 대상업체의 반덤핑명령을 철회하는 데 있어서 다음의 세 가지 요건을 고려한다. (i) 반덤핑명령 대상업체가 적어도 3년간 연속으로 조사대상상품을 정상가격 이

---

745) 19 U.S.C. § 1675(a)(2)(A).

746) 19 U.S.C. § 1675(a)(2)(C).

747) WTO, *supra* note 596, pp.5-6.

748) WTO, *Notification of Laws and Regulations under Articles 18.5 and 32.6 of the Agreements*: *Replies to Questions Posed by Mexico Regarding the Notification of the United States*, G / ADP / Q1 / USA / 10, 13 October 1998, p.6.

749) US Department of Commerce, *Stainless Steel Butt Weld Pipe Fittings From Korea*: *Preliminary Results of Antidumping Duty Administrative Review(A-580-813)*, Federal Register: March 7, 2005(Volume 70, Number 43).

750) 19 U.S.C. § 1675(a)(2)(A).

하로 판매하지 않았는지의 여부. (ii) 과거에 미소마진 이상의 덤핑마진을 받은 경험이 있는 조사대상업체에 대해서는, 반덤핑명령 폐지 후 그 조사대상업체가 다시 덤핑을 하는 경우 그때에도 반덤핑명령이 발령 중(당해 조사대상업체에 대해서는 반덤핑명령이 폐지되었더라도 다른 조사대상업체에 대해서는 아직 반덤핑명령이 발령되고 있는 경우)이라면 그 조사대상업체를 다시 반덤핑명령하에 즉시 복귀시킨다는 데 그 업체가 동의하는지의 여부도 고려의 대상이 된다. (iii) 반덤핑명령의 계속적인 적용이 덤핑을 상쇄하기 위해 필요한지의 여부.[751]

관세평가재심사에서 3년간 연속으로 0% 또는 미소마진을 받은 경우를 바탕으로 신청하는 반덤핑명령 폐지요청은 반덤핑명령이 연방관보에 게재된 3년째 또는 그 이후의 해마다 같은 주기의 달에 할 수 있다.[752] 이 경우의 반덤핑명령 폐지신청은 관세평가재심사를 포함하는 것으로 인정되어 관세평가재심사와 동시에 진행된다. 따라서 특정 업체가 2년 연속으로 0% 또는 미소마진을 받고 다음 관세평가재심사에서도 0% 또는 미소마진을 받을 것으로 예상되는 경우에는 관세평가재심사신청 시에 반덤핑명령 폐지신청도 같이 하여야 한다.

예를 들어 중국산 옥탄디카본산에 대한 관세평가재심사에서 중국의 수출자는 만약 금번의 관세평가재심사에서도 제로 또는 미소덤핑마진이 산정된다면 연속되는 3차례의 관세평가재심사에서 이러한 판정을 받게 되므로 반덤핑명령을 철폐하여 줄 것을 신청하였다. 신청에서 중국의 수출자는 대상상품을 연속되는 3년간 덤핑 수출하지 아니하였고 또한 추후에도 덤핑 수출하지 아니할 것이며, 3년간 미국으로 상업적인 수준의 수출을 하여 왔으며, 만약 추후 덤핑을 재개할 시 반덤핑관세의 재부과에 동의한다는 내용을 포함하였다. DOC는 이와 관련하여 연속되는 3년간 대상회사가 덤핑 수출하지 아니하였는지 여부, 만약 추후 덤핑 수출하게 되면 반덤핑관세의 재부과에 동의한다는 동의서를 기탁하였는

---

751) 19 C.F.R. § 351.222(b)(2)(i).
752) 19 C.F.R. § 351.222(e)(1).

지 여부, 반덤핑관세의 지속 부과가 덤핑을 상쇄하기 위하여 필요한지 여부 등에 대해 검토하였으며 결과 이러한 요건이 충족된다고 판단하여 당해 회사에 대해 반덤핑관세를 철폐하였다.[753]

또한 중국산 나사와셔(Helical Spring Lock Washers)에 대한 관세평가재심사에서도 반덤핑관세의 철폐가 문제되었다. 단지 동 사건에서는 중국 수출자가 해당 관세평가재심사에서 28.59%의 덤핑마진이 산정됨으로써 3년간 연속 제로 또는 미소마진을 받아야 한다는 요건을 충족시키지 못함으로써 관세철폐 신청이 기각되었다.[754]

이러한 관세평가재심사는 반덤핑관세명령이 철회되기까지 매년 계속된다. 그러나 만일 그러한 재심사신청이 없는 경우 DOC는 세관으로 하여금 최초의 반덤핑조사에서 산정된 덤핑마진과 동일한 반덤핑관세를 평가하고 계속하여 그러한 최초의 반덤핑관세에 기하여 예치금을 징수하도록 하게 된다.

사례를 보면 관세평가재심사에서는 상품비교, 무역의 수준, 수출가격과 정상가격의 산정 및 이들에 대한 비교, 환율 등에 대해 검토를 하며 미소마진은 0.5%로 정하고 있다.[755]

---

753) US Department of Commerce, *Issues and Decision Memorandum for the Antidumping Duty Administrative Review of Sebacic Acid from the People's Republic of China(A-570-825)*, Federal Register: November 19, 2002(Volume 67, Number 223).

754) US Department of Commerce, *Issues and Decision Memorandum for the Final Results Administrative Review; Helical Spring Lock Washers from the People's Republic of China(A-570-825)*, Federal Register: March 15, 2004(Volume 69, Number 50).

755) US Department of Commerce, *Structural Steel Beams from Korea: Preliminary Results of Antidumping Duty Administrative Review(A-580-841)*, Federal Register: September 3, 2004(Volume 69, Number 171).

Ⅲ. 절차적 규정

1. 관세평가재심사신청

만약 신청인이 어떠한 이유로 그러한 특정된 수출자 또는 생산자에 대한 재심사를 희망하는지에 대해 설명할 수 있다면 반덤핑명령의 게재 후 해마다 주기의 달에 국내의 이해관계인은 서면으로 DOC에 반덤핑명령의 대상으로 된 특정 개별 수출자 또는 생산자에 대한 관세평가재심사를 수행하여 줄 것을 요청할 수 있다. 동일한 달에 명령의 대상으로 된 개별적인 수출자 또는 생산자는 서면으로 DOC에 당해 신청인만을 대상으로 관세평가재심사를 수행하여 줄 것을 신청할 수 있으며 당해 상품의 수입자 역시 서면으로 DOC에 당해 수입자가 수입하는 대상 상품의 수출자 또는 생산자만을 대상으로 관세평가재심사를 수행하여 줄 것을 신청할 수 있다. 또한 조사정지의 게재 후 해마다 주기의 달에 이해관계인은 서면으로 DOC에 조사정지의 기초로 된 가격약속의 대상으로 된 모든 생산자 또는 수출자에 대한 관세평가재심사를 수행하여 줄 것을 신청할 수 있다.[756]

이러한 신청에 앞서 DOC는 관세평가재심사를 신청할 기회를 부여하는 공고를 사전에 게재하는바 예를 들어 한국산 구조용 스틸빔(Structural Steel Beams)에 대한 관세평가재심사에서 DOC는 2003년 8월 1일 그 공고를 게재하였다.[757]

관세평가재심사에 있어 DOC는 해마다 주기의 달 또는 반년마다 주기의 달 직후 월말 전 재심사개시공고를 게재하며 일반적으로 개시공고

---

756) 19 C.F.R. § 351.213(b).

757) US Department of Commerce, *Antidumping or Countervailing Duty Order, Finding, or Suspended Investigation; Opportunity to Request Administrative Review*, Federal Register: August 1, 2003(Volume 69, Number 148).

게재 후 30일 내 질의서를 송부한다.[758]

적절한 때에 재심사신청을 접수한 후 또는 적절한 경우 DOC의 직권 개시 후 DOC는 신속히 연방관보에 재심사개시공고를 게재하며 그 전후로 적절한 이해관계인 또는 기타 관계인(또는 만약 적절하다면 표본조사 대상자 또는 기타 관계인)에게 재심사를 위한 사실적인 정보를 요구하는 질의서를 송부한다. 만약 적절하다면 현지조사를 수행하고 이용가능한 정보에 기초하여 재심사 예비판정을 제출하며 연방관보에 논평요청 및 판정된 덤핑마진 등 내용이 포함된 재심사 예비판정공고를 게재한다. 다음 재심사 최종판정을 제출하며 판정된 덤핑마진을 포함한 재심사 최종판정을 제출 및 연방관보에 게재한다. 만약 문제된 재심사의 유형이 관세수량의 평가에 대한 판정과 관련된 경우, 최종판정의 공고가 게재된 후 신속히 세관에 재심사의 대상으로 된 상품에 대한 반덤핑관세를 정산하여 줄 것을 명령하며 관세가 미소수준일 경우는 이와 같은 절차가 제외되며 만약 재심사가 예측된 반덤핑관세에 대해 예치하는 현금예치금의 수정과 관련되는 경우, 세관에 추후의 통관 시 수정된 비율에 따라 현금예치금을 징수할 것을 명령한다.[759]

2. 관세평가재심사의 연기

관세평가재심사의 신청이 DOC에 재심사를 전부 또는 부분적으로 연기하여 줄 것을 요청하는 신청과 동반되었고 연기를 신청한 대상으로 되는 수출자 또는 생산자, 대상상품의 수출자 또는 생산자로부터 대상상품을 수입하는 수입자, 국내의 이해관계인 등 관계인 중 연기에 반대하는 자가 없는 경우에 DOC는 관세평가재심사의 개시를 전부 또는 부

---

758) 19 C.F.R. § 351.221(c)(1).
759) 19 C.F.R. § 351.221(b).

분적으로 1년간 연기할 수 있다. 관세평가재심사개시의 연기에 대한 반대는 관세평가재심사가 신청된 해마다 주기의 달이 끝난 후 15일 내에 제출되어야 하며 만약 DOC가 관세평가재심사의 개시를 연기하는 경우, DOC는 연방관보에 연기공고를 게재한다. DOC는 다음 해마다 주기의 달 다음 달에 관세평가재심사를 개시하며 재심사의 예비판정 제출기한과 사실적인 정보의 제출기한은 다음 해마다 주기의 달의 마지막 날로부터 계산된다.[760]

3. 관세평가재심사의 철폐

만약 재심사의 신청인이 재심사개시공고 게재 후 90일 내 신청을 철회하는 경우 DOC는 관세평가재심사를 전부 또는 부분적으로 철폐한다. DOC는 그렇게 하는 것이 합리적이라고 생각하는 경우 동 기한을 연장할 수 있으며 또한 직권에 의해 개시된 관세평가재심사를 철폐할 수도 있다. DOC는 재심사대상기간 중 대상상품의 통관, 수출 또는 판매가 부재한다고 판단하는 경우 관세평가재심사를 전부 또는 특정된 수출자, 생산자에 한해 철폐할 수 있으며, 연방관보에 반덤핑 관세평가재심사의 철폐공고 또는 반덤핑 관세평가재심사의 부분적 철폐공고를 게재한다.[761]

4. 재심사대상기간

예외적인 상황을 제외하고 만약 적절하다면 관세평가재심사는 일반적으로 가장 최근의 해마다 주기의 달 바로 전의 12개월 내 대상상품의

---

760) 19 C.F.R. § 351.213(c).
761) 19 C.F.R. § 351.213(d).

통관, 수출 또는 판매를 대상으로 하며 만약 재심사신청이 반덤핑명령 또는 조사정지 게재 후 첫 해마다 주기의 달에 이루어지는 경우, 적절하다면 청산정지 또는 조사정지일로부터 첫 해마다 주기의 달 바로 전의 월말까지의 통관, 수출 또는 판매를 포함한다.762) 즉, 1차 관세평가재심사의 대상기간은 반덤핑 잠정조치가 내려진 후로부터 계산되므로 추후의 재심사대상기간에 비해 길다.

예를 들어 한국산 구조용 스틸빔에 대한 관세평가재심사에서 해마다 주기의 달은 2003년 8월이었고 그 대상기간은 2002년 8월 1일에서 2003년 7월 31일까지로 선정되었다.763)

5. 재심사기한

DOC는 일반적인 재심사절차에 따라 관세평가재심사를 수행하여764) 재심사가 신청된 반덤핑명령, 판정 또는 정지약속이 게재된 해마다 주기의 달의 마지막 날로부터 245일 내 예비판정을 내려야 하며 최종판정은 예비판정의 게재 후 120일 내 제출하여야 한다. 이러한 기한 내 재심사를 완료하는 것이 불가능한 경우, DOC는 245일의 기한을 최대 365일로 연장하고 120일의 기한은 최대 180일로 연장할 수 있다. DOC는 예비판정이 게재된 후 300일 내 최종판정을 내리는 것을 전제로 예비판정을 내리는 기한은 연장하지 않고 단지 최종판정을 내리는 기한만을 연장할 수 있다.765) DOC는 최종판정이 제출된 후 합리적인 기간 내에

---

762) 19 C.F.R. § 351.213(e).

763) US Department of Commerce, *supra* note 755.

764) 19 C.F.R. § 351.213(g).

765) 19 U.S.C. § 1675(a)(3)(A), 19 C.F.R. § 351.213(h). 예를 들어 중국산 비가단주철(Non-Malleable Cast Iron Pipe Fittings)사건에서 관세평가재심사는 2005년 5월 27일 개시되었고, 예비판정은 2006년 5월 25일 내려졌으며 최종판정은 2006년 12월 1일 내려졌다. 동 사건에서 DOC는 3차례에 걸쳐 최종판정시한을 180일까

동 판정에 대해 행정적 오류를 수정할 수 있는 절차를 확립하여야 하며 이러한 절차는 이해관계인이 그러한 오류에 대해 자신의 관점을 제출할 수 있는 기회를 보장해 줘야 한다.766)

만약 DOC가 재심사에 근거하여 통관의 청산을 명령하는 경우, 그러한 청산은 신속히 이루어져야 하며 세관에 대한 명령이 내려진 후 최대 90일까지 연장이 가능하다. 그러한 90일 내의 기간 내 청산이 이루어지지 아니한 경우, 재무부는 영향을 입은 측의 신청에 의해 이에 대한 해석을 하여야 한다.767)

최종판정이 재심사 중에 있고 당해 판정에 포함된 통관청산이 금지 또는 정지되었을 경우, DOC는 재심사 최종계획 후 10일 내에 연방관보에 게재할 최종계획을 전달하여야 하며 동 재심사에 근거하여 통관청산 명령을 제출하여야 한다. 그러한 경우, 90일의 기간은 DOC가 그러한 명령을 내린 날로부터 시작된다.768)

6. 가격약속의 취소 또는 수정

만약 관세평가재심사기간 중 DOC가 가격약속의 서명자가 가격약속을 위반하였거나 동 약속이 더는 관세법의 요건에 부합되지 않는다고 판단하거나 그렇게 인정할 이유가 있는 경우, DOC는 가격약속의 위반에 따른 적절한 조치를 취할 수 있으며 그 기간 내 재심사기한을 정지시킬 수 있다.769)

지 연장하였으며 이에 앞서 예비판정시한도 연장한 바 있다. US Department of Commerce, *Non-Malleable Cast Iron Pipe Fittings from the People's Republic of China: Final Results of Antidumping Duty Administrative Review(A-570-875)*, Federal Register: December 1, 2006(Volume 71, Number 231).

766) 19 U.S.C. § 1675(h).
767) 19 U.S.C. § 1675(a)(3)(B).
768) 19 U.S.C. § 1675(a)(3)(C).

7. 반덤핑관세의 흡수

반덤핑명령 또는 종료재심사판정의 게재 후 첫 번째와 두 번째 해마다 주기의 달 사이 또는 세 번째와 네 번째 해마다 주기의 달 사이의 전부 또는 부분적 기간을 포함하는 관세평가재심사 중, 만약 재심사개시공고의 게재 후 30일 내 국내 이해관계인의 신청이 있으면 DOC는 당해 대상상품이 미국 내에서 그러한 수출자 또는 생산자와 특수관계가 있는 수입자에 의해 판매되는 경우에 한해 반덤핑관세가 재심사의 대상으로 된 수출자 또는 생산자에 의해 흡수되었는지를 판정한다. 이해관계인의 신청서에는 조사가 신청된 대상 수출자 또는 생산자의 명칭이 포함되어야 하며 반덤핑관세가 흡수되었는지 여부를 판단함에 있어 DOC는 관세평가재심사에서 산정된 반덤핑관세에 대해 검토한다.[770]

Ⅳ. 소 결

관세평가재심사의 많은 부분에서 DOC의 접근법은 원심에서의 부분과 매우 비슷하지만 두 가지 면에서 중요한 차이점을 보인다. 그중 한 가지는 가중평균 정상가격 대 개별 수출가격을 비교하는 것이고 다른 한 가지는 Model-Matching방법의 변경이다.

관세평가재심사에서 DOC는 월간평균 정상가격을 개별적인 수출가격과 비교하는데 이로 DOC는 원심과 비교하여 덤핑마진을 발견하기가 더욱 쉬워진다. 이와 관련하여 다음의 예를 들어볼 수 있다. 한 수출자가 3

---

769) 19 C.F.R. § 351.213(i).
770) 19 C.F.R. § 351.213(j).

월 1일, 15일, 30일 세 번에 나누어 상품을 미국으로 수출하였다고 치자. 3월 1일, 15일, 30일 정상가격은 각각 100달러, 200달러, 300달러이면 3월의 가중평균 정상가격은 200달러로 된다. 다음 개별 수출가격 역시 100달러, 200달러, 300달러이면 원심의 경우 0%의 덤핑마진이 산정되지만 관세평가재심사를 통해서는 16.7%라는 덤핑마진이 산정되게 된다.

비록 이러한 관행이 WTO기준에 맞춰 보면 의심스럽지만 이러한 관행은 계속되고 있다. WTO분쟁해결 사례에서 분쟁해결기관은 관세평가재심사에서 제로잉이 금지되지 않는다는 판정을 내린 바 있고 또한 반덤핑협정 제2조의 문맥상으로 보면 관세평가재심사에서의 이러한 관행은 이의를 제기하기 어려울 것이다. 다른 WTO패널의 판정을 보아도 원심과 관세평가재심사에서 서로 다른 규칙이 적용될 수 있다는 내용을 보이고 있다.

또한 관세평가재심사에서 DOC는 동일한 또는 유사한 비교상대를 개별적인 판매가 이루어진 달, 그 앞의 3개월 및 그 후의 2개월을 합친 6개월의 기한에 한정하여 검토한다. 예를 들면 1999년 4월에 미국으로의 거래를 위하여 1999년 1월 1일에서 6월 30일까지로 한정하여 수출국에서의 정상가격을 산정하며 동 기간 내 동일하거나 또는 유사한 비교상대가 없게 되면 구성가격을 적용하게 된다.[771]

미국의 경우 반덤핑 행정재심사 중 가장 빈번하게 사용되고 있는 제도가 곧 관세평가재심사제도인데 이는 미국의 소급적인 반덤핑관세산정 시스템에서 기인한다. 미국은 관세평가재심사에 있어 원심에서의 2% 미소마진과는 다른 0.5% 미소마진을 도입하고 있으며 덤핑마진을 산정함에 있어 사용되는 수출가격과 정상가격에 대한 비교방법 역시 원심에서와 다른 방법을 적용하고 있다. 이 밖에 관세평가재심사에서 제로잉방법도 허용하고 있는 것으로 보이는데 즉 여러 가지를 종합해 보면 미국은 관세평가재심사는 원심과 상당히 구분된다는 입장을 갖고 있는 것으로 풀

---

771) International Trade Centre UNCTAD and WTO, *supra* note 742, pp.193-194.

이된다. 그렇지만 반덤핑관세의 평가와 관련하여 소급적인 평가시스템을 적용하고 있는 미국의 경우 관세평가재심사는 두 가지 기능을 공유하고 있다. 즉, 실제 부과하여야 할 반덤핑관세의 확정과 추후단계에서의 반덤핑관세 예치액을 산정하여 주는 것인바 이는 반덤핑협정상 원심의 기능과 다를 바가 없다고 보이며 그러하다면 원심과 관세평가재심사에서 서로 구분되는 절차와 방법을 적용할 법적 근거가 없어 보인다.

또한 미국의 소급적인 반덤핑 관세평가시스템은 실제 수입하는 자에게 불확실성을 야기한다. 즉, 원심을 통하여 반덤핑관세가 확정된 후 수입자의 입장에서는 관세를 예치한 후 1년이 지나서야 관세평가재심사를 통하여 그 관세액이 실제로 확정되기에 일년 동안 불확실한 상황에 직면하게 되는데 이러한 불확실성은 수입자의 입장에서 불리하게 작용하는 것으로 판단된다.

이 밖에도 미국의 반덤핑 관세평가재심사는 원심과 비교할 시 매달 관세평가재심사를 신청할 수 있는 기회를 부여하는 공고를 하고 예비판정의 결과 현금예치액수에 있어 변동이 없으며 일반적으로 예비판정이 내려지기 전에 현지조사를 하고 또한 이러한 현지조사는 이유가 있는 신청이 이루어진 경우, 2차례의 전의 재심사에서 현지조사가 행하여지지 않은 경우, 반덤핑명령을 전부 또는 부분적으로 철폐하기 전에야 이루어지는 등 차이점을 갖고 있다.

제3절 EU의 반덤핑 관세평가재심사제도

I. 서

EU는 반덤핑규칙 제11.8조에 관세평가재심사와 관련된 규정을 담고 있다. EU에서는 이해관계인의 신청이 있어야만 관세평가재심사가 개시되는데, 평가의 신청은 실제로 반덤핑관세를 지불한 수입자만이 할 수 있으며, 이 경우 수입자는 관세지불의 기초가 된 덤핑마진이 제거되었거나 현재 시행 중인 관세보다도 낮은 수준으로 감소되었다는 것을 입증하여야 한다.[772]

반덤핑협정 제9.3조는 이미 징수된 반덤핑관세가 실제의 덤핑마진을 초과하여 부과된 경우에 한해 환급을 받을 가능성이 있도록 규정하고 있다. 즉 반덤핑관세가 피해를 치유하는 데 충분한 수준을 초과하여 징수된 경우에는 이러한 가능성을 예상할 수 없다. 현행 반덤핑협정하에서 피해마진에 대한 고려는 강제적이 아니며 EU, 한국을 포함한 일부 국가들에서만이 피해마진도 고려하는 최소부과원칙을 강제적으로 도입하고 있는 상황이다. 그럼에도 불구하고 반덤핑협정 제9.3조하에서는 덤핑마진에 대한 재 산정만 이루어지므로 이들 국가에서도 덤핑으로 야기된 피해를 구제하기 위하여 필요한 수준을 초과하는 반덤핑관세가 부과될 수 있는 소지가 있다. 이는 반덤핑조치가 불공정한 가격관행에 대한 구제만을 목적으로 하고 있는 점에 비추어 보면 정당성을 갖기 힘들다.[773]

---

772) EU반덤핑규칙 제11.8조1단.
773) Pierre Didier, *supra* note 272, p.53.

Ⅱ. 실체적 규정

관세환급신청은 환급되어야 하는 반덤핑관세의 수량에 대한 정확한 정보와 그러한 수량의 산정 및 지불과 관련된 모든 세관서류에 의해 적절한 시기에 입증되는 경우에 한해서만 검토된다. 또한 동 신청에는 대표적 기간, 관세를 부과당한 수출자 또는 생산자의 정상가격과 EU로의 수출가격에 대한 증거도 포함되어야 한다. 만약 수입자가 관련 수출자 또는 생산자와 연관이 없어 상술한 정보를 즉시 취득하는 것이 불가능하거나 수출자, 생산자가 당해 수입자에게 상술한 정보를 공개하기를 원하지 아니하는 경우, 동 신청에는 덤핑마진이 감소 또는 제거되었다는 수출자 또는 생산자의 주장이 포함되어야 하며 관련 증거를 유럽위원회에 제출하여야 한다. 수출자 또는 생산자가 합리적인 기한 내 이러한 증거를 준비하지 못하는 경우 관세환급신청은 기각된다.[774]

수출자는 관세환급신청을 할 수 없으며 단지 중간재심사의 신청만 가능하다. 또한 관세평가재심사와 관련하여 수출자가 공동체로의 판매가 피해를 야기하였는지 여부는 관세환급재심사에서 검토되지 않는다.[775]

수출가격이 EU반덤핑규칙 제2.9조에 따라 구성되는 경우를 제외하고 환급액의 산정은 어떠한 특수한 문제도 야기하지 아니한다. 유럽위원회는 반덤핑규칙 제2조에 따라 새로운 덤핑마진을 산정한 후 반덤핑원심에서 산정된 덤핑마진과 비교를 진행한다.

EU반덤핑규칙 제9.2조는 미소덤핑마진이 발생한 경우 반덤핑관세를 부과하지 못한다는 규정만 하고 있고 환급절차는 결코 언급하고 있지 않다. 그러나 모든 기타 필요한 요건이 충족되는 경우 환급절차에서도 미소덤핑마진이 산정되면 완전한 환급을 받게 되는 것이 현실이다.

---

774) EU반덤핑규칙 제11.8조3단.
775) Wolfgang Mueller *et. al.*, *supra* note 248, pp.358-359.

가중덤핑마진은 관련 수출자가 수출하는 제품의 유형이 다양한 등 이유로 인하여 수출가격이 다양한 경우 적용된다. 결과적으로 만약 예를 들어 공동체로 A라는 제품을 X라는 수입자에게 수출하고 또한 B라는 제품을 Y라는 수입자에게 수출한 경우 만약 추후에 X가 환급을 요청하게 되면 새로운 덤핑마진은 검토대상기간 중 A와 B제품의 모든 수출에 대한 가중평균에 입각하게 된다. 환급수량은 원심에서의 가중평균 덤핑마진과 새로운 가중덤핑마진 간의 차이에 기초하여 결정된다.[776]

실제로 종료재심사 또는 중간재심사를 통해 반덤핑관세가 철회 또는 인하되는 경우 해당 수입자는 관세환급을 받을 수 있다.

브라질산 금속 실리콘(Silicon Metal)사건에서 종료재심사를 신청한 EU생산자가 신청을 철회함에 따라 반덤핑관세는 철회되었으며 이에 영국의 수입자인 Ecumet사는 관세환급재심사를 신청하여 납부한 관세를 환급받았다.[777]

일본산 전해질 알루미늄 축전지(Certain Large Electrolytic Aluminium Capacitors)사건에서 일본의 Rubycon사는 중간재심사를 신청하여 반덤핑관세율이 인하되었으며 이에 근거하여 그 자회사인 영국 Rubycon사는 관세환급재심사를 신청하여 납부한 관세를 일부 환급받았다.[778]

중국·대만·터키·인도·인도네시아산 폴리에스테르 방사(Certain Polyester Yarns)사건에서 조사기관이 중간재심사를 거쳐 인도네시아의 일부 업체들이 생산한 상품에 대해 반덤핑관세의 부과를 철회하면서 유럽 역내의 수입자들이 관세환급을 신청하여 관세를 환급받았다.[779]

---

776) *Ibid.*, p.363.

777) *Silicon Metal Originating in Brazil*, Commission Decision 219 / 99, recital 3-5.

778) *Certain Large Electrolytic Aluminium Capacitors Originating in Japan*, Commission Decision 730 / 98, recital 2-3.

779) *Certain Polyester Yarns(Man-Made Staple Fibres) Originating in Indonesia*, Commission Decision 498 / 96, recital 4-5.

Ⅲ. 절차적 규정

반덤핑관세의 환급을 요구하는 수입자는 유럽위원회에 신청서를 제출하여야 하는데 동 신청서는 확정반덤핑관세가 부과된 후 6개월 이내에 해당 상품이 자유롭게 유통된 EU회원국을 통하여 제출되어야 하며 회원국은 관세환급신청을 즉시 유럽위원회에 제출하여야 한다.780)

환급신청이 있게 되면 유럽위원회는 자문위원회와의 협의를 거쳐 동 신청을 승인해 줄지 여부, 만약 승인해 준다면 어떠한 범위 내에서 승인해 줄지를 결정하거나 또는 수시로 중간재심사의 개시를 결정할 수 있으며 동 재심사에 의한 정보와 판정은 환급의 정당성 여부 및 어떠한 범위 내에서 정당한지를 판단하는 데 사용된다. 관세환급결정은 반덤핑관세의 수입자가 환급신청을 한 날로부터 통상적으로 12개월 이내에 이루어지고, 어떠한 경우에도 18개월을 초과할 수 없다. 유럽위원회의 결정은 신청이 수리된 가맹국에 전달되어, 당해 가맹국은 유럽위원회의 결정일로부터 통상적으로 90일 이내에 유럽위원회에 의해 결정된 환급액을 지불하여야 한다.781) 단 관세환급을 받는 경우, 수입자가 납부한 반덤핑관세의 초과부분에 대한 이자는 환급받을 수 없다.782)

만약 상황변동이 없음이 입증된다면 유럽위원회는 덤핑판정, 표본조사와 관련하여 원심에서 적용된 방법과 동일한 방법을 적용하여야 하며783) 원심에서 적용되는 방법을 이용하여 수출가격의 신뢰도를 검토하여야 한다. 그러나 수출가격을 구성하기로 결정하는 경우, 수출가격을

---

780) EU반덤핑규칙 제11.8조2단.

781) *Ibid.*, 4단.

782) WTO, *Notification of Laws and Regulations under Articles 18.5 and 32.6 of the Agreements Replies to Questions from Canada, Japan, Mexico and the United States Concerning the Notification of the European Community*, G / ADP / Q1 / EEC / 10, 21 January 1998, p.2.

783) EU반덤핑규칙 제11.9조.

산정함에 있어 만약 반덤핑관세가 EU에서의 재판매가격과 추후의 판매가격에 반영되었음이 입증된다면 지불한 반덤핑관세의 수량을 공제하지 말아야 한다.[784]

이와 관련하여 EU반덤핑규칙은 반덤핑협정과 다음의 두 가지 차이점을 보이고 있다. 첫째, 반덤핑협정과 달리 EU반덤핑규칙은 위 규정의 적용을 환급에 국한하고 있지 않기 때문에 위의 규정이 재심사에 대하여서도 그대로 적용된다는 것이다. 둘째, 반덤핑협정에는 "정상가격의 변화, 수입과 재판매 사이에 발생한 비용의 변화, 그리고 그 이후의 판매가격에 적절히 반영되는 재판매가격의 변화" 등 세 가지를 고려요인으로 규정하고 있는 반면 EU반덤핑규칙에서는 "반덤핑관세가 공동체 내에서의 재판매가격과 그 이후의 판매가격에 정당하게 반영되어 있는지" 여부만을 고려요인으로 규정하고 있다는 점이다. 이 점에서 EU반덤핑규칙은 반덤핑협정을 부분적으로만 수용한 것이라고 할 수 있다.[785]

또한 환급신청사건의 조사에서 원사건의 조사에서 사용된 것과 동일한 방법이 사용되어야 한다는 것은 원사건에서 사용된 방법론의 타당성 여부를 환급신청사건에서 다투는 것은 허용되지 않는다는 것을 의미하는 것이기도 하다.[786]

이 밖에 유럽위원회는 반덤핑관세의 환급에 관한 공지[787]를 통하여 관세환급과 관련된 절차적 사항을 자세히 규정하고 있다.

---

784) *Ibid.*, 제11.10조.
785) Edwin A. Vermulst and Paul Waer, *supra* note 261, p.132.
786) Ivo Van Bael and J. P. Bellis, *supra* note 244, p.457.
787) *Commission Notice Concerning the Reimbursements of Anti-Dumping Duties,* 2002 / C 127 / 06.

Ⅳ. 소 결

EU의 반덤핑 관세평가재심사에는 다음의 문제점들이 존재한다. (ⅰ) 수입자만이 관세환급을 신청할 수 있도록 규정하였는데 이는 명백히 불리하다. (ⅱ) 환급신청은 EU회원국을 통해 이루어져야 하는데 이는 시간적인 면에 있어 소모적이고 비용이 많이 든다. (ⅲ) 관세환급은 덤핑마진이 인하된 상황에서만이 가능하다. 하지만 EU는 최소부과원칙을 도입하고 있어 많은 사례에서 피해마진이 덤핑마진에 비해 낮으며 이러한 경우 피해마진에 의해 반덤핑관세가 부과된다. 이러한 경우, 수입자는 덤핑마진이 피해마진 이하로 되었음을 입증하는 경우에만 환급을 받을 수 있게 된다. (ⅳ) 환급절차에 상당한 시간이 소요됨에도 불구하고 환급금에 대한 이자지급은 이루어지지 않는다.[788]

결국 반덤핑제도의 불합리성을 구제하기 위한 최후의 수단으로서의 환급제도가 본래의 의미를 가지기 위해서는 보다 활발히 이용될 수 있도록 하여야 할 것이고, 당사자들이 이를 보다 활발하게 이용할 수 있도록 하기 위하여 절차를 보다 적극적이고 신속하게 진행하려는 유럽위원회의 노력 및 위와 같은 문제점들에 대한 제도적 개선이 함께 이루어져야 할 것이다.[789]

---

788) Edwin A. Vermulst and Paul Waer, *supra* note 261, p.133.
789) 법무부, *supra* note 270, 692쪽.

제4절 중국의 반덤핑 관세평가재심사제도

Ⅰ. 서

중국은 추급적인 반덤핑 관세평가시스템을 갖고 있으며 따라서 반덤핑조례 및 반덤핑관세환급잠정규칙[反傾銷退稅暫行規則]을 통하여 관세평가재심사를 규정 및 운영하고 있다. 2006년 12월 1일 현재, 중국에서 발생한 관세평가재심사 사건은 1건뿐인데 즉 한국·말레이시아·싱가포르·인도네시아산 아크릴산에스테르사건에서 말레이시아 BASF사의 중국 내 관련 수입자는 BASF사로부터 수입한 아크릴산에스테르와 관련하여 이미 납부한 반덤핑관세를 환급하여 줄 것을 신청하였으나 이해관계인의 부담을 줄이기 위하여, MOFCOM은 BASF사의 중국 내 관련 수입자의 관세환급신청에 대한 단독적인 심사를 잠시 중지하고 중간재심사 조사결과에 따라 관세환급 여부를 공포하기로 하였다. 결국 조사결과 BASF사의 덤핑마진은 여전히 4%이며 이러한 조사결과에 근거하여 MOFCOM은 BASF사의 중국 내 관련 수입자의 관세환급신청을 거부하였다.790)

---

790) 商務部, *supra* note 491.

Ⅱ. 실체적 규정

중국의 경우 덤핑상품의 수입자가 이미 납부한 반덤핑관세금액이 실제의 덤핑마진을 초과한다는 증거가 있는 경우, MOFCOM에 관세환급을 신청할 수 있다.[791] 관세환급신청은 반덤핑관세의 실제 납부 후 3개월 내에 제출하여야 한다. 반덤핑조사의 개시 후 최종판정 전에 수입한 조사대상상품에 대해 제출한 관세환급신청은 3개월의 제한을 받지 않지만, 여전히 반덤핑조사 최종판정이 내려진 후 3개월 내에 제출해야 한다.[792] 관세환급신청은 서면으로 제출해야 하며 신청인의 법인대표 또는 권한을 부여받은 자가 정식으로 서명해야 한다.[793] 관세환급신청은 다음의 증거와 자료를 첨부해야 한다. (ⅰ) 신청인 및 그 공급자의 명칭, 주소, 관련 정황. (ⅱ) 신청 전 6개월 내[794] 조사대상상품의 국내 평균판매가격, 교역횟수, 총금액, 중국으로의 평균수출가격, 교역횟수, 총금액, 제3국(지역)으로의 평균수출가격, 교역횟수, 총금액. (ⅲ) 신청 전 6개월 내 조사대상상품의 정상가격, 수출가격. (ⅳ) 덤핑마진의 계산에 필수적인 각종 조정 및 덤핑마진의 초보적 계산결과. (ⅴ) 관세환급을 신청한 조사대상상품의 수입계약, 영수증, 선하증권, 대금지급증명서 사본 및 신청인이 반덤핑관세를 납부한 증명서. (ⅵ) 신청인이 설명이 필요하다고 인정하는 기타 내용.[795] 신청서에 첨부한 증거와 자료는 반덤

---

791) 반덤핑관세환급잠정규칙 제3조.

792) *Ibid.*, 제4조.

793) *Ibid.*, 제5조.

794) 반덤핑관세환급신청은 반덤핑관세의 실제적인 부과 후 3개월 내 제출하여야 하기 때문에 반덤핑조사대상기간이 6개월을 초과하는 경우, 실용적 의미를 갖기 위해서는 너무 길다. 또한 동 기간이 3개월로 한정된다면 충분히 대표적일 수 없으며 특히 계절상품이 관여된 사건에서 그러하다. WTO, *supra* note 506, p.6.

795) 반덤핑관세환급잠정규칙 제6조. 동 조항은 반덤핑협정 제2.2조와 일치한다. 이러한 수치와 서류는 조사에 필요한 기본적인 정보이다. 이들은 조사 중에 있는 상품이 중국으로의 수출거래의 실제적인 존재와 반덤핑관세의 실제적인 부과

핑조치가 적용되는 상품의 모든 유형에 대한 수치를 포함하여야 하며
수출가격의 수치는 신청인의 공급자가 중국으로의 모든 수출을 포함하
여야 한다.[796] 관세환급신청이 여러 공급자와 관련되는 경우 각각 신청
하여야 한다.[797] 수입자가 수출자 또는 생산자와 관련이 없으며 상술한
증거, 자료가 수입자로부터 직접 제공될 수 없는 경우 관세환급신청은
수출자 또는 생산자의 주장을 포함하여야 한다. 주장에는 조사대상상품
의 덤핑마진이 이미 인하 또는 제거되었고 수출자 또는 생산자가 관세
환급신청일로부터 30일 내 관련 증거와 자료를 규정된 내용 및 형식에
따라 직접 MOFCOM에 제출할 것이라는 내용이 포함되어야 한다. 수출
자 또는 생산자가 관세환급신청일로부터 30일 내에 신청인의 주장에 따
라 증거 및 자료를 제출하지 않는 경우 MOFCOM은 관세환급신청을
기각할 수 있다.[798] 신청서는 비밀문서(신청인이 비밀유지신청을 제출한
경우)와 공개문서로 분류되며 비밀문서와 공개문서는 모두 원본 1부와
사본 6부씩 제출하여야 한다.[799]

Ⅲ. 절차적 규정

수입상품이 최초로 독립구매자에게 재판매된 가격에 기초하여 수출가
격이 추정되는 경우, 신청인이 반덤핑관세가 이미 적절하게 수출가격 및
금후의 국내판매가격에 반영되었음을 충분한 증거로 증명할 수 있다면

를 입증한다. *Ibid.*
796) *Ibid.*, 제7조.
797) *Ibid.*, 제8조.
798) *Ibid.*, 제9조.
799) *Ibid.*, 제10조.

MOFCOM은 추정된 수출가격을 계산함에 있어 이미 납부된 반덤핑관세 세액을 공제하여서는 아니 된다.[800] MOFCOM의 심사결과 덤핑마진이 원래의 판정결과와 비교하여 인하되지 않았다면 MOFCOM은 관세환급 신청을 기각해야 하며[801] 신청을 기각한 경우, MOFCOM은 신청인에게 이를 통보하고 그 이유를 설명해야 한다.[802] MOFCOM은 관세환급신청을 접수한 날로부터 12개월 내에 관세환급심사를 끝내야 한다.[803] MOF-COM은 관세환급심사기한 만료 15일 전 국무원관세세칙위원회에 관세환급을 건의하며 심사기한 만료 전 국무원관세세칙위원회의 결정을 신청인과 세관에 통보해야 한다.[804] 관세환급금액은 원래의 반덤핑조사에서 확정한 덤핑마진과 새로 확정한 덤핑마진 사이의 차액이며[805] 관세환급신청의 심사결과는 원심 반덤핑조치의 효력에 영향을 주지 않는다.[806] 심사를 거쳐 덤핑마진이 다소 증가되었음을 발견한 경우 MOFCOM은 직권에 의해 중간재심사를 개시할 수 있다.[807]

관세평가재심사판정에 불복할 경우 이해관계인은 행정심판 또는 행정소송을 제기할 수 있다.[808]

---

800) *Ibid.*, 제13조.
801) *Ibid.*, 제14조.
802) *Ibid.*, 제15조.
803) *Ibid.*, 제16조.
804) *Ibid.*, 제17조.
805) *Ibid.*, 제18조.
806) *Ibid.*, 제19조.
807) *Ibid.*, 제20조.
808) 반덤핑조례 제53조.

Ⅳ. 소 결

이상의 규정에 비추어 볼 때, 중국의 반덤핑관세환급제도는 재심사의 기간에 있어 반덤핑협정의 내용에 합치하는 것으로 판단된다. 특히 재심사기간의 경우 반덤핑협정에서는 최장 18개월까지 가능하도록 되어 있지만 중국은 이를 12개월로 엄격히 통제하고 있다. 다만, 중국의 경우 관세환급신청기한을 반덤핑관세의 실제 납부 후 3개월로 제한한 것이 WTO 규정과 충돌될 여지가 있는지에 대한 논란이 제기될 수 있을 것이다. 이에 대한 반덤핑협정상의 규정은 없는바, 관세행정상 관세환급을 위한 신청을 무한정 제기할 수 있도록 허용할 수는 없는 것이므로, 반덤핑협정은 각국의 조사 당국의 합리적인 재량에 맡기는 태도를 취하고 있는 것으로 해석될 수 있는 것이다. 즉, 부당하게 짧은 기간을 설정하여 관세환급제도 자체의 효용성을 저해한다면 이는 관세환급제도를 인정하고 있는 반덤핑협정과 충돌한다고 말할 수 있으나, 그렇지 않은 경우에는 각국의 실정에 따라 합리적인 기간을 설정할 수 있을 것이다. 중국의 경우 실제 납부 이후 3개월이라는 기간이 부당하게 짧은 기간이 아닌가에 대한 논란의 여지는 있다고 보나, 비합리적이라고 보기는 어렵다.

반덤핑협정에 의하면 "관세환급은 통상 환급결정이 내려진 후 90일 이내에 시행되어야 한다."고 규정하고 있는 데 반해, 중국의 법령은 이에 관한 언급이 없다는 점도 문제시된다. 따라서 중국세관이 이유 없이 환급 결정된 관세의 지불 시기를 90일 이상 지연시키는 경우 반덤핑협정 위반이 성립하게 되므로 이를 예의 주시하여야 할 것이다.[809]

이 밖에 관세평가재심사에서 실제 덤핑마진이 원심에서 확정한 덤핑마진에 비해 높게 판정되는 경우 DOC는 그 차액을 징수할 수는 없으나 직권에 의한 중간재심사를 개시할 수는 있다.

---

809) 최원목, 앞의 주 675, 139쪽.

제5절 인도의 반덤핑 관세평가재심사제도

Ⅰ. 서

인도의 경우 관세평가재심사와 관련하여 관세법 제9AA조가 적용된다. 즉 만약 수입자가 모종 상품에 대해 납부한 반덤핑관세가 당해 상품과 관련하여 실제 덤핑마진을 초과하였음을 입증하는 경우, 중앙정부는 당해 수입자에게 초과된 부분의 관세에 대해 환급받을 수 있는 자격을 부여하여야 한다.

Ⅱ. 실체적 및 절차적 규정

단 이들 수입자는 반덤핑 잠정조치와 확정조치 간의 차액에 근거하여 관세를 환급받을 수 있는 범위 내에서는 초과부분에 대한 환급신청자격을 가질 수 없다. 관세환급과 관련하여 공식(expressions), 덤핑마진, 수출가격과 정상가격은 원심에서의 관련 부분을 적용한다.[810]

또한 중앙정부는 관보에 고시를 공고하는 방식을 통하여 수입자가 관세환급신청을 할 수 있는 방식과 기한, 중앙정부를 대신하여 관세환급신청을 처리하는 관원에 대한 기한, 초과된 관세가 환급되는 방식에 관

---

810) 인도 관세법 제9AA(1)조.

한 규정을 도입할 수 있다. 초과된 관세의 환급방식을 규정함에 있어 중앙정부는 해당 관원에 의해 판정되며 그러한 판정이 내려진 후 사안에 따라 세관, 차관 또는 장관보에 의해 환급되도록 규정한다.[811]

Ⅲ. 소 결

인도에 있어 부당이익(unjust enrichment)원칙은 관세, 중앙소비세, 노무세 등과 같은 간접세금의 환급에 적용되고 있다. 동 원칙에 따르면 생산자/무역업자는 정부에 생산/판매된 상품에 적용 가능한 세율에 따라 간접세를 납부할 수 있지만 동시에 이러한 세금부담을 간접세요소를 포함시켜 송장에 기재되는 가격을 인상하는 방법으로 소비자에게 전가하게 된다. 결국 세금부담은 최종소비자가 부담하게 되며 생산자/무역업자가 부담하게 되는 것은 아니다. 만약 생산자/무역업자가 이미 법률에서 규정된 수준보다 높게 세금을 납부하게 된 경우 그는 자신이 이러한 환급을 정부에 주장함으로써 결론적으로 생산자/무역업자는 부당하게 이익을 취득하게 된다. 이러한 부당이익을 방지하기 위하여 환급은 단지 관련 업체가 조사기관에 결코 세금부담을 다른 사람한테 이전시키지 아니하였음을 입증하는 경우에만 가능하도록 되어야 한다. 반덤핑관세는 환급의 목적상 세관관세와 동등하게 대우된다. 그리하여 부당이익 원칙은 반덤핑관세의 환급의 경우에도 역시 적용 가능하다. 반덤핑협정에 따르면 수입자는 그 자신이 법적으로 납부하여야 할 수준을 초과하여 반덤핑관세를 부과한 경우에는 환급받을 자격을 갖는다. 그러나 인도의 법령에 따르면 수입자는 관세부담을 다른 사람한테 전가시키지 아

---

811) *Ibid.*, 제9AA(2)조.

니하였음을 입증하지 못하면 환급받을 수 없게 된다. 이러한 요건은 반덤핑협정에 규정된 요건보다 엄격하다. 수입자에 대한 부담은 최종적으로 수출자의 이익에 영향을 미치게 된다. 따라서 부당이익원칙의 적용은 인도가 반덤핑협정하에서 부담하는 의무에 위배된다. 인도는 부당이익원칙을 반덤핑관세의 환급에 적용하지 말아야 하며 그 법령을 반덤핑협정에 따른 의무에 일치시켜야 한다.[812]

제6절 한국의 반덤핑 관세평가재심사제도

I. 서

한국 역시 추급적인 반덤핑 관세평가시스템을 도입하고 있으며 관세법시행령 제70조와 덤핑방지관세 및 상계관세부과신청·조사·판정에 관한 세부운영규정에 관세평가재심사 관련 내용을 규정하고 있다.

---

812) Lakshmi V. Kumaran, "The 10 Major Problems With the Anti-Dumping Instruments in India", *Journal of World Trade*, Vol.39, No.1(2005), p.124.

Ⅱ. 실체적 및 절차적 규정

한국의 경우도 실제 덤핑마진보다 반덤핑관세액이 과다하게 납부된 경우 관세평가재심사가 개시되는데[813] 관세평가재심사란 신청인이 실제 덤핑차액보다 반덤핑관세액이 과다하게 납부되었다는 신청사유에 의하여 재심사를 요청하였을 경우 수행되는 재심사를 말한다.[814]

관세평가재심사의 경우에는 당해 상품의 수입으로 인해 반덤핑관세를 납부한 국내 수입자만이 반덤핑관세 및 가격약속의 재심사를 요청할 수 있다.[815] KTC는 관세평가재심사의 경우 환급대상기간에 대해서 동 기간 동안의 덤핑마진과 기존 반덤핑조치의 수준을 비교하여 환급액을 산정하고, 국내산업의 실질적인 피해 등에 대하여는 검토하지 않는다. 환급대상기간은 신청인의 요청에 따라 결정하는 것을 원칙으로 하며 다만, KTC가 필요하다고 인정하는 경우에는 환급대상기간을 조정할 수 있다.[816]

재정경제부장관은 국내 수입자가 반덤핑관세 또는 약속의 시행 이후 실제 덤핑차액보다 반덤핑관세액이 과다하게 납부되었다는 증빙자료를 첨부하여 요청하는 때에는 반덤핑관세가 부과되고 있거나 약속이 시행되고 있는 물품에 대하여 반덤핑 관세평가재심사 여부를 결정하여야 한다.[817]

관세평가재심사의 요청은 반덤핑관세 또는 약속의 시행일부터 1년이 경과된 날 이후에 할 수 있으며, 반덤핑관세 또는 약속의 효력이 상실되는 날 6개월 이전에 요청하여야 한다. 이 경우 재정경제부장관은 재심사를 요청받은 날부터 2개월 이내에 재심사의 필요 여부를 결정하여야 한다.[818]

---

813) 관세법시행령 제70조제1항.
814) 덤핑방지관세 및 상계관세부과신청·조사·판정에 관한 세부운영규정 제25조.
815) *Ibid.*, 제26조.
816) *Ibid.*, 제25조.
817) 관세법시행령 제70조제1항.
818) *Ibid.*, 제2항.

재정경제부장관은 재심사의 필요 여부를 결정하는 때에는 관계행정기관의 장 및 KTC와 협의할 수 있으며, 재심사가 필요한 것으로 결정된 때에는 KTC는 이를 조사하여야 한다. 이 경우 KTC는 재심사의 사유가 되는 부분에 한정하여 조사할 수 있다.[819]

KTC는 재심사개시일부터 6개월 이내에 조사를 종결하여 그 결과를 재정경제부장관에게 제출하여야 하며 다만, KTC는 조사기간을 연장할 필요가 있거나 이해관계인이 정당한 사유를 제시하여 조사기간의 연장을 요청하는 때에는 4개월의 범위 내에서 그 조사기간을 연장할 수 있다.[820]

재정경제부장관은 재심사결과 조치를 취할 것이 필요한 때에는 조사결과를 제출받은 날부터 1개월 이내에 당해 조치를 하여야 하며 다만, 필요하다고 인정되는 때에는 20일의 범위 내에서 그 기간을 연장할 수 있다.[821]

재정경제부장관은 재심사를 위하여 관세청장으로 하여금 반덤핑조치 물품의 수입 및 징수 실적, 약속업체의 약속준수 여부, 기타 반덤핑조치의 재심사에 필요한 사항을 조사하여 보고하게 할 수 있다.[822]

한국에서 2006년 12월 1일 현재까지 이해관계인이 조사기관에 환급 재심사를 요청한 경우는 한 건도 없었던 것으로 보이는데 이와 같이 한국에서 환급제도가 활용되지 않는 이유로는 먼저 한국이 이른바 최소부과원칙을 택하여 환급을 해야 하는 경우가 줄어든 데에서 원인을 찾을 수 있다. 즉, 한국은 최소부과원칙에 따라 국내산업의 피해를 구제하기 위하여 충분한 수준이 덤핑마진보다 낮은 경우에는 덤핑마진보다 낮은 율로 반덤핑관세를 부과하고 있으며, 이러한 최소부과원칙은 상당수의 사건에서 실제로 적용되고 있다. 따라서 반덤핑관세를 부과한 이후 덤핑마진이 낮아진 경우에도, 덤핑마진이 반덤핑관세율보다는 높을 수 있으며, 이 경우에는 반덤핑협정상 환급을 할 필요가 없다고 보는 것이다.

---

819) *Ibid.*, 제4항.
820) *Ibid.*, 제5항.
821) *Ibid.*, 제6항.
822) *Ibid.*, 제7항.

그러나 이러한 최소부과원칙이 적용되는 경우에도, 덤핑마진이 반덤핑관세율보다 낮게 측정되는 경우는 발생할 수 있음에도 불구하고, 지금까지 환급요청이 없었던 것은 환급에 관한 한국의 관련 규정이 애매하게 규정되어 있는 데에도 원인을 찾을 수 있을 것이다.

Ⅲ. 연례재심사

한국 관세법상 중간재심사, 종료재심사, 신규수출자재심사 및 관세평가재심사는 이해관계인 또는 당해 산업을 관장하고 있는 주무부장관의 신청이 있는 경우 또는 직권에 의해 하게 되는 반면 연례재심사는 재정경제부장관의 직권사항으로 되어 있다. 재정경제부장관은 직권으로 반덤핑관세율 및 시행 중인 가격약속의 적정성 여부에 대하여 재심사를 수행할 수 있으며, 이러한 현행조치의 적정성에 대한 직권재심사를 위하여 재정경제부장관은 매년 그 시행일이 속하는 달에 덤핑가격에 대한 재검토를 하여야 한다.[823]

위 조항의 전단은 재량사항으로, 후단은 기속사항으로 규정되어 있다. 따라서 재정경제부장관은 매년 덤핑가격에 대한 재검토를 할 의무가 있으며, 그 결과 필요하다고 판단한 경우 그 재량에 따라 반덤핑관세율 및 약속의 적정성 여부에 관한 재심사를 할 것인지 여부를 결정할 수 있는 것이다.

---

823) *Ibid.*, 제70조제3항. 한국의 경우 관세법상 연례재심사를 규정하고 있으며 적용은 주로 반덤핑관세 부과대상물품의 통관실적, 이해관계인 의견 등을 모니터링하는 것이며 반덤핑관세 부과 시의 무역환경 및 상황의 급변이 없는 한 반덤핑조치를 중단하지는 않는다. 2006년 12월 6일, 재정경제부 관세제도과 담당자와의 인터뷰 내용.

이와 같은 연례재심사규정은 한국에 있는 독특한 제도로 보인다. 또한, 반덤핑협정상으로도 이와 같은 연례재심사를 의무화하지는 않고 있다. 미국과 같이 반덤핑관세를 소급적으로 부과하는 경우, 연례재심사는 반덤핑관세액을 확정하기 위하여 필수적인 절차이나, 한국과 같이 반덤핑관세를 추급적으로 부과하는 경우, 이러한 연례재심사는 제도의 운영에 필수적인 것은 아니며, 다만 이해관계인이 요청하는 경우에 관세평가재심사 또는 중간재심사를 시행하면 되는 것이다.

이와 같이 반덤핑협정이 연례재심사를 의무화하지 않고 있는 상황에서, 과연 이러한 의무를 부과할 필요가 있는지에 대하여 의문이 제기될 수 있다. 특히, 이 규정에 의하면 재정경제부는 반덤핑관세가 부과 중인 모든 사건에 대하여 매년 덤핑가격을 재심사하여야 하므로, 그 업무량은 상당할 것으로 보이는바, 이 점을 감안하면 이 규정의 필요성에 대한 의문은 더 커질 수 있다.

또한, 이 규정에 의하면 재정경제부는 덤핑가격에 대하여만 재심사를 하도록 되어 있으며, 덤핑가격이 변경되는 경우 그 조사의 대상을 부과 중인 반덤핑관세율의 적정성까지 확대할 수 있도록 되어 있으나, 이 규정상 피해는 재심사 시 대상으로 하지 않고 있음을 유의할 필요가 있다. 만일 이 규정의 취지가 정부가 직권으로 부과 중인 반덤핑관세의 적정성 여부를 검토하여 이해관계인의 신청이 없는 경우에도 재심사를 할 수 있도록 하는 데 있다면, 그 재심사의 대상을 굳이 반덤핑관세율에 한정하지 않고, 피해에 대하여도 재심사를 할 수 있도록 하여야 할 것이다.

이상과 같은 문제점을 감안하면, 한국은 과연 이와 같은 연례재심사규정을 존속할 필요가 있는지 여부를 재검토할 필요가 있을 것이다. 입법론적으로는 덤핑가격을 매년 조사하도록 한 규정은 철폐하되, 다만 관계 당국이 직권으로 중간재심사를 개시할 수 있게 하고, 나아가 조사 결과 필요한 경우 반덤핑조치의 내용을 변경할 수 있도록 하는 방안이 검토될 수 있을 것이다.[824]

Ⅳ. 소 결

　종료재심사, 중간재심사, 신규수출자재심사 및 소급적인 관세평가재심사의 결과로는 반덤핑조치의 내용이 변경될 수 있는 반면, 추급적인 관세평가재심사는 반덤핑조치의 내용 자체는 변경하지 않는 점에서 서로 구별된다. 이와 같은 이유로, 반덤핑협정은 중간 및 종료재심사는 제11조에서, 관세평가재심사는 제9조에서 규정하는 등 서로 다른 조항에서 규정하고 있다.[825] 입법론적으로는 한국도 이를 구분하여 규정할 필요가 있을 것이다.[826] 즉 성격상 다른 관세평가재심사와 중간재심사 및 종료재심사에 대한 조항을 별도로 둘 필요성이 있다.

　관세평가재심사제도의 운영과정에서 문제될 수 있는 부분은 다음과 같다. 먼저, 환급을 요구할 수 있는 기한이 문제될 수 있다. 한국의 경우는 반덤핑관세를 부과한 이후 언제까지 환급요청을 하여야 하는 제한이 없으므로, 과연 환급요청에는 기한의 제한이 없는 것인지 여부가 문제될 수 있는 것이다. 다음으로는 관세평가재심사요청 시 이해관계인은 반덤핑관세의 환급액수에 대하여 과연 어느 정도로 구체적인 자료를 첨부해야 하는 것인지 여부가 문제될 수 있다. 또한, 환급결정이 나는 경우 이미 지급된 반덤핑관세에 이자를 지불해야 할 것인지 여부도 문제될 수 있다. 따라서 관세평가재심사제도와 관련하여서는 이와 같은 구체적인 문제들이 해결되어야 할 것이다.[827] 이와 관련하여 환급 시 이자는 지불되어야 하고 환급요청에도 반년이라는 기한을 두도록 규정하여야 한다.

---

824) 김형진, 앞의 주 348, 78~79쪽.
825) 나아가, 반덤핑협정은 관세평가재심사는 종료재심사 및 중간재심사와는 구분된다고 명시적으로 규정하고 있다. 반덤핑협정 주석 21.
826) 김형진, 앞의 주 348, 73쪽.
827) 앞의 주, 77~78쪽.

이 밖에 한국의 연례재심사는 의무적인지 또는 재심사 시에 덤핑 여부 뿐만 아니라 피해부분까지도 재심사하는지가 불분명하게 되어 있다.[828]

제7절 주요국의 반덤핑 관세평가재심사제도 비교

미국의 경우 반덤핑 행정재심사 중 가장 빈번하게 사용되고 있는 제도가 곧 관세평가재심사제도인데 이는 미국의 소급적인 반덤핑 관세평가시스템에서 기인한다. 미국에서는 실제로 매년 1회 정기적으로 관세평가재심사가 신청 가능하다.

미국의 관세평가재심사의 경우에는 원심보다 훨씬 더 엄격한 마진계산방법을 적용하고 있다. 가령 원심에서는 내수가와 수출가의 비교 시 평균가 대 평균가의 비교방법을 택하고 있는 데 반해, 관세평가재심사에서는 가중평균 내수가와 개별 수출가를 비교하여 마진을 계산하고 있다. 반덤핑협정 제2.4.2조에 의하면 수출가격과 내수가격의 비교는 가중평균 대 가중평균 혹은 개별거래 대 개별거래로만 할 수 있도록 하고 있고, 예외적으로 고객, 지역, 혹은 기간별로 수출가격의 변동이 심각한 경우에 한해 가중평균 내수가격과 개별 수출거래 건을 비교할 수 있도록 하고 있다. 그러나 미국의 경우 이러한 반덤핑협정이 재심사에는 적용되지 않으며 또한 미국의 관세평가재심사는 이미 통관 시 관세를 예

---

828) 장승화, "WTO체제하에서의 우리나라 반덤핑제도의 발전방향", 『서울대학교 법학』제37권 제2호(1996. 9.), 332쪽.

치한 개별거래에 대한 반덤핑관세를 정산하기 위한 절차라는 주장에 기초하여, 위 반덤핑협정에 명시하고 있는 조건에 대한 입증절차 없이, 관세평가재심사에 대하여는 항상 가중평균 내수가 대 개별 수출 건의 비교방법을 택하고 있다. 이런 방법은 곧 거래별 제로잉을 적용하는 것을 의미하므로 가중평균 대 가중평균의 방법을 쓰는 원심에 비해 훨씬 높은 마진율이 산출되게 된다. 즉, 거래별 제로잉이란 방법으로 인해 원심에서는 발생하지 않는 마진이 관세평가재심사에서는 발생하게 된다. 또한 미국의 관세평가재심사는 미소마진에 대한 규정 역시 원심의 2%에 비해 훨씬 더 보수적인 0.5%를 적용하고 있다. 즉, 원심과 동일한 마진율, 가령 1%의 마진율이 발생하였을 때 원심에서는 미소마진판정을 받아 사건이 종결되지만, 관세평가재심사에서는 1%의 마진율을 부과받게 된다는 뜻이다. 이와 같은 이유로 인해 미국은 구조적으로 재심사에서 원심보다 상대적으로 높은 마진율이 산출될 수밖에 없다.[829]

여러 가지를 종합해 봤을 때 미국은 관세평가재심사는 원심과 상당히 구분된다는 입장을 갖고 있는 것으로 풀이된다. 그렇지만 반덤핑관세의 평가와 관련하여 소급적인 평가시스템을 적용하고 있는 미국의 경우 관세평가재심사는 두 가지 기능을 공유하고 있다. 즉, 실제 부과하여야 할 반덤핑관세의 확정과 추후단계에서의 반덤핑관세 예치액을 산정하여 주는 것인바 이는 반덤핑협정상 원심의 기능과 다를 바가 없어 보인다. 그렇다면 원심과 관세평가재심사에서 서로 구분되는 절차와 방법을 적용할 법적 근거가 문제시된다고 본다. 또한 미국이 적용하고 있는 소급적인 반덤핑 관세평가시스템은 실제 수입자에게 불확실성을 야기한다. 이에 따라 원심을 통하여 반덤핑관세가 확정된 후 수입자의 입장에서는 관세를 예치한 후 1년이 지나서야 관세평가재심사를 통하여 그 관세액이 실제로 확정되기에 일년 동안 불확실한 상황에 직면하게 되는데 이러한 불확실성은 수입자의 입장에서 불리하게 작용하는 것으로 판단된다.

---

829) 한국무역협회, 앞의 주 175, 221~222쪽.

EU의 반덤핑 관세평가재심사에서 수입자만이 관세환급을 신청할 수 있도록 규정하였는데 이는 명백히 불리하며 환급신청은 EU회원국을 통해 이루어져야 하는데 이는 시간적인 면에 있어 소모적이고 비용이 많이 든다. 또한 관세환급은 덤핑마진이 인하된 상황에서만이 가능하지만 EU는 최소부과원칙을 도입하고 있어 많은 사례에서 피해마진이 덤핑마진에 비해 낮고 이러한 경우 피해마진에 의해 반덤핑관세가 부과되며 수입자는 덤핑마진이 피해마진 이하로 되었음을 입증하는 경우에만 환급을 받을 수 있게 된다. EU는 실제 수입 후 6개월 내에 관세평가재심사를 신청할 수 있도록 규정하고 있다.

중국의 반덤핑관세환급제도는 재심사기간의 경우 반덤핑협정에서는 최장 18개월까지 가능하도록 되어있지만 12개월로 엄격히 통제하고 있다. 다만, 관세환급신청기한을 반덤핑관세의 실제 납부 후 3개월로 제한한 것이 WTO규정과 충돌될 여지가 있는지에 대한 논란이 제기될 수 있을 것이다. 반덤핑협정에 의하면 "관세환급은 통상 환급결정이 내려진 후 90일 이내에 시행되어야 한다."고 규정하고 있는 데 반해, 중국의 법령은 이에 관한 언급이 없다는 점도 문제시된다. 따라서 중국세관이 이유 없이 환급 결정된 관세의 지불 시기를 90일 이상 지연시키는 경우 반덤핑협정 위반이 성립하게 될 것이다.

반덤핑협정에 따르면 수입자는 그 자신이 법적으로 납부하여야 할 수준을 초과하여 반덤핑관세를 부과한 경우에는 환급받을 자격을 갖는다. 그러나 인도의 법령에 따르면 수입자는 관세부담을 다른 사람한테 전가시키지 아니하였음을 입증하지 못하면 환급받을 수 없게 된다. 이러한 요건은 반덤핑협정에 규정된 요건보다 엄격하다. 수입자에 대한 부담은 최종적으로 수출자의 이익에 영향을 미치게 되며 부당이익원칙의 적용은 인도가 반덤핑협정하에서 부담하는 의무에 위배된다.

한국의 경우 관세평가재심사제도의 운영과정에서 우선 환급을 요구할 수 있는 기한이 문제될 수 있다. 한국의 경우는 반덤핑관세를 부과한 이후 언제까지 환급요청을 하여야 하는지 제한이 없으므로, 과연 환급요청에는 기한의 제한이 없는 것인지 여부가 문제될 수 있는 것이며 다음으로 환급결정이 나는 경우 이미 지급된 반덤핑관세에 이자를 지불해야 할 것인지 여부도 문제될 수 있다.

제8절 반덤핑 관세평가재심사제도의 개선방향

Ⅰ. 서

반덤핑협정 제9.3조는 반덤핑관세가 덤핑마진을 초과하여서는 아니 된다는 기본적인 의무를 열거하고 있다. 회원국들은 과도한 반덤핑관세를 산정 또는 유지할 권한이 없으나 산정된 반덤핑관세가 덤핑마진을 초과하지 않도록 보장하게끔 제9.3조에 의한 환급절차를 정규적으로 수행하는 회원국들은 극히 적다.

공공환급절차는 일반적으로 그리고 늘 정상적으로 징수하여야 하는 비용 또는 관세를 초과하여 징수한 부분에 대한 환급을 지칭한다. 불공정한 비용을 부담한 일방에 대한 보상차원에서 공공기관은 일반적으로 초과하여 징수한 부분의 비용 또는 관세를 환급하여 주며 동시에 그에 대한 이자도 환급하여 준다. 그러나 현행 반덤핑협정에는 과도한 반덤핑관세를 납부한 수출자와 생산자의 이익을 보호하기 위하여 반덤핑관세의 환급에 있어 이자의 지급을 보장하는 관련 규정이 없는 상황이다.

관세평가재심사제도의 개선방향과 관련된 논의에서는 신청주체, 덤핑마진의 산정방법, 절차적 보호장치의 도입, 미소마진의 도입, 관세환급시의 이자지급, 재심사기간 등이 논의되고 있으며 이와 관련하여 반덤핑프렌즈그룹,[830] 브라질,[831] 호주,[832] 미국,[833] 이집트[834] 등이 제안서를 제출하였다.

Ⅱ. 관세평가재심사의 신청주체

관세평가재심사의 신청주체와 관련하여 반덤핑프렌즈그룹은 수출자 또는 수입자에 의해서만 신청될 수 있도록 명확히 규정할 것을 주장한다. 반덤핑프렌즈그룹의 주장에 따르면 관세평가재심사는 반덤핑관세의 예치 또는 징수 후 환급받을 수량을 판정하는 절차이며 조치대상상품의 수출자 또는 수입자 중 누가 예치하였는지를 막론하고 환급절차는 배타적으로 이들 이해관계인과 관련되고 국내산업과는 관계가 없다는 것이다.[835]

호주는 관세평가재심사가 무엇 때문에 수출자 또는 수입자에 의해서만 신청될 수 있는지에 대해 의문스럽다는 표정이다.[836]

---

830) WTO, *supra* note 370.

831) WTO, *supra* note 567, p.2.

832) WTO, *Comments by Australia on the Proposal by Various Members on Reviews(Document TN / RL / W / 83)*, TN / RL / W / 122, 16 June 2003.

833) WTO, *Collection of Anti-Dumping Duties under Article 9.3: Communication from the United States*, TN / RL / GEN / 131, 24 April 2006.

834) WTO, *supra* note 376.

835) WTO, *supra* note 370, p.4.

836) WTO, *supra* note 832, p.1.

Ⅲ. 덤핑마진의 산정방법

브라질은 관세평가재심사와 관련하여, 만약 재심사대상기간 중의 거래가 상업적인 수준인 경우, 덤핑마진에 대한 산정은 반덤핑협정 제2조(제로잉의 금지)에 의해 수행되어야 한다. 그리고 재심사대상기간 중 거래가 없거나 또는 거래가 우발적인 경우, 조사기관은 수출자 또는 생산자들이 만약 반덤핑관세가 없을 경우 당해 상품이 수출될 예상가격(이하 예상수출가격)을 제출하도록 허용하여야 한다는 입장이다.[837]

미국은 관세평가재심사에서 반덤핑관세의 금액은 반덤핑협정 제2조에 따라 정해진 덤핑마진을 초과해서는 안 된다는 입장이며 이러한 내용은 이미 반덤핑협정 제9.3조에서 규정하고 있는 바이다.[838]

Ⅳ. 미소마진의 도입

미소마진규칙의 도입과 관련하여 반덤핑프렌즈그룹은 미소덤핑마진규칙과 반덤핑협정 제5.8조에 규정된 2%의 미소덤핑마진기준은 관세평가재심사에 반드시 적용되어야 한다는 입장이다. 그 이유는 소급적 관세평가시스템인 경우 관세평가재심사에서 결정한 새로운 예치금은 원심에서 조사기관이 결정한 예치금과 동일한 효력을 가지기 때문에 소급적인 관세평가시스템하에서 확정관세는 추후 관세평가재심사를 통하여 확정되며 수입회원국들은 최종적인 덤핑마진이 미소마진으로 판정 나는 경

---

837) WTO, *supra* note 567, p.2.
838) WTO, *supra* note 833, p.1.

우 수출자 또는 생산자로부터의 수입에 대해 반덤핑관세를 부과하지 말아야 한다는 것이다. 또한 비록 추급적인 관세평가시스템하에서 확정반덤핑관세는 이미 징수되었지만 덤핑을 미소수준으로 감소시킨 수출자는 원심에서 덤핑이 미소수준으로 판정된 수출자와 동등하게 대우되어야 한다는 주장이다.

호주는 *U.S.-DRAMS*사건에서의 패널판정은 미소마진규칙과 미소마진 기준은 재심사 또는 어떠한 경우에도 관세평가재심사에는 적용되지 아니한다는 호주의 입장을 재확인하여 준다고 본다.[839]

V. 절차적 보호장치의 도입

관세평가재심사에 대한 증거 및 절차적 보호장치의 도입과 관련하여 반덤핑프렌즈그룹은 반덤핑협정 제6조의 증거 및 절차적 보호장치는 이해관계인들에게 증거제출의 충분한 기회를 제공하고 공정한 절차보호차원에서 아주 필요하며 이러한 보호장치가 관세평가재심사에 적용되지 말아야 하는 이유는 없으며 반덤핑협정에 제6조의 규칙들이 관세평가재심사에 적용되어야 한다고 명백히 규정할 필요가 있다고 본다. 반덤핑관련 국내법규에 있어 회원국들은 종료재심사와 중간재심사에 적용되는 증거절차를 반덤핑협정 제6조에 따라 확립하여야 하나 결코 회원국들에 관세평가재심사와 관련하여 동일한 국내증거절차를 어떠한 수정도 없이 적용할 것을 요구하지는 않는데 왜냐하면 재심사의 범위 및 특성이 원심, 종료재심사, 중간재심사의 것과 다를 수 있기 때문에 제6조의 최저요건과 원칙이 준수되는 전제하에 더욱 간결한 절차와 요건이 관세평가

---

839) WTO, *supra* note 832, p.1.

재심사에 적용될 수 있다는 것이다.840)

미국은 관세평가재심사에서 수출자, 생산자, 수입자 또는 관련된 거래가 너무 많아 개별적인 판정을 내림이 불가능한 경우, 조사기관은 표본조사방법을 사용할 수 있으며 관세평가재심사의 투명성과 절차적인 공정성을 더욱 잘 보장하기 위하여, 회원국들은 제6조에 의한 증거와 절차규칙을 참조하여야 한다고 본다.841)

VI. 관세환급 시의 이자지급

관세환급 시의 이자지급과 관련하여 반덤핑프렌즈그룹은 조사기관은 만약 관세가 재심사 종결 후 90일 내 환급되지 못하는 경우 적절한 비율의 이자를 지급하도록 권장받도록 하자고 주장한다.842)

이집트는 과도한 반덤핑관세를 납부한 수출자와 생산자의 이익을 보호하기 위하여 반덤핑관세의 환급에 있어 이자의 지급을 보장하는 조항을 삽입하여야 한다고 주장한다.843)

미국은 관세평가재심사에 있어 만약 지불 또는 예치한 금액이 최종징수액을 초과하는 경우, 초과부분의 금액환불 시 이자도 포함되어야 한다고 주장한다.844)

---

840) WTO, *Further Explanations on the Applicability of Articles 2 and 6 and the De Minimis Rule to the Proceedings under Articles 9.3 and 9.5: Paper from Chile; Costa Rica; Hong Kong, China; Japan; Korea, Rep. of; Norway; Switzerland; Separate Customs Territory of Taiwan, Penghu, Kinmen and Matsu; Thailand; and Turkey Supplement*, TN / RL / GEN / 44 / Suppl.1, 19 July 2005, pp.3-4.

841) WTO, *supra* note 833, pp.1-2.

842) WTO, *supra* note 370, p.4.

843) WTO, *supra* note 376, p.5.

Ⅶ. 재심사기간

재심사기간과 관련하여 반덤핑프렌즈그룹은 관세평가재심사가 불공정하게 장기화되어 피제소자에게 피해를 입히지 않도록 하기 위하여 12개월 내 수행되어야 한다는 입장이다.[845]

Ⅷ. 소　결

반덤핑 관세평가재심사의 신청주체와 관련하여 반덤핑프렌즈그룹은 수입자와 수출자만 신청이 가능하다는 입장이지만 호주는 이에 의문을 갖고 있으며 미국 역시 반대입장이다. 실제로 미국의 현행법령상 국내산업도 관세평가재심사를 신청할 수 있게 규정되어 있으며 이는 미국이 소급적인 관세평가시스템을 적용하기에 극히 중요하다.

관세평가재심사에서 덤핑마진의 산정방법과 관련하여 반덤핑프렌즈그룹은 반덤핑협정 제2조를 적용하여야 하고 적용하지 않을 경우에는 조사기관이 해석하여야 한다는 입장이며 미국은 관세평가재심사에 반덤핑협정 제2조의 준용을 주장하고 있으나 실제에 있어서는 거래별 수출가격 대 가중평균 정상가격을 비교하는 면에서 반덤핑협정 제2조의 규정을 이탈하고 있는 면이 있다. 또한 일본을 포함한 반덤핑프렌즈그룹은 관세평가재심사에서 제로잉의 금지를 원하고 있으며[846] 중국 역시 제로잉의 금지가 명시

---

844) WTO, *supra* note 833, p.1.
845) WTO, *supra* note 370, p.2.
846) WTO, *Proposal on Prohibition of Zeroing: Paper from Brazil; Chile; Columbia;*

되는 방향으로 반덤핑협정이 개정되기를 원하고 있다.847) 그러나 미국은 덤핑거래가 덤핑되지 않은 거래에 의해 상계되어서는 안 되고, 피해를 야기한 덤핑은 반드시 적절한 조치가 필요하며 모델별로 덤핑마진을 산정할 경우 플러스마진의 결과가 도출된다는 것은 수입국의 해당 산업에 실질적인 피해가 가해졌다는 것을 반증하므로 모델 간 제로잉을 금지할 수 없다고 논박하였다. 더 나아가 모델 간 제로잉을 적용할 경우, 덤핑되지 않은 모델로 인해 덤핑된 모델(특히, 동 모델이 수출국의 주력 수출상품이거나, 차세대 유망 신모델일 경우)의 덤핑마진이 상계되어 덤핑이 아니라는 판정이 내려질 가능성을 배제할 수 없으며 이는 수입국 내 덤핑 모델 산업에 실질적인 피해를 지속적으로 방치하는 결과를 낳게 된다고 주장하였다.848) EU 역시 모델 간 제로잉의 금지에 대해서는 회의적인 입장이다.849)

미소마진의 도입과 관련하여 반덤핑프렌즈그룹은 원심에서의 미소마진을 관세평가재심사에도 도입하여야 한다는 입장이며 이에 호주와 미국은 반대하고 있는 상황이다.

관세평가재심사에 반덤핑협정 제6조가 적용되어야 하는지 여부와 관련하여 반덤핑프렌즈그룹은 적용할 것을, 미국 역시 준용할 것을 요구하고 있다.

관세환급이 제때에 이루어지지 못하는 경우의 이자지급과 관련하여 반덤핑프렌즈그룹, 이집트, 미국은 이자를 지급하여야 한다는 입장을 표명하였다. 여기에서 추급적인 관세평가재심사를 수행하는 국가들의 경우 관세평가재심사를 통하여 산정된 덤핑마진이 이미 납부한 반덤핑관세에 비해 높은 경우 차액을 납부하지 않으며 반면에 소급적인 관세평

Costa Rica; *Hong Kong, China*; *Israel*; *Japan*; *Korea*; *Mexico*; *Norway*; *the Separate Customs Territory of Taiwan, Penghu, Kinmen and Matsu*; *Singapore*; *Switzerland and Thailand*, TN / RL / W / 113, 6 June 2003, p.3.

847) WTO, *supra* note 362, p.3.

848) WTO, *Identification of Certain Major Issues under the Anti-Dumping and Subsidies Agreements: Submission by the United States*, TN / RL / W / 72, 19 March 2003, p.2.

849) WTO, *Questions from the European Communities on Documents TN / RL / W / 6 and TN / RL / W / 10*, TN / RL / W / 20, 10 October 2002, p.2.

가재심사를 수행하는 국가들의 경우에는 그 차액을 납부하도록 규정하고 있다는 점을 언급할 필요가 있다. 즉, 미국의 경우 관세평가재심사를 통하여 실제의 덤핑마진이 원심에서 확정된 덤핑마진에 비해 적은 경우에는 차액 및 그 이자를 환급하여 주고 초과하는 경우에는 차액 및 그 이자를 추징한다. 반면에 기타 추급적인 관세평가시스템을 적용하고 있는 국가들은 실제의 덤핑마진이 원심에서 확정된 덤핑마진에 비해 적은 경우에는 차액을 환급하여 주고 초과하는 경우에는 차액을 추징하지 않는다. 어떤 면에서 보면 그 이자를 환급하여 주지 않는 것도 일정한 이익균형을 이루고 있다고 판단된다.

재심사기한과 관련하여 반덤핑프렌즈그룹은 12개월 내 수행되어야 한다는 입장이다. 이와 관련하여 현행 반덤핑협정에서는 그 기한을 12개월 내지 18개월로 규정하고 있다.

관세평가재심사제도의 개선방향과 관련하여 추급적인 시스템과 소급적인 시스템이 공존하기에 일괄적으로 수출자와 수입자만이 재심사신청을 할 수 있도록 제한하는 것은 무리가 있다. 왜냐하면 소급적인 시스템의 관세평가재심사에서는 늘 국내산업이 관세평가재심사를 신청하기 때문이다. 그리고 추급적인 시스템하의 관세평가재심사에서는 신청주체가 수입자만으로 한정될 것이다. 관세평가재심사의 성격상 원심에서의 덤핑판정에 대해 최종 확인하는 절차이며 따라서 이러한 절차에 원심에서와 같은 증거절차 및 미소마진규칙이 적용되지 말아야 할 이유는 없다. 특히 이와 관련하여 미국은 원심에 비해 엄격한 미소마진을 규정하고 있고 정상가격과 수출가격의 비교 역시 다른 방법을 적용하고 있는 바 이러한 관행은 수정되어야 할 것이다. 이 밖에 관세환급이 제때에 이루어지도록 보장하기 위하여 일정한 기한 내 즉 판정 후 90일 내에 관세환급이 이루어지지 아니하면 이자를 지급하도록 하여야 할 것이며 현행 반덤핑협정에 따르면 반덤핑 관세평가재심사의 기한은 12개월 내지 18개월로 명백히 규정되어 있으므로 아직까지 동 기간을 축소시키는 것은 충분한 이유가 없다고 생각된다.

제6장
결 론

현행 반덤핑협정에는 종료재심사, 중간재심사, 신규수출자재심사, 관세평가재심사 등 행정재심사에 적용 가능한 정의, 절차와 방법이 규정되어 있지 않다. 명확한 규칙의 부재는 각 회원국의 조사기관이 이들 재심사를 수행함에 있어 임의적으로 원심과 상당한 차이를 가지는 규칙, 절차와 방법을 도입하여 피소 측에 불공정한 부담을 부과할 수 있도록 하였으며 더 나아가 법적 안정성과 반덤핑조사의 투명성을 손상시키고 있다.

특히, 반덤핑협정 제11.4조에는 반덤핑원심에 적용되는 제6조의 증거와 절차관련 규정은 반덤핑 종료재심사와 중간재심사에 적용되어야 한다고 규정하고 있으나 반덤핑 신규수출자재심사와 관세평가재심사에 대해서는 상술한 규정이 적용 가능하다고 규정하고 있지 않으며 이로 인하여 신규수출자재심사, 관세평가재심사에서 제6조의 적용 여부와 관련한 각 회원국의 실행이 서로 다르다. 또한 각종 반덤핑 행정재심사에서 반덤핑협정 제6조를 제외한 기타 조항이 적용 가능한지와 관련한 각 회원국의 인식과 실행도 서로 다르다.

각 회원국이 임의적으로 규칙 및 절차와 방법을 도입하는 관행은 인위적으로 덤핑마진을 부풀리며 덤핑을 해소하는 데 필요하지 않은 높은 반덤핑관세를 징수하게 된다. 때문에 각종 행정재심사를 포함하여 반덤핑조치의 후속절차에 대해서도 다자적 통제를 수립하여야 할 필요성이 대두되고 있다.

이와 관련하여 중요한 문제는 현행 규정 중 원심과 관련된 조항들을 각종 재심사에 적용 가능한지 그리고 가능하다면 어떠한 조항들이 적용 가능한지에 대해 선별하는 작업이다. 반덤핑협정 제11.4조에 동 협정 제6조의 증거와 절차관련 규정이 중간재심사와 종료재심사에만 적용된다고 규정되어 있어 제6조만 적용되고 제2조 내지 제5조는 배제 가능한 것으로 해석된다. 즉, 현행 반덤핑협정의 규정상으로는 적어도 중간재심사와 종료재심사에 있어서는 제2조 내지 제5조의 규정이 적용될 수 있는 소지가 없으며 또한 분쟁해결기관의 여러 차례의 판정내용으로부터 살펴보아도 역시 이와 같은 입장을 취하고 있다. 반덤핑원심과 종료재심사 및 중간재심사는 확실히 상당히 큰 차이점을 보이고 있다. 예를 들어 후자에 대한 심사는 늘 비교적 강한 예측의 성격을 띤다. 단, 관세평가재심사와 신규수출자재심사의 경우에는 그 성격상 원심과 비슷하며 특히 신규수출자재심사의 경우 신규수출자에 대해 원심을 대체하는 성격을 띠므로 현행 반덤핑협정을 원심에 적용되는 제2조 내지 제6조의 규정을 관세평가재심사와 신규수출자재심사에 적용하며 적용 가능한 한도 내에서 종료재심사와 중간재심사에도 적용하는 방향으로 개선할 필요성이 있다고 본다. 만약 중간재심사와 종료재심사에서는 제2조 내지 제5조의 규정이 적용될 수 없다면 원심의 내용을 참조하면서 이들 재심사에 적용되는 정의, 절차와 방법을 명확히 할 필요성이 있다.

즉 이처럼 반덤핑협정 전반에 걸쳐서 적용되는 기본적인 실체조항, 방법과 절차를 보장하는 동시에 예측 가능성을 제고시켜야 하며 재심사에 원심에서 사용되는 것과 같은 틀을 적용함으로써 신청인과 조사기관이 반덤핑협정의 원칙과 정의에 따라 절차를 수행할 수 있게 한다.

예를 들어 반덤핑협정 제2.4.2조의 비교방법은 원심뿐만 아니라 각종 행정재심사에도 적용되어야 한다. 여기서 가중평균 수출가격 대 가중평균 정상가격의 비교 또는 개별거래 수출가격 대 개별거래 정상가격의 비교를 수행함으로써 제로잉 관행을 방어하여야 한다. 원심에서 불법으로 판명된 제로잉 관행이 추후의 행정재심사에서 정당화될 수는 없다. 반덤핑협정 제2조의 기타 조항들도 행정재심사에 적용이 가능하다. 구체적으로 반덤핑협정 제2조 중 덤핑의 정의(제1항), 정상가격의 산정방법(제2항), 구성수출가격의 요건과 정의(제3항), 조사기관에 공정한 비교를 요구하고 가격의 비교 가능성에 영향을 미치는 차이점들에 대한 적절한 고려(제4항), 화폐단위의 변경요건과 방법(제4.1항), 간접수출을 위한 비교방법(제5항), 동종상품의 정의(제6항), 비시장경제국가로부터 수입되는 상품에 대한 덤핑마진 산정의 예외(제7항) 등은 각종 행정재심사에 적용되어야 한다.

이 밖에 반덤핑협정 제5.8조에 규정된 2%의 미소마진규정은 모든 행정재심사에 적용되어야 한다. 따라서 미국과 같이 재심사의 경우에는 0.5%의 미소마진을 규정한 경우는 불법으로 명확히 정의되어야 한다. 비록 예측적 성격이 강한 종료재심사나 중간재심사의 경우에 있어 덤핑마진이 미소마진으로 판정된다고 하여 덤핑 및 피해의 지속 또는 재발 가능성을 부인할 수는 없을 것이지만 그럼에도 불구하고 2%라는 수치 자체는 유지되어야 한다. 이는 미소마진기준이 피해를 야기하지 아니한다는 기본원칙과 기본원리에도 부합된다. 반덤핑관세는 피해를 야기하는 덤핑을 상쇄하기 위하여 도입된 것이며 따라서 2%의 미소마진기준은 피해를 야기할 수 있는 기준을 확인하여 준 것이며 이에 미달하는 덤핑마진의 경우 너무 적어 피해를 야기하지 아니하는 것으로 판정되어야 한다. 물론 이러한 경우 피해의 재발 가능성에 대한 검토가 이루어질 수는 있다.

반덤핑협정 제6조 중 신규수출자재심사와 관세평가재심사에 적용 가능한 단락은 다음과 같다. 제2항의 경우 둘째 문구로부터 시작하여 양 당사자 간의 회의를 규정하고 있다. 동 문항의 적용 가능성은 제6.11조와 관련되는데 특히 국내산업이 제9조의 절차에서 이해관계인으로 고려되어야 하는가 하는 문제와 관련된다. 만약 그러하다면 동 문항은 관련성을 가지며 반드시 검토되어야 한다. 제8항(이용 가능한 사실)과 제10항의 둘째 구절(표본조사)은 조사기관의 조사수행을 돕기 위한 임의적인 실례인데 이러한 임의적 조항들이 재심사에도 적용 가능하여야 한다. 만약 조사기관이 이들 임의조항을 사용하는 것을 원하지 않으면 그렇게 아니할 자유를 보유함을 명시할 필요가 있다. 예를 들어 제6.10조상의 한정된 검토조항은 일반적으로 제9조의 절차에 적용되지 아니할 수 있다. 이는 재심사를 신청한 각 수출자 또는 생산자는 개별적인 고려를 받을 자격을 가지기 때문이다. 하지만 그럼에도 불구하고 만약 예외적으로 매우 많은 량의 수출자가 관세평가재심사 또는 신규수출자재심사에 관여된 경우 조사기관은 제6.10조를 적용하여야 할 수밖에 없을 것이다. 또한 조사기관은 늘 개개의 수출자들에 대해 개별적인 덤핑마진을 산정하여 줄 수 있지만 만약 조사기관이 표본조사방법을 이용하게 되면 제6.10조의 규칙을 준수하여야 할 것이다. 제9항과 관련하여 동 문항의 표현으로 보면(……확정조치의 적용 여부에 관한 결정) 원심과 관련된 것이다. 동 문항은 필요한 변경을 거쳐 재심사에 적용될 수 있다. 위에서 인용한 문구는 최종의무에 대한 결정, 환급수량에 대한 결정 또는 개별적 덤핑마진에 관한 결정(각각 소급적인 관세평가재심사, 추급적인 관세평가재심사와 신규수출자재심사에 대응된다)을 뜻하는 것으로 이해될 수 있다. 제11항의 경우 제(i)목에서 언급한 수출자, 수입자가 이해관계인이라는 것에 대해서는 논쟁이 없다. 그러나 제(iii)목에서 언급한 국내산업이 관세평가재심사 또는 신규수출자재심사에 있어 이해관계인에 포함되어야 하는가와 관련하여서는 문제시될 수 있다. 일반적으로 이해관계인에 국내산업도 포함되어야 한다고 주장하는데 왜냐하면 이러한 절차가 반덤핑조치의 효력수준과 관련하여 이들의 이익에 영향을 주기 때문이다. 제(ii)목에서 언급된 수출회원국 정부의 경우 이들 역시 재심사절차에 대해 이해관계를 가진다.

다음으로 반덤핑 종료재심사제도의 개선방향과 관련하여 부과 5년 후 반덤핑조치의 무조건적인 종료는 적절치 않으며 또한 협상실행에서도 타결되기 어렵다고 생각되며 이는 판정요소를 명확히 규정하고 또한 강제적인 재심사기한을 도입하는 것을 통하여 개선될 수 있는데 이 중에서 재심사기간은 12개월 내로 한정하여야 한다. 왜냐하면 현행 반덤핑협정에 따르면 반덤핑원심도 일반적으로 12개월 내 종료되어야 하며 최장 18개월을 초과하지 못하도록 규정하고 있는데 종료재심사는 원심에 비해 상대적으로 간단하며 또한 적지 않은 회원국들 역시 실행에서 12개월의 기한을 도입하고 있기 때문이다. 반덤핑조치의 연장은 반덤핑협정의 기본원칙에 대한 일종 예외이며, 때문에 입증책임은 반덤핑조치의 예외적인 연장을 주장하는 국내산업이 부담하여야 할 것이고 직권에 의한 종료재심사의 개시 역시 금지하는 쪽으로 개정되어야 한다고 생각한다. 5년 후 반덤핑관세명령의 자동종료와 관련하여 다음의 방법도 고려해 볼 수 있다. 국내산업은 종료 후 즉시 신규신청을 할 수 있지만, 이들은 일반적인 사안에서와 마찬가지로 덤핑수입품으로 인한 실제 피해 또는 피해의 우려에 관한 증거를 제시하도록 요구되는 것이다. 반덤핑 명령의 종료 후 1년 내 제출된 신규신청의 경우, 신청자를 위한 신속구제와 관련된 특수절차가 요구된다. 특히, 조사기관은 피해와 관련하여 신규조사개시 후 45일 내 잠정판정을 내리도록 요구받는다. 만약 잠정판정이 긍정적이면, 종료된 명령에서 적용된 것과 같은 비율의 잠정반덤핑관세가 발효하게 된다.

중간재심사제도의 개선방향과 관련하여 12개월의 강제적인 기한을 도입하는 동시에 판정요소를 명확히 규정함으로써 반덤핑조치의 남용을 막아야 한다. 이 밖에도 반덤핑 중간재심사에 적용되는 관련 절차를 명확히 규정하여야 하며 이와 관련하여 원심 중의 관련 절차규정을 참조할 수 있을 것이다.

신규수출자재심사제도의 개선방향과 관련하여 확실히 동 제도가 일부 수출자 또는 생산자들에 의해 반덤핑조치를 우회하기 위한 대안으로 악용되고 있음에 유의하였다. 따라서 대표적인 수출 및 상세한 조사 및 판정절차를 마련하는 것이 유익하다고 본다. 또한 신규수출자재심사의 성격상 신규수출자에 대해 원심의 기능을 하므로 원심과 관련된 절차규정을 동 재심사에도 적용하는 것이 우선적일 것이라고 생각된다. 이 밖에도 대표적인 수출의 개념 그리고 그 범위도 명확히 하여야 한다. 재심사의 기한은 중간재심사, 종료재심사에 비해 더 짧은 9개월이 적절하다고 생각된다.

관세평가재심사제도의 개선방향과 관련하여 추급적인 시스템과 소급적인 시스템이 공존하기에 일괄적으로 수출자와 수입자만이 재심사신청을 할 수 있도록 제한하는 것은 무리가 있을 것이다. 하지만 추급적인 시스템하의 관세평가재심사에서는 신청주체가 수입자만으로 한정되어야 할 것이다. 관세환급이 제때에 이루어지도록 보장하기 위하여 이자지급제도는 도입되어야 할 것이며 재심사기한은 현행의 12개월 내지 18개월이 유지되어야 한다고 본다. 또한 관세평가재심사의 성격상 원심에서 결정된 덤핑마진에 대해 확정하는 것인바 그러하다면 이러한 두 개의 절차에 적용되는 실체적, 절차적 규정은 동일한 것이어야 한다고 판단된다.

반덤핑협정과 관련하여 제안된 다수의 변경사항이 만약 채택된다면, 모든 WTO회원국들이 수입과 경쟁하는 국내산업에 구제를 부여하는 능력을 많이 제한되게 될 것이다. 때문에 덤핑으로부터 부정적인 효과에 직면한 수입과 경쟁하는 수입국 국내산업의 경우 구제를 받기 더 어려움을 발견하게 될 것이고 대상상품에 대한 마진 산정에서 낮은 마진이 산정될 것이며 더욱 짧은 기한의 구제시간을 부여받게 된다. 물론 국내산업에 대한 부정적인 영향과 더불어 국내 수입자와 소비산업, 그리고 최종적으로는 소비자들이 또한 혜택을 볼 수 있게 된다.

반덤핑협정의 공정성을 보장하고 이익의 균형을 위하여 상술한 수정이 이루어져야 한다고 보지만 이는 점차적이며 이번의 DDA협상에서 모두 이루어질 가능성은 적다고 본다. 5년 후 강제적인 자동종료를 요구하는 것과 같이 반덤핑명령의 기간을 수정하자는 제안은 미국의 국내산업에 심각한 효과를 일으킬 수 있다. 미국은 2005년 1월 현재 192개의 반덤핑명령이 존재하고 있으며 이 중 51개가 5년 넘어 존속하고 있다. 2000년 1월에서 2005년 1월까지 종료재심사수행통계를 보면, 116건의 재심사가 개시되었고, DOC와 USITC가 철회를 결정한 반덤핑명령은 37건, 연장한 경우는 52건, 그리고 나머지 27건은 현재 수행 중에 있다. 이들 수치로부터 보면 많은 수량의 미국 반덤핑명령은 5년의 기간을 넘어 존속하고 있다. 때문에 5년 후 반덤핑명령의 강제적인 철폐를 채택하는 경우 미국의 무역구제정책에 실질적인 영향을 야기할 것이고 또한 이들 명령에 의거해 보호받고 있는 국내산업도 마찬가지이다. 때문에 미국은 반덤핑협정의 수정에 있어 그 범위와 규모를 한정시키려고 한다.

이와 관련하여 EU는 유연성을 보이고자 한다. EU는 반덤핑프렌즈그룹이 이들 조치에 대한 남용적인 신청을 감소하고자 하는 희망을 승인하며 또한 미국에 있어 정치적인 실제로부터 보아 근본적이고 중요한 개혁을 하는 것에 대한 어려움도 인정한다. EU는 자신의 기본이익의 소재를 알고 있지만 또한 타협을 정시하기도 바란다.

미국의 반대 그리고 EU의 미지근한 태도에도 불구하고 반덤핑협정상 행정재심사제도의 개선 및 그 방향에 대한 논의는 계속되어야 하며 DDA 협상을 거쳐 제한적인 부분에서라도 개정은 반드시 이루어져야 한다.

결론적으로 반덤핑 행정재심사와 관련하여 적용될 명백한 절차적/실체적 규정이 마련되어야 한다는 것이 저자의 관점이다. 즉, 기존의 원심에 적용되는 절차적/실체적 규정을 재심사에 확대 적용하거나 원심과 재심사의 성격상 차이점으로 인하여 적용이 불가능한 경우에는 재심사만을 위한 별도의 규정이 마련되어야 하며 재심사의 조사기한을 확정하되 동 기한은 원심의 기한보다 단축되어야 한다고 본다.

구체적으로 종료재심사와 관련하여 반덤핑조치의 계속적인 연장을 막기 위해 엄격한 적용기준을 마련해야 하며 덤핑과 피해의 지속 또는 재발 가능성의 판정에 지침으로 될 수 있는 요소들을 열거할 필요성도 있다. 그리고 중간재심사와 관련하여서도 덤핑 및 피해의 지속 또는 재발 가능성에 관한 판정에 지침으로 되는 요소들을 열거하여야 하며 신규수출자재심사와 관련하여 반덤핑관세를 우회하기 위한 관행을 막을 수 있는 장치도 도입해야 한다. 이러한 새로운 장치의 도입은 반덤핑협정의 개선작업을 통하여 이루어질 수 있으며 각 회원국은 본 DDA협상에서 협상력을 발휘하여 충분한 의견교환을 하는 전제하에 합의하기 쉬운 이슈부터 착안하여 여러 단계에 나누어 반덤핑협정에 대한 개선 및 보완작업을 수행하여 나아가야 할 것이다.

참고문헌

I. 각국 법령, 판정문

1. 미국법령, 판정문

(1) 법 령

United States Code(2000 Edition), *Title 19-Customs Duties, Chapter 4-Tariff Act of 1930*.

Code of Federal Regulations(2006 Edition), *Title 19-Customs Duties, Chapter 2-United States International Trade Commission, 207-Investigations of Whether Injury to Domestic Industries Results from Imports Sold at Less than Fair Value or from Subsidized Exports to the United States*.

Code of Federal Regulations(2006 Edition), *Title 19-Customs Duties, Chapter 3-International Trade Administration, Department of Commerce, 351-Antidumping and Countervailing Duties*.

US Department of Commerce, *Policies Regarding the Conduct of Five-Year(Sunset) Reviews of Antidumping and Countervailing Duty Orders*, Federal Register: April 16, 1998(Volume 63, Number 73).

US Department of Commerce, *Procedures for Conducting Five-Year(Sunset) Reviews for Antidumping and Countervailing Duty Orders: Final Rule*, Federal Register: October 28, 2005(Volume 70, Number 208).

(2) 판정문

US Department of Commerce, *Dynamic Random Access Memory Semiconductors of One Megabit and Above Preliminary Results of Full Sunset*

Review(*A-580-812*), Federal Register: May 30, 2000(Volume 65, Number 104).

US Department of Commerce, *Issues and Decision Memorandum for the Final Result; New Shipper Administrative Review of Glycine From the Peoples's Republic of China*(*A-570-836*), Federal Register: January 31, 2001(Volume 66, Number 21).

US Department of Commerce, *Issues and Decision Memorandum for the Antidumping Duty Administrative Review of Sebacic Acid from the People's Republic of China*(*A-570-825*), Federal Register: November 19, 2002(Volume 67, Number 223).

US Department of Commerce, *Non-Frozen Apple Juice Concentrate from the Peoples's Republic of China: Initiation of Antidumping New Shipper Review*(*A-570-855*), Federal Register: January 30, 2003(Volume 68, Number 20).

US Department of Commerce, *Antidumping or Countervailing Duty Order, Finding, or Suspended Investigation; Opportunity to Request Administrative Review*, Federal Register: August 1, 2003(Volume 69, Number 148).

US Department of Commerce, *Issues and Decision Memorandum for the Final Results Administrative Review; Helical Spring Lock Washers from the People's Republic of China*(*A-570-825*), Federal Register: March 15, 2004(Volume 69, Number 50).

US Department of Commerce, *Structural Steel Beams from Korea: Preliminary Results of Antidumping Duty Administrative Review*(*A-580-841*), Federal Register: September 3, 2004(Volume 69, Number 171).

US Department of Commerce, *Issues and Decision Memorandum for the Final Results in the 2002 / 2003 New Shipper Reviews of Honey from the People's Republic of China*(*A-570-863*), Federal Register: February 25, 2005(Volume 70, Number 37).

US Department of Commerce, *Stainless Steel Butt Weld Pipe Fittings From Korea: Preliminary Results of Antidumping Duty Administrative Review*(*A-580-813*), Federal Register: March 7, 2005(Volume 70, Number 43).

US Department of Commerce, *Issues and Decision Memorandum for the Changed Circumstances Review and Reinstatement of the Antidumping Duty Order on Sebacic Acid from the People's Republic of China*(*A-570-825*), Federal Register: March 30, 2005(Volume 70, Number 60).

US Department of Commerce, *Issues and Decision Memorandum for Sunset Reviews of the Antidumping Duty Order on Certain Iron Constructions Castings from the People's Republic of China; Final Result(A-570-502)*, Federal Register: May 10, 2005(Volume 70, Number 89).

US Department of Commerce, *Issues and Decision Memorandum for the Final Results of the Changed Circumstance Review: Brake Rotors from the People's Republic of China(A-570-846)*, Federal Register: July 18, 2005(Volume 70, Number 136).

US Department of Commerce, *Issues and Decision Memorandum for Sunset Reviews of the Antidumping Duty Order on Polyethylene Terephthalate Film from Korea; Final Result(A-580-807)*, Federal Register: September 9, 2005(Volume 70, Number 174).

US Department of Commerce, *Polyethylene Terephthalate Film from Korea; Continuation of Antidumping Duty Order*(A-580-807), Federal Register: October 20, 2005(Volume 70, Number 202).

US Department of Commerce, *Issues and Decision Memorandum, Section 129 Determination: Final Results of Sunset Review, Oil Country Tubular Goods from Argentina*(A-357-810), 16 December 2005.

US Department of Commerce, *Synthetic Indigo from the People's Republic of China: Revocation of Antidumping Duty Order(A-570-856)*, Federal Register: May 18, 2006(Volume 71, Number 96).

US Department of Commerce, *Certain Tin Mill Products from Japan: Continuation of Antidumping Duty Order(A-588-854)*, Federal Register: July 21, 2006(Volume 71, Number 140).

US Department of Commerce, *Notice of Final Results of Antidumping Duty Changed Circumstances Review and Revocation of Order In Part: Certain Corrosion-Resistant Carbon Steel Flat Products from Germany(A-428-815)*, Federal Register: November 13, 2006(Volume 71, Number 218).

US Department of Commerce, Certain Preserved Mushrooms from the People's Republic of China: Preliminary Results of the Antidumping Duty New Shipper Review(A-570-851), Federal Register: November 17, 2006(Volume 71, Number 222).

US Department of Commerce, *Non-Malleable Cast Iron Pipe Fittings from the People's Republic of China: Final Results of Antidumping Duty Administrative Review(A-570-875)*, Federal Register: December 1, 2006(Volume 71, Number 231).

United States International Trade Commission, *Certain Steel Wire Rope From Japan, Korea, and Mexico: Determinations(AA1921-124 and 731-TA-546-547)*, Federal Register: January 3, 2000(Volume 65, Number 1).

United States International Trade Commission, *Stainless Steel Butt-Weld Pipe Fittings From Japan, Korea, and Taiwan: Determinations(731-TA-376, 563, and 564)*, Federal Register: February 24, 2000(Volume 65, Number 37).

United States International Trade Commission, *Color Picture Tubes From Canada, Japan, Korea, and Singapore: Determinations(731-TA-367-370)*, Federal Register: April 5, 2000(Volume 65, Number 66).

United States International Trade Commission, *Certain Iron Construction Castings From Brazil, Canada, and China(701-TA-249 and 731-TA-262, 263, and 265)*, Federal Register: June 14, 2005(Volume 70, Number 113).

United States International Trade Commission, *Polyethylene Terephthalate(PET) Film From Korea Determinations(731-TA-459)*, Federal Register: October 7, 2005 (Volume 70, Number 194).

United States International Trade Commission, *Certain Frozen Warmwater Shrimp and Prawns From India and Thailand Determinations(751-TA-28-29)*, Federal Register: November 29, 2005(Volume 70, Number 228).

2. EU법령, 판정문

(1) 법 령

Council Regulation, *No 384 / 96 of 22 December 1995 on Protection Against Dumped Imports from Countries Not Members of the European Community*

(2) 판정문

Commission Decision, *No 376 / 89 of 19 June 1989 Accepting An Undertaking Offered in Connection with the Anti-*Dumping Proceeding Concerning Imports of

Video Cassettes and Video-Tape Reels Originating in the Republic of Korea and Hong Kong and Terminating the Investigation.

Commission Decision, *No 498 / 96 of 18 July 1996 Concerning Applications for the Refund of Anti-Dumping Duties Collected on Imports of Certain Polyester Yarns(Man-Made Staple Fibres) Originating in Indonesia and Produced by PT Indorama Synthetics, Submitted by Aliatex SL, Aquatex SRL, Burnet, Walker & Co, James North Textiles Ltd, Pax Yarns Ltd, Retorderie François Schoeters NV, Rowson & Son Ltd, Sethos GmbH, Soparil SA, Symaco NV, Texelle SpA and Unicom BVBA.*

Commission Decision, *No 730 / 98 of 8 December 1998 Concerning Applications Submitted by Rubycon UK for the Refund of Anti-Dumping Duties Collected on Imports of Certain Large Electrolytic Aluminium Capacitors Originating in Japan(Notified under Document Number C(1998) 3542).*

Commission Decision, *No 219 / 99 of 11 March 1999 Concerning An Application Submitted by Ecumet(UK) Ltd for the Refund of Anti-Dumping Duties Collected on Certain Imports of Silicon Metal Originating in Brazil(Notified under Document Number C(1999) 559).*

Council Regulation, *No 2380 / 95 of 2 October 1995 Imposing A Definitive Anti-Dumping Duty on Imports of Plain Paper Photocopiers Originating in Japan.*

Council Regulation, *No 2744 / 2000 of 14 December 2000 Amending Regulation(EC) No 1950 / 97 Imposing A Definitive Anti-Dumping Duty on Imports of Sacks and Bags Made of Polyethylene or Polypropylene Originating, inter alia, in India.*

Council Regulation, *No 2239 / 2003 of 17 December 2003 Terminating the Partial Interim Review and the Expiry Review Concerning the Anti-Dumping Measures Imposed by Regulation(EC) No 2398 / 97 on Imports of CottonType Bedlinen Originating, inter alia, in India.*

Council Regulation, *No 237 / 2004 of 10 February 2004 Terminating the Anti-Dumping Proceeding Concerning Imports of Sacks and Bags Made of Polyethylene or Polypropylene Originating in the People's Republic of China, India, Indonesia and Thailand.*

Council Regulation, *No 1294 / 2004 of 12 July 2004 Amending Regulation(EC)*

No 1600 / 1999 Imposing a Definitive Anti-Dumping Duty on Imports of Stainless Steel Wire with a Diameter of 1 mm or More Originating in India.

Council Regulation, *No 1941 / 2004 of 2 November 2004 Terminating the New Exporter Review of Regulation(EC) No 2605 / 2000 Imposing Definitive Anti-Dumping Duties on Imports of Certain Electronic Weighing Scales(REWS) Originating, inter alia, in Taiwan.*

Council Regulation, *No 83 / 2005 of 18 January 2005 Amending Regulation(EC) No 2604 / 2000 on Imports of Polyethylene Terephthalate Originating inter alia in the Republic of Korea and Taiwan.*

Council Regulation, *No 428 / 2005 of 10 March 2005 Imposing a Definitive Anti-Dumping Duty on Imports of Polyester Staple Fibres Originating in the People's Republic of China and Saudi Arabia, Amending Regulation(EC) No 2852 / 2000 Imposing A Definitive Anti-Dumping Duty on Imports of Polyester Staple Fibres Originating in the Republic of Korea and Terminating the Anti-Dumping Proceeding in Respect of Such Imports Originating in Taiwan.*

Council Regulation, *No 639 / 2005 of 25 April 2005 Imposing A Definitive Anti-Dumping Duty on Imports of Furfuraldehyde Originating in the People's Republic of China Following An Expiry Review Pursuant to Article 11(2) of Regulation(EC) No 384 / 96.*

Council Regulation, *No 692 / 2005 of 28 April 2005 Amending Regulation(EC) No 2605 / 2000 Imposing Definitive Anti-Dumping Duties on Imports of Certain Electronic Weighing Scales(REWS) Originating, inter alia, in the People's Republic of China.*

Council Regulation, *No 778 / 2005 of 23 May 2005 Imposing A Definitive Anti-Dumping Duty on Imports of Magnesium Oxide Originating in the People's Republic of China.*

Council Regulation, *No 1113 / 2005 of 12 July 2005* Terminating the New Exporter Review of Regulation(EC) No 1995 / 2000 Imposing Definitive Antidumping Duties on Imports of Solutions of Urea and Ammonium Nitrate(UAN) Originating, inter alia, in Algeria.

Council Regulation, *No 1371 / 2005 of 19 August 2005 Imposing A Definitive Anti-Dumping Duty on Imports of Grain Oriented Flat-Rolled Products of*

Silicon-Electrical Steel Originating in the United States of America and Russia and Repealing Regulation(EC) No 151 / 2003 Imposing A Definitive Anti-Dumping Duty on Imports of Certain Grain Oriented Electrical Sheets Originating in Russia.

Council Regulation, No 1372 / 2005 of 19 August 2005 Terminating the Anti-Dumping Proceeding Concerning Imports of Styrene-Butadiene-Styrene Thermoplastic Rubber Originating in the Republic of Korea and Russia, Terminating the Interim Review of the Anti-Dumping Measures Applicable to Imports of Styrene-Butadiene-Styrene Thermoplastic Rubber Originating in Taiwan and Repealing These Measures.

3. 중국법령, 판정문

(1) 법 령

反傾銷條例, 2004年 國務院令 第401號 公布.
反傾銷新出口商復審暫行規則, 2002年 對外貿易經濟合作部令 第21號 公布.
反傾銷退稅暫行規則, 2002年 對外貿易經濟合作部令 第22號 公布.
傾銷及傾銷幅度期中復審暫行規則, 2002年 對外貿易經濟合作部令 第23號 公布.

(2) 판정문

對外貿易經濟合作部, "關于對韓國東麗世韓公司的復審裁定", 2003年 對外貿易經濟合作部公告 第1號 公布.
商務部, "冷軋板卷復審聽證會", 2004年 商務部公告 第22號 公布.
商務部, "關于對原産于加拿大, 韓國, 美國的進口新聞紙所適用的反傾銷稅的期終復審裁定", 2004年 商務部公告 第30號 公布.
商務部, "對進口冷軋板卷中止執行反傾銷措施的復審裁定", 2004年 商務部公告 第53號 公布.
商務部, "關于對原産于韓國曉星公司的進口聚酯切片所適用的反傾銷措施的期中復審裁定", 2005年 商務部公告 第18號 公布.
商務部, "丙烯酸脂期中復審裁決公告", 2005年 商務部公告 第40號 公布.
商務部, "隣苯二酚反傾銷期中復審裁定", 2005年 商務部公告 第61號 公布.

商務部, "關于擧行不銹鋼冷軋薄板反傾銷期終復審案産業損害調査聽證會的通知", 2005年 10月 19日 商務部 公布.

商務部, "苯酚反傾銷新出口商復審立案公告", 2005年 商務部公告 第88號 公布.

商務部, "聚脂薄膜反傾銷案期終復審裁決公告", 2005年 商務部公告 第109號 公布.

商務部, "關于對原産于韓國LG石油化學株式會社進口苯酚的新出口商復審裁定", 2005年 商務部公告 第64號 公布.

4. 인도법령, 판정문

(1) 법 령

The Customs Tariff Act 1975, Act No.51 of 1975.

The Customs Tariff Rules 1995, Notification No.2 / 95-Cus. (N.T.), Dated 1st January, 1995 as Amended.

(2) 판정문

Ministry of Commerce & Industry, *Final Findings: New Shipper Review of Anti-Dumping Duty Imposed on Imports of Lead Acid Batteries Requested by M / s. Yuasa Battery Guangdong Co. Ltd. China PR*, 10 April 2004.

Ministry of Commerce & Industry, *Final Findings: Anti-Dumping Investigations Concerning Sunset Review of Anti-Dumping Duty on Imports of Polystyrene from Korea RP, Japan, Malaysia and Chinese Taipei*, 8 June 2004.

Ministry of Commerce & Industry, *Final Findings: New Shipper Review of Anti-Dumping Duty Imposed on Imports of Vitrified / Porcelain Tiles Requested by M / s. Nanhai Shagyuan Oulin Construction Co. Ltd., China PR(Producer) and M / s. Prestige General Trading, Dubai, UAE(Exporter)*, 30 June 2004.

Ministry of Commerce & Industry, *Final Findings: Sunset Review of Anti-Dumping Duty on Imports of Acrylic Fibre Originating in or Exported from Italy, Spain, Portugal, and Japan*, 10 November 2004.

Ministry of Commerce & Industry, *Final Findings: Anti-Dumping(Mid-Term Review) Investigations Concerning Imports of Hydroxyl Amine Sulphate(HAS) Originating in or Exported from EU, USA and Japan*, 4 March 2005.

Ministry of Commerce & Industry, *Final Findings: Anti-Dumping(Mid-Term Review) Investigations Concerning Imports of Vitamin AB₂D₃K Originating in or Exported from EU, USA, Thailand and Singapore*, 4 March 2005.

Ministry of Commerce & Industry, *Final Findings: Mid-Term Anti-Dumping Review Investigations in the Matter Relating to Imports of D(-) Para Hydroxy Phenyl Glycine Base(PHPG Base) from European Union: Final Findings*, 25 May 2005.

Ministry of Commerce & Industry, *Final Findings: Mid-Term Review of Definitive Anti-Dumping Duty on Imports of Potassium Permanganate Originating in or Exported from Peoples Republic of China, Chinese Taipei and Hong Kong*, 3 June 2005.

Ministry of Commerce & Industry, *Final Findings: Sunset Review of the Definitive Anti-Dumping Duty Imposed on Import of Sodium Cyanide Originating in or Exported from the US, the EU, the Czech Republic and Korea RP*, 27 September 2005.

5. 한국법령, 판정문

(1) 법 령

관세법[일부개정 2006.10.4. 법률 제8050호].
관세법시행령[일부개정 2006.6.29. 대통령령 제19563호].
관세법시행규칙[일부개정 2006.5.30. 재정경제부령 제329호].
덤핑방지관세 및 상계관세부과신청·조사·판정에 관한 세부운영규정[무역위원회고시 제2002-1호].

(2) 판정문

무역위원회, "중국산 소다회의 덤핑방지관세부과 및 약속 재심사에 관한 건 최종판정", 무역위원회 의결 제2000-14호.
무역위원회, "일본산 PS인쇄판의 덤핑방지관세부과 종료 시 덤핑수입 및 국내산업피해의 지속 또는 재발 유무판정 의결서", 무역위원회 의결 제2002-3호.
무역위원회, "중국산 시약급소다회의 덤핑방지관세 부과대상 제외여부 결정",

무역위원회 의결 제2002-5호.

무역위원회, "중국산 알칼리망간건전지 덤핑방지관세부과에 대한 신규공급자 조사개시여부 및 방법 건의", 무역위원회 의결 제2002-12호.

무역위원회, "중국산 알칼리망간건전지 신규공급자에 대한 재심사판정의결서", 무역위원회 의결 제2002-24호.

무역위원회, "중국산 일회용포켓형라이타의 덤핑방지관세부과 종료 시 재발가능성유무 판정", 무역위원회 의결 제2003-9호.

무역위원회, "중국산 페로실리코망간 덤핑방지관세부과 및 가격약속 종료 시 덤핑수입 및 국내산업피해의 지속 또는 재발 유무에 대한 판정", 무역위원회 의결 제2003-23호.

무역위원회, "싱가포르·중국 및 일본산 알칼리망간건전지의 덤핑방지관세부과 및 가격약속 종료 시 덤핑수입 사실 및 국내산업피해의 지속 또는 재발 유무에 대한 판정", 무역위원회 의결 제2003-25호.

무역위원회, "일본·미국산 리튬 1차전지 덤핑방지관세 부과조치에 대한 상황변동 재심", 무역위원회 의결 제2005-9호.

Ⅱ. 단행본

1. 한 글

강문성 외, 『DDA 규범분야의 논의동향과 개정방향』, 서울: 대외경제정책연구원, 2002.

강문성 외, 『DDA 규범분야의 협상의제별 주요 쟁점과 시사점』, 서울: 대외경제정책연구원, 2003.

김기수(편), 『WTO와 반덤핑관세 - 정치·경제 법적 분석과 우리의 대응』, 서울: 세종연구소, 1995.

김종범, 『Currency Conversion in the Anti-dumping Agreement』, 서울: 대외경제정책연구원, 2000.

법무부, 『EU통상법연구Ⅰ』, 서울: 법무부, 1998.

유지열, 『미국의 반덤핑법과 실제』, 서울: 다산출판사, 2001.

이종화, 『WTO반덤핑협정의 개정방향 탐구』, 서울: 대외경제정책연구원, 2001.

채욱·최낙균, 『WTO뉴라운드 협상의 전망과 한국의 협상력 제고방안』, 서울: 대외경제정책연구원, 2000.

최낙균 외, 『DDA 중간점검-2003』, 서울: 대외경제정책연구원, 2003.

최낙균 외, 『DDA협상 총점검-2002』, 서울: 대외경제정책연구원, 2002.

최낙균 외, 『WTO뉴라운드 규범분야의 논의동향과 한국의 협상전략』, 서울: 대외경제정책연구원, 2000.

한국무역협회, 『반덤핑 재심 대응실무』, 서울: 한국무역협회, 2005.

2. 영 문

Czako, Judith *et. al.*, *A Handbook on Anti-Dumping Investigations*, New York: Cambridge University Press, 2003.

Durling, James P. and Matthew R. Nicely, Understanding the WTO Anti-Dumping Agreement: Negotiating History and Subsequent Interpretation, London: Cameron May, 2002.

International Trade Centre UNCTAD and WTO, *Business Guide to Trade Remedies in the United States*: *Anti-Dumping, Countervailing and Safeguards Legislation, Practices and Procedures*, Geneva: ITC, 2003.

Lindsey, Brink and Daniel J. Ikenson, *Antidumping Exposed-The Devilish Details of Unfair Trade Law*, Washington: Cato Institute, 2003.

Mastel, Greg, *Antidumping Laws and the U.S. Economy*, New York: M.E. Sharpe, 1998.

Mueller, Wolfgang *et. al.*, *EC Anti-Dumping Law*: *A Commentary on Regulation 384/96*, New York: John Wiley & Sons, 1998.

Stewart, Terence P. and Amy S. Dwyer, *WTO Antidumping and Subsidy Agreements*: *A Practitioner's Guide to "Sunset" Reviews in Australia, Canada, the European Union, and the United States*, Boston: Kluwer Law International, 1998.

Van Bael, Ivo and J. P. Bellis, *Anti-Dumping and Other Trade Protection Laws of the EC*(4th Edition), Hague: Kluwer Law International, 2004.

Vermulst, Edwin A. and Paul Waer, *E.C. Anti-Dumping Law and Practice*, London: Sweet & Maxwell, 1996.

Vermulst, Edwin A., *The WTO Anti-Dumping Agreement: A Commentary*,

New York: Oxford University Press, 2005.

World Trade Organization Appellate Body Secretariat, WTO Appellate Body Repertory Of Reports and Awards 1995-2004, New York: Cambridge University Press, 2005.

3. 중 문

韓立余, 『WTO(1995-1999)案例及評析』, 中國人民大學出版社, 2001年.

李昌奎, 『世界貿易組織反傾銷協定釋義』, 機械工業出版社, 2005年.

李昌奎, 『世界貿易組織反傾銷爭端案例: 1995~2003 美國卷』, 機械工業出版社, 2005年.

李昌奎, 『美國反傾銷實務』, 中國社科, 2006年.

屈廣淸, 『反傾銷法律問題硏究』, 法律出版社, 2004年.

尙 明, 『反傾銷: WTO規則及中外法律與實踐』, 法律出版社, 2004年.

肖 偉, 『國際反傾銷法律與實務: 美國卷』, 知識産權出版社, 2005年.

肖 偉, 『國際反傾銷法律與實務: 歐共體卷』, 知識産權出版社, 2005年.

中 信, 『中華人民共和國反傾銷, 反補貼, 保障措施條例問答』, 中信出版社, 2002.

Ⅲ. 연구보고서 및 세미나 자료집

1. 한 글

강문성, "DDA협상분야별 쟁점 및 평가와 우리의 통상정책방향", 『대외경제전문가풀 토의자료』, 2004.

고준성, "우리나라 반덤핑법상 재심제도 및 체제정비 방안", 산업연구원, 1999.

김상준, "덤핑방지관세 종료재심사 시 미소물량적용에 관한 연구", 무역위원회, 2000.

김상준, "반덤핑조치 재심사 시 덤핑과 산업피해의 재발가능성 판단기준 및 고려사항", 무역위원회, 2000.

대외경제정책연구원, "'WTO 도하 개발 아젠다 협상'의 출범과 향후 대응방안 세미나 자료집", 대외경제정책연구원, 2001.

대외경제정책연구원, "DDA협상의 주요 쟁점 및 전망 세미나 자료집", 대외경제정책연구원, 2004.

대외경제정책연구원, "WTO 칸쿤각료회의의 평가 및 DDA협상 전망 세미나 자료집", 대외경제정책연구원, 2003.

대외경제정책연구원, "WTO / DDA 최근 논의동향과 향후 전망: 홍콩 각료회의를 준비하며 세미나 자료집", 대외경제정책연구원, 2005.

박노형, "DDA 반덤핑협정 개정협상에서 미국, EU 및 중국의 입장 분석연구", 고려대학교 통상법연구센터, 2003.

박노형, "WTO 가입 후 중국의 통상법제도 연구", 고려대학교 통상법연구센터, 2004.

산업연구원, "WTO체제하에서의 미국 및 EU 반덤핑법제의 분석", 산업연구원, 1998.

산업자원부, "반덤핑제도이용 설명회 자료", 산업자원부, 2004.

산업자원부, "WTO DDA협상 지방설명회", 산업자원부, 2002.

이건호, "DDA 반덤핑협상 개정안에 대한 이슈별 고찰", 『DDA 아젠다협상 세부의제별 간담회 토의자료』, 대외경제정책연구원, 2002.

이규철, "중국의 반덤핑제도와 그 절차법에 관한 연구", 『법제처 제2차 중국법제전문가회의 발표자료』, 2005.

이종화, "WTO반덤핑협정의 개정방안: 분쟁사례 분석을 중심으로", 『DDA 아젠다협상 세부의제별 간담회 토의자료』, 대외경제정책연구원, 2002.

장근호, "반덤핑제도의 운영현황과 제도적 개선방향", 조세연구원, 1999.

재정경제부, "DDA 규범협상 반덤핑 분야 중간점검", 2003.

재정경제부, "WTO DDA 중간점검: 도하에서 칸쿤까지 분야별 논의결과", 재정경제부, 2003.

조용균, "도하개발어젠다(DDA) 협상 전망: 개도국의 입장을 중심으로", 외교안보연구원, 2003.

최원목, "한·중·일 3국의 불공정무역행위 조사 및 규제에 관한 법제도 연구", 무역위원회, 2004.

한국국제경제법학회, "칸쿤 WTO각료회의의 평가와 DDA협상의 전망 세미나 자료집", 한국국제경제법학회, 2003.

한국농촌경제연구원, "WTO / DDA 협상의제 쟁점 분석과 한국의 통상협상 전략 정책세미나 자료집", 한국농촌경제연구원, 2006.

Hall, Keith, "미국 일몰재심에 관한 규정과 정책", 무역위원회 주관 세미나, 1998. 7.

KOTRA 통상전략팀, "WTO / DDA 반덤핑협상 동향과 우리의 대응방안", KOTRA, 2004.

2. 영 문

Boltuck, Richard D. and Seth T. Kaplan, *An Economic Approach to ITC Sunset Reviews*, Brookings Trade Forum, 1998.

Gautam, A. K., *Sunset or Expiry Reviews: Indian Practices*, The 2005 Seoul Forum on Trade Remedies, 2005.

Ikenson, Daniel J., *Abuse of Discretion Time to Fix the Administration of the U.S. Antidumping Law*, Cato Institute, 2005.

Jones, Vivian C., *WTO: Antidumping Issues in the Doha Development Agenda*, CRS Report for Congress, March 15, 2005.

Keck, Alexander *et. al.*, *A 'Probabilistic' Approach to the Use of Econometric Models in Sunset Reviews*, World Trade Organization Economic Research and Statistics Division, Staff Working Paper ERSD-2006-01, 2006.

Knoll, Michael S., *Dump Our Anti-Dumping Law*, The Cato Institute, 2006.

Liebman, Benjamin H., *ITC Voting Behavior on Sunset Reviews*, University of Oregon, 2001.

Lim, Dongchun, *Korea's Experience in Sunset Reviews*, The 2005 Seoul Forum on Trade Remedies, 2005.

Lindsey, Brink and Daniel J. Ikenson, *Antidumping 101 The Devilish Details of 'Unfair Trade' Law*, Cato Institute, 2002.

Lindsey, Brink and Daniel J. Ikenson, *Reforming the Antidumping Agreement: A Road Map for WTO Negotiations*, Cato Institute, 2002.

Lukas, Aaron, *Will the Sun Ever Set on Protectionism?*, The Cato Institute, 1998.

Mastel, Greg, *Don't Let the Sun Go Down on Me: Are Sunset Determinations Undermining U.S. Trade Policy?*, Labor / Industry Coalition for International Trade, 2000.

Moore, Michael O., *An Econometric Analysis of US Antidumping Sunset Review Decisions*, Presented at US International Trade Commission, February 2004.

Stevenson, Cliff, *Evaluation of EC Trade Defence Measures*, Mayer, Brown, Rowe & Maw LLP, December 2005.

USITC, *Import Injury Investigations Case Statistics(FY 1980-2004)*, 2005.

3. 중 문

江厚良, 張春萍, "反傾銷案件中行政復審制度的比較研究", 2004.

Ⅳ. 정기간행물

1. 한 글

김기준, "중국 반덤핑조사의 기본적인 법적 절차", 『무역구제』제18호(2005. 4.), 127~148쪽.

김성환, "덤핑방지관세 재심사제도의 개선", 『나라경제』1998년 10월 호(1998. 10.), 82~86쪽.

김영민, "중국산 소다회 재심사에 대한 사례분석", 『무역구제』제1호(2001. 1.), 168~176쪽.

김영재, "DDA 규범 협상 현황 및 전망", 『나라경제』2005년 8월 호(2005. 8.), 103~106쪽.

김용태, "관세행정법상 덤핑규제에 관한 절차법규의 개선방안", 『관세학회지』제6권 제4호(2005. 12.), 15~48쪽.

김용환, "한국의 반덤핑제도상 행정적 재심사제도의 발전방안 연구", 『무역구제』제2호(2001. 4.), 91~127쪽.

김의수, "WTO-DDA협상의 주요 내용과 우리의 입장", 『나라경제』2003년 7월 호(2003. 7.), 65~70쪽.

김현수, "신규공급자재심에 관한 연구", 『무역구제』제7호(2002. 7.), 175~189쪽.

김형진, "우리 덤핑방지조치의 재심사", 『통상법률』제23호(1998. 10.), 71~85쪽.

김희상, "한·미 DRAM 분쟁에 관한 WTO 패널보고서의 비판적 고찰", 『통상법률』제31호(2000. 2.), 78~120쪽.

김희상, "DDA 규범협상 동향", 『나라경제』2004년 8월 호(2004. 8.), 102~105쪽.

마광 외, "중국의 반덤핑제도 운영에 관한 연구", 『무역구제』제5호(2002. 1.), 60~102쪽.

박명섭·한낙현, "우리나라 덤핑방지관세의 제도적 고찰", 『통상법률』제47호(2002. 10.), 313~397쪽.

박형래·박영기, "WTO국제규범과 우리나라 반덤핑제도개선의 선별성에 관한 연구", 『한국관세학회지』제2권 제2호(2001. 8.), 29~49쪽.

손기윤, "DDA협상의 평가와 전망: 반덤핑협정", 『국제경제법연구』제1호(2003. 12.), 31∼60쪽.

손기윤, "WTO반덤핑협정 재심규정 연구", 『무역구제』제23호(2006. 7.), 24∼49쪽.

신유균, "반덤핑관세제도의 발전적 개편방향", 『나라경제』1995년 4월 호(1995. 4.), 110∼115쪽.

안재진, "WTO반덤핑관세제도 개정협상의 쟁점 및 대응방안", 『관세학회지』제6권 제3호(2005. 9.), 187∼213쪽.

안호영, "규범분야 주요 이슈 및 대응전략", 『나라경제』2002년 5월 호(2002. 5.), 43∼47쪽.

유기석, "M & A 등 기업구조조정과 관련된 상황변동재심", 『무역구제』제5호(2002. 1.), 257∼272쪽.

이기희, "인도의 반덤핑 법규와 적용실태에 관한 연구", 『국제지역연구』제8권 제1호(2004. 6.), 392∼411쪽.

이상용, "한국산 DRAM에 관한 WTO 반덤핑 분쟁사례의 연구", 『통상법률』제37호(2001. 2.), 48∼96쪽.

이재원, "EU 반덤핑 규정 중 재심제도에 대한 고찰", 『무역구제』제22호(2006. 4.), 170∼190쪽.

이효영, "뉴라운드 반덤핑협상의 여건과 전망", 『국제상학』제15권 제1호(2000. 5.), 321∼346쪽.

임병우, "한-미 한국산 DRAM 반도체 분쟁에 관한 WTO 패널 평결의 분석", 『통상법률』제29호(1999. 10.), 110∼135쪽.

임형규 외, "미국의 한국관련 반덤핑 일몰재심사례에 대한 분석과 한국에의 함의", 『무역구제』제9호(2003. 1.), 125∼164쪽.

장승화, "WTO체제하에서의 우리나라 반덤핑제도의 발전방향", 『서울대학교 법학』제37권 제2호(1996. 9.), 313∼359쪽.

채형복, "유럽연합(EU)의 우회덤핑에 대한 법적 규제", 『통상법률』제21호(1998. 6.), 84∼103쪽.

채형복, "EU 반덤핑법상 재심 요건으로서의 피해의 개념", 『국제거래법연구』제8집(1999), 135∼155쪽.

최원목, "'두려움'을 넘어서 '성숙의 길로': 한미 컬러TV 반덤핑 분쟁의 교훈", 『통상법률』제65호(2005. 10.), 121∼144쪽.

최원목, "한·중 반덤핑 및 상계조치 절차관련 법규의 WTO협정에의 합치성",

『무역구제』제20호(2005. 10.), 28~97쪽.

2. 영 문

Campos, Aluisio de Lima, "Nineteen Proposals to Curb Abuse in Antidumping and Countervailing Duty Proceedings", *Journal of World Trade*, Vol.39, No.2(2005), pp.239-280.

Cunningham, Richard O., and Troy H. Cribb, "Dispute Settlement Through the Lens of 'Free Flow of Trade': A Review of WTO Dispute Settlement of US Anti-Dumping and Countervailing Duty Measures", *Journal of International Economic Law*, Vol.6, No.2(2003), pp.155-170.

Didier, Pierre, "The WTO Anti-Dumping Code and EC Practice: Issues for Review in Trade Negotiations", *Journal of World Trade*, Vol.35, No.1(2001), pp.33-54.

Durling, James P. *et. al.*, "Revocation of Antidumping Orders under the New U.S. 'Sunset' Review Procedures", *International Trade Law*, Vol.22(1998), pp.14-38.

Fandl, Kevin J., "Promoting International Business Development While Protecting Domestic Market: An Analysis of the New Shipper Review Policy of the United States", *Georgetown Journal of International Law*, Vol.36, No.2(2005), pp.605-622.

Horlick, Gray N., "The 10 Major Problems With the Anti-Dumping Instruments in the United States", *Journal of World Trade*, Vol.39, No.1(2005), pp.169-179.

Kerr, William A., and Laura J. Loppacher, "Anti-dumping in the Doha Negotiations: Fairy Tales at the World Trade Organization", *Journal of World Trade*, Vol.38, No.2(2004), pp.211-244.

King, Jennifer Karen, "In Need of Enlightenment: The International Trade Commission's Misguided Analysis in Sunset Reviews", *William and Mary Law Review*, Vol.43, No.5(2002), pp.2151-2180.

Kumaran, Lakshmi V., "The 10 Major Problems With the Anti-Dumping Instruments in India", *Journal of World Trade*, Vol.39, No.1(2005), pp.115-124.

Lee, Hangbog, "A Critical Review of U.S. Standard for Likelihood Determination in Sunset Reviews under Article 11.3" of the Antidumping

Agreement", *International Trade Law*, Vol.54(2003), pp.53-70.

Moore, Michael O., "Antidumping Reform in the United States-A Faded Sunset", *Journal of World Trade*, Vol.33, No.4(1999), pp.1-17.

Moore, Michael O., "Department of Commerce Administration of Antidumping Sunset Reviews: A First Assessment", *Journal of World Trade*, Vol.36, No.4(2002), pp.675-698.

Stewart, Terence P. and Amy S. Dwyer, "Sunset Reviews of Antidumping and Countervailing Duty Measures-US Implementation of Uruguay Round Commitments", *Journal of World Trade*, Vol.32, No.5(1998), pp.101-135.

Vermulst, Edwin A. and Paul Waer, "The Post-Uruguay Round Antidumping Regulation", *Journal of World Trade*, Vol.29, No.2(1995), pp.53-76.

Wang, Lei and Shengxing Yu, "China's New Anti-Dumping Regulations: Improvements to Comply with the World Trade Organization Rules", *Journal of World Trade*, Vol.36, No.5(2002), pp.903-920.

Young, Linda M., and John Wainio, "The Antidumping Negotiations: Proposals, Positions and Antidumping Profiles", *The Estey Centre Journal of International Law and Trade Policy*, Vol.6, No.1(2005), pp.23-44.

Yu, Tian, "The 10 Major Problems with the Anti-Dumping Instruments in the People's Republic Of China", *Journal of World Trade*, Vol.39, No.1(2005), pp.97-103.

3. 중 문

陳輝庭, "美國反傾銷法律中的落日復審", 『中共福建省委黨校學報』2002年第12期, 56～59頁.

陳建華, 龔柏華, "評述美國國際貿易法院對中國小龍蝦反傾銷行政復審裁決的司法審査案", 『國際商務研究』2004年第5期, 48～53頁.

戴仲川, "國際反傾銷法中的行政復審制度探析", 『華僑大學學報(哲學社會科學版)』1999年第4期, 41～46頁.

高　波, "美國日落復審中反傾銷稅吸收問題的再思考", 『湖南經濟管理干部學院學報』第15卷第3期, 66～67頁.

劉　穎, 李民, "對我國反傾銷法程序問題的探析", 『經濟師』2004年第1期, 65～66頁.

王振淸, 馬軍, "反傾銷案件行政復審, 行政復議與司法審查", 『法學雜誌』2003年第3期, 26~29頁.

閆　海, "不一致的起算点－我國反傾銷措施日落期限探析", 『國際貿易』2002年第11期, 51~52頁.

Ⅴ. 학위논문

김　호, 『중국 반덤핑법에 관한 연구』, 박사학위논문, 고려대학교, 2002.

최송자, 『WTO 가입 이후 중국 무역구제제도의 개선방향에 관한 연구』, 박사학위논문, 서강대학교, 2005.

Ⅵ. WTO문서

1. 협정문

Agreement on Implementation of Article Ⅵ of the General Agreement on Tariffs and Trade, Marakesh, 15 April 1994.

2. 판정문

WTO, *United States-Anti-Dumping Duty on Dynamic Random Access Memory Semiconductors(DRAMS) of One Megabit or Above from Korea: Report of the Panel*, WT / DS99 / R, 29 January 1999.

WTO, *United States-Anti-Dumping Duty on Dynamic Random Access Memory Semiconductors(DRAMS) of One Megabit or Above from Korea: Recourse by Korea to Article 21.5 of the DSU*, WT / DS99 / 12, 25 October 2000.

WTO, *United States-Anti-Dumping Duty on Dynamic Random Access Memory Semiconductors(DRAMS) of One Megabit or Above from Korea Recourse to Article 21.5 of the DSU by Korea: Report of the Panel*, WT / DS99 / RW, 7 November 2000.

WTO, *United States-Sunset Reviews of Anti-Dumping and Countervailing duties on Certain Steel Products from France and Germany: Request for Consultations by the European Communities*, WT / DS262 / 1, 30 July 2002.

WTO, *United States-Countervailing Duties on Certain Corrosion-Resistant Carbon Steel Flat Products from Germany AB-2002-4: Report of the Appellate Body*, WT / DS213 / AB / R, 28 November 2002.

WTO, *United States-Sunset Review of Anti-Dumping Duties on Corrosionresistant Carbon Steel Flat Products from Japan: Report of the Panel*, WT / DS244 / R, 14 August 2003.

WTO, *United States-Sunset Review of Anti-Dumping Duties on Corrosion-Resistant Carbon Steel Flat Products from Japan AB-2003-5: Report of the Appellate Body*, WT / DS244 / AB / R, 15 December 2003.

WTO, *United States-Sunset Reviews of Anti-Dumping Measures on Oil Country Tubular Goods from Argentina AB-2004-4: Report of the Appellate Body*, WT / DS268 / AB / R, 29 November 2004.

WTO, *United States-Measures Relating to Zeroing and Sunset Reviews: Request for Consultations by Japan*, WT / DS322 / 1, 29 November 2004.

WTO, *United States-Measures Relating to Zeroing and Sunset Reviews Constitution of the Panel Established at the Request of Japan: Note by the Secretariat*, WT / DS322 / 9, 19 April 2005.

WTO, *United States-Sunset Reviews of Anti-Dumping Measures on Oil Country Tubular Goods from Argentina ARB-2005-1 / 18: Arbitration under Article 21.3(c) of the Understanding on Rules and Procedures Governing the Settlement of Disputes*, WT / DS268 / 12, 7 June 2005.

WTO, *United States-Anti-Dumping Measures on Oil Country Tubular Goods(OCTG) from Mexico AB-2005-7: Report of the Appellate Body*, WT / DS282 / AB / R, 2 November 2005.

WTO, *Mexico-Definitive Anti-Dumping Measures on Beef and Rice Complaint with Respect to Rice AB-2005-6: Report of the Appellate Body*, WT / DS295 / AB / R, 29 November 2005.

WTO, *United States-Sunset Reviews of Anti-Dumping Measures on Oil Country Tubular Goods from Argentina: Understanding between Argentina and the United*

States Regarding Procedures under Articles 21 and 22 of the DSU, WT / DS268 / 14, 5 January 2006.

WTO, *United States-Sunset Reviews of Anti-Dumping Measures on Oil Country Tubular Goods from Argentina Recourse to Article 21.5 of the DSU by Argentina: Request for Consultations*, WT / DS268 / 15, 30 January 2006.

WTO, *Mexico-Definitive Anti-Dumping Measures on Beef and Rice Complaint with Respect to Rice Request from Mexico and the United States: for Arbitration under Article 21.3(c) of the DSU*, WT / DS295 / 11, 2 March 2006.

WTO, *Mexico-Definitive Anti-Dumping Measures on Beef and Rice: Agreement under Article 21.3(b) of the DSU*, WT / DS295 / 12, 24 May 2006.

WTO, *United States-Anti-Dumping Measures on Oil Country Tubular Goods(OCTG) from Mexico Recourse to Article 21.5 of the DSU by Mexico Request for Consultations*, WT / DS282 / 13, 24 August 2006.

WTO, *United States-Measures Relating to Zeroing and Sunset Reviews: Final Report of the Panel*, WT / DS322 / R, 20 September 2006.

WTO, *United States-Measures Relating to Zeroing and Sunset Reviews: Notification of an Appeal by Japan under Article 16.4 and Article 17 of the Understanding on Rules and Procedures Governing the Settlement of Disputes(DSU), and under Rule 20(1) of the Working Procedures for Appellate Review*, WT / DS322 / 12, 11 October 2006.

3. 법령질의, 응답

WTO, *Notification of Laws and Regulations under Articles 18.5 and 32.6 of the Agreements: Replies from the United States to Follow-up Questions from Hong Kong*, G / ADP / Q1 / USA / 2, 16 April 1997.

WTO, *Notification of Laws and Regulations under Articles 18.5 and 32.6 of the Agreements Replies of the European Community to Questions from Hong Kong*, G / ADP / Q1 / EEC / 3, 23 April 1997.

WTO, *Notification of Laws and Regulations under Articles 18.5 and 32.6 of the Agreements Replies of Korea to Questions from Canada, Chile, the European Communities, Mexico, Turkey, and the United States*, G / ADP / Q1 / KOR / 9, 11

July 1997.

WTO, *Notification of Laws and Regulations under Articles 18.5 and 32.6 of the Agreements: Replies from the United States to Questions from Korea*, G / ADP / Q1 / USA / 4, 17 October 1997.

WTO, *Notification of Laws and Regulations under Articles 18.5 and 32.6 of the Agreements Replies to Questions from Canada, Japan, Mexico and the United States Concerning the Notification of the European Community*, G / ADP / Q1 / EEC / 10, 21 January 1998.

WTO, *Notification of Laws and Regulations under Articles 18.5 and 32.6 of the Agreements: Replies to Questions Posed by Mexico Regarding the Notification of the United States*, G / ADP / Q1 / USA / 10, 13 October 1998.

WTO, *Notification of Laws and Regulations under Articles 18.5 and 32.6 of the Agreements: Replies to Questions from Argentina, Brazil, the European Communities, Hong Kong, China, Japan, Mexico, and Turkey Regarding the Notification of the United States*, G / ADP / Q1 / USA / 19, 13 January 2000.

WTO, *Notification of Laws and Regulations under Articles 18.5 and 32.6 of the Agreements: Replies to Additional Questions from Brazil Regarding the Notification of the United States*, G / ADP / Q1 / USA / 22, 20 October 2000.

WTO, *Notification of Laws and Regulations under Articles 18.5 and 32.6 of the Agreements Replies to the Questions Posed by Argentina Regarding the Notification of China*, G / ADP / Q1 / CHN / 18, 7 May 2003.

WTO, *Notification of Laws and Regulations under Articles 18.5 and 32.6 of the Agreements Replies to the Questions Posed by United States Regarding the Notification of China*, G / ADP / Q1 / CHN / 33, 10 October 2003.

WTO, *Notification of Laws and Regulations under Articles 18.5 and 32.6 of the Agreements Replies to the Questions from Mexico Regarding the Notification of China*, G / ADP / Q1 / CHN / 43, 23 April 2004.

WTO, *Notification of Laws and Regulations under Articles 18.5 and 32.6 of the Agreements Replies to the Questions Posed by the United States Regarding the Notification of the European Communities*, G / ADP / Q1 / EEC / 24, 4 November 2004.

4. 제안서

WTO, *Proposals on Implementation Related Issues and Concerns: Agreement on Subsidies and Countervailing Measures / Anti-Dumping Agreement Submission by India*, TN / RL / W / 4, 25 April 2002.

WTO, *Anti-Dumping: Illustrative Major Issues: Paper from Brazil; Chile; Colombia; Costa Rica; Hong Kong, China; Israel; Japan; Korea; Mexico; Norway; Singapore; Switzerland; Thailand and Turkey*, TN / RL / W / 6, 26 April 2002.

WTO, *Implementation-Related Issues: Paper by Brazil*, TN / RL / W / 7, 26 April 2002.

WTO, *Second Contribution to Discussion of the Negotiating Group on Rules on Anti-Dumping Measures: Paper by Brazil; Chile; Colombia; Costa Rica; Hong Kong, China; Israel; Japan; Korea; Norway; Separate Customs Territory of Taiwan, Penghu, Kinmen and Matsu; Singapore; Switzerland; and Thailand*, TN / RL / W / 10, 28 June 2002.

WTO, *Questions from the European Communities on Document TN / RL / W / 6 AND TN / RL / W / 10*, TN / RL / W / 20, 10 October 2002.

WTO, *Comments on Document TN / RL / W / 6 on Anti-Dumping Measures: Paper from Australia*, TN / RL / W / 22, 15 October 2002.

WTO, *Comments on Document TN / RL / W / 10 on Anti-Dumping Measures: Paper from Australia*, TN / RL / W / 23, 15 October 2002.

WTO, *Replies to Questions to Our First Contribution(TN / RL / W / 6): Paper from Brazil; Chile; Colombia; Costa Rica; Hong Kong, China; Israel; Japan; Korea; Norway; Singapore; Switzerland and Thailand*, TN / RL / W / 45, 27 January 2003.

WTO, *Submission from Canada Respecting the Agreement on Implementation of Article VI of the GATT 1994(the Anti-Dumping Agreement)*, TN / RL / W / 47, 28 January 2003.

WTO, *Proposal of the People's Republic of China on the Negotiation on Anti-Dumping*, TN / RL / W / 66, 6 March 2003.

WTO, *Identification of Certain Major Issues under the Anti-Dumping and*

Subsidies Agreements: Submission by the United States, TN / RL / W / 72, 19 March 2003.

WTO, *Proposal on Sunset: Paper from Brazil; Chile; Colombia; Costa Rica; Hong Kong, China; Israel; Japan; Korea; Norway; the Separate Customs Territory of Taiwan, Penghu, Kinmen and Matsu; Singapore; Switzerland; Thailand and Turkey*, TN / RL / W / 76, 19 March 2003.

WTO, *Preliminary Comments and Questions by the Arab Republic of Egypt on the Contributions Submitted in the Framework of the Doha Negotiations on the Anti-Dumping Agreement and on the Agreement on Subsidies and Countervailing Measures: Submission from Egypt*, TN / RL / W / 79, 24 March 2003.

WTO, *Communication from Argentina*, TN / RL / W / 81, 23 April 2003.

WTO, *Proposal on Reviews: Paper from Brazil; Chile; Colombia; Costa Rica; Hong Kong, China; Israel; Japan; Korea; Norway; Singapore; Switzerland; the Separate Customs Territory of Taiwan, Penghu, Kinmen and Matsu; and Thailand*, TN / RL / W / 83, 25 April 2003.

WTO, *Egypt's Preliminary Comments on the Contributions Submitted in the Framework of the Doha Negotiations on the Agreements on Anti-Dumping and Subsidies and Countervailing Measures(TN / RL / W / 72)*, TN / RL / W / 100, 6 May 2003.

WTO, *Agreements on Anti-Dumping Practices and Subsidies and Countervailing Measures Illustrative Common Issues: Paper by Brazil; Chile; Costa Rica; Hong Kong, China; Japan; Korea; Norway; Switzerland; Thailand and Turkey*, TN / RL / W / 104, 6 May 2003.

WTO, *Identification of Issues under the Anti-Dumping Agreement That Need to be Improved and Clarified within the Current Negotiations on WTO Rules: Second Submission of the Arab Republic of Egypt*, TN / RL / W / 110, 22 May 2003.

WTO, *Korea's View on the Improvement of the Sunset System: Submission of the Republic of Korea*, TN / RL / W / 111, 27 May 2003.

WTO, *Proposal on Prohibition of Zeroing: Paper from Brazil; Chile; Columbia; Costa Rica; Hong Kong, China; Israel; Japan; Korea; Mexico; Norway; the Separate Customs Territory of Taiwan, Penghu, Kinmen and Matsu; Singapore; Switzerland and Thailand*, TN / RL / W / 113, 6 June 2003.

WTO, *Comments by Australia on the Proposal by Various Members on Reviews(Document TN / RL / W / 83)*, TN / RL / W / 122, 16 June 2003.

WTO, *Comments by Australia on the Proposal by Various Members on Sunset Reviews(Document TN / RL / W / 76)*, TN / RL / W / 123, 16 June 2003.

WTO, *Comments by Venezuela on Document TN / RL / W / 111 Submitted by Korea Concerning Its View of the Improvement of the Sunset System*, TN / RL / W / 133, 11 July 2003.

WTO, *Proposals on Cost Saving in Anti-Dumping Proceedings: Submission from the European Communities and Japan*, TN / RL / W / 138, 17 July 2003.

WTO, *Negotiating Group on Rules Note by the Chairman: Compilation of Issues and Proposals Identified by Participants in the Negotiating Group on Rules*, TN / RL / W / 143, 22 August 2003.

WTO, *New Shipper Reviews(ADA Article 9.5): Communication from the United States*, TN / RL / W / 156, 4 June 2004.

WTO, *New Shipper Reviews(ADA Article 9.5): Communication from the United States*, TN / RL / W / 156 / Rev.1, 14 July 2004.

WTO, *Reviews: Communication from Brazil; Chile; Colombia; Costa Rica; Hong Kong, China; Israel; Japan; Korea; Norway; Singapore; Switzerland; Separate Customs Territory of Taiwan, Penghu, Kinmen and Matsu; and Thailand*, TN / RL / GEN / 10, 14 July 2004.

WTO, *Senior Officials' Statement Communication from Brazil; Chile; Colombia; Costa Rica; Hong Kong, China; Israel; Japan; Korea, Rep. of; Mexico; Norway; Singapore; Switzerland; the Separate Customs Territory of Taiwan, Penghu, Kinmen and Matsu; Thailand; and Turkey*, TN / RL / W / 171, 15 February 2005.

WTO, *Further Submission on Proposals on Proceedings under Article 9: Paper from Chile; Costa Rica; Hong Kong, China; Japan; Korea, Rep. of; Norway; Switzerland; Separate Customs Territory of Taiwan, Penghu, Kinmen, and Matsu; Thailand; and Turkey*, TN / RL / GEN / 44, 13 May 2005.

WTO, *Proposals on Proceedings under Article 11.2: Communication from Brazil, Chile, Israel, Japan, Korea, Singapore, Switzerland, Thailand*, TN / RL / GEN / 52, 1 July 2005.

WTO, *Further Explanations on the Applicability of Articles 2 and 6 and the*

De Minimis Rule to the Proceedings under Articles 9.3 and 9.5: Paper from Chile; Costa Rica; Hong Kong, China; Japan; Korea, Rep. of; Norway; Switzerland; Separate Customs Territory of Taiwan, Penghu, Kinmen and Matsu; Thailand; and Turkey Supplement, TN / RL / GEN / 44 / Suppl.1, 19 July 2005.

WTO, *Sunset Reviews: Communication from Canada,* TN / RL / GEN / 61, 15 September 2005.

WTO, *Further Submission of Proposals on Sunset: Communication from Chile; Hong Kong, China; Japan; Korea, Rep. of; Norway; Switzerland; Separate Customs Territory of Taiwan, Penghu, Kinmen and Matsu; and Thailand,* TN / RL / GEN / 74, 17 October 2005.

WTO, *New Shipper Reviews(Article 9.5 of the Anti-Dumping Agreement): Paper from Mexico,* TN / RL / GEN / 98, 2 March 2006.

WTO, *Article 11.3(Sunset): Communication from the Separate Customs Territory of Taiwan, Penghu, Kinmen and Matsu,* TN / RL / W / 204, 6 March 2006.

WTO, *Proposals on Sunset: Paper from Japan,* TN / RL / GEN / 104, 6 March 2006.

WTO, *Procedures for Adversely Affected Domestic Interested Parties: Paper from Canada,* TN / RL / GEN / 111, 21 April 2006.

WTO, *Proposal on Article 11.2: Communication from Brazil,* TN / RL / GEN / 117, 21 April 2006.

WTO, *Duration of Review Investigations: Communication from Egypt,* TN / RL / GEN / 118, 21 April 2006.

WTO, *Proposals on the Prohibition of Zeroing: Communication from Japan,* TN / RL / GEN / 126, 24 April 2006.

WTO, *Collection of Anti-Dumping Duties under Article 9.3: Communication from the United States,* TN / RL / GEN / 131, 24 April 2006.

WTO, *Proposals on Issues Relating to the Anti-Dumping Agreement: Paper from South Africa,* TN / RL / GEN / 137, 29 May 2006.

WTO, *New Shipper Reviews(Article 9.5 of the Anti-Dumping agreement): Paper from Mexico Revision,* TN / RL / GEN / 98 / Rev.1, 2 June 2006.

Ⅵ. 인터넷자료

EU Commission, *The Commission Outlines the EU Strategy for Cancun: Presentation of the EU Position by MP Carl, Director General, DG Trade to the Trade Negotiating Committee of the WTO*,
http://www.tradeobservatory.org/library/uploadedfiles/Commission_Outlines_the_EU_Strategy_for_Cancun.htm, 06-03-02 검색.

Government of India Ministry of Commerce & Industry, *Directorate General of Anti-Dumping & Allied Duties Annual Report 2002-2003*,
http://commerce.nic.in/dgad/ann_rep2003.pdf, 05-03-30 검색.

Government of India Ministry of Commerce & Industry, *Directorate General of Anti-Dumping & Allied Duties Anti Dumping Cases in India*,
http://commerce.nic.in/ad_cases.htm, 06-10-01 검색.

The United States Mission, *Statements by the United States at the December 20th Meeting of the WTO Dispute Settlement Body*,
http://geneva.usmission.gov/Press2005/1221DSBmeeting.html, December 21, 2005, 06-03-02 검색.

부 록:

WTO 및 주요국의
반덤핑 행정재심사 관련 법령

Agreement on Implementation of Article VI of the General Agreement on Tariffs and Trade 1994

Article 9 Imposition and Collection of Anti-Dumping Duties

9.1 The decision whether or not to impose an anti-dumping duty in cases where all requirements for the imposition have been fulfilled, and the decision whether the amount of the anti-dumping duty to be imposed shall be the full margin of dumping or less, are decisions to be made by the authorities of the importing Member. It is desirable that the imposition be permissive in the territory of all Members, and that the duty be less than the margin if such lesser duty would be adequate to remove the injury to the domestic industry.

9.2 When an anti-dumping duty is imposed in respect of any product, such anti-dumping duty shall be collected in the appropriate amounts in each case, on a non-discriminatory basis on imports of such product from all sources found to be dumped and causing injury, except as to imports from those sources from which price undertakings under the terms of this Agreement have been accepted. The authorities shall name the supplier or suppliers of the product concerned. If, however, several suppliers from the same country are involved, and it is impracticable to name all these suppliers, the authorities may name the supplying country concerned. If several suppliers from more than one country are involved, the authorities may name either all the suppliers involved, or, if this is impracticable, all the supplying countries involved.

9.3 The amount of the anti-dumping duty shall not exceed the margin of dumping as established under Article 2.

9.3.1 When the amount of the anti-dumping duty is assessed on a retrospective basis, the determination of the final liability for payment of anti-dumping duties shall take place as soon as possible, normally within 12 months, and in no case more than 18 months, after the date on which a request for a final assessment of the amount of the anti-dumping duty has been made. Any refund shall be made promptly and normally in not more than 90 days following the determination of final liability made pursuant to this subparagraph. In any case, where a refund is not made within 90 days, the authorities shall provide an explanation if so requested.

9.3.2 When the amount of the anti-dumping duty is assessed on a prospective basis, provision shall be made for a prompt refund, upon request, of any duty paid in excess of the margin of dumping. A refund of any such duty paid in excess of the actual margin of dumping shall normally take place within 12 months, and in no case more than 18 months, after the date on which a request for a refund, duly supported by evidence, has been made by an importer of the product subject to the anti-dumping duty. The refund authorized should normally be made within 90 days of the above decision.

9.3.3 In determining whether and to what extent a reimbursement should be made when the export price is constructed in accordance with paragraph 3 of Article 2, authorities should take account of any change in normal value, any change in costs incurred between importation and resale, and any movement in the resale price which is duly reflected in subsequent selling prices, and should calculate the export price with no deduction for the amount of anti-dumping duties paid when conclusive evidence of the above is provided.

9.4 When the authorities have limited their examination in accordance with the second sentence of paragraph 10 of Article 6, any anti-dumping duty applied to imports from exporters or producers not included in the exami-nation shall not exceed:

(i) the weighted average margin of dumping established with respect to the selected exporters or producers or,

(ii) where the liability for payment of anti-dumping duties is calculated on the basis of a prospective normal value, the difference between the weighted average normal value of the selected exporters or producers and the export prices of exporters or producers not individually examined,

provided that the authorities shall disregard for the purpose of this paragraph any zero and *de* margins and margins established under the circumstances referred to in paragraph 8 of Article 6. The authorities shall apply individual duties or normal values to imports from any expo-rter or producer not included in the examination who has provided the necessary information during the course of the investigation, as provided for in subparagraph 10.2 of Article 6.

9.5 If a product is subject to anti-dumping duties in an importing Member, the authorities shall promptly carry out a review for the purpose of determining individual margins of dumping for any exporters or producers in the exporting country in question who have not exported the product to the importing Member during the period of investigation, provided that these exporters or producers can show that they are not related to any of the exporters or producers in the exporting country who are subject to the anti-dumping duties on the product. Such a review shall be initiated and carried out on an accelerated basis, compared to normal duty assessment and review proceedings in the importing Member. No anti-dumping duties shall be levied on imports from such exporters or producers while the review is being carried out. The authorities may, however, withhold appraisement and / or request guarantees to ensure that, should such a review result in a determination of dumping in respect of such producers or exporters, anti-dumping duties can be levied retroactively to the date of the initiation of the review.

Article 11 Duration and Review of Anti-Dumping Duties and Price Undertakings

11.1 An anti-dumping duty shall remain in force only as long as and to the extent necessary to counteract dumping which is causing injury.

11.2 The authorities shall review the need for the continued imposition of the duty, where warranted, on their own initiative or, provided that a reasonable period of time has elapsed since the imposition of the definitive anti-dumping duty, upon request by any interested party which submits positive information substantiating the need for a review. Interested parties shall have the right to request the authorities to examine whether the continued imposition of the duty is necessary to offset dumping, whether the injury would be likely to continue or recur if the duty were removed or varied, or both. If, as a result of the review under this paragraph, the authorities determine that the anti-dumping duty is no longer warranted, it shall be terminated immediately.

11.3 Notwithstanding the provisions of paragraphs 1 and 2, any definitive anti-dumping duty shall be terminated on a date not later than five years from its imposition (or from the date of the most recent review under paragraph 2 if that review has covered both dumping and injury, or under this paragraph), unless the authorities determine, in a review initiated before that date on their own initiative or upon a duly substantiated request made by or on behalf of the domestic industry within a reasonable period of time prior to that date, that the expiry of the duty would be likely to lead to continuation or recurrence of dumping and injury. The duty may remain in force pending the outcome of such a review.

11.4 The provisions of Article 6 regarding evidence and procedure shall apply to any review carried out under this Article. Any such review shall be carried out expeditiously and shall normally be concluded within 12 months of the date of initiation of the review.

11.5 The provisions of this Article shall apply mutatis to price undertakings accepted under Article.

United States Code(2000 Edition), Title 19—Customs Duties, Chapter 4—Tariff Act of 1930.

Sec. 1675. Administrative review of determinations

(a) Periodic review of amount of duty

(1) In general

At least once during each 12-month period beginning on the anniversary of the date of publication of a countervailing duty order under this subtitle or under section 1303 \ 1 \ of this title, an antidumping duty order under this subtitle or a finding under the Antidumping Act, 1921, or a notice of the suspension of an investigation, the administering authority, if a request for such a review has been received and after publication of notice of such review in the Federal Register, shall-

(A) review and determine the amount of any net countervailable subsidy,

(B) review, and determine (in accordance with paragraph (2)), the amount of any antidumping duty, and

(C) review the current status of, and compliance with, any agreement by reason of which an investigation was suspended, and review the amount of any net countervailable subsidy or dumping margin involved in the agreement, and shall publish in the Federal Register the results of such review, together with notice of any duty to be assessed, estimated duty to be deposited, or investigation to be resumed.

(2) Determination of antidumping duties

(A) In general

For the purpose of paragraph (1)(B), the administering authority shall determine-

      (i) the normal value and export price (or constructed export price) of each entry of the subject merchandise, and

      (ii) the dumping margin for each such entry.

(B) Determination of antidumping or countervailing duties for new exporters and producers

      (i) In general

If the administering authority receives a request from an exporter or producer of the subject merchandise establishing that-

      (I) such exporter or producer did not export the merchandise that was the subject of an antidumping duty or countervailing duty order to the United States (or, in the case of a regional industry, did not export the subject merchandise for sale in the region concerned) during the period of investigation, and

      (II) such exporter or producer is not affiliated (within the meaning of section 1677(33) of this title) with any exporter or producer who exported the subject merchandise to the United States (or in the case of a regional industry, who exported the subject merchandise for sale in the region concerned) during that period, the administering authority shall conduct a review under this subsection to establish an individual weighted average dumping margin or an individual countervailing duty rate (as the case may be) for such exporter or producer.

(ii) Time for review under clause (i)

The administering authority shall commence a review under clause (i) in the calendar month beginning after-
> (I) the end of the 6-month period beginning on the date of the countervailing duty or antidumping duty order under review, or
> (II) the end of any 6-month period occurring thereafter, if the request for the review is made during that 6-month period.

(iii) Posting bond or security

The administering authority shall, at the time a review under this subparagraph is initiated, direct the Customs Service to allow, at the option of the importer, the posting, until the completion of the review, of a bond or security in lieu of a cash deposit for each entry of the subject merchandise.

(iv) Time limits

The administering authority shall make a preliminary determination in a review conducted under this subparagraph within 180 days after the date on which the review is initiated, and a final determination within 90 days after the date the preliminary determination is issued, except that if the administering authority concludes that the case is extraordinarily complicated, it may extend the 180-day period to 300 days and may extend the 90-day period to 150 days.

(C) Results of determinations

The determination under this paragraph shall be the basis for the assessment of countervailing or antidumping duties on entries of merchandise covered by the determination and for deposits of estimated duties.

(3) Time limits

(A) Preliminary and final determinations

The administering authority shall make a preliminary determination under subparagraph (A), (B), or (C) of paragraph (1) within 245 days after the last day of the month in which occurs the anniversary of the date of publication of the order, finding, or suspension agreement for which the review under paragraph (1) is requested, and a final determination under paragraph (1) within 120 days after the date on which the preliminary determination is published. If it is not practicable to complete the review within the foregoing time, the administering authority may extend that 245-day period to 365 days and may extend that 120-day period to 180 days. The administering authority may extend the time for making a final determination without extending the time for making a preliminary determination, if such final determination is made not later than 300 days after the date on which the preliminary determination is published.

(B) Liquidation of entries

If the administering authority orders any liquidation of entries pursuant to a review under paragraph (1), such liquidation shall be made promptly and, to the greatest extent practicable, within 90 days after the instructions to Customs are issued. In any case in which liquidation has not occurred within that 90-day period, the Secretary of the Treasury shall, upon the request of the affected party, provide an explanation thereof.

(C) Effect of pending review under section 1516a

In a case in which a final determination under paragraph (1) is under review under section 1516a of this title and a liquidation of entries covered by the determination is enjoined under section 1516a(c)(2) of this title or suspended under section 1516a(g)(5)(C) of this title, the administering authority shall, within 10 days after the final disposition of the review under section 1516a of this title, transmit to the Federal Register for publication the final disposition and issue instructions to the Customs Service with respect to the liquidation of entries pursuant to the review. In such a case, the 90-day period referred to in subparagraph (B) shall begin on the day on which the administering authority issues such instructions.

(4) Absorption of antidumping duties

During any review under this subsection initiated 2 years or 4 years after the publication of an antidumping duty order under section 1673e(a) of this title, the administering authority, if requested, shall determine whether antidumping duties have been absorbed by a foreign producer or exporter subject to the order if the subject merchandise is sold in the United States through an importer who is affiliated with such foreign producer or exporter.

The administering authority shall notify the Commission of its findings regarding such duty absorption for the Commission to consider in conducting a review under subsection (c) of this section.

(b) Reviews based on changed circumstances

(1) In general

Whenever the administering authority or the Commission receives information concerning, or a request from an interested party for a review of-
  (A) a final affirmative determination that resulted in an antidumping duty order under this subtitle or a finding under the Antidumping Act, 1921, or in a countervailing duty order under this subtitle or section 1303 \ 1 \

of this title,

(B) a suspension agreement accepted under section 1671c or 1673c of this title, or

(C) a final affirmative determination resulting from an investigation continued pursuant to section 1671c(g) or 1673c(g) of this title, which shows changed circumstances sufficient to warrant a review of such determination or agreement, the administering authority or the Commission (as the case may be) shall conduct a review of the determination or agreement after publishing notice of the review in the Federal Register.

(2) Commission review

In conducting a review under this subsection, the Commission shall-

(A) in the case of a countervailing duty order or antidumping duty order or finding, determine whether revocation of the order or finding is likely to lead to continuation or recurrence of material injury,

(B) in the case of a determination made pursuant to section 1671c(h) (2) or 1673c(h)(2) of this title, determine whether the suspension agreement continues to eliminate completely the injurious effects of imports of the subject merchandise, and

(C) in the case of an affirmative determination resulting from an investigation continued under section 1671c(g) or 1673c(g) of this title, determine whether termination of the suspended investigation is likely to lead to continuation or recurrence of material injury.

(3) Burden of persuasion

During a review conducted by the Commission under this subsection-

(A) the party seeking revocation of an order or finding described in paragraph (1)(A) shall have the burden of persuasion with respect to whether there are changed circumstances sufficient to warrant such revocation, and

(B) the party seeking termination of a suspended investigation or a suspension agreement shall have the burden of persuasion with respect to whether there are changed circumstances sufficient to warrant such termination.

(4) Limitation on period for review

In the absence of good cause shown-

(A) the Commission may not review a determination made under section 1671d(b) or 1673d(b) of this title, or an investigation suspended under section 1671c or 1673c of this title, and

(B) the administering authority may not review a determination made under section 1671d(a) or 1673d(a) of this title, or an investigation suspended under section 1671c or 1673c of this title, less than 24 months after the date of publication of notice of that determination or suspension.

(c) Five-year review

(1) In general

Notwithstanding subsection (b) of this section and except in the case of a transition order defined in paragraph (6), 5 years after the date of publication of-

(A) a countervailing duty order (other than a countervailing duty order to which subparagraph (B) applies or which was issued without an affirmative determination of injury by the Commission under section 1303 \ 1 \ of this title), an antidumping duty order, or a notice of suspension of an investigation, described in subsection (a)(1) of this section,

(B) a notice of injury determination under section 1675b of this title with respect to a countervailing duty order, or

(C) a determination under this section to continue an order or suspension agreement,

the administering authority and the Commission shall conduct a review to determine, in accordance with section 1675a of this title, whether revocation of the countervailing or antidumping duty order or termination of the investigation suspended under section 1671c or 1673c of this title would be likely to lead to continuation or recurrence of dumping or a countervailable subsidy (as the case may be) and of material injury.

(2) Notice of initiation of review

Not later than 30 days before the fifth anniversary of the date described in paragraph (1), the administering authority shall publish in the Federal Register a notice of initiation of a review under this subsection and request that interested parties submit-

(A) a statement expressing their willingness to participate in the review by providing information requested by the administering authority and the Commission,

(B) a statement regarding the likely effects of revocation of the order or termination of the suspended investigation, and

(C) such other information or industry data as the administering authority or the Commission may specify.

(3) Responses to notice of initiation

(A) No response

If no interested party responds to the notice of initiation under this subsection, the administering authority shall issue a final determination, within 90 days after the initiation of a review, revoking the order or terminating the suspended investigation to which such notice relates. For purposes of this paragraph, an interested party means a party described in section 1677(9)(C), (D), (E), (F), or (G) of this title.

(B) Inadequate response

If interested parties provide inadequate responses to a notice of initiation, the administering authority, within 120 days after the initiation of the review, or the Commission, within 150 days after such initiation, may issue, without further investigation, a final determination based on the facts available, in accordance with section 1677e of this title.

(4) Waiver of participation by certain interested parties

(A) In general

An interested party described in section 1677(9)(A) or (B) of this title may elect not to participate in a review conducted by the administering authority under this subsection and to participate only in the review conducted by the Commission under this subsection.

(B) Effect of waiver

In a review in which an interested party waives its participation pursuant to this paragraph, the administering authority shall conclude that revocation of the order or termination of the investigation would be likely to lead to continuation or recurrence of dumping or a countervailable subsidy (as the case may be) with respect to that interested party.

(5) Conduct of review

(A) Time limits for completion of review

Unless the review has been completed pursuant to paragraph (3) or paragraph (4) applies, the administering authority shall make its final determination pursuant to section 1675a(b) or (c) of this title within 240 days after the date on which a review is initiated under this subsection. If the administering authority makes a final affirmative determination, the Commission shall make its final determination pursuant to section 1675a(a) of this title within 360 days after the date on which a review is initiated under this subsection.

(B) Extension of time limit

The administering authority or the Commission (as the case may be) may extend the period of time for making their respective determinations under this subsection by not more than 90 days, if the administering authority or the Commission (as the case may be) determines that the review is extraordinarily complicated. In a review in which the administering authority extends the time for making a final determination, but the Commission does not extend the time for making a determination, the Commission's determination shall be made not later than 120 days after the date on which the final determination of the administering authority is published.

(C) Extraordinarily complicated

For purposes of this subsection, the administering authority or the Commission (as the case may be) may treat a review as extraordinarily complicated if-
    (i) there is a large number of issues,
    (ii) the issues to be considered are complex,
    (iii) there is a large number of firms involved,
    (iv) the orders or suspended investigations have been grouped as described in subparagraph (D), or
    (v) it is a review of a transition order.

(D) Grouped reviews

The Commission, in consultation with the administering authority, may group orders or suspended investigations for review if it considers that such grouping is appropriate and will promote administrative efficiency. Where orders or suspended investigations have been grouped, the Commission shall, subject to subparagraph (B), make its final determination under this subsection not later than 120 days after the date that the administering authority publishes notice of its final determination with respect to the last order or agreement in the group.

(6) Special transition rules

(A) Schedule for reviews of transition orders

(i) Initiation

The administering authority shall begin its review of transition orders in the 42d calendar month after the date such orders are issued. A review of all transition orders shall be initiated not later than the 5th anniversary after the date such orders are issued.

(ii) Completion

A review of a transition order shall be completed not later than 18 months after the date such review is initiated. Reviews of all transition orders shall be completed not later than 18 months after the 5th anniversary of the date such orders are issued.

(iii) Subsequent reviews

The time limits set forth in clauses (i) and (ii) shall be applied to all subsequent 5-year reviews of transition orders by substituting "date of the determination to continue such orders" for "date such orders are issued".

(iv) Revocation and termination

No transition order may be revoked under this subsection before the date that is 5 years after the date the WTO Agreement enters into force with respect to the United States.

(B) Sequence of transition reviews

The administering authority, in consultation with the Commission, shall determine such sequence of review of transition orders as it deems appropriate to promote administrative efficiency. To the extent practicable, older orders shall be reviewed first.

(C) "Transition order" defined

For purposes of this section, the term "transition order" means-
- (i) a countervailing duty order under this subtitle or under section 1303 \ 2 \ of this title,
- (ii) an antidumping duty order under this subtitle or a finding under the Antidumping Act, 1921, or
- (iii) a suspension of an investigation under section 1671c or 1673c of this title,

which is in effect on the date the WTO Agreement enters into force with respect to the United States.

(D) Issue date for transition orders

For purposes of this subsection, a transition order shall be treated as issued on the date the WTO Agreement enters into force with respect to the United States, if such order is based on an investigation conducted by both the administering authority and the Commission.

(7) Exclusions from computations

(A) In general

Subject to subparagraph (B), there shall be excluded from the computation of the 5-year period described in paragraph (1) and the periods described in paragraph (6) any period during which the importation of the subject merchandise is prohibited on account of the imposition, under the International Emergency Economic Powers Act [50 U.S.C. 1701 et seq.] or other provision of law, of sanctions by the United States against the country in which the subject merchandise originates.

(B) Application of exclusion

Subparagraph (A) shall apply only with respect to subject merchandise which originates in a country that is not a WTO member.

(d) Revocation of order or finding; termination of suspended investigation

(1) In general

The administering authority may revoke, in whole or in part, a countervailing duty order or an antidumping duty order or finding, or terminate a suspended investigation, after review under subsection (a) or (b) of this section. The administering authority shall not revoke, in whole or in part, a countervailing duty order or terminate a suspended investigation on the basis of any export taxes, duties, or other charges levied on the export of the subject merchandise to the United States which are specifically intended to offset the countervailable subsidy received.

(2) Five-year reviews

In the case of a review conducted under subsection (c) of this section, the administering authority shall revoke a countervailing duty order or an antidumping duty order or finding, or terminate a suspended investigation, unless-
- (A) the administering authority makes a determination that dumping or a countervailable subsidy, as the case may be, would be likely to continue or recur, and
- (B) the Commission makes a determination that material injury would be likely to continue or recur as described in section 1675a(a) of this title.

(3) Application of revocation or termination

A determination under this section to revoke an order or finding or terminate a suspended investigation shall apply with respect to unliquidated entries of the subject merchandise which are entered, or withdrawn from warehouse, for consumption on or after the date determined by the administering authority.

(e) Hearings

Whenever the administering authority or the Commission conducts a review under this section, it shall, upon the request of an interested party, hold a hearing in accordance with section 1677c(b) of this title in connection with that review.

(f) Determination that basis for suspension no longer exists

If the determination of the Commission under subsection (b)(2)(B) of this section is negative, the suspension agreement shall be treated as not accepted, beginning on the date of publication of the Commission's determination, and the administering authority and the Commission shall proceed, under section 1671c (i) or 1673c(i) of this title, as if the suspension agreement had been violated on that date, except that no duty under any order subsequently issued shall be assessed on merchandise entered, or withdrawn from warehouse, for consumption before that date.

(g) Reviews to implement results of subsidies enforcement proceeding

(1) Violations of article 8 of the subsidies agreement

If-
(A) the administering authority receives notice from the Trade Representative of a violation of Article 8 of the Subsidies Agreement,
(B) the administering authority has reason to believe that merchandise subject to an existing countervailing duty order or suspended investigation is benefiting from the subsidy or subsidy program found to have been in violation of Article 8 of the Subsidies Agreement, and
(C) no review pursuant to subsection (a)(1) of this section is in progress, the

administering authority shall conduct a review of the order or suspended investigation to determine whether the subject merchandise benefits from the subsidy or subsidy program found to have been in violation of Article 8 of the Subsidies Agreement. If the administering authority determines that the subject merchandise is benefiting from the subsidy or subsidy program, it shall make appropriate adjustments in the estimated duty to be deposited or appropriate revisions to the terms of the suspension agreement.

(2) Withdrawal of subsidy or imposition of countermeasures

If the Trade Representative notifies the administering authority that, pursuant to Article 4 or Article 7 of the Subsidies Agreement-
(A)(i) the United States has imposed countermeasures, and
    (ii) such countermeasures are based on the effects in the United States of imports of merchandise that is the subject of a countervailing duty order, or
(B) a WTO member country has withdrawn a countervailable subsidy provided with respect to merchandise subject to a countervailing duty order,

the administering authority shall conduct a review to determine if the amount of the estimated duty to be deposited should be adjusted or the order should be revoked.

(3) Expedited review

The administering authority shall conduct reviews under this subsection on an expedited basis, and shall publish the results of such reviews in the Federal Register.

(h) Correction of ministerial errors

The administering authority shall establish procedures for the correction of ministerial errors in final determinations within a reasonable time after the determinations are issued under this section. Such procedures shall ensure opportunity for interested parties to present their views regarding any such errors. As used in this subsection, the term "ministerial error" includes errors in addition, subtraction, or other arithmetic function, clerical errors resulting from inaccurate copying, duplication, or the like, and any other type of unintentional error which the administering authority considers ministerial.

Sec. 1675a. Special rules for section 1675(b) and 1675(c) reviews

(a) Determination of likelihood of continuation or recurrence of material injury

(1) In general

In a review conducted under section 1675(b) or (c) of this title, the Commission shall determine whether revocation of an order, or termination of a suspended investigation, would be likely to lead to continuation or recurrence of material injury within a reasonably foreseeable time. The Commission shall consider the likely volume, price effect, and impact of imports of the subject merchandise on the industry if the order is revoked or the suspended investigation is terminated. The Commission shall take into account-

  (A) its prior injury determinations, including the volume, price effect, and impact of imports of the subject merchandise on the industry before the order was issued or the suspension agreement was accepted,

  (B) whether any improvement in the state of the industry is related to the order or the suspension agreement,

(C) whether the industry is vulnerable to material injury if the order is revoked or the suspension agreement is terminated, and

(D) in an antidumping proceeding under section 1675(c) of this title, the findings of the administering authority regarding duty absorption under section 1675(a)(4) of this title.

(2) Volume

In evaluating the likely volume of imports of the subject merchandise if the order is revoked or the suspended investigation is terminated, the Commission shall consider whether the likely volume of imports of the subject merchandise would be significant if the order is revoked or the suspended investigation is terminated, either in absolute terms or relative to production or consumption in the United States. In so doing, the Commission shall consider all relevant economic factors, including-

(A) any likely increase in production capacity or existing unused production capacity in the exporting country,

(B) existing inventories of the subject merchandise, or likely increases in inventories,

(C) the existence of barriers to the importation of such merchandise into countries other than the United States, and

(D) the potential for product-shifting if production facilities in the foreign country, which can be used to produce the subject merchandise, are currently being used to produce other products.

(3) Price

In evaluating the likely price effects of imports of the subject merchandise if the order is revoked or the suspended investigation is terminated, the Commission shall consider whether-

(A) there is likely to be significant price underselling by imports of the
subject merchandise as compared to domestic like products, and
(B) imports of the subject merchandise are likely to enter the United States at
prices that otherwise would have a significant depressing or suppressing
effect on the price of domestic like products.

(4) Impact on the industry

In evaluating the likely impact of imports of the subject merchandise on the
industry if the order is revoked or the suspended investigation is terminated, the
Commission shall consider all relevant economic factors which are likely to have
a bearing on the state of the industry in the United States, including, but not
limited to-
(A) likely declines in output, sales, market share, profits, productivity, return
on investments, and utilization of capacity,
(B) likely negative effects on cash flow, inventories, employment, wages,
growth, ability to raise capital, and investment, and
(C) likely negative effects on the existing development and production efforts
of the industry, including efforts to develop a derivative or more
advanced version of the domestic like product.

The Commission shall evaluate all relevant economic factors described in this
paragraph within the context of the business cycle and the conditions of
competition that are distinctive to the affected industry.

(5) Basis for determination

The presence or absence of any factor which the Commission is required to
consider under this subsection shall not necessarily give decisive guidance with
respect to the Commission's determination of whether material injury is likely to
continue or recur within a reasonably foreseeable time if the order is revoked or

the suspended investigation is terminated. In making that determination, the Commission shall consider that the effects of revocation or termination may not be imminent, but may manifest themselves only over a longer period of time.

(6) Magnitude of margin of dumping and net countervailable subsidy; nature of countervailable subsidy

In making a determination under section 1675(b) or (c) of this title, the Commission may consider the magnitude of the margin of dumping or the magnitude of the net countervailable subsidy. If a countervailable subsidy is involved the Commission shall consider information regarding the nature of the countervailable subsidy and whether the subsidy is a subsidy described in Article 3 or 6.1 of the Subsidies Agreement.

(7) Cumulation

For purposes of this subsection, the Commission may cumulatively assess the volume and effect of imports of the subject merchandise from all countries with respect to which reviews under section 1675(b) or (c) of this title were initiated on the same day, if such imports would be likely to compete with each other and with domestic like products in the United States market. The Commission shall not cumulatively assess the volume and effects of imports of the subject merchandise in a case in which it determines that such imports are likely to have no discernible adverse impact on the domestic industry.

(8) Special rule for regional industries

In a review under section 1675(b) or (c) of this title involving a regional industry, the Commission may base its determination on the regional industry defined in the original investigation under this subtitle, another region that satisfies the criteria established in section 1677(4)(C) of this title, or the United States as a whole. In determining if a regional industry analysis is appropriate for the determination in the review, the Commission shall consider whether the criteria established in section 1677(4)(C) of this title are likely to be satisfied if the order is revoked or the suspended investigation is terminated.

(b) Determination of likelihood of continuation or recurrence of a countervailable subsidy

(1) In general

In a review conducted under section 1675(c) of this title, the administering authority shall determine whether revocation of a countervailing duty order or termination of a suspended investigation under section 1671c of this title would be likely to lead to continuation or recurrence of a countervailable subsidy. The administering authority shall consider-

(A) the net countervailable subsidy determined in the investigation and subsequent reviews, and

(B) whether any change in the program which gave rise to the net countervailable subsidy described in subparagraph (A) has occurred that is likely to affect that net countervailable subsidy.

(2) Consideration of other factors

If good cause is shown, the administering authority shall also consider-

(A) programs determined to provide countervailable subsidies in other investigations or reviews under this subtitle, but only to the extent that such programs-

(i) can potentially be used by the exporters or producers subject to the review under section 1675(c) of this title, and

(ii) did not exist at the time that the countervailing duty order was issued or the suspension agreement was accepted, and

(B) programs newly alleged to provide countervailable subsidies but only to the extent that the administering authority makes an affirmative countervailing duty determination with respect to such programs and with respect to the exporters or producers subject to the review.

(3) Net countervailable subsidy

The administering authority shall provide to the Commission the net countervailable subsidy that is likely to prevail if the order is revoked or the suspended investigation is terminated. The administering authority shall normally choose a net countervailable subsidy that was determined under section 1671d of this title or subsection (a) or (b)(1) of section 1675 of this title.

(4) Special rule

(A) Treatment of zero and de minimis rates

A net countervailable subsidy described in paragraph (1)(A) that is zero or de minimis shall not by itself require the administering authority to determine that revocation of a countervailing duty order or termination of a suspended investigation would not be likely to lead to continuation or recurrence of a countervailable subsidy.

(B) Application of de minimis standards

For purposes of this paragraph, the administering authority shall apply the de minimis standards applicable to reviews conducted under subsections (a) and (b)(1) of section 1675 of this title.

(c) Determination of likelihood of continuation or recurrence of dumping

(1) In general

In a review conducted under section 1675(c) of this title, the administering authority shall determine whether revocation of an antidumping duty order or termination of a suspended investigation under section 1673c of this title would be likely to lead to continuation or recurrence of sales of the subject merchandise at less than fair value. The administering authority shall consider-

(A) the weighted average dumping margins determined in the investigation and subsequent reviews, and

(B) the volume of imports of the subject merchandise for the period before and the period after the issuance of the antidumping duty order or acceptance of the suspension agreement.

(2) Consideration of other factors

If good cause is shown, the administering authority shall also consider such other price, cost, market, or economic factors as it deems relevant.

(3) Magnitude of the margin of dumping

The administering authority shall provide to the Commission the magnitude of the margin of dumping that is likely to prevail if the order is revoked or the suspended investigation is terminated. The administering authority shall normally choose a margin that was determined under section 1673d of this title or under subsection (a) or (b)(1) of section 1675 of this title.

(4) Special rule

(A) Treatment of zero or de minimis margins

A dumping margin described in paragraph (1)(A) that is zero or de minimis shall not by itself require the administering authority to determine that revocation of an antidumping duty order or termination of a suspended investigation would not be likely to lead to continuation or recurrence of sales at less than fair value.

(B) Application of de minimis standards

For purposes of this paragraph, the administering authority shall apply the de minimis standards applicable to reviews conducted under subsections (a) and (b) of section 1675 of this title.

Code of Federal Regulations(2006 Edition), Title 19-Customs Duties, Chapter 3-International Trade Administration, Department of Commerce, 351-Antidumping and Countervailing Duties.

Sec. 351.213 Administrative review of orders and suspension agreements under section 751(a)(1) of the Act.

(a) Introduction. As noted in Sec. 351.212(a), the United States has a "retrospective" assessment system under which final liability for antidumping and countervailing duties is determined after merchandise is imported. Although duty liability may be determined in the context of other types of reviews, the most frequently used procedure for determining final duty liability is the administrative review procedure under section 751(a)(1) of the Act. This section contains rules regarding requests for administrative reviews and the conduct of such reviews.

(b) Request for administrative review.

(1) Each year during the anniversary month of the publication of an antidumping or countervailing duty order, a domestic interested party or an interested party described in section 771(9)(B) of the Act (foreign government) may request in writing that the Secretary conduct an administrative review under section 751(a)(1) of the Act of specified individual exporters or producers covered by an order (except for a countervailing duty order in which the investigation or prior administrative review was conducted on an aggregate basis), if the requesting person states why the person desires the Secretary to review those particular exporters or producers.

(2) During the same month, an exporter or producer covered by an order (except for a countervailing duty order in which the investigation or prior administrative review was conducted on an aggregate basis) may request in writing that the Secretary conduct an administrative review of only that person.

(3) During the same month, an importer of the merchandise may request in writing that the Secretary conduct an administrative review of only an exporter or producer (except for a countervailing duty order in which the investigation or prior administrative review was conducted on an aggregate basis) of the subject merchandise imported by that importer.

(4) Each year during the anniversary month of the publication of a suspension of investigation, an interested party may request in writing that the Secretary conduct an administrative review of all producers or exporters covered by an agreement on which the suspension of investigation was based.

(c) Deferral of administrative review-

(1) In general. The Secretary may defer the initiation of an administrative review, in whole or in part, for one year if:

   (i) The request for administrative review is accompanied by a request that the Secretary defer the review, in whole or in part; and

   (ii) None of the following persons objects to the deferral: the exporter or producer for which deferral is requested, an importer of subject merchandise of that exporter or producer, a domestic interested party and, in a countervailing duty proceeding, the foreign government.

(2) Timeliness of objection to deferral. An objection to a deferral of the initiation of administrative review under paragraph (c)(1)(ii) of this section must be submitted within 15 days after the end of the anniversary month in which the administrative review is requested.

(3) Procedures and deadlines. If the Secretary defers the initiation of an administrative review, the Secretary will publish notice of the deferral in the Federal Register. The Secretary will initiate the administrative review

in the month immediately following the next anniversary month, and the deadline for issuing preliminary results of review (see paragraph (h)(1) of this section) and submitting factual information (see Sec. 351.302 (b)(2)) will run from the last day of the next anniversary month.

(d) Rescission of administrative review-

(1) Withdrawal of request for review. The Secretary will rescind an administrative review under this section, in whole or in part, if a party that requested a review withdraws the request within 90 days of the date of publication of notice of initiation of the requested review. The Secretary may extend this time limit if the Secretary decides that it is reasonable to do so.

(2) Self-initiated review. The Secretary may rescind an administrative review that was self-initiated by the Secretary.

(3) No shipments. The Secretary may rescind an administrative review, in whole or only with respect to a particular exporter or producer, if the Secretary concludes that, during the period covered by the review, there were no entries, exports, or sales of the subject merchandise, as the case may be.

(4) Notice of rescission. If the Secretary rescinds an administrative review (in whole or in part), the Secretary will publish in the Federal Register notice of "Rescission of Antidumping (Countervailing Duty) Administrative Review" or, if appropriate, "Partial Rescission of Antidumping (Countervailing Duty) Administrative Review."

(e) Period of review-

(1) Antidumping proceedings.

    (i) Except as provided in paragraph (e)(1)(ii) of this section, an administrative review under this section normally will cover, as appropriate, entries, exports, or sales of the subject merchandise during the 12 months immediately preceding the most recent anniversary month.

(ii) For requests received during the first anniversary month after publication of an order or suspension of investigation, an administrative review under this section will cover, as appropriate, entries, exports, or sales during the period from the date of suspension of liquidation under this part or suspension of investigation to the end of the month immediately preceding the first anniversary month.

(2) Countervailing duty proceedings.

(i) Except as provided in paragraph (e)(2)(ii) of this section, an administrative review under this section normally will cover entries or exports of the subject merchandise during the most recently completed calendar year. If the review is conducted on an aggregate basis, the Secretary normally will cover entries or exports of the subject merchandise during the most recently completed fiscal year for the government in question.

(ii) For requests received during the first anniversary month after publication of an order or suspension of investigation, an administrative review under this section will cover entries or exports, as appropriate, during the period from the date of suspension of liquidation under this part or suspension of investigation to the end of the most recently completed calendar or fiscal year as described in paragraph (e)(2)(i) of this section.

(f) Voluntary respondents. In an administrative review, the Secretary will examine voluntary respondents in accordance with section 782(a) of the Act and Sec. 351.204(d).

(g) Procedures. The Secretary will conduct an administrative review under this section in accordance with Sec. 351.221.

(h) Time limits-

(1) In general. The Secretary will issue preliminary results of review (see Sec. 351.221(b)(4)) within 245 days after the last day of the anniversary month of the order or suspension agreement for which the administrative review was requested, and final results of review (see Sec. 351.221(b)(5)) within 120 days after the date on which notice of the preliminary results was published in the Federal Register.

(2) Exception. If the Secretary determines that it is not practicable to complete the review within the time specified in paragraph (h)(1) of this section, the Secretary may extend the 245-day period to 365 days and may extend the 120-day period to 180 days. If the Secretary does not extend the time for issuing preliminary results, the Secretary may extend the time for issuing final results from 120 days to 300 days.

(i) Possible cancellation or revision of suspension agreement. If during an administrative review the Secretary determines or has reason to believe that a signatory has violated a suspension agreement or that the agreement no longer meets the requirements of section 704 or section 734 of the Act (whichever is applicable), the Secretary will take appropriate action under section 704(i) or section 734(i) of the Act and Sec. 351.209. The Secretary may suspend the time limit in paragraph (h) of this section while taking action under Sec. 351.209.

(j) Absorption of antidumping duties.

(1) During any administrative review covering all or part of a period falling between the first and second or third and fourth anniversary of the publication of an antidumping order under Sec. 351.211, or a determination under Sec. 351.218(d) (sunset review), the Secretary, if requested by a domestic interested party within 30 days of the date of publication of the notice of initiation of the review, will determine whether antidumping duties have been absorbed by an exporter or producer subject to the review if the subject merchandise is sold in the United States through an importer that is affiliated with such exporter or

producer. The request must include the name(s) of the exporter or producer for which the inquiry is requested.

(2) For transition orders defined in section 751(c)(6) of the Act, the Secretary will apply paragraph (j)(1) of this section to any administrative review initiated in 1996 or 1998.

(3) In determining under paragraph (j)(1) of this section whether antidumping duties have been absorbed, the Secretary will examine the antidumping duties calculated in the administrative review in which the absorption inquiry is requested.

(4) The Secretary will notify the Commission of the Secretary's determination if:

(i) In the case of an administrative review other than one to which paragraph (j)(2) of this section applies, the administrative review covers all or part of a time period falling between the third and fourth anniversary month of an order; or

(ii) In the case of an administrative review to which paragraph (j)(2) of this section applies, the Secretary initiated the administrative review in 1998.

(k) Administrative reviews of countervailing duty orders conducted on an aggregate basis-

(1) Request for zero rate. Where the Secretary conducts an administrative review of a countervailing duty on an aggregate basis under section 777A(e)(2)(B) of the Act, the Secretary will consider and review requests for individual assessment and cash deposit rates of zero to the extent practicable. An exporter or producer that desires a zero rate must submit:

(i) A certification by the exporter or producer that it received zero or de minimis net countervailable subsidies during the period of review;

(ii) If the exporter or producer received a countervailable subsidy, calculations demonstrating that the amount of net countervailable subsidies received was de minimis during the period of review;

(iii) If the exporter is not the producer of the subject merchandise, certifications from the suppliers and producers of the subject merchandise that those persons received zero or de minimis net countervailable subsidies during the period of the review; and

(iv) A certification from the government of the affected country that the government did not provide the exporter (or the exporter's supplier) or producer with more than de minimis net countervailable subsidies during the period of review.

(2) Application of country-wide subsidy rate. With the exception of assessment and cash deposit rates of zero determined under paragraph (k)(1) of this section, if, in the final results of an administrative review under this section of a countervailing duty order, the Secretary calculates a single country-wide subsidy rate under section 777A(e)(2)(B) of the Act, that rate will supersede, for cash deposit purposes, all rates previously determined in the countervailing duty proceeding in question.

(l) Exception from assessment in regional industry cases. For procedures relating to a request for the exception from the assessment of anti-dumping or countervailing duties in a regional industry case, see Sec. 351.212(f).

Sec. 351.214 New shipper reviews under section 751(a)(2)(B) of the Act.

(a) Introduction. The URAA established a new procedure by which so-called "new shippers" can obtain their own individual dumping margin or counter-vailable subsidy rate on an expedited basis. In general, a new shipper is an exporter or producer that did not export, and is not affiliated with an exporter or producer that did export, to the United States during the period of investigation. This section contains rules regarding requests for new shipper reviews and procedures for conducting such reviews. In addition, this section contains rules regarding requests for expedited reviews by noninvestigated exporters in certain countervailing duty proceedings and procedures for conducting such reviews.

(b) Request for new shipper review-

(1) Requirement of sale or export. Subject to the requirements of section 751(a)(2)(B) of the Act and this section, an exporter or producer may request a new shipper review if it has exported, or sold for export, subject merchandise to the United States.

(2) Contents of request. A request for a new shipper review must contain the following:

(i) If the person requesting the review is both the exporter and producer of the merchandise, a certification that the person requesting the review did not export subject merchandise to the United States (or, in the case of a regional industry, did not export the subject merchandise for sale in the region concerned) during the period of investigation;

(ii) If the person requesting the review is the exporter, but not the producer, of the subject merchandise:

(A) The certification described in paragraph (b)(2)(i) of this section; and

(B) A certification from the person that produced or supplied the subject merchandise to the person requesting the review that that producer or supplier did not export the subject merchandise to the United States (or, in the case of a regional industry, did not export the subject merchandise for sale in the region concerned) during the period of investigation;

(iii)(A) A certification that, since the investigation was initiated, such exporter or producer has never been affiliated with any exporter or producer who exported the subject merchandise to the United States (or in the case of a regional industry, who exported the subject merchandise for sale in the region concerned) during the period of investigation, including those not individually examined during the investigation;

(B) In an antidumping proceeding involving imports from a non-market economy country, a certification that the export activities of such exporter or producer are not controlled by the central government;

(iv) Documentation establishing:

(A) The date on which subject merchandise of the exporter or producer making the request was first entered, or withdrawn from warehouse, for consumption, or, if the exporter or producer cannot establish the date of first entry, the date on which the exporter or producer first shipped the subject merchandise for export to the United States;

(B) The volume of that and subsequent shipments; and

(C) The date of the first sale to an unaffiliated customer in the United States; and

(v) In the case of a review of a countervailing duty order, a certification that the exporter or producer has informed the government of the exporting country that the government will be required to provide a full response to the Department's questionnaire.

(c) Deadline for requesting review. An exporter or producer may request a new shipper review within one year of the date referred to in paragraph (b)(2)(iv)(A) of this section.

(d) Time for new shipper review-

(1) In general. The Secretary will initiate a new shipper review under this section in the calendar month immediately following the anniversary month or the semiannual anniversary month if the request for the review is made during the 6-month period ending with the end of the anniversary month or the semiannual anniversary month (whichever is applicable).

(2) Semiannual anniversary month. The semiannual anniversary month is the calendar month which is 6 months after the anniversary month.

(3) Example. An order is published in January. The anniversary month would be January, and the semiannual anniversary month would be July. If the Secretary received a request for a new shipper review at any time during the period February-July, the Secretary would initiate a new shipper review in August. If the Secretary received a request for a new shipper review at any time during the period August-January, the Secretary would initiate a new shipper review in February.

(e) Suspension of liquidation; posting bond or security. When the Secretary initiates a new shipper review under this section, the Secretary will direct the Customs Service to suspend liquidation of any unliquidated entries of the subject merchandise from the relevant exporter or producer, and to allow, at the option of the importer, the posting, until the completion of the review, of a bond or security in lieu of a cash deposit for each entry of the subject merchandise.

(f) Rescission of new shipper review-

(1) Withdrawal of request for review. The Secretary may rescind a new shipper review under this section, in whole or in part, if a party that requested a review withdraws its request not later than 60 days after the date of publication of notice of initiation of the requested review.

(2) Absence of entry and sale to an unaffiliated customer. The Secretary may rescind a new shipper review, in whole or in part, if the Secretary concludes that:

(i) As of the end of the normal period of review referred to in paragraph (g) of this section, there has not been an entry and sale to an unaffiliated customer in the United States of subject merchandise; and

(ii) An expansion of the normal period of review to include an entry and sale to an unaffiliated customer in the United States of subject merchandise would be likely to prevent the completion of the review within the time limits set forth in paragraph (i) of this section.

(3) Notice of Rescission. If the Secretary rescinds a new shipper review (in whole or in part), the Secretary will publish in the Federal Register notice of "Rescission of Antidumping(Countervailing Duty) New Shipper Review" or, if appropriate, "Partial Rescission of Antidumping (Countervailing Duty) New Shipper Review."

(g) Period of review-

(1) Antidumping proceeding-

(i) In general. Except as provided in paragraph (g)(1)(ii) of this section, in an antidumping proceeding, a new shipper review under this section normally will cover, as appropriate, entries, exports, or sales during the following time periods:

(A) If the new shipper review was initiated in the month immediately following the anniversary month, the twelve-month period immediately preceding the anniversary month; or

(B) If the new shipper review was initiated in the month immediately following the semiannual anniversary month, the period of review will be the six-month period immediately preceding the semiannual anniversary month.

(ii) Exceptions.

(A) If the Secretary initiates a new shipper review under this section in the month immediately following the first anniversary month, the review normally will cover, as appropriate, entries, exports, or sales during the period from the date of suspension of liquidation under this part to the end of the month immediately preceding the first anniversary month.

(B) If the Secretary initiates a new shipper review under this section in the month immediately following the first semiannual anniversary month, the review normally will cover, as appropriate, entries, exports, or sales during the period from the date of suspension of liquidation under this part to the end of the month immediately preceding the first semiannual anniversary month.

(2) Countervailing duty proceeding. In a countervailing duty proceeding, the period of review for a new shipper review under this section will be the same period as that specified in Sec. 351.213(e)(2) for an administrative review.

(h) Procedures. The Secretary will conduct a new shipper review under this section in accordance with Sec. 351.221.

(i) Time limits-

(1) In general. Unless the time limit is waived under paragraph (j)(3) of this section, the Secretary will issue preliminary results of review(see Sec. 351.221(b)(4)) within 180 days after the date on which the new shipper review was initiated, and final results of review (see Sec. 351.221(b)(5)) within 90 days after the date on which the preliminary results were issued.

(2) Exception. If the Secretary concludes that a new shipper review is extraordinarily complicated, the Secretary may extend the 180-day period to 300 days, and may extend the 90-day period to 150 days.

(j) Multiple reviews. Notwithstanding any other provision of this subpart, if a review (or a request for a review) under Sec. 351.213 (administrative review), Sec. 351.214 (new shipper review), Sec. 351.215 (expedited antidumping review), or Sec. 351.216 (changed circumstances review) covers merchandise of an exporter or producer subject to a review (or to a request for a review) under this section, the Secretary may, after consulting with the exporter or producer:

(1) Rescind, in whole or in part, a review in progress under this subpart;

(2) Decline to initiate, in whole or in part, a review under this subpart; or

(3) Where the requesting party agrees in writing to waive the time limits of paragraph (i) of this section, conduct concurrent reviews, in which case all other provisions of this section will continue to apply with respect to the exporter or producer.

(k) Expedited reviews in countervailing duty proceedings for noninvestigated exporters-

(1) Request for review. If, in a countervailing duty investigation, the Secretary limited the number of exporters or producers to be individually examined under section 777A(e)(2)(A) of the Act, an exporter that the Secretary did not select for individual examination or that the Secretary did not accept as a voluntary respondent (see Sec. 351. 204(d)) may request a review under this paragraph (k). An exporter must submit a request for review within 30 days of the date of publication in the Federal Register of the countervailing duty order. A request must be accompanied by a certification that:

(i) The requester exported the subject merchandise to the United States during the period of investigation;

(ii) The requester is not affiliated with an exporter or producer that the Secretary individually examined in the investigation; and

(iii) The requester has informed the government of the exporting country that the government will be required to provide a full response to the Department's questionnaire.

(2) Initiation of review-

(i) In general. The Secretary will initiate a review in the month following the month in which a request for review is due under paragraph (k)(1) of this section.

(ii) Example. The Secretary publishes a countervailing duty order on January 15. An exporter would have to submit a request for a review by February 14. The Secretary would initiate a review in March.

(3) Conduct of review. The Secretary will conduct a review under this paragraph (k) in accordance with the provisions of this section applicable to new shipper reviews, subject to the following exceptions:

(i) The period of review will be the period of investigation used by the Secretary in the investigation that resulted in the publication of the countervailing duty order (see Sec. 351.204(b)(2));

(ii) The Secretary will not permit the posting of a bond or security in lieu of a cash deposit under paragraph (e) of this section;

(iii) The final results of a review under this paragraph (k) will not be the basis for the assessment of countervailing duties; and

(iv) The Secretary may exclude from the countervailing duty order in question any exporter for which the Secretary determines an individual net countervailable subsidy rate of zero or de minimis (see Sec. 351.204(e)(1)), provided that the Secretary has verified the information on which the exclusion is based.

(l) Exception from assessment in regional industry cases. For procedures relating to a request for the exception from the assessment of antidumping or countervailing duties in a regional industry case, see Sec. 351.212(f).

Sec. 351.216 Changed circumstances review under section 751(b) of the Act.

(a) Introduction. Section 751(b) of the Act provides for what is known as a "changed circumstances" review. This section contains rules regarding requests for changed circumstances reviews and procedures for conducting such reviews.

(b) Requests for changed circumstances review. At any time, an interested party may request a changed circumstances review, under section 751(b) of the Act, of an order or a suspended investigation. Within 45 days after the date on which a request is filed, the Secretary will determine whether to initiate a changed circumstances review.

(c) Limitation on changed circumstances review. Unless the Secretary finds that good cause exists, the Secretary will not review a final determination in an investigation (see section 705(a) or section 735(a) of the Act) or a suspended investigation (see section 704 or section 734 of the Act) less than 24 months after the date of publication of notice of the final determination or the suspension of the investigation.

(d) Procedures. If the Secretary decides that changed circumstances sufficient to warrant a review exist, the Secretary will conduct a changed circumstances review in accordance with Sec. 351.221.

(e) Time limits. The Secretary will issue final results of review (see Sec. 351.221(b)(5)) within 270 days after the date on which the changed circumstances review is initiated, or within 45 days if all parties to the proceeding agree to the outcome of the review.

Sec. 351.218 Sunset reviews under section 751(c) of the Act.

(a) Introduction. The URAA added a new procedure, commonly eferred to as "sunset reviews," in section 751(c) of the Act. In general, no later than once every five years, the Secretary must determine whether dumping or countervailable subsidies would be likely to continue or resume if an order were revoked or a suspended investigation were terminated. The Commission must conduct a similar review to determine whether injury would be likely to continue or resume in the absence of an order or suspended investigation. If the determinations under section 751(c) of both the Secretary and the Commission are affirmative, the order (or suspended investigation) remains in place. If either determination is negative, the order will be revoked (or the suspended investigation will be terminated). This section contains rules regarding the procedures for sunset reviews.

(b) In general. The Secretary will conduct a sunset review, under section

751(c) of the Act, of each antidumping and countervailing duty order and suspended investigation, and, under section 752(b) or section 752(c) (whichever is applicable), will determine whether revocation of an antidumping or countervailing duty order or termination of a suspended investigation would be likely to lead to continuation or recurrence of dumping or a countervailable subsidy.

(c) Notice of initiation of review; early initiation-

(1) Initial sunset review. No later than 30 days before the fifth anniversary date of an order or suspension of an investigation (see section 751(c)(1) of the Act), the Secretary will publish a notice of initiation of a sunset review (see section 751(c)(2) of the Act).

(2) Subsequent sunset reviews. In the case of an order or suspended investigation that is continued following a sunset review initiated under paragraph (c)(1) of this section, no later than 30 days before the fifth anniversary of the date of the last determination by the Commission to continue the order or suspended investigation, the Secretary will publish a notice of initiation of a sunset review (see section 751(c)(2) of the Act).

(3) Early initiation. The Secretary may publish a notice of initiation at an earlier date than the dates described in paragraph (c) (1) and (2) of this section if a domestic interested party demonstrates to the Secretary's satisfaction that an early initiation would promote administrative efficiency. However, if the Secretary determines that the domestic interested party that requested early initiation is a related party or an importer under section 771(4)(B) of the Act and Sec. 351.203(e)(4), the Secretary may decline the request for early initiation.

(4) Transition orders. The Secretary will initiate sunset reviews of transition orders, as defined in section 751(c)(6)(C) of the Act, in accordance with section 751(c)(6) of the Act.

(d) Participation in sunset review-

(1) Domestic interested party notification of intent to participate-

    (i) Filing of notice of intent to participate. Where a domestic interested party intends to participate in a sunset review, the interested party must, not later than 15 days after the date of publication in the Federal Register of the notice of initiation, file a notice of intent to participate in a sunset review with the Secretary.

    (ii) Contents of notice of intent to participate. Every notice of intent to participate in a sunset review must include a statement expressing the domestic interested party's intent to participate in the sunset review and the following information:

        (A) The name, address, and phone number of the domestic interested party (and its members, if applicable) that intends to participate in the sunset review and the statutory basis (under section 771(9) of the Act) for interested party status;

        (B) A statement indicating whether the domestic producer:

            (1) Is related to a foreign producer or to a foreign exporter under section 771(4)(B) of the Act; or

            (2) Is an importer of the subject merchandise or is related to such an importer under section 771(4)(B) of the Act;

        (C) The name, address, and phone number of legal counsel or other representative, if any;

        (D) The subject merchandise and country subject to the sunset review; and

        (E) The citation and date of publication in the Federal Register of the notice of initiation.

    (iii) Failure of domestic interested party to file notice of intent to participate in the sunset review.

        (A) A domestic interested party that does not file a notice of Intent to participate in the sunset review will be considered not willing to participate in the review and the Secretary will not accept or consider any unsolicited submissions from that party during the course of the review.

(B) If no domestic interested party files a notice of intent to partici-
pate in the sunset review, the Secretary will:

(1) Conclude that no domestic interested party has responded to
the notice of initiation under section 751(c)(3)(A) of the Act;

(2) Notify the International Trade Commission in writing as such
normally not later than 20 days after the date of publication
in the Federal Register of the notice of initiation; and

(3) Not later than 90 days after the date of publication in the
Federal Register of the Notice of Initiation, issue a final
determination revoking the order or terminating the suspended
investigation (see Sec. Sec. 51.221(c)(5)(ii) and 351.222(i)).

(2) Waiver of response by a respondent interested party to a notice of
initiation-

(i) Filing of statement of waiver. A respondent interested party may
waive participation in a sunset review before the Department under
section 751(c)(4) of the Act by filing a statement of waiver with
the Department, not later than 30 days after the date of publication
in the Federal Register of the notice of initiation. If a respondent
interested party waives participation in a sunset review before the
Department, the Secretary will not accept or consider any unsolicited
submissions from that party during the course of the review.
Waiving participation in a sunset review before the Department will
not affect a party's opportunity to participate in the sunset review
conducted by the International Trade Commission.

(ii) Contents of statement of waiver. Every statement of waiver must
include a statement indicating that the respondent interested party
waives participation in the sunset review before the Department; a
statement that the respondent interested party is likely to dump or
benefit from a countervailable subsidy (as the case may be) if the
order is revoked or the investigation is terminated; in the case of a

foreign government in a CVD sunset review, a statement that the government is likely to provide a countervailable subsidy if the order is revoked or the investigation is terminated; and the following information:

(A) The name, address, and phone number of the respondent interested party waiving participation in the sunset review before the Department;

(B) The name, address, and phone number of legal counsel or other representative, if any;

(C) The subject merchandise and country subject to the sunset review; and

(D) The citation and date of publication in the Federal Register of the notice of initiation.

(iii) No response from a respondent interested party. The Secretary will consider the failure by a respondent interested party to file a complete substantive response to a notice of initiation under paragraph (d)(3) of this section as a waiver of participation in a sunset review before the Department.

(iv) Waiver of participation by a foreign government in a CVD sunset review. Where a foreign government waives participation in a CVD sunset review under paragraph (d)(2)(i) or (d) (2)(iii) of this section, the Secretary will:

(A) Conclude that respondent interested parties have provided inadequate response to the notice of initiation under section 751(c)(3)(B) of the Act;

(B) Notify the International Trade Commission and conduct an expedited sunset review and issue final results of review in accordance with paragraph (e)(1)(ii)(C) of this section; and

(C) Base the final results of review on the facts available in accordance with 351.308(f).

(3) Substantive response to a notice of initiation-

(i) Time limit for substantive response to a notice of initiation. A complete substantive response to a notice of initiation, filed under this section, must be submitted to the Department not later than 30 days after the date of publication in the Federal Register of the notice of initiation.

(ii) Required information to be filed by all interested parties in substantive response to a notice of initiation. Except as provided in paragraph (d)(3)(v)(A) of this section, each interested party that intends to participate in a sunset review must file a submission with the Department containing the following:

(A) The name, address, and phone number of the interested party (and its members, if applicable) that intends to participate in the sunset review and the statutory basis (under section 771(9) of the Act) for interested party status;

(B) The name, address, and phone number of legal counsel or other representative, if any;

(C) The subject merchandise and country subject to the sunset review;

(D) The citation and date of publication in the Federal Register of the notice of initiation;

(E) A statement expressing the interested party's willingness to participate in the review by providing information requested by the Department, which must include a summary of that party's historical participation in any segment of the proceeding before the Department related to the subject merchandise;

(F) A statement regarding the likely effects of revocation of the order or termination of the suspended investigation under review, which must include any factual information, argument, and reason to support such statement;

(G) Factual information, argument, and reason concerning the dumping margin or countervailing duty rate, as applicable, that is likely to prevail if the Secretary revokes the order or terminates the suspended investigation, that the Department should select for a particular interested party(s);

(H) A summary of the Department's findings regarding duty absorption, if any, including a citation to the Federal Register notice in which the Department's findings are set forth; and

(I) A description of any relevant scope clarification or ruling, including a circumvention determination, or changed circumstances determination issued by the Department during the proceeding with respect to the subject merchandise.

(iii) Additional required information to be filed by respondent interested parties in substantive response to a notice of initiation. Except as provided in paragraph (d)(3)(v)(A) of this section, the submission from each respondent interested party that intends to participate in a sunset review must also contain the following:

(A) That party's individual weighted average dumping margin or countervailing duty rate, as applicable, from the investigation and each subsequent completed administrative review, including the final margin or rate, as applicable, where such margin or rate was changed as a result of a final and conclusive court order;

(B) For each of the five calendar years (or fiscal years, if more appropriate) preceding the year of publication of the notice of initiation, that party's volume and value (normally on an FOB basis) of exports of subject merchandise to the United States;

(C) As applicable, for the calendar year (or fiscal year, if more appropriate) preceding the year of initiation of the dumping investigation, that party's volume and value (normally on an FOB basis) of exports of subject merchandise to the United States;

(D) For each of the five calendar years (or fiscal years, if more appropriate) preceding the year of publication of the notice of initiation, on a volume basis (or value basis, if more appropriate), that party's percentage of the total exports of subject merchandise (defined in section 771(25) of the Act) to the United States; and

(E) For each of the three most recent years, including the year of publication of the notice of initiation, that party's volume and value (normally on an FOB basis) of exports of subject merchandise to the United States during the two fiscal quarters as of the month preceding the month in which the notice of initiation was published.

(iv) Optional information to be filed by interested parties in substantive response to a notice of initiation-

(A) Showing good cause. An interested party may submit information or evidence to show good cause for the Secretary to consider other factors under section 752(b)(2) (CVD) or section 752(c)(2) (AD) of the Act and paragraph (e)(2)(ii) of this section. Such information or evidence must be submitted in the party's substantive response to the notice of initiation under paragraph (d)(3) of this section.

(B) Other information. A substantive response from an interested party under paragraph (d)(3) of this section also may contain any other relevant information or argument that the party would like the Secretary to consider.

(v) Required information to be filed by a foreign government in substantive response to the notice of initiation in a CVD sunset review-

(A) In general. The foreign government of a country subject to a CVD sunset review (see section 771(9)(B) of the Act) that intends to participate in a CVD sunset review must file a submission with the Department under paragraph (d)(3)(i) of this section containing the information required under paragraphs (d)(3)(ii) (A) through (E) of this section.

(B) Additional required information to be filed by a foreign government in a CVD sunset review involving an order where the investigation was conducted on an aggregate basis. The submission from the foreign government of a country subject to a CVD sunset review, involving an order where the investigation was conducted on an aggregate basis, must also contain:

(1) The information required under paragraphs (d)(3)(ii)(F), (d)(3)(ii) (G), and (d)(3)(ii)(I) of this section;

(2) The countervailing duty rate from the investigation and each subsequent completed administrative review, including the final rate where such rate was changed as a result of a final and conclusive court order; and

(3) For each of the five calendar years (or fiscal years, if more appropriate) preceding the year of publication of the notice of initiation, the volume and value (normally on an FOB basis) of exports of subject merchandise to the United States.

(vi) Substantive responses from industrial users and consumers. An industrial user of the subject merchandise or a representative consumer organization, as described in section 777(h) of the Act, that intends to participate in a sunset review must file a submission with the Department under paragraph (d)(3)(i) of this section containing the information required under paragraphs (d)(3)(ii) (A) through (D) of this section and may submit other relevant information under paragraphs (d)(3)(ii) and (d)(3)(iv) of this section.

(4) Rebuttal to substantive response to a notice of initiation. Any interested party that files a substantive response to a notice of initiation under paragraph (d)(3) of this section may file a rebuttal to any other party's substantive response to a notice of initiation not later than five days after the date the substantive response is filed with the Department. Except as provided in Sec. 351.309(e), the Secretary normally will not accept or consider any additional information from a party after the time for

filing rebuttals has expired, unless the Secretary requests additional information from parties after determining to proceed to a full sunset review under paragraph (e)(2) of this section.

(e) Conduct of sunset review-

(1) Adequacy of response to a notice of initiation-

(i) Adequacy of response from domestic interested parties-

(A) In general. The Secretary will make its determination of adequacy of response on a case-by-case basis; however, the Secretary normally will conclude that domestic interested parties have provided adequate response to a notice of initiation where it receives a complete substantive response under paragraph (d)(3) of this section from at least one domestic interested party.

(B) Disregarding response from a domestic interested party. In making its determination concerning the adequacy of response from domestic interested parties under paragraph (e)(1)(i)(A) of this section, the Secretary may disregard a response from a domestic producer:

(1) Related to a foreign producer or to a foreign exporter under section 771(4)(B) of the Act; or

(2) That is an importer of the subject merchandise or is related to such an importer under section 771(4)(B) of the Act (see paragraph (d)(1)(ii)(B) of this section).

(C) Inadequate response from domestic interested parts. Where the Secretary determines to disregard a response from a domestic interested party(s) under paragraph (e)(1)(i)(A) or (e)(1) (i)(B) of this section and no other domestic interested party has filed a complete substantive response to the notice of initiation under paragraph (d)(3) of this section, the Secretary will:

(1) Conclude that no domestic interested party has responded to

the notice of initiation under section 751(c)(3)(A) of the Act;

(2) Notify the International Trade Commission in writing as such normally not later than 40 days after the date of publication in the Federal Register of the Notice of Initiation; and

(3) Not later than 90 days after the date of publication in the Federal Register of the Notice of Initiation, issue a final determination revoking the order or terminating the suspended investigation (see Sec. 351.221(c)(5)(ii) and 351.222(i)).

(ii) Adequacy of response from respondent interested parties-

(A) In general. The Secretary will makes its determination of adequacy of response on a case-by-case basis; however, the Secretary normally will conclude that respondent interested parties have provided adequate response to a notice of initiation where it receives complete substantive responses under paragraph (d)(3) of this section from respondent interested parties accounting on average for more than 50 percent, on a volume basis (or value basis, if appropriate), of the total exports of subject merchandise to the United States over the five calendar years preceding the year of publication of the notice of initiation.

(B) Failure of a foreign government to file a substantive response to a notice of initiation in a CVD sunset review. If a foreign government fails to file a complete substantive response to a notice of initiation in a CVD sunset review under paragraph (d)(3)(v) of this section or waives participation in a CVD sunset review under paragraph (d)(2)(i) of this section, the Secretary will:

(1) Conclude that respondent interested parties have provided inadequate response to the Notice of Initiation under section 751(c)(3)(B) of the Act;

(2) Notify the International Trade Commission and conduct an expedited sunset review and issue final results of review in accordance with paragraph (e)(1)(ii)(C) of this section; and

(3) Base the final results of review on the facts available in accordance with 351.308(f).

(C) Inadequate response from respondent interested parties. If the Secretary determines that respondent interested parties provided inadequate response to a notice of initiation under paragraph (d)(2)(iv), (e)(1)(ii)(A), or (e)(1)(ii)(B) of this section, the Secretary:

(1) Will notify the International Trade Commission in writing as such normally not later than 50 days after the date of publication in the Federal Register of the Notice of Initiation; and

(2) Normally will conduct an expedited sunset review and, not later than 120 days after the date of publication in the Federal Register of the notice of initiation, issue final results of review based on the facts available in accordance with Sec. 351.308(f) (see section 751(c)(3)(B) of the Act and Sec. 351.221(c)(5)(ii)).

(2) Full sunset review upon adequate response from domestic and respondent interested parties-

(i) In general. Normally, only where the Department receives adequate response to the notice of initiation from domestic interested parties under paragraph (e)(1)(i)(A) of this section and from respondent interested parties under paragraph (e)(1)(ii)(A) of this section, will the Department conduct a full sunset review. Even where the Department conducts a full sunset review, only under the most extraordinary circumstances will the Secretary rely on a countervailing duty rate or a dumping margin other than those it calculated and published in its prior determinations, and in no case will the Secretary calculate a net countervailable subsidy or a dumping margin for a new shipper in the context of a sunset review.

(ii) [Reserved]

(iii) Consideration of other factors under section 752(b)(2) (CVD) or section 752(c)(2) (AD) of the Act. The Secretary will consider other factors under section 752(b)(2) (CVD) or section 752(c)(2) (AD) of the Act if the Secretary determines that good cause to consider such other factors exists. The Secretary normally will consider such other factors only where it conducts a full sunset review under paragraph (e)(2)(i) of this section.

(f) Time limits-

(1) Preliminary results of full sunset review. The Department normally will issue its preliminary results in a full sunset review not later than 110 days after the date of publication in the Federal Register of the notice of initiation.

(2) Verification-

(i) In general. The Department will verify factual information relied upon in making its final determination normally only in a full sunset review (see section 782(i)(2) of the Act and Sec. 351.307 (b)(1)(iii)) and only where needed. The Department will conduct verification normally only if, in its preliminary results, the Department determines that revocation of the order or termination of the suspended investigation, as applicable, is not likely to lead to continuation or recurrence of a countervailable subsidy or dumping (see section 752(b) and section 752(c) of the Act), as applicable, and the Department's preliminary results are not based on countervailing duty rates or dumping margins, as applicable, determined in the investigation or subsequent reviews.

(ii) Timing of verification. The Department normally will conduct verification, under paragraph (f)(2)(i) of this section and Sec. 351.307, approximately 120 days after the date of publication in the Federal Register of the notice of initiation.

(3) Final results of full sunset review and notification to the International Trade Commission-

(i) Timing of final results of review and notification to the International

Trade Commission. The Department normally will issue its final results in a full sunset review and notify the International Trade Commission of its results of review not later than 240 days after the date of publication in the Federal Register of the notice of initiation (see section 751(c)(5)(A) of the Act).

(ii) Extension of time limit. If the Secretary determines that a full sunset review is extraordinarily complicated under section 751(c) (5)(C) of the Act, the Secretary may extend the period for issuing final results by not more than 90 days (see section 751(c)(5)(B) of the Act).

(4) Notice of continuation of an order or suspended investigation; notice of revocation of an order or termination of a suspended investigation. Except as provided in paragraph (d)(1)(iii)(B)(3) of this section and Sec. 351.222 (i)(1)(i), the Department normally will issue its determination to continue an order or suspended investigation, or to revoke an order or terminate a suspended investigation, as applicable, not later than seven days after the date of publication in the Federal Register of the International Trade Commission's determination concluding the sunset review. The Department immediately thereafter will publish notice of its determination in the Federal Register.

Sec. 351.221 Review procedures.

(a) Introduction. The procedures for reviews are similar to those followed in investigations. This section details the procedures applicable to reviews in general, as well as procedures that are unique to certain types of reviews.

(b) In general. After receipt of a timely request for a review, or on the Secretary's own initiative when appropriate, the Secretary will:

(1) Promptly publish in the Federal Register notice of initiation of the review;

(2) Before or after publication of notice of initiation of the review, send to

appropriate interested parties or other persons (or, if appropriate, a sample of interested parties or other persons) questionnaires requesting factual information for the review;

(3) Conduct, if appropriate, a verification under Sec. 351.307;

(4) Issue preliminary results of review, based on the available information, and publish in the Federal Register notice of the preliminary results of review that include:

  (i) The rates determined, if the review involved the determination of rates; and

  (ii) An invitation for argument consistent with Sec. 351.309;

(5) Issue final results of review and publish in the Federal Register notice of the final results of review that include the rates determined, if the review involved the determination of rates;

(6) If the type of review in question involves a determination as to the amount of duties to be assessed, promptly after publication of the notice of final results instruct the Customs Service to assess antidumping duties or countervailing duties (whichever is applicable) on the subject merchandise covered by the review, except as otherwise provided in Sec. 351.106(c) with respect to de minimis duties; and

(7) If the review involves a revision to the cash deposit rates for estimated antidumping duties or countervailing duties, instruct the Customs Service to collect cash deposits at the revised rates on future entries.

(c) Special rules-

(1) Administrative reviews and new shipper reviews. In an administrative review under section 751(a)(1) of the Act and Sec. 351.213 and a new shipper review under section 751(a)(2)(B) of the Act and Sec. 351.214 the Secretary:

  (i) Will publish the notice of initiation of the review no later than the last day of the month following the anniversary month or the semiannual anniversary month (as the case may be); and

  (ii) Normally will send questionnaires no later than 30 days after the date

of publication of the notice of initiation.

(2) Expedited antidumping review. In an expedited antidumping review under section 736(c) of the Act and Sec. 351.215, the Secretary:

(i) Will include in the notice of initiation of the review an invitation for argument consistent with Sec. 351.309, and a statement that the Secretary is permitting the posting of a bond or other security instead of a cash deposit of estimated antidumping duties;

(ii) Will instruct the Customs Service to accept, instead of the cash deposit of estimated antidumping duties under section 736(a)(3) of the Act, a bond for each entry of the subject merchandise entered, or withdrawn from warehouse, for consumption on or after the date of publication of the notice of initiation of the investigation and through the date not later than 90 days after the date of publication of the order; and

(iii) Will not issue preliminary results of review.

(3) Changed circumstances review. In a changed circumstances review under section 751(b) of the Act and Sec. 351.216, the Secretary:

(i) Will include in the preliminary results of review and the final results of review a description of any action the Secretary proposed based on the preliminary or final results;

(ii) May combine the notice of initiation of the review and the preliminary results of review in a single notice if the Secretary concludes that expedited action is warranted; and

(iii) May refrain from issuing questionnaires under paragraph (b)(2) of this section.

(4) Article 8 Violation review and Article 4 / Article 7 review. In an Article 8 Violation review or an Article 4 / Article 7 review under section 751(g) of the Act and Sec. 351.217, the Secretary:

(i) Will include in the notice of initiation of the review an invitation for argument consistent with Sec. 351.309 and will notify all parties to the proceeding at the time the Secretary initiates the review;

(ii) Will not issue preliminary results of review; and

(iii) In the final results of review will indicate the amount, if any, by which the estimated duty to be deposited should be adjusted, and, in an Article 4 / Article 7 review, any action, including revocation, that the Secretary will take based on the final results.

(5) Sunset review. In a sunset review under section 751(c) of the Act and Sec. 351.218:

(i) The notice of initiation of a sunset review will contain a request for the information described in Sec. 351.218(d); and

(ii) The Secretary, without issuing preliminary results of review, may issue final results of review under paragraphs (3) or (4) of subsection 751(c) of the Act if the conditions of those paragraphs are satisfied.

(6) Section 753 review. In a section 753 review under section 753 of the Act and Sec. 351.219, the Secretary:

(i) Will include in the notice of initiation of the review an invitation for argument consistent with Sec. 351.309, and will notify all parties to the proceeding at the time the Secretary initiates the review; and

(ii) May decline to issue preliminary results of review.

(7) Countervailing duty review at the direction of the President. In a countervailing duty review at the direction of the President under section 762 of the Act and Sec. 351.220, the Secretary will:

(i) Include in the notice of initiation of the review a description of the merchandise, the period under review, and a summary of the available information which, if accurate, would support the imposition of countervailing duties;

(ii) Notify the Commission of the initiation of the review and the preliminary results of review;

(iii) Include in the preliminary results of review the countervailable subsidy, if any, during the period of review and a description of official changes in the subsidy programs made by the government of the affected country that affect the estimated countervailable subsidy; and

(iv) Include in the final results of review the countervailable subsidy, if any, during the period of review and a description of official changes in the subsidy programs, made by the government of the affected country not later than the date of publication of the notice of preliminary results, that affect the estimated countervailable subsidy.

Code of Federal Regulations(2006 Edition), Title 19—Customs Duties, Chapter 2—United States International Trade Commission, 207—Investigations of Whether Injury to Domestic Industries Results from Imports Sold at Less than Fair Value or from Subsidized Exports to the United States.

Sec. 207.45 Investigation to review outstanding determination.

(a) Request for review. Any person may file with the Commission a request for the institution of a review investigation under section 751(b) of the Act. The person making the request shall also promptly serve copies of the request on the parties to the original investigation upon which the review is to be based. All requests shall set forth a description of changed circumstances sufficient to warrant the institution of a review investigation by the Commission.

(b) Notice of receipt of a request. Upon the receipt of a properly filed and sufficient request for a review investigation, the Secretary shall publish a notice of having received such a request in the Federal Register inviting public comment on the question of whether the Commission should institute a review investigation. Persons shall have at least thirty (30) days from the date of publication in the Federal Register within which to submit comments to the Commission.

(c) Institution of an investigation. Within thirty (30) days after the close of the period for public comments following publication of the receipt of a request, the Commission shall determine whether the request shows changed circumstances sufficient to warrant a review and, if so, shall institute a review investigation. The Commission may also institute a review investigation on its own initiative. The review investigation shall be instituted by notice published in the Federal Register and shall be completed within one hundred twenty (120) days of the date of such publication. If the Commission determines that a request does not show changed circumstances sufficient to warrant a review, the request shall be dismissed and a notice of the dismissal published in the Federal Register stating the reasons therefor.

(d) Conduct of review investigation. The procedures set forth in subpart C of part 207 shall apply to all investigations instituted under this section.

Sec. 207.60 Definitions.

For purposes of this subpart:

(a) The term five-year review means a five-year review conducted pursuant to section 751(c) of the Act. The provisions of part 201 of this chapter and subpart A of this part pertaining to "investigations" are generally applicable to five-year reviews, unless superseded by a provision in this subpart of more specific application.

(b) The term expedited review means a five-year review conducted by the Commission pursuant to section 751(c)(3)(B) of the Act.

(c) The term full review means a five-year review that has not been expedited by the Commission or terminated pursuant to section 751(c)(3) of the Act.

(d) The term notice of institution shall refer to the notice of institution of five-year review that the Commission shall publish in the Federal Register requesting that interested parties provide information to the Commission upon initiation of a five-year review.

Sec. 207.61 Responses to notice of institution.

(a) When information must be filed. Responses to the notice of institution shall be submitted to the Commission no later than 50 days after its publication in the Federal Register.

(b) Information to be filed with the Secretary. The notice of institution shall direct each interested party to make a filing pursuant to Sec. Sec. 201.6, 201.8 and 207.3 of this chapter containing the following:

(1) A statement expressing its willingness to participate in the review by providing information requested by the Commission;

(2) A statement regarding the likely effects of revocation of the order(s) or termination of the suspended investigation(s) under review;

(3) Such information or industry data as the Commission may specify in the notice of institution.

(c) When requested information cannot be supplied. Any interested party that cannot furnish the information requested by the notice of institution in the requested form and manner shall, promptly after issuance of the notice, notify the Commission, provide a full explanation of why it cannot furnish the requested information, and indicate alternative forms in which it can provide equivalent information. The Commission may modify its requests to the extent necessary to avoid posing an unreasonable burden on that party.

(d) Submissions by persons other than interested parties. Any person who is not an interested party may submit to the Commission, in a filing satisfying the requirements of Sec. 201.8 of this chapter, information relevant to the Commission's review no later than 50 days after publication of the notice of institution in the Federal Register.

Sec. 207.62 Rulings on adequacy and nature of Commission review.

(a) Basis for rulings on adequacy. The Commission will assess the adequacy of aggregate interested party responses to the notice of institution with respect to each order or suspension agreement under review and, where the underlying affirmative Commission determination found multiple domestic like products, on the basis of each domestic like product.

(b) Comments to the Commission.

(1) Comments to the Commission concerning whether the Commission should conduct an expedited review may be submitted by:
(i) Any interested party that is a party to the five-year review and that has responded to the notice of institution; and
(ii) Any party, other than an interested party, that is a party to the five-year review.

(2) Comments shall be submitted within the time specified in the notice of institution. In a grouped review, only one set of comments shall be filed per party. Comments shall not exceed fifteen (15) pages of textual material, double spaced and single sided, on stationery measuring 8 \ 1 / 2 \ x11 inches. Comments containing new factual information shall be disregarded.

(c) Notice of scheduling of full review. If the Commission concludes that interested parties' responses to the notice of institution are adequate, or otherwise determines that a full review should proceed, investigative activities pertaining to that review will continue. The Commission will publish in the Federal Register a notice of scheduling pertaining to subsequent procedures in the review.

(d) Procedures for expedited reviews.

(1) If the Commission concludes that interested parties' responses to the notice of institution are inadequate, it may decide to conduct an expedited review. In that event, the Commission shall direct the Secretary to issue a notice stating that the Commission has decided to conduct an expedited review and inviting those parties to the review described in paragraph (d)(2) of this section to file written comments with the Secretary on what determination the Commission should reach in the review. The date on which such comments must be filed will be specified in the notice to be issued by the Secretary. Comments containing new factual information shall be disregarded.

(2) The following parties may file the comments described in paragraph (d)(1) of this section:

    (i) Any interested party that is a party to the five-year review and that has filed an adequate response to the notice of institution; and

    (ii) Any party, other than an interested party, that is a party to the five-year review.

(3) Any person that is neither a party to the five-year review nor an interested party may submit a brief written statement (which shall not contain any new factual information) pertinent to the review within the time specified for the filing of written comments.

(4) The Director shall prepare and place in the record, prior to the date on which the comments described in paragraph (d)(1) of this section must be filed, a staff report containing information concerning the subject matter of the review. A version of the staff report containing business proprietary information shall be placed in the nonpublic record and made available to persons authorized to receive business proprietary information under Sec. 207.7, and a nonbusiness proprietary version of the staff eport shall be placed in the public record.

(e) Use of facts available. The Commission's determination in an expedited review will be based on the facts available, in accordance with section 776 of the Act.

Sec. 207.63 Circulation of draft questionnaires.

(a) The Director shall circulate draft questionnaires to the parties for comment in each full review.

(b) Any party desiring to comment on the draft questionnaires shall submit such comments in writing to the Commission within a time specified by the Director. All requests for collecting new information should be presented at this time. The Commission will disregard subsequent requests for collection of new information absent a showing that there is a compelling need for the information and that the information could not have been requested in the comments on the draft questionnaires.

Sec. 207.64 Staff reports.

(a) Prehearing staff report. The Director shall prepare and place in the record, prior to the hearing, a prehearing staff report containing information concerning the subject matter of the five-year review. A version of the staff report containing business proprietary information shall be placed in the nonpublic record and made available to persons authorized to receive business proprietary information under Sec. 207.7, and a nonbusiness proprietary version of the staff report shall be placed in the public record.

(b) Final staff report. After the hearing, the Director shall revise the prehearing staff report and submit to the Commission, prior to the Commission's determination, a final version of the staff report. The final staff report is intended to supplement and correct the information contained in the prehearing staff report. The Director shall place the final staff report in the record. A public version of the final staff report shall be made available to the public and a business proprietary version shall also be made available to persons authorized to receive business proprietary information under Sec. 207.7.

Sec. 207.65 Prehearing briefs.

Each party to a five-year review may submit a prehearing brief to the Commission on the date specified in the scheduling notice. A prehearing rief shall be signed and shall include a table of contents. The prehearing rief should present a party's case concisely and shall, to the extent ossible, refer to the record and include information and arguments which he party believes relevant to the subject matter of the Commission's etermination.

Sec. 207.66 Hearing.

(a) In general. The Commission shall hold a hearing in each full eview. The date of the hearing shall be specified in the scheduling notice.

(b) Procedures. Hearing procedures in five-year reviews will conform o those for final phase antidumping and countervailing duty investigations et forth in Sec. 207.24.

Sec. 207.67 Posthearing briefs and statements.

(a) Briefs from parties. Any party to a five-year review may file with he Secretary a posthearing brief concerning the information adduced at or fter the hearing within a time specified in the scheduling notice or by the residing official at the hearing. No such posthearing brief shall exceed ifteen (15) pages of textual material, double spaced and single sided, on tationery measuring 8 \ 1 / 2 \ x11 inches. In addition, the presiding official ay permit persons to file answers to questions or requests made by the ommission at the hearing within a specified time. The Secretary shall not ccept for filing posthearing briefs or answers which do not comply with his section.

(b) Statements from nonparties. Any person other than a party may ubmit a brief written statement of information pertinent to the review within the time specified for the filing of posthearing briefs.

Sec. 207.68 Final comments on information.

(a) The Commission shall specify a date after the filing of posthearing briefs on which it will disclose to all parties to the five-year review all information it has obtained on which the parties have not previously had an opportunity to comment. Any such information that is business proprietary information will be released to persons authorized to obtain such information pursuant to Sec. 207.7.

(b) The parties shall have an opportunity to file comments on any information disclosed to them after they have filed their posthearing brief pursuant to Sec. 207.67. Comments shall only concern such information, and shall not exceed 15 pages of textual material, double spaced and single-sided, on stationery measuring 8 \ 1 / 2 \ x11 inches. A comment may address the accuracy, reliability, or probative value of such information by reference to information elsewhere in the record, in which case the comment shall identify where in the record such information is found. Comments containing new factual information shall be disregarded. The date on which such comments must be filed will be specified by the Commission when it specifies the time that information will be disclosed pursuant to paragraph (a) of this section. The record shall close on the date such comments are due, except with respect to changes in bracketing of business proprietary information in the comments permitted by Sec. 207.3(c).

Sec. 207.69 Publication of determinations.

Whenever the Commission makes a determination concluding a five-year review, the Secretary shall serve copies of the determination and, when applicable, the nonbusiness proprietary version of the final staff report on all parties to the review, and on the administering authority. The Secretary shall publish notice of such determination in the Federal Register.

Policies Regarding the Conduct of Five-year ("Sunset") Reviews of Antidumping and Countervailing Duty Orders

I. Overview

The Uruguay Round Agreements Act("URAA") revised the Tariff Act of 1930, as amended ("the Act"), by requiring that antidumping ("AD") and countervailing duty ("CVD") orders be revoked, and suspended investigations be terminated, after five years unless revocation or termination would be likely to lead to a continuation or recurrence of (1) dumping or a countervailable subsidy, and (2) material injury to the domestic industry.

The URAA assigns to the Department of Commerce ("the Department") the responsibility of determining whether revocation of an antidumping or countervailing duty order, or termination of a suspended investigation, would be likely to lead to a continuation or recurrence of dumping or a countervailable subsidy. The Department then must transmit to the International Trade Commission ("the Commission") its likelihood determination and its determination regarding the magnitude of the margin of dumping or the net countervailable subsidy that is likely to prevail if the order is revoked or the suspended investigation is terminated. The URAA also requires that the Department begin initiating sunset reviews in July 1998, that all sunset reviews of "transition orders"—those antidumping and countervailing duty orders and suspended investigations in effect on January 1, 1995, the effective date of the URAA—be initiated by December 31, 1999, and that all reviews of transition orders be completed by June 30, 2001.

The URAA further requires that the Department initiate a sunset review of each order or suspended investigation that is not a "transition order" not later than 30 days before the fifth anniversary of publication of the order or suspension agreement in the Federal Register. Pursuant to section 751(c)(1) of the Act, initiation of sunset reviews is automatic.

Sunset reviews of antidumping and countervailing duty orders and suspended investigations will be conducted pursuant to the provisions of the Act, including sections 751(c) and 752 of the Act, and the Department's regulations at 19 CFR Part 351, including §§ 351.218, 351,221, 351.222(i), 351.307, 351.308(f), 351.309, and 351.310 (*see Procedures for Conducting Five-year ("Sunset") Reviews of Antidumping and Countervailing Duty Orders*, 63 FR 13516 (March 20, 1998) (interim final rules)). These policies are intended to complement the applicable statutory and regulatory provisions by providing guidance on methodological or analytical issues not explicitly addressed by the statute and regulations. In developing these policies, the Department has drawn on

the guidance provided by the legislative history accompanying the URAA, specifically the Statement of Administrative Action ("the SAA"), H.R. Doc. No.103-316, vol.1 (1994), the House Report, H.R. Rep. No.103-826, pt. 1 (1994), and the Senate Report, S. Rep. No.103-412 (1994).

II. Sunset Reviews in Antidumping Proceedings

A. Determination of Likelihood of Continuation or Recurrence of Dumping

1. In General

In accordance with section 752(c)(1) of the Act, in determining whether revocation of an antidumping order or termination of a suspended dumping investigation would be likely to lead to continuation or recurrence of dumping, the Department will consider-

    (a) the weighted-average dumping margins determined in the investigation and subsequent reviews, and

    (b) the volume of imports of the subject merchandise for the period before and the period after the issuance of the antidumping order or acceptance of suspension agreement.

2. Basis for Likelihood Determination Consistent with the SAA at 879, and the House Report at 56, the Department will make its determination of likelihood on an order-wide basis.

3. Likelihood of Continuation or Recurrence of Dumping
The SAA at 889, the House Report at 63, and the Senate Report at 52, state that,

[D]eclining import volumes accompanied by the continued existence of dumping margins after the issuance of the order may provide a strong indication that, absent an order, dumping would be likely to continue, because the evidence would indicate that the exporter needs to dump to sell at pre-order volumes.

In addition, the SAA at 890, and the House Report at 63-64, state that,

[E]xistence of dumping margins after the order, or the cessation of imports after the order, is highly probative of the likelihood of continuation or recurrence of dumping. If companies continue to dump with the discipline of an order in place, it is reasonable to assume that dumping would continue if the discipline were removed. If imports cease after the order is issued, it is reasonable to assume that the exporters could not sell in the United States without dumping and that, to reenter the U.S. market, they would have to resume dumping.

Therefore, the Department normally will determine that revocation of an antidumping order or termination of a suspended dumping investigation is likely to lead to continuation or recurrence of dumping where —

(a) dumping continued at any level above *de minimis* after the issuance of the order or the suspension agreement, as applicable;

(b) imports of the subject merchandise ceased after issuance of the order or the suspension agreement, as applicable; or

(c) dumping was eliminated after the issuance of the order or the suspension agreement, as applicable, and import volumes for the subject merchandise declined significantly.

The Department recognizes that, in the context of a sunset review of a suspended investigation, the data relevant to the criteria under paragraphs

(a) through (c), above, may not be conclusive with respect to likelihood. Therefore, the Department may be more likely to entertain good cause arguments under paragraph II.C in a sunset review of a suspended investigation.

4. No Likelihood of Continuation or Recurrence of Dumping

The SAA at 889-90, and the House Report at 63, state that,

[D]eclining (or no) dumping margins accompanied by steady or increasing imports may indicate that foreign companies do not have to dump to maintain market share in the United States and that dumping is less likely to continue or recur if the order were revoked. *See also*, the Senate Report at 52.

Therefore, the Department normally will determine that revocation of an antidumping order or termination of a suspended dumping investigation is not likely to lead to continuation or recurrence of dumping where dumping was eliminated after issuance of the order or the suspension agreement, as applicable, and import volumes remained steady or increased. Declining margins alone normally would not qualify because the legislative history makes clear that continued margins at any level would lead to a finding of likelihood. *See* section II.A.3, above. In analyzing whether import volumes remained steady or increased, the Department normally will consider companies' relative market share. Such information should be provided to the Department by the parties.

The Department recognizes that, in the context of a sunset review of a suspended investigation, the elimination of dumping coupled with steady or increasing import volumes may not be conclusive with respect to no likelihood. Therefore, the Department may be more likely to entertain good cause arguments under paragraph II.C in a sunset review of a suspended investigation.

5. Treatment of Zero or De Minimis Margins

Section 752(c)(4)(A) of the Act provides that a weighted-average dumping margin determined in the investigation or subsequent reviews that is zero or *de minimis* shall not by itself require the Department to determine that revocation of an antidumping duty order or termination of a suspended investigation would not be likely to lead to continuation or recurrence of sales at less than fair value.

Therefore, although the Department may consider the existence of a zero or *de minimis* dumping margin in making its determination of likelihood, a zero or *de minimis* dumping margin, in itself, will not require that the Department determine that continuation or recurrence of dumping is not likely. In accordance with section 752(c)(4)(B) of the Act and 19 CFR 351.106(c)(1), the Department will treat as *de minimis* any weighted-average dumping margin that is less than 0.5 percent *ad valorem* or the equivalent specific rate.

B. Magnitude of the Margin of Dumping That is Likely to Prevail

1. In General

Section 752(c)(3) of the Act provides that the Department will provide to the Commission the magnitude of the margin of dumping that is likely to prevail if the order is revoked or the suspended investigation is terminated.

The SAA at 890, and the House Report at 64, provide that the Department normally will select a margin "from the investigation, because that is the only calculated rate that reflects the behavior of exporters*** without the discipline of an order or suspension agreement in place."

Therefore, except as provided in paragraphs II.B.2 and II.B.3, the Department normally will provide to the Commission the margin that was determined in the final determination in the original investigation. In certain situations, the Department may provide to the Commission the margin that was determined in the preliminary determination in the original investigation, *e.g.*, where the Department did not issue a final determination because the investigation was suspended and continuation was not requested. Specifically, the Department normally will provide the company-specific margin from the investigation for each company regardless of whether the margin was calculated using a company's own information or based on best information available or facts available.

Furthermore, in light of the legislative history discussed above, for companies not specifically investigated or for companies that did not begin shipping until after the order was issued, the Department normally will provide a margin based on the all others rate from the investigation. In addition, the Department normally will provide to the Commission a list of companies excluded from the order based on zero or *de minimis* margins, if any, or subsequently revoked from the order, if any.

In a sunset review of an antidumping duty finding, *i.e.*, where the original investigation was conducted by the Department of the Treasury ("Treasury"), the Department normally will provide to the Commission the company-specific margin or the all others rate included in the Treasury finding published in the Federal Register. If no company-specific margin or all others rate is included in the Treasury finding, the Department normally will provide to the Commission the company-specific margin from the first final results of administrative review published in the Federal Register by the Department. If the first final results of administrative review of the finding do not contain a margin for a particular company, the Department normally will provide to the Commission, as the margin for that company, the first "new shippers" rate established by the Department for the finding.

2. Use of a More Recently Calculated Margin

The SAA at 890-91, and the House Report at 64, provide that in certain instances, it may be more appropriate for the Department to provide the Commission with a more recently calculated margin. Specifically, the SAA and the House Report state that, "if dumping margins have declined over the life of an order and imports have remained steady or increased, [the Department] may conclude that exporters are likely to continue dumping at the lower rates found in a more recent review." In addition, the SAA at 889-90, and the House Report at 63, state that, "declining (or no) dumping margins accompanied by steady or increasing imports may indicate that foreign companies do not have to dump to maintain market share in the United States and that dumping is less likely to continue or recur if the order were revoked." *See also*, the Senate Report at 52.

Therefore, unless the Department finds no likelihood of continuation or recurrence of dumping, the Department may, in response to argument from an interested party, provide to the Commission a more recently calculated margin for a particular company where, for that particular company, dumping margins declined or dumping was eliminated after the issuance of the order or the suspension agreement, as applicable, and import volumes remained steady or increased. In analyzing whether import volumes remained steady or increased, the Department normally will consider the company's relative market share. Such information should be provided to the Department by the parties.

In addition, a company may choose to increase dumping in order to maintain or increase market share. As a result, increasing margins may be more representative of a company's behavior in the absence of an order. Therefore, unless the Department finds no likelihood of continuation or recurrence of dumping, the Department may, in response to argument from an interested party, provide to the Commission a more recently calculated margin for a particular company where, for that particular company, dumping margins increased after the issuance of the order, even if the increase was as a result of the application of best information available or facts available.

3. Duty Absorption

a. In General

Section 751(a)(4) of the Act provides that, during the second or fourth administrative review of an order (or, for transition orders, during an administrative review initiated in 1996 or 1998 (*see* 19 CFR 351.213(j))), upon request, the Department will determine whether antidumping duties have been absorbed by a foreign producer or exporter subject to an order if the subject merchandise is sold in the United States through an importer who is affiliated with such foreign producer or exporter. The statute further provides that the Department will notify the Commission of its findings regarding such duty absorption for the Commission to consider in conducting a sunset review.

Therefore, the Department will provide to the Commission, on a company-specific basis, its findings regarding duty absorption, if any, for all reviews in which the Department conducted a duty absorption analysis.

b. Effect on Magnitude of the Margin

The SAA at 885, and the House report at 60, state that, Duty absorption is a strong indicator that the current dumping margins calculated by [the Department] in reviews may not be indicative of the margins that would exist in the absence of an order. Once an order is revoked, the importer could achieve the same pre-revocation return on its sales by lowering its prices in the U.S. in the amount of the duty that previously was being absorbed. *See also*, the Senate Report at 50. The SAA at 886, and the House Report at 61, also provide that if, in the fourth administrative review (or, for transition orders, for an administrative review initiated in 1998), the Department finds that absorption has taken place, the Department will take that into account in its determination regarding the dumping margins likely to prevail if an order were revoked. The Senate Report at 50, suggests that the Department's notification to the Commission of its findings on duty absorption should include, to the extent practicable, some indication of the magnitude of the absorption.

Therefore, notwithstanding paragraphs II.B.1 and II.B.2, where the Department has found duty absorption in the fourth administrative review of the order (or, for transition orders, in an administrative review initiated in 1998), the Department normally will-

    (a) determine that a company's current dumping margin is not indicative of the margin likely to prevail if the order is revoked; and

    (b) provide to the Commission the higher of the margin that the Department otherwise would have reported to the Commission or the most recent margin for that company adjusted to account for the Department's findings on duty absorption.

The Department normally will adjust a company's most recent margin to take into account its findings on duty absorption by increasing the margin by the amount of duty absorption on those sales for which the Department found duty absorption.

C. Consideration of Other Factors

Section 752(c)(2) of the Act provides that, if the Department determines that good cause is shown, the Department also will consider other price, cost, market or economic factors in determining the likelihood of continuation or recurrence of dumping.

The SAA at 890, states that such other factors might include, the market share of foreign producers subject to the antidumping proceeding; changes in exchange rates, inventory levels, production capacity, and capacity utilization; any history of sales below cost of production; changes in manufacturing technology in the industry; and prevailing prices in relevant markets.

The SAA at 890, also notes that the list of factors is illustrative, and that the Department should analyze such information on a case-by-case basis. Therefore, the Department will consider other factors in AD sunset reviews if the Department determines that good cause to consider such other factors exists. The burden is on an interested party to provide information or evidence that would warrant consideration of the other factors in question. With respect to a sunset review of a suspended investigation, where the Department determines that good cause exists, the Department normally will conduct the sunset review consistent with its practice of examining likelihood under section 751(a) of the Act.

Council Regulation (EC) No 384 / 96 of 22 December 1995 on protection against dumped imports from countries not members of the European Community

Article 11 Duration, reviews and refunds

1. An anti-dumping measure shall remain in force only as long as, and to the extent that, it is necessary to counteract the dumping which is causing injury.

2. A definitive anti-dumping measure shall expire five years from its imposition or five years from the date of the conclusion of the most recent review which has covered both dumping and injury, unless it is determined in a review that the expiry would be likely to lead to a continuation or recurrence of dumping and injury. Such an expiry review shall be initiated on the initiative of the Commission, or upon request made by or on behalf of Community producers, and the measure shall remain in force pending the outcome of such review.

An expiry review shall be initiated where the request contains sufficient evidence that the expiry of the measures would be likely to result in a continuation or recurrence of dumping and injury. Such a likelihood may, for example, be indicated by evidence of continued dumping and injury or evidence that the removal of injury is partly or solely due to the existence of measures or evidence that the circumstances of the exporters, or market conditions, are such that they would indicate the likelihood of further injurious dumping.

In carrying out investigations under this paragraph, the exporters, importers, the representatives of the exporting country and the Community producers shall be provided with the opportunity to amplify, rebut or comment on the matters set out in the review request, and conclusions shall be reached with due account taken of all relevant and duly documented evidence presented in relation to the question as to whether the expiry of measures would be likely, or unlikely, to lead to the continuation or recurrence of dumping and injury.

A notice of impending expiry shall be published in the Official Journal of the European Communities at an appropriate time in the final year of the period of application of the measures as defined in this paragraph. Thereafter, the Community producers shall, no later than three months before the end of the five-year period, be entitled to lodge a review request in accordance with the second sub-paragraph. A notice announcing the actual expiry of measures pursuant to this paragraph shall also be published.

3. The need for the continued imposition of measures may also be reviewed, where warranted, on the initiative of the Commission or at the request of a Member State or, provided that a reasonable period of time of at least one year has elapsed since the imposition of the definitive measure, upon a request by any exporter or importer or by the Community producers which contains sufficient evidence substantiating the need for such an interim review.

An interim review shall be initiated where the request contains sufficient evidence that the continued imposition of the measure is no longer necessary to offset dumping and / or that the injury would be unlikely to continue or recur if the measure were removed or varied, or that the existing measure is not, or is no longer, sufficient to counteract the dumping which is causing injury.

In carrying out investigations pursuant to this paragraph, the Commission may, inter alia, consider whether the circumstances with regard to dumping and injury have changed significantly, or whether existing measures are achieving the intended results in removing the injury previously established under Article 3. In these respects, account shall be taken in the final determination of all relevant and duly documented evidence.

4. A review shall also be carried out for the purpose of determining indi-

vidual margins of dumping for new exporters in the exporting country in question which have not exported the product during the period of investigation on which the measures were based.

The review shall be initiated where a new exporter or producer can show that it is not related to any of the exporters or producers in the exporting country which are subject to the anti-dumping measures on the product, and that it has actually exported to the Community following the abovementioned investigation period, or where it can demonstrate that it has entered into an irrevocable contractual obligation to export a significant quantity to the Community.

A review for a new exporter shall be initiated, and carried out on an accelerated basis, after consultation of the Advisory Committee and after Community producers have been given an opportunity to comment. The Commission Regulation initiating a review shall repeal the duty in force with regard to the new exporter concerned by amending the Regulation which has imposed such duty, and by making imports subject to registration in accordance with Article 14(5) in order to ensure that, should the review result in a determination of dumping in respect of such an exporter, anti-dumping duties can be levied retroactively to the date of the initiation of the review.

The provisions of this paragraph shall not apply where duties have been imposed under Article 9(6).

5. The relevant provisions of this Regulation with regard to procedures and the conduct of investigations, excluding those relating to time limits, shall apply to any review carried out pursuant to paragraphs 2, 3 and 4 of this Article. Reviews carried out pursuant to paragraphs 2 and 3 shall be carried out expeditiously and shall normally be concluded within 12 months of the date of initiation of the review. In any event, reviews pursuant to paragraphs 2 and 3 shall in all cases be concluded within 15 months of initiation. Reviews pursuant to paragraph 4 shall in all cases be concluded within nine months of the date of initiation. If a review carried out pursuant to paragraph 2 is initiated while a review under paragraph 3 is ongoing in the same proceeding, the review pursuant to paragraph 3 shall be concluded at the same time as foreseen above

for the review pursuant to paragraph 2.

The Commission shall submit a proposal for action to the Council not later than one month before the expiry of the above deadlines.

If the investigation is not completed within the above deadlines, the measures shall:

- expire in investigations pursuant to paragraph 2 of this Article,
- expire in the case of investigations carried out pursuant to paragraphs 2 and 3 of this Article in parallel, where either the investigation pursuant to paragraph 2 was initiated while a review under paragraph 3 was ongoing in the same proceeding or where such reviews were initiated at the same time, or
- remain unchanged in investigations pursuant to paragraphs 3 and 4 of this Article.

A notice announcing the actual expiry or maintenance of the measures pursuant to this paragraph shall then be published in the *Official Journal of the European Union*.

6. Reviews pursuant to this Article shall be initiated by the Commission after consultation of the Advisory Committee. Where warranted by reviews, measures shall be repealed or maintained pursuant to paragraph 2, or repealed, maintained or amended pursuant to paragraphs 3 and 4, by the Community institution responsible for their introduction. Where measures are repealed for individual exporters, but not for the country as a whole, such exporters shall remain subject to the proceeding and may, automatically, be reinvestigated in any subsequent review carried out for that country pursuant to this Article.

7. Where a review of measures pursuant to paragraph 3 is in progress at the end of the period of application of measures as defined in paragraph 2, such review shall also cover the circumstances set out in paragraph 2.

8. Notwithstanding paragraph 2, an importer may request reimbursement of duties collected where it is shown that the dumping margin, on the basis of which duties were paid, has been eliminated, or reduced to a level which is below the level of the duty in force.

In requesting a refund of anti-dumping duties, the importer shall submit an application to the Commission. The application shall be submitted via the Member State of the territory in which the products were released for free circulation, within six months of the date on which the amount of the definitive duties to be levied was duly determined by the competent authorities or of the date on which a decision was made definitively to collect the amounts secured by way of provisional duty. Member States shall forward the request to the Commission forthwith.

An application for refund shall only be considered to be duly supported by evidence where it contains precise information on the amount of refund of anti-dumping duties claimed and all customs documentation relating to the calculation and payment of such amount. It shall also include evidence, for a representative period, of normal values and export prices to the Community for the exporter or producer to which the duty applies. In cases where the importer is not associate with the exporter or producer concerned and such information is not immediately available, or where the exporter or producer is unwilling to release it to the importer, the application shall contain a statement from the exporter or producer that the dumping margin has been reduced or eliminated, as specified in this Article, and that the relevant supporting evidence will be provided to the Commission. Where such evidence is not forthcoming from the exporter or producer within a reasonable period of time the application shall be rejected.

The Commission shall, after consultation of the Advisory Committee, decide whether and to what extent the application should be granted, or it may decide at any time to initiate an interim review, whereupon the information and findings from such review carried out in accordance with the provisions applicable for such reviews, shall be used to determine whether and to what extent a refund is justified. Refunds of duties shall normally take place within 12 months, and in no circumstances more than 18 months after the date on which a request for a refund, duly supported by evidence, has been made by an importer of the product subject to the anti-dumping duty. The payment of any refund authorized should normally be made by Member States within 90 day of the abovementioned decision.

9. In all review or refund investigations carried out pursuant to this Article, the Commission shall, provided that circumstances have not changed, apply the same methodology as in the investigation which led to the duty, with due account being taken of Article 2, and in particular paragraphs 11 and 12 thereof, and of Article 17.

10. In any investigation carried our pursuant to this Article, the Commission shall examine the reliability of export prices in accordance with Article 2. However, where it is decided to construct the export price in accordance with Article 2(9), it shall calculate it with no deduction for the amount of anti-dumping duties paid when conclusive evidence is provided that the duty is duly reflected in resale prices and the subsequent selling prices in the Community.

中华人民共和国反倾销条例

(2004年 国务院令 第401号 公布)

第四十六条

倾销进口产品的进口经营者有证据证明已经缴纳的反倾销税税额超过倾销幅度的，可以向商务部提出退税申请。商务部经审查、核实并提出建议，国务院关税税则委员会根据商务部的建议可以作出退税决定，由海关执行。

第四十七条

进口产品被征收反倾销税后，在调查期内未向中华人民共和国出口该产品的新出口经营者，能证明其与被征收反倾销税的出口经营者无关联的，可以向商务部申请单独确定其倾销幅度。商务部应当迅速进行审查并作出终裁决定。在审查期间，可以采取本条例第二十八条第一款第(二)项规定的措施，但不得对该产品征收反倾销税。

第四十八条

反倾销税的征收期限和价格承诺的履行期限不超过5年；但是，经夏审确定终止征收反倾销税有可能导致倾销和损害的继续或者再度发生的， 反倾销税的征收期限可以适当延长。

第四十九条

反倾销税生效后，商务部可以在有正当理由的情况下，决定对继续征收反倾销税的必要性进行夏审，也可以在经过一段合理时间，应利害关系方的请求并对利害关系方提供的相应证据进行审查后，决定对继续征收反倾销税的必要性进行夏审。

价格承诺生效后，商务部可以在有正当理由的情况下，决定对继续履行价格承诺的必要性进行夏审，也可以在经过一段合理时间，应利害关系方的请求并对利害关系方提供的相应证据进行审查后，决定对继续履行价格承诺的必要性进行夏审。

第五十条

根据夏审结果, 由商务部依照本条例的规定提出保留、修改或者取消反倾销税的建议, 国务院关税税则委员会根据商务部的建议作出决定, 由商务部予以公告, 或者由商务部依照本条例的规定, 作出保留、修改或者取消价格承诺的决定并予以公告。

第五十一条

夏审程序参照本条例关于反倾销调查的有关规定执行。

夏审期限自决定夏审开始之日起, 不超过12个月。

第五十二条

在夏审期间, 夏审程序不妨碍反倾销措施的实施。

倾销及倾销幅度期中复审暂行规则

(2002年 对外贸易经济合作部令 第23号 公布)

第一条

为保证反倾销期中夏审的公平、公正、公开，根据≪中华人民共和国反倾销条例≫的规定，制定本规则。

第二条

商务部指定进出口公平贸易局负责实施本规则。

第三条

本规则适用于在反倾销措施有效期间内，根据反倾销措施生效后变化了的正常价值、出口价格对継续按照原来的形式和水平实施反倾销措施的必要性进行的夏审(以下简称期中夏审)。

第四条

商务部可以应申请立案，进行期中夏审。

商务部没有收到期中夏审申请，但有正当理由的，可以自行立案，进行期中夏审。

第五条

国内产业或代表国内产业的自然人、法人或有关组织(以下简称国内产业)、涉案国(地区)的出口商、生产商、国内进口商均可向商务部提出期中夏审申请。

第六条

期中夏审申请应在反倾销措施生效后每届满一年之日起30天内提出。

对夏审裁决申请期中夏审的，应在夏审裁决生效后届满一年之日起30天内提出。

第七条

出口商、生产商申请期中复审的，应在申请前12个月内对中国出口过反倾销措施所适用的产品(以下称被调查产品)。

前款所述出口应达到一定的数量，足以构成确定正常出口价格的基础。该数量按被调查产品的正常商业交易量予以确定。

第八条

原反倾销措施为征收反倾销税的， 未征收反倾销税的出口不得作为提出期中复审申请的依据。

第九条

出口商、生产商的期中复审申请应以书面形式提出，并由申请人的法定代表人或其授权人正式签署。

出口商、生产商的期中复审申请应附下列证据和材料

(一) 申请人的名称、地址和其他有关情况，

(二) 申请前12个月内申请人的国内销售情况的数据，

(三) 申请前12个月内申请人对中国出口情况的数据，

(四) 为计算倾销幅度而必须作出的各种调整及倾销幅度的初步计算结果，

(五) 申请人认为需要说明的其他内容。

上款(一)至(四)项的材料应按原反倾销调查问卷所要求的内容及形式提交。

第十条

出口商、生产商的期中复审申请应分为保密文本(如申请人提出保密申请)和公开文本。保密文本和公开文本均应提交正本1份，副本6份。

第十一条

商务部自收到出口商、生产商的复审申请之日起7个工作日内通知原申请人，原申请人可在收到通知之日起21日内对应否立案进行复审发表意见。

第十二条

国内产业提出期中夏审申请的, 所提交的有关倾销和申请人产业代表性的证据和材料应符合≪中华人民共和国反倾销条例≫第14条、第15条和第17条的规定。

第十三条

国内产业提出的期中夏审申请可针对原反倾销调查涉及的所有或部分国家(地区)的全部出口商、生产商, 也可明确将夏审范围限于指明的部分出口商、生产商。

第十四条

国内产业的期中夏审申请应符合本规则第10条的规定。

第十五条

商务部应在收到国内产业的期中夏审申请后7个工作日内将夏审申请公开文本及保密资料的非保密性概要递交有关国家(地区)驻中国的代表机构。

第十六条

出口商、生产商可在商务部将国内产业的夏审申请的公开文本及保密资料的非保密性概要递交有关国家(地区)驻中国的代表机构起21日内对应否立案进行夏审发表意见。

第十七条

进口商提出的期中夏审申请, 应符合本规则第9条、第10条关于出口商、生产商提出期中夏审申请的有关规定。

第十八条

如果进口商与出口商、生产商无关联关系, 无法立即得到本规则第9条规定的有关正常价值和出口价格的证据和材料, 或出口商、生产商不愿向进口商提供上述证据和材料, 则进口商应提供出口商、生产商的声明。该声明应明确表示倾销幅度已经降低或消除, 且有关证据和材料将按照规定的内容和形式在进口商提出夏审申请之日起30日内直接提交给商务部。

第十九条

出口商、生产商根据本规则第18条提供的证据和材料应符合本规则第10条的规定。

第二十条

商务部应在收到进口商的期中夏审申请之日起7个工作日内通知原申请人，原申请人可在收到通知之日起21日内对应否立案进行夏审发表意见。

第二十一条

商务部在收到期中夏审申请后，应在7个工作日内将申请书及所附有关证据和材料的保密文本和公开文本各一份转交国家经贸委。

国家经贸委至少应有20天时间研究申请及有关证据和材料，并发表意见。

第二十二条

商务部通常应在收到期中夏审申请后60日内作出立案或不立案的决定。

第二十三条

如商务部经审查发现期中夏审申请及所附证据和材料不符合本规则要求的，可要求申请人在规定期限内补充和修改。如申请人未在规定期限内补充和修改，或补充和修改后仍不符合本规则要求的，商务部可驳回申请，以书面形式通知申请人并说明理由。

第二十四条

如商务部决定立案进行期中夏审的，　应发布公告。期中夏审的立案公告应包括以下内容:

(一) 被调查产品的描述,

(二) 被调查的出口商、生产商的名称及其所属国(地区)名称,

(三) 立案日期,

(四) 复审调查期,

(五) 申请书中主张倾销幅度有所提高或降低或倾销已被消除的依据概述,

(六) 利害关系方表明意见和提交相关材料的时限,

(七) 调查机关进行实地核查的意向,

(八) 利害关系方不合作将承担的后果,

(九) 调查机关的联系方式。

第二十五条

出口商、生产商提出期中复审申请的,期中复审仅限于对申请人被调查产品的正常价值、出口价格和倾销幅度进行调查。

第二十六条

国内产业提出期中复审申请的,期中复审应对所申请的涉案国(地区)的所有出口商、生产商被调查产品的正常价值、出口价格和倾销幅度进行调查。对于原反倾销调查确定其倾销幅度为零或可以忽略不计的出口商、生产商,仍应进行复审调查。

如国内产业只申请对原反倾销调查涉案国(地区)的个别出口商、生产商进行期中复审的,商务部可只对指明的出口商、生产商被调查产品的正常价值、出口价格和倾销幅度进行调查。

第二十七条

进口商提出期中复审申请的,期中复审仅限于对声明将向商务部提交有关证据和材料的出口商、生产商被调查产品的正常价值、出口价格和倾销幅度进行调查。

第二十八条

期中复审的调查期为复审申请提交前的12个月。

第二十九条

如出口商、生产商、产品型号或交易过多，为每一出口商或生产商单独确定倾销幅度或调查全部型号或交易会带来过分负担并妨碍倾销调查的及时完成的，商务部可根据《反倾销抽样调查暂行规则》的规定，采用抽样的办法进行调查。

第三十条

期中夏审调查中正常价值和出口价格的确定、调整和比较及倾销幅度的计算按照《中华人民共和国反倾销条例》第4条、第5条和第6条的有关规定进行。

第三十一条

期中夏审调查中，出口价格根据该进口产品首次转售给独立购买人的价格推定的，如果出口商、生产商提供充分的证据证明，反倾销税已适当地反映在进口产品首次转售给独立购买人的价格中和此后在中国的售价中，则商务部在计算推定的出口价格时，不应扣除已缴纳的反倾销税税额。

第三十二条

商务部可根据《反倾销调查实地核查暂行规则》，对出口商、生产商的有关信息和材料的准确性和完整性进行实地核查。

第三十三条

期中夏审无须作出初步裁决，但商务部应在得出初步调查结果后，按《中华人民共和国反倾销条例》第25条第二款及《反倾销调查信息披露暂行规则》，将初步调查结果及所依据的事实和理由进行披露，并应给予利害关系方不少于10日的时间提出评论和提交补充资料。

第三十四条

期中夏审的初步调查结果及所依据的事实和理由一经披露后，夏审申请人不得撤回申请。

第三十五条

出口商可在期中复审的初步调查结果及所依据的事实和理由披露后的15日内提出价格承诺。

如商务部决定接受价格承诺, 应按照≪中华人民共和国反倾销条例≫第33条的有关规定, 向国务院关税税则委员会提出建议, 国务院关税税则委员会根据商务部的建议作出决定, 由商务部予以公告。

第三十六条

期中复审应在复审立案之日起12个月内结束。

第三十七条

商务部应于复审期限届满前15日之前向国务院关税税则委员会提出保留、修改或者取消反倾销税的建议, 商务部在复审期限届满前根据国务院关税税则委员会的决定发布公告。

第三十八条

期中复审期间, 原反倾销措施继续有效。复审裁决自复审裁决公告之日起执行, 不具有追溯效力。

第三十九条

在反倾销措施届满前一年内, 应出口商、生产商、国内进口商申请而进行的期中复审, 在反倾销措施届满时仍未完成, 且国内产业并未提出期终复审申请, 商务部也未决定自行立案进行期终复审的, 商务部应发布公告终止期中复审, 并终止反倾销措施的实施。

第四十条

在反倾销措施届满前一年内, 应国内产业申请而进行的期中复审, 在反倾销措施届满时仍未完成的, 商务部可视为国内产业已经提出期终复审申请, 并发布公告, 开始进行期终复审。商务部可将期中复审与期终复审合并进行, 并同时作出裁决。

第四十一条

本规则由商务部负责解释。

第四十二条

本规则自2002年4月15日起施行。

反倾销新出口商夏审暂行规则

(2002年 对外贸易经济合作部令 第21号 公布)

第一条

为保证新出口商夏审的公平、公正、公开，根据《中华人民共和国反倾销条例》的规定，制定本规则。

第二条

商务部指定进出口公平贸易局负责实施本规则。

第三条

本规则适用于原反倾销调查期内未向中华人民共和国出口过被调查产品的涉案国(地区)出口商、生产商(以下称新出口商)，在原反倾销措施生效后要求为其确定单独反倾销税率的夏审。

第四条

新出口商夏审申请人不得与在原反倾销调查期内向中华人民共和国出口过被调查产品的出口商、生产商具有关联关系。

如果新出口商夏审申请人为贸易商，除应符合前款规定外，其供应商也不得是在原反倾销调查期内向中华人民共和国出口过被调查产品的出口商、生产商或与上述出口商、生产商具有关联关系。

第五条

新出口商夏审申请人必须在原反倾销调查期后曾向中华人民共和国实际出口过被调查产品。

前款所述出口应达到一定的数量，足以构成确定正常出口价格的基础。该数量按被调查产品的正常商业交易量予以确定。

第六条

如原反倾销措施为征收反倾销税，未征收反倾销税的出口不得作为提出新出口商复审的依据。

第七条

新出口商复审申请人在原反倾销调查最终裁决生效后方可提出申请，且申请时间不得晚于实际出口后3个月。

就原反倾销调查期后最终裁决前的实际出口提出的申请不受前款规定限制，但仍须在原反倾销调查作出最终裁决后3个月内提出。

实际出口日期按发票日期确定。

第八条

新出口商复审申请应该以书面形式提出，并由申请人的法定代表人或其授权人正式签署。

第九条

新出口商复审申请应附下列证据和材料：

(一) 申请人的名称、地址及有关情况，

(二) 公司结构以及关联企业名称，

(三) 申请前6个月内被调查产品国内销售的平均价格、交易笔数、总金额，对中华人民共和国出口的平均价格、交易笔数、总金额，对第三国(地区)出口的平均价格、交易笔数、总金额，

(四) 对中华人民共和国出口被调查产品的合同、发票、提单、付款凭证的复印件以及进口商缴纳反倾销税的凭证，

(五) 申请人认为需要说明的其他内容。

第十条

申请书应分为保密文本(如申请人提出保密申请)和公开文本。保密文本和公开文本均应提交1份正本、6份副本。

第十一条

商务部自收到新出口商夏审申请之日起7个工作日内通知原反倾销调查申请人。原反倾销调查申请人可在收到通知之日起14日内对应否立案进行夏审发表意见。

第十二条

商务部应自收到申请人提交的申请书及所附证据、材料之日起30个工作日内，决定立案或不立案。

第十三条

如商务部决定不立案，应以书面形式通知申请人并说明理由。

第十四条

如商务部决定立案，应发布公告。

立案公告应包括如下内容:

(一) 被调查产品的描述,

(二) 被调查的出口商、生产商及其所属国(地区)名称,

(三) 立案日期,

(四) 夏审调查期,

(五) 利害关系方发表评论、提交相关材料的时限,

(六) 调查机关进行实地核查的意向,

(七) 利害关系方不合作的后果,

(八) 调查机关的联系方式。

第十五条

商务部应在立案公告发布前通知海关，海关自公告发布之日起，停止对申请人出口的被调查产品征收反倾销税，但应要求申请人被调查产品的进口商按照原反倾销裁决中适用于'其他公司'的反倾销税率提交保证金。

第十六条

新出口商复审的调查期为复审申请提交前的6个月。

第十七条

商务部可根据需要向新出口商复审申请人进行问卷调查，问卷调查的程序遵循≪反倾销问卷调查暂行规则≫。

第十八条

进口产品的正常价值、出口价格以及倾销幅度按照≪中华人民共和国反倾销条例≫第四条、第五条和第六条的规定确定。

第十九条

出口价格根据进口产品首次转售给独立购买人的价格推定的，　如果申请人有充分的证据证明，反倾销税已适当地反映在此价格及以后的国内销售价格中，则商务部在计算推定的出口价格时，不应扣除已缴纳的反倾销税税额。

第二十条

商务部可决定就申请人所提交证据、材料的准确性和完整性进行实地核查。有关实地核查的程序遵循≪反倾销调查实地核查暂行规则≫。

第二十一条

新出口商复审无须作出初步裁决，但商务部在得出初步调查结论后，应向有关利害关系方披露初步结论及所依据的事实和理由，并给予其不少于10天的时间提出评论和提交补充材料。

第二十二条

初步结论披露后, 新出口商复审的申请人可以在15日内向商务部提出价格承诺。

第二十三条

商务部认为复审申请人提出的价格承诺能够接受的, 经商国家经贸委后, 可以决定中止或者终止复审调查, 同时通知海关自承诺生效之日起停止对该新出口商出口的被调查产品征收反倾销税。

复审立案后价格承诺生效前该新出口商出口的被调查产品, 按照所交保证金金额征收反倾销税。

第二十四条

新出口商复审调查自立案之日起, 不超过9个月。

第二十五条

商务部应于复审期限届满15日前向国务院关税税则委员会提出适用于复审申请人的反倾销税建议, 并在复审期限届满前根据国务院关税税则委员会的决定发布公告。

第二十六条

复审裁决确定存在倾销的, 应对复审立案之后作出裁决之前复审申请人出口的被调查产品追溯征收反倾销税。

复审裁决的反倾销税, 高于已付保证金的, 差额部分不予收取, 低于已付保证金的, 差额部分应予退还。

第二十七条

本規則由商務部負責解釋。

第二十八条

本規則自2002年4月15日起實施。

反倾销退税暂行规则

(2002年 对外贸易经济合作部令 第22号 公布)

第一条

为规范反倾销退税程序, 根据《中华人民共和国反倾销条例》规定, 制定本规则。

第二条

商务部指定进出口公平贸易局负责实施本规则。

第三条

倾销产品的进口商有证据证明已经缴纳的反倾销税金额超过实际倾销幅度的, 可以按照本规则向商务部提出退税申请。

第四条

退税申请的提出不得晚于实际缴纳反倾销税后的3个月。就反倾销调查立案后最终裁决前所进口的被调查产品提出的退税申请, 不受前款限制, 但仍须在反倾销调查作出最终裁决后的3个月内提出。

第五条

退税申请应以书面形式提出, 并由申请人的法定代表人或其授权人正式签署。

第六条

退税申请应附下列证据和材料:

(一) 申请人及其供应商的名称、地址及有关情况,

(二) 申请前6个月内被调查产品的国内平均销售价格、交易笔数、总金额, 对

中华人民共和国的平均出口价格、交易笔数、总金额, 对第三国(地区)的平均出口价格、交易笔数、总金额,

(三) 申请前6个月内被调查产品的正常价值、出口价格的数据,

(四) 为计算倾销幅度而必须作出的各种调整及倾销幅度的初步计算结果,

(五) 就其申请退税的被调查产品的进口合同、发票、提单、付款凭证的夏印件以及申请人缴纳反倾销税的凭证,

(六) 申请人认为需要说明的其他内容。

第七条

第六条(一)至(四)项应按原反倾销调查问卷所要求的内容及形式提交。

申请所附证据、材料应包括反倾销措施所适用产品全部型号的数据。出口价格的数据, 应包括申请人的供应商对中华人民共和国的全部出口。

第八条

如退税申请涉及多个供应商, 应分别提出申请。

第九条

如果进口商与出口商、生产商无关联关系, 而上述证据、材料无法由进口商直接提供, 则退税申请应包含出口商、生产商的声明。

前款所指声明应包括下列内容: 被调查产品的倾销幅度已经降低或消除, 且有关证据和材料将按照规定的内容和形式, 在自退税申请提出之日起30日内, 由出口商、生产商直接提交给商务部。

出口商、生产商在规定期间内, 未能按申请人的声明提交证据、材料的, 商务部可以驳回退税申请。

第十条

申请书应分为保密文本(如申请人提出保密申请)和公开文本。保密文本和公开文本均应提交1份正本、6份副本。

第十一条

商务部可以根据≪反倾销调查实地核查暂行规则≫，对出口商、生产商所提交证据、材料的准确性和完整性进行实地核查。

如果利害关系方拒绝核查，商务部可根据已经获得的事实和可获得的最佳信息作出裁决，或驳回申请。

第十二条

商务部按照≪中华人民共和国反倾销条例≫第4条、第5条、第6条的规定，确定申请退税产品在申请前6个月内的正常价值、出口价格以及倾销幅度。

第十三条

出口价格根据进口产品首次转售给独立购买人的价格推定的，如果申请人有充分的证据证明，反倾销税已适当地反映在此价格及以后的国内销售价格中，则商务部在计算推定的出口价格时，不应扣除已缴纳的反倾销税税额。

第十四条

如商务部经过审查，倾销幅度与原裁决结果相比并未降低，商务部应驳回退税申请。

第十五条

商务部驳回申请的，应通知申请人并说明理由。

第十六条

商务部应自接到退税申请之日起于12个月内完成退税审查。

第十七条

商务部应于退税审查期限届满15日前向国务院关税税则委员会提出退税建议，并在审查期限届满前将国务院关税税则委员会的决定通知申请人和海关。

第十八条

退税金额为原反倾销调查所确定的倾销幅度与新确定的倾销幅度之间的差额。

第十九条

退税申请的审查结果不影响原反倾销措施的效力。

第二十条

如经审查, 商务部发现倾销幅度有所提高, 可自主决定发起期中夏审。

第二十一条

本规则由商务部负责解释。

第二十二条

本规则自2002年4月15日起实施。

The Customs Tariff Act, 1975

Act No.51 OF 1975

9A. Anti-dumping duty on dumped articles.

(5) The anti-dumping duty imposed under this section shall, unless revoked earlier, cease to have effect on the expiry of five years from the date of such imposition:

Provided that if the Central Government, in a review, is of the opinion that the cessation of such duty is likely to lead to continuation or recurrence of dumping and injury, it may, from time to time, extend the period of such imposition for a further period of five years and such further period shall commence from the date of order of such extension:

Provided further that where a review initiated before the expiry of the aforesaid period of five years has not come to a conclusion before such expiry, the anti-dumping duty may continue to remain in force pending the outcome of such a review for a further period not exceeding one year.

(6) The margin of dumping as referred to in sub-section (1) or sub-section (2) shall, from time to time, be ascertained and determined by the Central Government, after such inquiry as it may consider necessary and the Central Government may, by notification in the Official Gazette, make rules for the purposes of this section, and without prejudice to the generality of the foregoing, such rules may provide for the manner in which articles liable for any antidumping duty under this section may be identified, and for the manner in which the export price and the normal value of, and the margin of dumping in relation to, such articles may be determined and for the assessment and collection of such anti-dumping duty.

9AA. Refund of anti-dumping duty in certain cases.

(1) Where an importer proves to the satisfaction of the Central Government that he has paid any anti-dumping duty imposed under sub-section (1) of section 9A on any article, in excess of the actual margin of dumping in relation to such article, he shall be entitled to refund of such excess duty:

Provided that such importer shall not be entitled to refund of so much of such excess duty under this sub-section which is refundable under sub-section (2) of section 9A.

Explanation-For the purposes of this sub-section, the expressions, "margin of dumping", "export price" and "normal value" shall have the meanings respectively assigned to them in the Explanation to sub-section (1) of section 9A.

(2) The Central Government may, by notification in the Official Gazette, make rules to-

(i) provide for the manner in which and the time within which the importer may make application for the purposes of sub-section (1);

(ii) authorise the officer of the Central Government who shall dispose of such application on behalf of the Central Government within the time specified in such rules; and

(iii) provide the manner in which the excess duty referred to in sub-section (1) shall be-

(A) determined by the officer referred to in clause (ii); and

(B) refunded by the Deputy Commissioner of Customs or Assistant Commissioner of Customs, as the case may be, after such determination.

Customs Tariff (Identification, Assessment and Collection of Antidumping Duty on Dumped Articles and for Determination of Injury) Rules, 1995.

Notification No.2 / 95-Cus. (N.T.), dated 1st January, 1995 as amended

21. Refund of duty.

(1) If the anti-dumping duty imposed by the Central Government on the basis of the final findings of the investigation conducted by the designated authority is higher than the provisional duty already imposed and collected, the differential shall not be collected from the importer.

(2) If, the anti-dumping duty fixed after the conclusion of the investigation is lower than the provisional duty already imposed and collected, the differential shall be refunded to the importer.

(3) If the provisional duty imposed by the Central Government is withdrawn in accordance with the provisions of sub-rule (4) of rule 18, the provisional duty already imposed and collected, if any, shall be refunded to the importer.

22. Margin of dumping, for exporters not originally investigated.

(1) If a product is subject to anti-dumping duties, the designated authority shall carry out a periodical review for the purpose of determining individual margins of dumping for any exporters or producers in the exporting country in question who have not exported the product to India during the period of investigation, provided that these exporters or producers show that they are not

related to any of the exporters or producers in the exporting country who are subject to the antidumping duties on the product.

(2) The Central Government shall not levy anti-dumping duties under sub-section (1) of section 9A of the Act, on imports from such exporters or producers during the period of review as referred to in sub-rule (1) of this rule:

Provided that the Central Government may resort to provisional assessment and may ask a guarantee from the importer if the designated authority so recommends and if such a review results in a determination of dumping in respect of such products or exporters, it may levy duty in such cases retrospectively from the date of the initiation of the review.

23. Review.

(1) The designated authority shall, from time to time, review the need for the continued imposition of the anti-dumping duty and shall, if it is satisfied on the basis of information received by it that there is no justification for the continued imposition of such duty recommend to the Central Government for its withdrawal.

(2) Any review initiated under sub-rule (1) shall be concluded within a period not exceeding twelve months from the date of initiation of such review.

(3) The provisions of rules 6, 7, 8, 9 / 10, 11, 16, 17, 18, 19, and 20 shall be mutatis mutandis applicable in the case of review.

24. Dumping causing injury to a third country.

(1) The designated authority may initiate investigation into any dumping alleged to be taking place into India and causing injury to the domestic industry of any third country which is a member of the World Trade Organisation.

(2) The designated authority in such cases shall follow the procedures laid

down in Article 14 of the Agreement on Implementation of Article Ⅵ of the General Agreement on Tariff and Trade, 1994, as contained in the Final Act of Uruguay Round Multilateral Trade Negotiations.

관 세 법

[일부개정 2004.10.5. 법률 7222호]

제56조 (덤핑방지관세에 대한 재심사 등)

① 재정경제부장관은 필요하다고 인정되는 때에는 대통령령이 정하는 바에 의하여 덤핑방지관세의 부과와 제54조의 규정에 의한 약속에 대하여 재심사를 할 수 있으며, 재심사의 결과에 따라 덤핑방지관세의 부과, 약속의 내용 변경, 환급 등 필요한 조치를 할 수 있다.

② 덤핑방지관세의 부과나 제54조의 규정에 의하여 수락된 약속은 재정경제부령으로 그 적용시한을 따로 정하는 경우를 제외하고는 당해 덤핑방지관세 또는 약속의 시행일부터 5년이 지나면 그 효력을 잃으며, 제1항의 규정에 의하여 덤핑과 산업피해를 재심사하고 그 결과에 따라 내용을 변경하는 때에는 재정경제부령으로 그 적용시한을 따로 정하는 경우를 제외하고는 변경된 내용의 시행일부터 5년이 지나면 그 효력을 잃는다.

③ 제1항 및 제2항과 제51조 내지 제55조의 규정에 의한 덤핑방지관세의 부과 및 시행 등에 관하여 필요한 사항은 대통령령으로 정한다.

관세법시행령

[일부개정 2004.12.30. 대통령령 18624호]

제65조 (덤핑방지관세의 부과)

① 법 제51조의 규정에 의한 덤핑방지관세는 공급자 또는 공급국별로 덤핑방지관세율 또는 기준수입가격을 정하여 부과한다. 다만, 정당한 사유 없이 제64조의 규정에 의한 자료를 제출하지 아니하거나 당해 자료의 공개를 거부하는 경우 및 기타의 사유로 조사 또는 자료의 검증이 곤란한 공급자에 대하여는 단일 덤핑방지관세율 또는 단일 기준수입가격을 정하여 부과할 수 있다.

② 제60조제1항의 규정에 의하여 조사대상으로 선정되지 아니한 공급자에 대하여는 조사대상으로 선정된 공급자의 덤핑방지관세율 또는 기준수입가격을 재정경제부령이 정하는 바에 따라 가중 평균한 덤핑방지관세율 또는 기준수입가격에 의하여 덤핑방지관세를 부과한다. 다만, 조사대상기간 중에 수출을 한 자로서 조사대상으로 선정되지 아니한 자 중 제64조의 규정에 의한 자료를 제출한 자에 대하여는 제1항의 규정에 의한다.

③ 법 제51조의 규정에 의하여 공급국을 지정하여 덤핑방지관세를 부과하는 경우 제60조제1항의 규정에 의한 조사대상기간 이후에 수출하는 당해 공급국의 신규공급자가 제1항의 규정에 의하여 덤핑방지관세가 부과되는 공급자와 제23조제1항의 규정에 의한 특수관계에 있는 때에는 그 공급자에 대한 덤핑방지관세율 또는 기준수입가격을 적용하여 덤핑방지관세를 부과한다. 다만, 신규공급자가 특수관계에 있지 아니하다고 증명하는 경우에는 조사를 통하여 별도의 덤핑방지관세율 또는 기준수입가격을 정하여 부과할 수 있다. 이 경우 재정경제부령이 정하는 바에 따라 기존 조사대상자에 대한 조사방법 및 조사절차 등과 달리할 수 있다. <개정 2001.12.31.>

④ 제1항 내지 제3항에 규정된 기준수입가격은 제58조제5항의 규정에 의하여 조정된 공급국의 정상가격에 수입관련비용을 가산한 범위 안에서 결정한다.

제70조 (덤핑방지관세 및 약속의 재심사)

① 재정경제부장관은 필요하다고 인정되거나 이해관계인이나 당해 산업을 관장하는 주무부장관이 다음 각 호의 1에 해당하는 경우에 관한 증빙자료를 첨부하여 요청하는 때에는 덤핑방지관세가 부과되고 있거나 약속이 시행되고 있는 물품에 대하여 법 제56조제1항의 규정에 의한 재심사 여부를 결정하여야 한다.

    1. 덤핑방지관세 또는 약속의 시행 이후 그 조치의 내용 변경이 필요하다고 인정할 만한 충분한 상황변동이 발생한 경우
    2. 덤핑방지관세 또는 약속의 종료로 인하여 국내산업이 피해를 입을 우려가 있는 경우
    3. 실제 덤핑차액보다 덤핑방지관세액이 과다하게 납부된 경우

② 제1항의 규정에 의한 재심사의 요청은 덤핑방지관세 또는 약속의 시행일부터 1년이 경과된 날 이후에 할 수 있으며, 덤핑방지관세 또는 약속의 효력이 상실되는 날 6월 이전에 요청하여야 한다. 이 경우 재정경제부장관은 재심사를 요청받은 날부터 2월 이내에 재심사의 필요 여부를 결정하여야 한다.

③ 재정경제부장관은 제1항의 규정에 의하여 재심사를 하는 경우 외에 부과 중인 덤핑방지관세율 및 시행 중인 약속의 적정성 여부에 관한 재심사를 할 수 있으며, 이를 위하여 덤핑방지관세 또는 약속의 내용(재심사에 따라 변경된 내용을 포함한다)에 관하여 매년 그 시행일이 속하는 달에 덤핑가격에 대한 재검토를 하여야 한다.

④ 재정경제부장관은 제1항 또는 제3항의 규정에 의하여 재심사의 필요 여부를 결정하는 때에는 관계행정기관의 장 및 무역위원회와 협의할 수 있으며, 재심사가 필요한 것으로 결정된 때에는 무역위원회는 이를 조사하여야 한다. 이 경우 무역위원회는 재심사의 사유가 되는 부분에 한정하여 조사할 수 있다.

⑤ 무역위원회는 재심사개시일부터 6월 이내에 제4항의 규정에 의한 조사를 종결하여 그 결과를 재정경제부장관에게 제출하여야 한다. 다만, 무역위원회는 조사기간을 연장할 필요가 있거나 이해관계인이 정당한 사유를 제시하여 조사기간의 연장을 요청하는 때에는 4월의 범위 내에서 그 조사기간을 연장할 수 있다.

⑥ 재정경제부장관은 법 제56조제1항의 규정에 의한 조치가 필요한 때에는 제5항에 의한 조사결과를 제출받은 날부터 1월 이내에 당해 조치를 하여야 한다. 다

만, 필요하다고 인정되는 때에는 20일의 범위 내에서 그 기간을 연장할 수 있다.

⑦ 제1항제2호의 사유로 재심사를 하는 경우 재심사기간 중에 당해 덤핑방지조치의 적용시한이 종료되는 때에도 그 재심사기간 중 당해 조치의 효력은 계속된다.

⑧ 재정경제부장관은 제1항 또는 제3항의 규정에 의한 재심사결과 약속의 실효성이 상실되거나 상실될 우려가 있다고 판단되는 때에는 당해 약속을 이행하고 있는 수출자에게 약속의 수정을 요구할 수 있으며, 당해 수출자가 약속의 수정을 거부하는 때에는 이용 가능한 정보에 의하여 덤핑방지조치를 할 수 있다.

⑨ 재정경제부장관은 제1항 또는 제3항의 규정에 의한 재심사를 위하여 관세청장으로 하여금 재정경제부령으로 정하는 사항을 조사하여 보고하게 할 수 있다.

제71조 (이해관계인에 대한 통지·공고 등)

① 재정경제부장관은 다음 각 호의 1에 해당하는 때에는 그 내용을 관보에 게재하고, 이해관계인에게 서면으로 통지하여야 한다.

1. 법 제51조 및 법 제53조제1항의 규정에 의한 조치를 결정하거나 당해 조치를 하지 아니하기로 결정한 때
2. 법 제54조제1항의 규정에 의한 약속을 수락하여 조사를 중지 또는 종결하거나 조사를 계속하는 때
3. 법 제56조제1항의 규정에 의한 재심사를 개시하거나 재심사결과 덤핑방지조치의 내용을 변경한 때
4. 제70조제7항의 규정에 의하여 덤핑방지조치의 효력이 연장되는 때

② 재정경제부장관 또는 무역위원회는 다음 각 호의 1에 해당되는 때에는 그 내용을 이해관계인에게 통지하여야 한다.

1. 제60조제2항의 규정에 의하여 조사신청이 기각되거나 제61조제4항의 규정에 의하여 조사가 종결된 때
2. 제61조제2항의 규정에 의한 예비조사의 결과에 따라 예비판정을 한 때
3. 제61조제5항의 규정에 의한 본조사의 결과에 따라 최종판정을 한 때
4. 제61조제6항 및 제70조제5항 단서의 규정에 의하여 조사기간을 연장한 때
5. 제61조제8항의 규정에 의하여 기간을 연장한 때

  6. 제62조의 규정에 의하여 덤핑방지관세의 부과요청이 철회되어 조사의 개
     시 여부에 관한 결정이 중지되거나 조사가 종결된 때
  7. 제66조제2항 또는 제3항의 규정에 의하여 잠정조치의 적용기간을 연장한 때
  8. 제68조제3항의 규정에 의하여 재정경제부장관이 약속을 제의한 때

  ③ 재정경제부장관 또는 무역위원회는 조사과정에서 제61조의 규정에 의한 조
사와 관련된 이해관계인의 서면요청이 있는 때에는 조사의 진행상황을 통지하여
야 한다.

관세법시행규칙

[일부개정 2005.2.11. 재정경제부령 413호]

제17조 (덤핑방지관세의 부과 등)

① 법 제51조의 규정에 의하여 덤핑방지관세를 부과하는 때에는 다음 각 호의 방법에 의한다.

  1. 덤핑방지관세를 정률세의 방법으로 부과하는 경우: 다음의 산식에 의하여 산정된 덤핑률의 범위 안에서 결정한 율을 과세가격에 곱하여 산출한 금액

$$\text{덤핑률} = \frac{\text{조정된 정상가격} - \text{조정된 덤핑가격}}{\text{과세가격}} \times 100$$

  2. 덤핑방지관세를 기준수입가격의 방법으로 부과하는 경우: 영 제65조제4항의 규정에 의한 기준수입가격에서 과세가격을 차감하여 산출한 금액

② 영 제65조제2항의 규정에 의하여 가중평균 덤핑방지관세율 또는 기준수입가격을 산정함에 있어서 공급자가 다수인 때에는 공급자별 수출량에 따라 가중치를 둘 수 있다. 이 경우 덤핑차액이 없거나 덤핑가격대비 덤핑차액이 100분의 2 미만인 공급자를 산정대상에서 제외할 수 있다.

③ 재정경제부장관은 영 제65조제3항 단서의 규정에 의한 신규공급자에 대하여 영 제61조의 규정에 의한 조사를 조속히 행하여야 한다. 이 경우 실질적 피해 등의 조사는 영 제65조제3항의 규정에 의한 공급국에 대한 실질적 피해 등의 조사로 갈음할 수 있다.

제20조 (덤핑방지관세 및 약속의 재심사)

① 영 제70조제1항의 규정에 의하여 덤핑방지관세 및 약속의 재심사를 요청할 수 있는 이해관계인은 다음 각 호와 같다.

　1. 동종물품의 국내 생산자 또는 그 단체

　2. 당해 덤핑방지조치대상물품의 공급자·수입자 또는 그 단체

　3. 기타 이해관계가 있다고 재정경제부장관이 인정하는 자

② 영 제70조제9항에서 "재정경제부령으로 정하는 사항"이라 함은 다음 각 호의 사항을 말한다.

　1. 덤핑방지조치물품의 수입 및 징수 실적

　2. 약속업체의 약속준수 여부

　3. 기타 덤핑방지조치의 재심사에 필요한 사항

덤핑방지관세 및 상계관세부과신청·조사·판정에 관한 세부운영규정

[무역위원회고시 제2002-1호]

제21조(재심사 종료)

위원회가 영 제70조제4항의 규정에 의하여 수행하는 재심사는 영 제70조제1항에 규정된 재심사신청사유에 따라 상황변동재심사, 종료재심사 및 환급재심사로 구분된다.

제22조(상황변동재심사)

① 제21조의 규정에 의한 상황변동재심사란 재심사신청인이 영 제70조제1항제1호의 신청사유에 의하여 재심사를 요청하였을 경우 수행되는 재심사로서 덤핑률상황변동재심사, 산업피해상황변동재심사 및 종합재심사 등으로 구분된다.

② 제1항의 규정에 의한 덤핑률상황변동재심사는 덤핑방지관세율 또는 가격인상약속(이하 '덤핑방지조치'라 한다)수준의 변경 여부만을 재심사하는 경우를 말하고, 산업피해상황변동재심사는 기존 덤핑방지조치로 인한 국내산업의 실질적인 피해유무를 재심사하는 경우를 말하며, 종합재심사는 덤핑률상황변동재심사 및 산업피해상황변동재심사를 동시에 수행하여야 할 필요가 있는 경우를 말한다.

제23조(종료재심사)

제21조의 규정에 의한 종료재심사란 신청인이 영 제70조제1항제2호의 신청사유에 의하여 재심사를 요청하였을 경우 수행되는 재심사를 말한다.

제24조(재심사 검토)

위원회의 종합재심사(상황변동사항은 해당 부분) 및 종료재심사의 개시 여부 실무검토는 별지 제3호 서식에 의한 "반덤핑관세 및 약속 재심사개시 여부실무검토요령"에 의한다.

제25조(환급재심사)

① 제21조의 규정에 의한 환급재심사란 신청인이 영 제70조제1항제3호의 신청사유에 의하여 재심사를 요청하였을 경우 수행되는 재심사를 말한다.

② 위원회는 제1항의 규정에 의한 환급재심사의 경우 환급대상기간에 대해서 동 기간 동안의 덤핑률과 기존 덤핑방지조치의 수준과를 비교하여 환급액을 산정하고, 국내산업의 실질적인 피해 등에 대하여는 검토하지 않는다.

③ 제2항의 규정에 의한 환급대상기간은 환급재심사의 조사대상기간으로서 신청인의 요청에 따라 결정하는 것을 원칙으로 한다. 다만, 위원회가 필요하다고 인정하는 경우에는 환급대상기간을 조정할 수 있다.

제26조(재심사요청 자격)

규칙 제21조제1항의 규정에 의한 이해관계인은 덤핑방지관세 및 약속의 재심사를 요청할 수 있다. 다만, 환급재심사의 경우에는 당해 물품의 수입으로 인해 덤핑방지관세를 납부한 국내 수입자만이 요청할 수 있다.

제27조(준용규정)

상계관세조치에 대한 재심사는 이 절의 관련 규정을 준용한다.

저자약력

마 광

중국정법대학 법학학사
고려대학교　법학석사
고려대학교　법학박사
현 고려대학교 강사

수상경력:
"산업피해구제제도 대학원생 세미나" 산업자원부 장관 최우수상 수상
"중국정부우수유학생장학금" 수상

저　서:
『유럽공동체의 세이프가드제도 해설과 분석』

연구논문:
『중국의 반덤핑제도 운영에 관한 연구』
『중국 반덤핑법상의 행정재심사제도에 관한 연구』
『WTO반덤핑협정 중 행정재심사관련내용의 개선방안에 관한 연구』
『인도 반덤핑법상의 행정재심사제도에 관한 연구』
『WTO분쟁해결기관의 반덤핑 행정재심사관련 판정에 대한 분석연구』
『EU 반덤핑법상의 행정재심사제도에 관한 연구』
『중국의 온라인분쟁해결시스템에 관한 연구』
『한국 반덤핑법상의 행정재심사제도에 관한 연구』
『유럽공동체의 세이프가드제도에 관한 연구』
『미국 반덤핑법상의 행정재심사제도에 관한 연구』
『중국의 대외무역장벽조사 법제도에 관한 연구』
『중국과 한국의 반덤핑 행정재심사제도 비교연구』
『WTO 및 주요국의 반덤핑 신규수출자재심사제도에 관한 연구』
『대만 반덤핑법상의 행정재심사제도에 관한 연구』
『WTO 및 주요국의 반덤핑 관세평가재심사제도에 관한 연구』
『WTO 및 주요국의 반덤핑 중간재심사제도에 관한 연구』
등 다수의 논문 발표

RESUME

Name: Ma Guang

Education:

China University of Political Science and Law (LL.B.)

Korea University (LL.M.)

Korea University (Ph.D.)

Occupation: Lecturer of Korea University

Award Record:

Received Award from the Minister of Ministry of Commerce, Industry and Energy in "Competition on Writing Articles related Trade Remedies System for Graduate Students"

Received 2006 Chinese Government Award for Outstanding Self-financed Students Abroad

Research Paper:

『A Legal Analysis on the Anti-Dumping Law System of China』

『A Legal Analysis on the Administrative Review System under the Anti-Dumping Act of China』

『A Legal Analysis on Administrative Review System in the Anti-Dumping Agreement: Searching for Improvements of the Administrative Review System』

『A Legal Analysis on the Administrative Review System under the Anti-Dumping Act of India』

『A Legal Analysis of WTO DSB Rulings on Anti-Dumping Administrative Review』

『A Legal Analysis on Online Dispute System of China』

『A Legal Analysis on the Physical Distribution Law System of China』

『A Legal Analysis on the Administrative Review System under the Anti-Dumping Act of European Union』

『A Legal Analysis on the Administrative Review System under the Anti-Dumping Act of Korea』

『A Legal Analysis of the Safeguards Legal System of the European Community』

『A Legal Analysis on the Administrative Review System under the Anti-Dumping Act of United States』

『A Legal Analysis on the Foreign Trade Barrier Investigation Law System of China』

『A Comparative Analysis on the Administrative Review System under the Anti-Dumping Act of China and Korea』

『A Legal Study on the Anti-Dumping New Shipper Review System under WTO and Major Countries』

『A Legal Analysis on the Administrative Review System under the Anti-Dumping Act of Taiwan』

『A Legal Study on the Anti-Dumping Duty Assessment Review System under WTO and Major Countrie』

『A Legal Study on the Anti-Dumping Interim Review System under WTO and Major Countries』

and so on

作者简历

马　光

简　历:
中国政法大学　法学学士
韩国高丽大学　法学硕士
韩国高丽大学　法学博士
现　韩国高丽大学　讲师

获奖经历:
在"产业损害救济制度研究生论文竞赛"中获得产业资源部长官大奖

专　著:
『欧共体的保障措施制度解说与分析』
荣获 "国家优秀自费留学生奖学金"

研究论文:
『关于中国反倾销制度运营的研究』
『关于中国反倾销法中行政复审制度的研究』
『关于世贸组织反倾销协定中行政复审相关内容改善方案的研究』
『关于印度反倾销法中行政复审制度的研究』
『关于世贸组织争端解决机构反倾销行政复审相关裁决的分析研究』
『关于中国在线争议解决制度的研究』
『关于中国物流产业相关法律制度的研究』
『关于欧盟反倾销法中行政复审制度的研究』
『关于韩国反倾销法中行政复审制度的研究』
『关于欧盟保障措施制度的研究』
『关于美国反倾销法中行政复审制度的研究』
『关于中国对外贸易壁垒调查法律制度的研究』
『中韩两国反倾销行政复审比较研究』
『世贸组织和主要各国的反倾销新出口商复审制度研究』
『台湾反倾销法中行政复审制度研究』
『世贸组织和主要各国的反倾销关税评价复审制度研究』
『世贸组织和主要各国的反倾销期中复审制度研究』
等多数

WTO 및 주요국의 반덤핑 행정재심사제도

• 초판 인쇄	2007년 6월 10일
• 초판 발행	2007년 6월 10일
• 지 은 이	마 광
• 펴 낸 이	채종준
• 펴 낸 곳	한국학술정보㈜
	경기도 파주시 교하읍 문발리 526-2
	파주출판문화정보산업단지
	전화 031) 908-3181(대표) · 팩스 031) 908-3189
	홈페이지 http://www.kstudy.com
	e-mail(출판사업부) publish@kstudy.com
• 등 록	제일산-115호(2000. 6. 19)
• 가 격	45,000원

ISBN 978-89-534-6707-1 93360 (Paper Book)
       978-89-534-6708-8 98360 (e-Book)